ÉTICA ECONÔMICA
DAS RELIGIÕES MUNDIAIS

Dados Internacionais de Catalogação na Publicação (CIP)
(Câmara Brasileira do Livro, SP, Brasil)

Weber, Max, 1864-1920.
Ética econômica das religiões mundiais :
ensaios comparados de sociologia da religião /
Max Weber ; prefácio à edição brasileira de
Gabriel Cohn ; [tradutores Antonio Luz
Costa, Gilberto Calcagnotto]. – Petrópolis, RJ :
Vozes, 2016. – (Coleção Sociologia)

Título original : Die Wirtschaftsethik der
Weltreligionen, I
Conteúdo: confucionismo e taoismo (vol. 1)
ISBN 978-85-326-5119-8

1. Confucionismo – Aspectos econômicos
2. Economia – Aspectos morais e éticos 3. Ética
confucionista 4. Ética taoista I. Cohn, Gabriel.
II. Título. III. Série.

15-07484   CDD-306.3

Índices para catálogo sistemático:
1. Religiões : Ensaios comparados : Sociologia
306.3

Max Weber

ÉTICA ECONÔMICA
DAS RELIGIÕES MUNDIAIS
Ensaios comparados de sociologia da religião

1 Confucionismo e taoismo

Prefácio à edição brasileira de Gabriel Cohn

Tradução
Antonio Luz Costa: Introdução e Consideração intermediária
Gilberto Calcagnotto: confucionismo e taoismo

Revisão da tradução
Antonio Flavio Pierucci e Gabriel Cohn

Petrópolis

© desta tradução:
2016, Editora Vozes Ltda.
Rua Frei Luís, 100
25689-900 Petrópolis, RJ
www.vozes.com.br
Brasil

Traduzido do original alemão: *Die Wirtschaftsethik der Weltreligionen – Vol. I. Einleitung – Konfuzianismus und Taoismus – Zwischenbetrachtung: Theorie der Stufen und Richtungen religiöser Weltablehnung*

Max Weber: Gesammelte Werke. Digitale Bibliotek 4, Band 58. Directmedia. Berlin 2004

Todos os direitos reservados. Nenhuma parte desta obra poderá ser reproduzida ou transmitida por qualquer forma e/ou quaisquer meios (eletrônico ou mecânico, incluindo fotocópia e gravação) ou arquivada em qualquer sistema ou banco de dados sem permissão escrita da editora.

Diretor editorial
Frei Antônio Moser

Editores
Aline dos Santos Carneiro
José Maria da Silva
Lídio Peretti
Marilac Loraine Oleniki

Secretário executivo
João Batista Kreuch

Tradutores
Antonio Luz Costa é Dr. Phil., pela Universidade de Hamburgo, Alemanha, professor-adjunto da área de Ciências Sociais do Departamento de Filosofia e Ciências Humanas (DFCH) da Universidade Estadual de Santa Cruz (Uesc).

Gilberto Calcagnotto é Lic. phil. (Pontifica Universidade Gregoriana, Roma), M.A. (Sociologia, Universidade do Sarre/Alemanha), docente de cultura brasileira (Escola Superior de Bremen e Universidade de Hamburgo). Possui obras e artigos científicos publicados em alemão.

Editoração: Fernando Sergio Olivetti da Rocha
Diagramação: Alex M. da Silva
Capa: Felipe Souza | Aspectos

ISBN 978-85-326-5119-8

Editado conforme o novo acordo ortográfico.

Este livro foi composto e impresso pela Editora Vozes Ltda.

SUMÁRIO

Prefácio à edição brasileira, 7

Parte I – Religiões mundiais – Uma introdução, 19

Parte II – Confucionismo e taoismo, 67

Parte III – Religiões mundiais – Uma consideração intermediária: Teoria dos Estágios e direções da rejeição religiosa do mundo, 361

Índice, 407

PREFÁCIO À EDIÇÃO BRASILEIRA

Gabriel Cohn

O livro que você tem em mãos trata da China, mais precisamente da religião da China. Quanto a isso não há dúvida, parece. Não é bem assim, entretanto. Não é uma história da China, nem, como sugere o título, um estudo de sociologia da religião. É um pouco isso, mas muito mais. Faz parte de um conjunto de estudos que inclui a Índia e o judaísmo antigo, sobre tema muito específico, com denominação que não poderia ser mais característica do autor. Neles, examina-se em registro comparativo a "ética econômica das religiões mundiais". Adiante veremos o que isso significa. Por enquanto vale lembrar que não estamos diante de obra comum. É uma espécie de privilégio ter em mãos parcela de uma das grandes proezas intelectuais no século XX na área das ciências sociais. E quando falo de ciências sociais, nesse caso específico refiro-me a algo mais do que uma classificação acadêmica subdividida em diversas áreas independentes. Refiro-me ao modo peculiar como Max Weber entende o termo. Nele as diversas áreas que compõem esse domínio do conhecimento – a análise sociológica, política, econômica, histórica, jurídica e (em menor escala) antropológica, para não falar de literatura, de música e de filosofia – compareçam sempre juntas e no mais alto grau de competência. Para ele não se trata de trabalhar numa área por vez, mantendo-se as demais nos respectivos nichos. Em cada momento da pesquisa e da exposição todas elas são mobilizadas em conjunto, para fazer aquilo que está no cerne mesmo da atividade científica. Trata-se de formular as questões relevantes suscitadas por um grande *problema* (este termo é fundamental), para em seguida não esmorecer na busca de respostas que satisfaçam as exigências do rigor no conhecimento científico. Rigor muito especial, pois passa por todo o campo tradicionalmente reservado ao conhecimento bem-fundado para se estender por domínio muito particular, quando o objeto de estudos é da ordem do humano: a interpretação, não só de textos, mas dos significados que animam as próprias ações.

Muito já se escreveu sobre a formidável (no sentido exato do termo: imensa, que mete medo) erudição de Weber, esse inesgotável repertório de referências e fatos que fornece substância ao exercício do método. Pois neste livro, e nos que virão em seguida na mesma série, pode-se observar como ele esmiuçava todas as fontes, primárias ou secundárias, mesmo quando o tema dificultava por todos os modos a tarefa, a começar pela língua dos documentos. Admitamos que seria um pouco demais esperar dele pleno domínio do chinês clássico, do sânscrito ou do hebraico bíblico, mesmo sabendo que na sua época uma boa formação humanística europeia incluía pleno domínio do grego e do latim. E também que não deixou de buscar informações nessas outras áreas (o que lhe permite observar, de passagem, que seu conhecimento do hebraico é "insuficiente" para dar conta de certos documentos). Afinal, quando em outro registro estava em questão tema seu contemporâneo que reputava de alta importância, não hesitou em estudar russo para acompanhar o período das revoluções de 1905 a 1917. Por menos equipado que esse pesquisador severamente exigente quanto ao método e ao domínio das fontes se considerasse, passado um século os especialistas nas múltiplas áreas envolvidas reconhecem que ele conseguiu levar ao limite os recursos de que dispunha para produzir obras indispensáveis no seu campo. Entretanto, seria em primeiro lugar o próprio Weber que nos lembraria de que não há obra perene nos estudos humanos. Não simplesmente devido a avanços nos métodos e no acesso às fontes, mas por razão mais funda. É porque ao longo do tempo mudam os problemas que desafiam pesquisadores orientados por referências culturais e históricas específicas. E, com isso, são também outras as perguntas dignas de serem feitas e respondidas. É verdade que, por outro lado, ele mesmo afirma que as ciências sociais estão condenadas à "eterna juventude", precisamente no sentido de que sempre sabem renovar os seus temas e problemas. A isso pode-se acrescentar outra característica: a de que nelas a condução dos argumentos pode revelar-se estimulante por si mesma, para além do seu papel na construção da tese proposta. A obra de Weber ilustra isso, pelo modo como mobiliza e exibe referências tão precisas quanto surpreendentes.

Nossa questão, pois, é: Qual problema absorvia a atenção de Weber? E quais perguntas formulou para enfrentá-lo com os recursos da ciência?

O problema que o ocupava consistia no seguinte. O que, historicamente, *distingue* uma parte do planeta centrada na região ocidental da Europa de todo o resto do mundo e ao mesmo tempo lhe imprime *importância univer-sal*? Disso deriva a questão básica: Como explicar essa associação entre pecu-liaridade e universalidade? Tão logo formulada, essa questão se desdobra. Pri-meiro, em que consiste essa peculiaridade? Segundo, por que ela ocorre nessas coordenadas espaciais e temporais e não em outras? Respondido isso, torna-se possível enfrentar a questão sobre o que lhe confere significação universal.

O impulso básico para a formulação do problema por Weber não deriva diretamente de preocupações com a religião. Lança raízes no seu esforço para enfrentar uma questão de ordem mais propriamente econômica. Refere-se ela àquilo que chamava de a potência mais fatal, mais prenhe de *destino* (ou-tro termo central nele) da nossa vida moderna, o capitalismo. Nele se en-contram condensados todos os traços distintivos da peculiaridade ocidental. Cabe advertir que isso se dá em contraste puramente descritivo, sem privilé-gio valorativo, com o não europeu, "oriental". Veremos, em outro volume, a malcontida admiração de Weber pela Índia. É no mesmo capitalismo que se encontram as linhas de desenvolvimento voltadas para um significado uni-versal. Sobretudo, nele se incorpora em grau máximo aquilo que mais lhe importava ao longo de toda a sua obra: a expansão por todas as áreas da vida humana da ação racional. Vale dizer, daquela modalidade de ação social (no sentido estrito do termo: qualquer modalidade de conduta intencional que leve em conta outros agentes e que seja dotada de significado para seu autor) que se realiza do modo mais *consequente*. Destaco esse termo porque, ao lado de *coerência*, é dos mais centrais em Weber. No presente contexto ele expri-me o caráter mais saliente da ação racional. Consiste ele em promover um encadeamento de atos com intenção bem-definida de tal modo que (no caso limite) cada um decorra do outro com a mesma força e necessidade lógica que aquela encontrada num argumento bem-construído ou numa proposição matemática. Trata-se da expressão, no âmbito significativo, da exigência racional de eficácia máxima na relação entre meios e fins, eliminando-se todas as interferências. Weber discute em profundidade um caso-limite de interferência no encadeamento racional da ação, particularmente presente na esfera religiosa. Trata-se da magia, expulsa pela racionalidade mediante o "desencantamento do mundo". No outro extremo, relativo ao capitalismo, mostra como aquele constitui o terreno por excelência da empresa racionalmente constituída e gerida. Isso não significa, entretanto, que ele não visse racionalidade nos âmbitos culturais não ocidentais. Não é sua presença ou ausência que estão em jogo, mas modalidades diferentes, com características e efeitos diferentes.

Com efeito, a empresa inteiramente racionalizada constitui a marca do capitalismo na sua acepção moderna e mais completa; aquela que, como assinala Weber, só se desenvolveu no Ocidente. Cabe lembrar, neste ponto, que a análise social weberiana não tem como ponto de partida instituições ou grupos ou mesmo sociedades, e sim a ação social. E essa só se realiza mediante agentes, que são, na linguagem weberiana, portadores dos significados que a animam. As análises históricas de Weber o haviam levado à conclusão de que o capitalismo racional moderno é uma invenção exclusiva do Ocidente e que a empresa racionalizada é sua característica maior. Faltava o passo seguinte, de natureza mais sociológica: Qual modalidade de agente social seria capaz de sustentar esse empreendimento? Com base em quais significados? Sempre convém lembrar que, no modo de pensar weberiano, é importante identificar bem os complexos de significados que estão disponíveis para a ação numa sociedade e num momento histórico. Isso não basta, contudo. Falar, como ele próprio fala entre aspas, de "espírito" do capitalismo é importante, mas insuficiente. É preciso identificar quem põe esse "espírito" para trabalhar. (O termo, aqui, é bem adequado). Cabe, pois, identificar o agente que, na sua conduta cotidiana junto com outros e referida a eles, incorpora e põe em prática aquilo que, cristalizado pela repetição, é a empresa e tudo o que a cerca. Em suma: antes de falar em capitalismo, falemos do capitalista. Que tipo de homem é esse? Qual o seu solo social e histórico? Qual é o seu caráter, o seu *ethos* para usar o termo grego? Sem a adequada caracterização do tipo de agente envolvido nas conexões significativas que compõem o tema de estudo todo o empreendimento weberiano fica comprometido pela base.

Esse procedimento analítico está presente no estudo que serviu como plataforma para as análises comparativas que compõem nossa série de volumes. Trata-se, é claro, do célebre estudo (ou estudos, porque se estendem por várias etapas) sobre a ética protestante e o espírito do capitalismo. O termo-chave nesse título não é nem capitalismo, nem espírito, nem mesmo protestante, mas sim, ética. No contexto desses trabalhos de Weber o termo ética não se refere a imperativos normativos. Concerne àquilo que está no centro mesmo da teoria da ação social weberiana: uma forma característica de orientação da conduta. Concentra-se a atenção sobre como conduzem suas vidas certos agentes historicamente situados. E sobre como o fazem num específico contexto de relações sociais, munidos de referências significativas que lhes permitam não só realizar ações como também atribuir sentido a elas.

Não é o caso, aqui, de acompanhar passo a passo os argumentos e o modo de exposição de Weber naquela obra que há mais de um século é um grande clássico. Recordemos apenas alguns pontos básicos. O primeiro é que a emergência histórica do capitalismo no seu formato moderno tem sua lógica (ou seja, não resulta de ocorrências desconexas), porém não responde a qualquer necessidade intrínseca ao processo histórico. Do contrário não seria necessário procurar agentes. O próprio processo os produziria em todos os lugares nos quais a condução racional da economia fosse objetivamente possível, independente da conduta de sujeitos. O segundo é que a questão decisiva não é da *presença* ou mesmo do desenvolvimento do capitalismo moderno, mas das condições do seu *aparecimento* e, em seguida, da sua expansão pela sociedade na sua forma mais racional. Ou seja: Por que ele só aparece em certas áreas da Europa em determinada época? A resposta a essa questão não implica negar a possibilidade da *adoção* do capitalismo moderno em qualquer quadrante no qual não tenha surgido por sua conta. O que ela faz é *singularizar* sua gênese. A terceira é que os móveis da ação daquele agente social que se revelará empreendedor capitalista racional não podem ser encontrados só na esfera dos significados econômicos. Do contrário não haveria como explicar que, dadas condições econômicas semelhantes, certos agentes respondem de um modo específico e outros não. O modo de exposição adotado por Weber nessa pesquisa lembra uma investigação policial. Há um "crime" (algo de inusitado ocorreu), são apresentados "suspeitos" (p. ex., agentes econômicos que se distinguem só por serem católicos ou protestantes), alguns são descartados como pouco relevantes conforme critério bem-definido (p. ex., sucesso nos negócios), outros permanecem. Examinam-se os possíveis móveis da ação, isola-se um deles como particularmente significativo (uma vertente específica do protestantismo, digamos), refina-se a análise até encontrar um núcleo significativo decisivamente relevante (como a crença na predestinação da salvação), busca-se a tradução disso na orientação da ação econômica (busca metódica de êxito) e, passo a passo, vai emergindo o nosso agente. Não um agente qualquer, nem uma figura que reúna em si uma média de traços presentes no conjunto, mas uma figura construída para fins analíticos. Nela aparecem em grau extremo aqueles traços seus (não impostos ou imaginados: efetivamente seus, isolados analiticamente) que importam para sua rigorosa caracterização. Esta descrição de procedimentos de pesquisa e análise certamente não faz justiça à sofisticação e à seriedade do modo de trabalhar weberiano, mas não é absurda. Ajusta-se bem ao modo de operar de uma teoria da ação social atenta à caracterização dos agentes e dos móveis significativos das suas condutas.

De posse dos resultados da sua investigação, Weber reúne condições para sustentar sua tese, relativa ao papel decisivo desempenhado por certa configuração significativa de caráter religioso (a vertente calvinista do protestantismo) na moldagem do modo típico de conduta de determinados agentes também típicos (empresários racionais). Sem essa combinação única, devida à singular "afinidade eletiva" entre ação econômica e ação religiosa nessas circunstâncias também únicas seria muito improvável que tivéssemos o capitalismo moderno tal como o conhecemos, sustenta Weber. Cabe lembrar, neste passo, que essas condições são decisivas apenas no momento da criação, não mais na manutenção e desenvolvimento do complexo significativo gerado.

Para qualquer pesquisador comum a tarefa se encerraria nesse ponto. Para Weber, porém, isso era só o começo. Se o capitalismo racional moderno só ganhou sua forma característica no Ocidente, o que ocorreu em outros grandes cenários culturais no mundo que impedisse a replicação dessa criação histórica singular? Uma vez estabelecido que no caso ocidental uma peculiar afinidade entre orientação da conduta econômica e da conduta religiosa havia propiciado a conjugação de motivos necessária para tal resultado, só haveria uma maneira de prosseguir a análise. Um grande projeto de estudos comparativos seria a solução. (E ponha-se grande nisso. As agências de financiamento à pesquisa contemporânea tremeriam diante da sua magnitude, mas Weber trabalhava praticamente sozinho, numa escala vertiginosa). Que se examinassem os casos de outras grandes religiões de significação universal, como o confucionismo, o hinduísmo, o judaísmo e o islamismo, para identificar os traços favoráveis ou desfavoráveis à emergência do capitalismo de formato ocidental moderno. Caso se verificasse que essas religiões desempenharam papel relevante nesses casos, não para facilitar e sim para entravar tal gênese, a tese da relação significativa entre a orientação econômica e a religiosa se veria muito reforçada. Lembremo-nos, neste ponto, de que não se trata de relações causais no sentido estrito, até porque em princípio poderiam revelar-se reversíveis. Trata-se de "afinidades eletivas", no sentido mais literal desse termo de inspiração alquimista. O fundamental é que são *afinidades*. E mais: são *eletivas*, predominam sobre muitas outras possíveis para estabelecer vínculos sem os quais certos resultados não têm como se dar.

Assim equipado, Weber partiu para sua grande aventura intelectual, que só não completou porque a parte relativa ao islamismo ficou nas anotações preliminares. É análise comparativa no grande estilo, com uma característica tipicamente weberiana. Estabelecido aquilo que talvez se possa chamar o protótipo, ou seja, o tipo matriz dos demais, dado no caso pela relação capitalismo-protestantismo europeu, trazem-se para a comparação os outros casos selecionados. Para tanto, cada caso é tratado em termos típicos (como tipo ideal, em linguagem weberiana), valendo como referência aquele que foi construído para o caso europeu. Não, entretanto, para simplesmente registrar semelhanças ou diferenças relativas, mas para encontrar a caracterização precisa de cada caso e, com base nisso, demonstrar o caráter único e singular de um deles, exatamente o prototípico. Trata-se de procedimento que, tomando-se de empréstimo expressão de outra linha de pensamento, poder-se-ia denominar "comparação com dominante". Para tanto, a análise percorre duas etapas em cada caso. Primeiro, busca-se demonstrar que no tocante à estrutura da sociedade não haveria empecilhos insuperáveis para a instauração do capitalismo racional. É por isso, aliás, que toda a parte inicial do estudo sobre a China concentra-se nos "fundamentos sociais". Suas longas digressões econômicas estão voltadas para demonstrar que nesse nível não haveria obstáculos intransponíveis para o advento de capitalismo semelhante ao europeu. Coisa, de resto, que poderá ter desencorajado mais de um leitor interessado, afinal, na religião da China e, eventualmente, também na sua relação com a vida econômica. Digo eventualmente porque as vicissitudes editoriais acabaram levando para segundo plano aquilo que realmente constitui o cerne desse conjunto de obras. Não importa a religião simplesmente, nem a mera economia, mas a ética econômica (a forma de orientação da conduta nessa área) própria a cada uma das religiões universais. Ou seja, examina-se um subconjunto da orientação da conduta com referência aos valores religiosos, precisamente aquele que diz respeito à ação econômica. O objetivo disso sabemos qual é: identificar aproximações ou afastamentos concernentes à orientação da ação econômica tipicamente associada ao capitalismo moderno. E isso sempre tendo em vista que, em termos religiosos, o padrão de referência é dado pelo protestantismo de corte calvinista. Para fazer isso Weber recorre a uma distinção que se revela das mais fecundas. Diz ela respeito ao modo como uma religião aceita ou então rejeita a esfera mundana, o mundo, incluindo, é claro, a economia. Um desdobramento fundamental disso, que se revela de decisiva importância na análise, é a distinção entre a orientação religiosa voltada para o ajustamento às condições e exigências mundanas, por inação ou indiferença, em contraste com aquela voltada para o domínio do mundo, por intervenção ativa neste. Os casos polares seriam dados por correntes no interior do hinduísmo (rejeição plena) e pela corrente calvinista no interior do protestantismo (aceitação ativa). Entre ambos os polos outras combinações podem ser encontradas. Uma das mais interessantes é precisamente a examinada no presente livro sobre a China. O confucionismo é expressão cabal de uma orientação voltada para a aceitação do mundo mediante ajustamento a ele. Nessas circunstâncias, não se pode esperar dele atitudes inovadoras na esfera mundana. Em especial, não seria no seu âmbito que se encontraria a maior probabilidade de orientações econômicas eficazes na constituição do capitalismo racional moderno. Entretanto, por paradoxal que pareça à primeira vista, o impulso ao ajustamento ao mundo circundante pode muito bem facilitar a absorção na sociedade da orientação da conduta econômica adequada ao capitalismo de matriz ocidental, e pode mesmo facilitar adaptações convenientes. Na realidade, como a história chinesa após a época de Weber mostrou, aquela vertente religiosa é compatível tanto com o capitalismo moderno de mercado quanto com uma economia de comando centralizado, desde que não lhe caiba o ônus de contribuir para seu estabelecimento. Faz isso por dois lados: ao oferecer legitimação tradicional para políticas e ao abrir espaço para a valorização prática na vida social e econômica das redes de relações informais, porém ritualizadas (*guanxi*), como vêm apontando estudiosos da China contemporânea.

De tudo isso decorrem as conclusões mais amplas desse conjunto de estudos. Em primeiro lugar, fica confirmada e marcada a posição singular da ética econômica protestante de perfil calvinista na criação de condições para a emergência do capitalismo moderno. Nenhuma outra ética religiosa se revela capaz de desempenhar historicamente (vale dizer, de modo contingente, independente de quaisquer exigências objetivas) esse papel. Por outro lado – e aí temos a segunda ordem de conclusões – nenhuma das demais éticas religiosas examinadas se revela integralmente incompatível com a adoção e desenvolvimento do capitalismo, mesmo no seu perfil mais moderno e racional, consoante os padrões da sociedade envolvida. Para além de tudo isso põe-se o problema da significação universal do legado ocidental. Não cabe buscar a resposta com referência direta a uma religião: há outras com alcance universal, e precisamente por isso servem como termos de comparação. Nem se encontra a solução pura e simplesmente em uma ordem econômica. Isso por mais que, como é o caso do protestantismo de corte calvinista, tendo sido gestada em ambiente singular, transcendesse essa condição de origem e se alastrasse por ambientes nos quais não encontraria condições para germinar de modo autônomo. Importa decisivamente aquilo que está no fundo do complexo significativo da peculiaridade histórica europeia, aquilo que lhe imprime sentido próprio e o infunde em outras paragens. Trata-se da *racionalidade*, ou seja, da orientação da ação por estritas considerações de coerência (de relação *consequente*, na linguagem de Weber) entre meios e fins, inteiramente avessa a quaisquer fontes de perturbação à límpida e nítida definição dos termos da ação e das conexões entre eles. Esse grande legado, que ganha corpo na sua expressão mais plena, o capitalismo moderno (junto com o Estado estribado em legalidade com forma racional e burocracia eficiente e com a gradativa racionalização de todos os âmbitos da vida) encerra forte significação. Acaba conferindo à configuração histórica que lhe deu alento caráter que transcende mero resultado de causas rígidas já dadas ou de acidental convergência de ocorrências. É, nos termos de Weber, o destino todo um complexo cultural em expansão planetária, de todo um quadro de civilização, que se desenha quando essa grande obra se exibe na sua inteireza. E é isso que Weber via como algo não apenas digno de curiosidade, e sim formidável, mais uma vez no sentido pleno: enorme, desmedido, que impõe admiração e terror. Weber teve ambos esses sentimentos diante do mundo que foi levado a buscar entender. Embora em momentos decisivos isso transpareça na sua escrita, no andamento das análises não se apresenta diretamente. O que, sim, se torna claro é que ele não tem compromisso incondicional com o mundo que o seu destino pessoal de pesquisador o levou a colocar no centro de suas análises. É a sempre presente tensão entre as exigências do estudo racional imparcial e o imperativo de tomar posição perante seu mundo que empresta relevância e significado à sua obra.

Não poucos leitores de Weber foram levados a interpretar suas análises da ética econômica das religiões universais de maneira simplificada quando não tosca. Primeiro, ao lê-las como capítulos de sociologia da religião. Já nisso, perdiam de vista o real foco da sua atenção. Para ele o que importava em primeiro lugar era o processo de racionalização desencadeado no Ocidente (retomando princípios lançados no judaísmo antigo, como veremos em outro volume). É verdade que os tipos de orientação da ação religiosa desempenham papel decisivo na análise, não porém como seu objeto central, e sim como componentes nucleares da hipótese suscitada pelo problema que anima o empreendimento todo. O foco é bem-definido. É a expansão das formas racionais de orientação e condução da ação que absorvia sua atenção. E o capitalismo moderno surge como a expressão mais acabada desse grande processo histórico. E aqui entra o segundo equívoco de leitura. Por ambos os lados, contra ou a favor, não poucos viram e ainda veem em Weber um apologista da racionalização crescente e do capitalismo. Isso, quando não de determinadas orientações religiosas que suas análises apontariam como altamente compatíveis com o desenvolvimento do capitalismo e, portanto, da "modernização" de sociedades com traços "tradicionais". Se o imenso esforço intelectual de um pensador dessa envergadura ("uma mente poderosa", diria nada menos do que praticante eminente de outra ciência, o matemático René Thom) não resultasse em mais do que isso seria o caso de perguntar se realmente vale a pena enfrentar sua obra. Longe disso, contudo. A perspectiva que Weber alcançou do mundo no qual vivia (e, em grande medida, no qual vivemos), em relação ao qual sentia-se obrigado a tomar posição estribada naquilo que a análise metódica lhe demonstrara, nada tinha de aceitação rasa ou de rejeição frontal. Ela é mais propriamente trágica, num sentido muito preciso. É que Weber é levado pelas suas próprias análises a ver no avanço da racionalização e da sua expressão mais acabada no capitalismo algo mais do que a mera constatação de um processo histórico que bem poderia ser outro. Na própria dinâmica desse processo ele enxergava algo mais fundo. Retomando seus termos: é o destino do nosso mundo que nela se desenha. Uma vez instalado em sua forma moderna e mais acabada (como consequência imprevista da conjugação de orientações da ação social em circunstâncias muito específicas), esse processo de racionalização ganha ímpeto e nada mais parece ser capaz de contê-lo. (Em vão Walter Benjamin, leitor crítico de Weber, procurava o freio de emergência).

Ocorre que nada é mais implacavelmente sistemático e autocentrado do que a racionalidade sem limites. Com isso tende cada vez mais a limitar-se o campo de opções disponíveis para agentes sociais, na orientação da sua ação mediante o sentido que atribuem a ela e na condução das suas vidas. Enfim, corre-se o risco de pagar com liberdade o que se ganha em previsibilidade, controle, racionalidade. Não é cenário aceitável sem mais para Weber. Ao fim e ao cabo, ele não conseguia conviver bem com o avanço da racionalização da vida que detectava nas suas análises, nem concebia viver sem ela. Se o que se exige de um grande clássico é que não recue diante de impasses e continue a falar com força no nosso tempo, o desafio que ele nos propõe não é de pouca monta. Enquanto isso, o mundo segue abrindo seus rumos e novos problemas se entreveem no horizonte à espera de novos Weber.

PARTE I
RELIGIÕES MUNDIAIS

UMA INTRODUÇÃO[1]

Por "religiões mundiais" entendem-se aqui, de maneira totalmente isenta de valor, aqueles cinco sistemas religiosos ou religiosamente condicionados de regulamentação da vida que souberam reunir em torno de si *quantidades* especialmente grandes de seguidores: as éticas religiosas confuciana, hinduísta, budista, cristã, islâmica. Junta-se a essas como sexta religião a ser tratada aqui o judaísmo, seja por conter pressupostos históricos decisivos para compreensão das duas últimas citadas, seja por sua significação histórica intrínseca, em parte real, em parte presumida, para o desenvolvimento da moderna ética econômica do Ocidente, que nos últimos tempos tornou-se tema de muita discussão. Outras religiões

---

1. Estes ensaios vieram a público pela primeira vez em remessas isoladas no periódico *Archiv für Sozialwissenschaft* de Edgar Jaffé, vols. 41 a 46 (1915-1919); as primeiras partes sem alteração, tal como haviam sido escritas e lidas para amigos dois anos antes. A convocação militar para a guerra impossibilitou na época que o "aparato" científico fosse incluído conforme estava previsto; em seu lugar breves referências à literatura pertinente foram colocadas no começo de cada seção. À mesma razão se deve o tratamento desigualmente aprofundado para cada matéria. Se mesmo assim os ensaios foram impressos naquele momento, foi porque parecia impossível esperar o fim de uma guerra, que significava para cada um toda uma época da vida, para recuperar sequências de pensamentos de uma época precedente. Além disso, tratava-se de estudos que também estavam destinados a vir a público paralelamente ao tratado sobre "Economia e sociedade" contido no *Grundriss der Sozialökomik* para que pudessem servir como interpretação e complementação do capítulo de sociologia da religião (e quem sabe para poderem ser, por sua vez, interpretados por meio desse capítulo em mais de um ponto). Mas me pareceu que eles podiam cumprir essa tarefa mesmo no seu formato de então. O que de valor próprio com isso se perdeu devido ao seu forçoso caráter esquemático e da desigual completeza da exposição, com certeza há de ser possível compensar no futuro por trabalhos de outros, muito mais do que foi possível a mim. Pois as partes desse tratado nas quais o autor viu-se obrigado a depender de fontes traduzidas não deveriam jamais, mesmo em sua forma final, ter a pretensão de ser, em qualquer sentido, uma "conclusão". Mas mesmo em sua forma atual talvez possam ser úteis para completar em alguns pontos as problemáticas [*Problemstellungen*] tanto da sociologia da religião como também, aqui e ali, da sociologia da economia. Tentei também, na edição completa dos ensaios reunidos (de sociologia da religião), além de corrigir os pequenos descuidos, minorar, até onde isso é possível a um não especialista, dado o estado do material a ele acessível, as graves imperfeições da exposição, principalmente da parte que se refere às condições chinesas, e completar um pouco as citações das fontes.

serão convocadas somente na medida em que for indispensável ao contexto histórico. Para o cristianismo, aqui se faz referência particularmente aos (meus dois) estudos anteriores (sobre o protestantismo), cujo conhecimento é cabível presumir[2].

O que entender por "ética econômica" de uma religião, espera-se que fique cada vez mais claro no decorrer da própria exposição. Não se trata da teoria ética de compêndios teológicos, que serve apenas como um meio de conhecimento (de resto importante em certas circunstâncias), mas sim dos *estímulos práticos para a ação* fundamentados nos contextos psicológicos e pragmáticos das religiões. Por mais esquemática que seja, a exposição subsequente dará a ver o quão complexa em sua configuração e principalmente o quão multifatorial em seu condicionamento costuma ser uma ética econômica concreta. Além disso, aqui também se mostrará que formas de organização econômicas externamente semelhantes são compatíveis com éticas econômicas muito diversas e, a depender de sua peculiaridade, produzem efeitos históricos muito diversos. Uma ética econômica não é de modo algum uma simples "função" de formas de organização econômica; tampouco há de ser ela que, inversamente, as vai cunhar de maneira unívoca.

Nenhuma ética econômica foi, jamais, determinada apenas pela religião. No que concerne a qualquer tomada de posição de um ser humano perante o mundo, condicionada por fatores religiosos ou por outros motivos (digamos) "interiores", é certo que toda ética religiosa contém uma boa dose de pura legalidade própria, que por sua vez depende em alto grau de condições dadas de caráter histórico e geográfico-econômico. Mas, seja como for, nem por isso é menos certo que a determinação religiosa da conduta de vida[3] também seja *um* – e notar bem: apenas *um* – dos fato-

---

2. São eles: *A ética protestante e o espírito do capitalismo* e "As seitas protestantes e o espírito do capitalismo". Ambos foram republicados por Weber em 1920, na parte inicial do primeiro volume da coletânea *Gesammelte Aufsätze zur Religionssoziologie – Gars (Ensaios reunidos de sociologia da religião)*, da qual também é parte e parcela maior a presente série de estudos denominada *Ética econômica das religiões mundiais* [NdR].

3. *Lebensführung*: "conduta de vida" ou "condução da vida", além de literais, são traduções bem mais incisivas do que "modo de vida" e "estilo de vida" [NdR].

res determinantes da ética econômica. Em troca, a conduta de vida sofre profundamente, é claro, o influxo dos fatores econômicos e políticos operantes dentro de dados limites de ordem geográfica, política, social e nacional. Quisesse alguém apresentar essas interdependências em todas as suas particularidades, seria como navegar a esmo sem terra à vista. Só o que nos resta em nossas exposições, portanto, é a tentativa de isolar, de cada vez, os elementos orientadores da conduta de vida daqueles *estratos* sociais [*sozialen Schichten*][4] que influenciaram do modo mais poderosamente determinante a ética prática de sua respectiva religião e nela imprimiram seus traços característicos – aqui, isso quer dizer: aqueles traços que a diferenciam das outras e, ao mesmo tempo, são importantes para sua respectiva ética econômica. De modo algum se tratará sempre da influência de um único estrato. Os estratos que são, neste sentido, decisivos, também podem variar no curso da história. E mais, a influência de um estrato no singular jamais será exclusiva. Mesmo assim, para cada uma das religiões mencionadas é quase sempre possível apontar estratos sociais cuja conduta de vida foi, no mínimo, preponderantemente determinante. Só para antecipar alguns exemplos:

• O confucionismo foi a ética estamental de um corpo de burocratas prebendados, homens com formação literária que se caracterizavam por um racionalismo mundano [*Weltlichrationalismus*][5]. Quem não pertencesse a esse estrato *cultivado* não contava. A ética estamental religiosa (ou caso se prefira: irreligiosa) desse estrato determinou a conduta de vida chinesa muito além do próprio estrato.

• O hinduísmo mais antigo, pelo contrário, foi portado [*wurde getragen*] por uma casta hereditária de homens com formação literária que, desprovidos de qualquer cargo oficial, ministravam uma espécie de cura de almas

---

4. Palavras e expressões do original alemão foram mantidas entre colchetes ao longo do texto para informar ao leitor o conceito utilizado pelo autor [NdE].

5. Há quem prefira traduzir por "racionalismo secular" [NdR].

ritualista para indivíduos e comunidades e como que pontos fixos de orientação da estratificação[6] estamental [*ständische Gliederung*] imprimiram sua marca na ordem social por inteiro. Unicamente os brâmanes que tivessem a *formação* védica de portador [*Träger*] da tradição constituíam o estamento[7] religioso de cabal valor. Só mais tarde é que, ao lado dos brâmanes e em competição com eles, surgiu um estamento de ascetas não brâmanes; e foi só mais tarde ainda, na Idade Média indiana, que se projetou de dentro do hinduísmo a religiosidade do salvador própria dos estratos inferiores, religiosidade sacramental e fervorosa, difundida por mistagogos plebeus.

• O budismo foi propagado por monges mendicantes, andarilhos apátridas, estritamente contemplativos e renunciantes ao mundo. Somente eles eram membros plenos da congregação [*Gemeinde*], enquanto todos os demais permaneciam leigos, inferiores portanto no plano religioso: objetos, não sujeitos da religiosidade.

• O islã foi em seus primórdios uma religião de guerreiros conquistadores do mundo, uma ordem de cavalaria formada por disciplinados cruzados da fé, se bem que lhes faltasse a ascese sexual de suas réplicas cristãs do tempo das Cruzadas. Na Idade Média islâmica, entretanto, um papel tão importante quanto o da cavalaria foi assumido pelo sufismo místico-contemplativo sob a direção de técnicos plebeus em orgiástica e pelas confrarias de pequeno-burgueses dele provenientes de uma forma análoga à das ordens terceiras cristãs, só que com um desenvolvimento muito mais universal.

---

6. Ao tratar desse tema que é absolutamente central em sua sociologia da religião, a saber, a estruturação da desigualdade social, Weber emprega indistintamente os termos "*soziale Schichtung*" (literalmente: estratificação social) ou "*soziale Gliederung*" (articulação social). Na presente edição vamos indicar no rodapé toda vez que, no original alemão, ocorrer este ou aquele termo, indicação que nos parece pertinente devido a uma outra decisão correlata: a de traduzir esses dois vocábulos alemães (*Schichtung* e *Gliederung*) pelo mesmo vocábulo em português: *estratificação*, com propiciar à terminologia weberiana em nosso idioma maior economia de jargão, maior facilidade de circulação [NdR].

7. Tanto em português quanto em espanhol, "estamento" é o termo que corresponde ao alemão *Stand*. Já faz tempo, entretanto, que na sociologia praticada nos mais diferentes idiomas veio se firmando a tendência de traduzir *Stand* por "grupo de *status*", tendência que, para os falantes de português ou de espanhol, tem levado à substituição do vocábulo "estamento" pela expressão "grupo de *status*". Em tempo: também na sociologia francesa sempre mais se assenta o uso de *group de statut* [NdR].

• O judaísmo foi, desde o exílio, a religião de um "povo pária" burguês. (No devido momento seremos apresentados ao significado preciso da expressão povo pária[8].) O judaísmo passou pela Idade Média sob a liderança de um estrato de intelectuais com formação escolar literária e ritualística, uma peculiaridade do judaísmo: uma *intelligentsia* de pequeno-burgueses racionalistas tornando-se cada vez mais proletaroides.

• O cristianismo, por fim, iniciou sua trajetória como uma doutrina de oficiais artesãos itinerantes. Foi e continuou sendo uma religião especificamente urbana (antes de mais nada: burguesa) durante todos os períodos do seu desenvolvimento externo e interno, tanto na Antiguidade quanto na Idade Média e no puritanismo. A cidade do Ocidente, singular entre todas as cidades da Terra, com sua burguesia que também não surgiu no mundo a não ser no Ocidente, foi seu principal teatro, e isso vale tanto para a antiga devoção pneumática das primeiras congregações cristãs quanto para as ordens mendicantes da Idade Média e para as seitas (protestantes) desde a Reforma até o pietismo e o metodismo.

As exposições a seguir não irão de modo algum propor a tese de que a peculiaridade de uma religiosidade seria uma simples função da situação social do estrato social que aparece como seu portador característico, como se ela representasse pura e simplesmente a "ideologia" desse estrato, ou um "reflexo" de sua situação de interesses materiais ou ideais. Ao contrário. Difícil encontrar, do ponto de vista que assumimos nessas análises, mal-entendido mais grave que o dessa interpretação. Por mais profundos que tenham sido em alguns casos particulares os condicionantes sociais, econômicos e políticos de uma determinada ética religiosa, mesmo assim sua feição característica ela obteve antes de tudo de fontes religiosas. Em primeiro lugar: do conteúdo da boa-nova que ela proclama e da promessa que ela faz.

---

8. No estudo sobre *Hinduísmo e budismo* que perfaz o segundo volume da presente coletânea, Weber define "povo pária" como uma comunidade étnica e religiosamente homogênea que, por ser estrangeira, é considerada "bárbara" ou "impura magicamente" aos olhos da comunidade inclusiva que lhe reserva um *status* restritivo de "povo-hóspede" [NdR].

E conquanto não seja raro que já na geração seguinte tal conteúdo venha a ser radicalmente reinterpretado visando a adaptá-lo às necessidades da respectiva congregação, de novo e em regra geral tratar-se-á em primeiro lugar de: necessidades *religiosas*. Só secundariamente outras esferas de interesses podiam exercer sua influência, sem dúvida forte muitas vezes e algumas vezes decisiva. É certo que vamos ter que admitir que o jeito de ser dos estratos socialmente decisivos teve uma significação básica para qualquer religião, mas teremos que admitir também, por outro lado, que uma vez moldado o tipo de uma determinada religião, ela passava a exercer influência ampliada sobre a conduta de vida de estratos sociais bastante heterogêneos.

As conexões entre ética religiosa e situação de interesses têm sido objeto de diferentes tentativas de interpretação tendentes a fazer com que a primeira, a ética religiosa, apareça apenas como uma "função" da segunda, a situação de interesses. Não só no sentido do assim chamado materialismo histórico – que aqui não será discutido –, mas também num sentido puramente psicológico.

Da teoria do "ressentimento" introduzida pelo brilhante ensaio de F. Nietzsche[9] e desde então tratada com engenhosidade também por psicólogos, seria possível deduzir uma vinculação de classe [*Klassengebundenheit*] bastante geral e de certo modo abstrata da ética religiosa. Tal teoria propõe que a transfiguração ética da misericórdia e da fraternidade foi uma "revolta de escravos" ética entre aqueles que não tinham sido favorecidos nem por dotes naturais, nem pelas oportunidades proporcionadas pelo destino, e, assim sendo, a ética do "dever" seria um produto dos sentimentos de vingança "recalcados", porquanto impotentes, da parte de seres obtusos condenados a trabalhar para ganhar o pão, contra a conduta de vida do estamento dos senhores [*Herrenstand*] que viviam livres de toda obrigação; fosse esse o caso, está claro que se teria encontrado uma solução muito simples para os problemas mais importantes postos para a tipologia da ética religiosa. No entanto, mesmo que a descoberta da significação psicológica

---

9. Trata-se do ensaio de Nietzsche *A genealogia da moral* [NdR].

do ressentimento tenha sido assim tão bem-sucedida e frutífera, é preciso ter grande cautela na avaliação do seu alcance ético-social.

Na sequência não faltará ocasião para repetidas vezes se falar dos motivos que, puramente enquanto tais, determinaram os diferentes modos de "racionalização" ética da conduta de vida. Na maior parte das vezes, ela simplesmente não tem nada a ver com ressentimento.

Mas, no que diz respeito à valoração do *sofrimento* na ética religiosa, não há dúvida de que ela passou por uma típica mudança que, se bem-entendida, dá certa razão à teoria elaborada primeiramente por Nietzsche. Durante as festividades religiosas da comunidade, a primitiva tomada de posição ante o sofrimento manifestava-se, plasticamente, mais que tudo no tratamento dispensado aos que se encontravam atribulados por uma doença ou qualquer outro infortúnio prolongado. O sofredor, alguém cujo sofrer não cedia – luto, enfermidade crônica ou qualquer outro estado de desdita insistente –, era visto, dependendo da modalidade do seu sofrimento, como alguém possuído por um demônio ou acabrunhado pelo peso da ira de um deus a quem havia ofendido. Para a comunidade de culto, tolerá-lo em seu seio poderia trazer consequências nefastas. Pelo sim, pelo não, não lhe era permitido participar de sacrifícios e refeições rituais, pois sua presença não agradava aos deuses, podendo despertar neles a ira. Repastos sacrificiais, afinal de contas, deviam ser lugar de gente feliz – até mesmo em Jerusalém na época do cerco.

Tratando assim o sofrimento como sintoma da ira divina e de culpa secreta, a religião vinha atender psicologicamente a uma necessidade muito geral. Quem é feliz raramente se contenta com o simples fato de ter felicidade. Além de possuí-la, sente necessidade de *ter direito* a ela. Quer convencer-se de que a "merece" e principalmente: que a merece em comparação com os demais. Daí querer também poder acreditar que quem é menos feliz que ele, quem não tem uma felicidade comparável à dele, também está, tanto quanto ele, recebendo em troca a parte que lhe cabe. A felicidade quer ser "legítima". Quando na expressão genérica "felicidade" se encerram todos os bens da honra, do poder, da posse e do gozo, eis-nos diante da fórmula mais geral daquele serviço de legitimação – a teodiceia da felicidade – que cabe à religião prestar aos interesses externos e internos de todos os poderosos, todos os proprietários, todos os vitoriosos, todos os sadios, numa palavra, de todos os felizardos. Ela está firmemente ancorada em necessidades humanas altamente substanciais ("farisaicas"), daí ser facilmente compreensível mesmo que não se preste suficiente atenção à sua eficácia.

Mais tortuosas, em compensação, foram as vias que levaram à viravolta desse ponto de vista, isto é: à transfiguração religiosa do sofrimento. Primeira a contribuir para isso foi a experiência de que, por meio de múltiplas formas de mortificação da carne e de abstinência da alimentação normal, do sono, da relação sexual, era possível despertar ou, em todo caso, favorecer o carisma característico daqueles estados extáticos, visionários, histéricos, numa palavra: extracotidianos, valorizados como "sagrados" e cuja produção consequentemente constituía o objeto da ascese mágica. O prestígio dessas mortificações foi consequência da concepção segundo a qual determinadas modalidades de sofrimento e de estados anormais provocados por mortificação constituíssem vias para obtenção de forças sobre-humanas: mágicas. Operaram na mesma direção as antigas prescrições tabus e as abstinências visando à pureza ritual: consequências da crença nos demônios. Veio ainda juntar-se a isso, na verdade como elemento novo e independente, o desenvolvimento dos "cultos de redenção", que assumiram uma posição de princípio fundamentalmente nova a respeito do sofrimento individual.

O culto comunitário originário, principalmente o das associações políticas, deixava de fora todos os interesses individuais. O deus tribal, o deus local, o deus da cidade e o do império, todos eles só cuidavam de interesses referentes ao conjunto da coletividade: a chuva e o sol, o butim de caça, a vitória sobre os inimigos. Era a esse deus que a coletividade como tal recorria acudindo ao culto comunitário; não obstante, para prevenir ou curar os males que afetam o indivíduo singular enquanto indivíduo – antes de mais nada: a doença – não era o caso de acorrer ao culto da comunidade, mas de recorrer como indivíduo ao feiticeiro, o mais antigo "cura de almas" para assistência individual. O prestígio de cada mago, e daqueles espíritos ou deuses em cujo nome ele operava seus prodígios, rendia-lhe um afluxo de clientes independentemente de sua pertença local ou tribal, e isso levou, sob condições favoráveis, a uma formação "congregacional" [*"Gemeinde" – Bildung*] independente de vínculos étnicos. Muitos cultos de "mistérios", não todos, palmilharam esses trilhos. Para o indivíduo enquanto indivíduo, a promessa era salvá-lo da doença, da pobreza, de todo tipo de penúrias e perigos. Foi assim que o mago virou mistagogo: desenvolveram-se dinastias hereditárias desses mistagogos ou organizações de pessoal adestrado, com um chefe designado segundo certas regras, podendo esse chefe ser considerado ou como a própria encarnação de uma entidade sobre-humana, ou simplesmente como um arauto ou um executante de seu deus, vale dizer: um profeta. Com isso nascia uma organização comunitária religiosa atenta especificamente ao "sofrimento" individual como tal e à sua "redenção". Desde então, a proclamação da boa-nova e a promessa que ela trazia voltaram-se naturalmente para as massas dos que *necessitavam* de redenção. As massas e seus interesses passaram a ser o foco da atividade profissional da "cura de almas", empreendimento que só então emergiu no sentido próprio da palavra. A identificação da causa do sofrimento por meio da confissão dos "pecados" – acima de tudo: as violações de preceitos rituais – e o aconselhamento acerca do comportamento apto a remover o mal passavam a ser agora as atividades típicas dos magos e sacerdotes. Desse modo, seus interesses materiais e ideais puderam cada vez mais colocar-se efetivamente a serviço de assuntos especificamente *plebeus*. Representou um passo adiante nesses trilhos o desenvolvimento a partir daí, por pressão de angústias típicas e sempre recorrentes, de uma religiosidade "do salvador". Essa religiosidade pressupunha o mito de um redentor, isto é, uma concepção do mundo *racional* (pelo menos relativamente), cujo objeto mais importante era, mais uma vez, o sofrimento. Pontos de partida para isso oferecia-os, de sobra e desde sempre, a primitiva mitologia da natureza. Os espíritos que comandavam o vaivém da vegetação e o curso dos astros importantes para as estações do ano converteram-se nos portadores preferidos dos mitos do deus que sofre, morre e ressuscita, o qual passava agora a garantir também aos humanos em angústia a volta da felicidade neste mundo ou a certeza da felicidade no outro mundo. Também podia tornar-se objeto de um fervoroso culto do salvador uma figura lendária popularizada por sagas heroicas – como Krishna, na Índia – envolta em mitos de infância, de amor e de combate. Num povo politicamente oprimido como o de Israel, o nome "salvador" (*moshuah*) foi aplicado em primeiro lugar aos lendários libertadores (Gedeon e Jefté) que, como na tradição das sagas heroicas, haviam no passado libertado seu povo dos reveses políticos, anunciando a partir daí as promessas "messiânicas". Foi nesse povo, e só nele com consequências assim, que – sob condições muito particulares – o sofrimento coletivo de toda uma *comunidade* étnica [*Volksgemeinchaft*], e não o sofrimento do indivíduo, se tornaria o objeto de esperanças religiosas de redenção. A regra era: que o salvador tivesse um caráter ao mesmo tempo individual e universal, de modo a estar pronto a garantir a salvação ao *indivíduo* e a *todo* indivíduo que a ele recorresse.

A figura do salvador podia assumir aspectos diversos. Na forma tardia da religião zoroastriana, com suas numerosas abstrações, o papel do mediador e do salvador na economia da salvação foi assumido por uma figura puramente construída; ou precisamente o inverso: uma personagem histórica, legitimada por seus prodígios e uma reaparição visionária, foi alçada à condição de salvador. A realização de possibilidades tão diversas quanto essas dependia de fatores puramente históricos.

Quase sempre, porém, das esperanças de redenção nascia alguma teodiceia do sofrimento.

Na verdade, as promessas feitas pelas religiões de salvação estiveram vinculadas desde logo a pré-requisitos rituais, não éticos: por exemplo, nos mistérios eleusinos os benefícios prometidos tanto para este mundo quanto para o outro dependiam da pureza ritual e da assistência ao cerimonial eleusino. Mas o papel cada vez mais relevante que, com a crescente significação do direito, os deuses especiais que eram protetores do bom procedimento judiciário passaram a desempenhar conferiu-lhes a tarefa de proteger a ordem tradicional: punindo o injusto e premiando o justo. E quando o desenvolvimento religioso[10] viu-se influenciado de modo decisivo por uma profecia, era natural que o "pecado", não mais como transgressão do rito mágico, mas essencialmente como: descrença no profeta e em seus mandamentos, passasse a assumir o papel de causa explicativa de toda sorte de desgraça. O profeta não era, o mais das vezes, um descendente ou representante das classes [*Klassen*] oprimidas. Veremos que era antes o inverso a regra geral. E nem o conteúdo de sua doutrina era proveniente de modo preponderante do horizonte de ideias das classes oprimidas. Mas é certo também que, em geral, não eram os afortunados, os proprietários e os poderosos que sentiam *necessidade* de um redentor e profeta, mas sim os oprimidos, ou ameaçados de privação. Eis por que, na grande maioria dos casos, uma religiosidade do salvador *profeticamente* anunciada pôde encontrar seu assentamento preferencial e duradouro nos estratos [*Schichten*] sociais menos favorecidos, junto aos quais ela podia ser ou um sucedâneo da magia, ou um complemento racional da mesma. E quando as promessas do profeta ou salvador não satisfaziam suficientemente as necessidades dos socialmente menos favorecidos, com grande regularidade se desenvolvia entre eles, à sombra da doutrina oficial, uma forma secundária de religiosidade de salvação voltada para as massas. E já no mito do salvador se aninhava, prefigurada em germe, uma consideração racional do mundo, que se incumbiu da tarefa de elaborar uma teodiceia racional da infelicidade. Só que, ato contínuo, essa teodiceia aplicou ao sofrimento como tal um sinal de valor positivo que lhe era, nas origens, completamente estranho.

O sofrimento voluntariamente autoinfligido por mortificação já mudara de sentido com o desenvolvimento das divindades éticas, que punem e recompensam. Se desde as origens a coação mágica dos espíritos pelo enunciar da fórmula mágica era reforçada com a mortificação como fonte de estados carismáticos, esse padrão manteve-se presente tanto nas mortificações que integravam a reza propiciatória quanto nas prescrições de abstinência cultual, processo que seguiu ocorrendo mesmo depois que a fórmula mágica de

---

10. Ainda há quem prefira traduzir o sintagma *religiöse Entwicklung* por "evolução religiosa". Nossa preferência no entanto pende para "desenvolvimento religioso" [NdR].

coação dos espíritos se transformou numa súplica a ser atendida por uma divindade. A isso veio se acrescentar o recurso à autopunição como penitência expiatória, vista agora como um meio de minorar pelo arrependimento a ira dos deuses e se esquivar das penas merecidas. Do mesmo modo, as numerosas abstinências que acompanhavam o luto pelos mortos, de início voltadas (com particular nitidez na China) a afastar a inveja e a ira do defunto, foram transferidas numa boa para as relações com as respectivas divindades, fazendo com que a automortificação e, no fim das contas, até mesmo a mera facticidade da privação involuntária puramente enquanto privação aparecessem como se fossem mais agradáveis aos deuses do que a fruição ingênua dos bens desta terra, uma vez que, na verdade, tal gozar tornava os que o gozavam menos acessíveis à influência do profeta ou do sacerdote.

Ainda assim, sob circunstâncias favoráveis, a força de cada um desses fatores mostrou-se consideravelmente acrescida à medida que crescia em racionalidade a consideração do mundo *pari passu* com a necessidade também crescente de conferir um "sentido" ético à distribuição desigual da felicidade entre os humanos. Foi o que fez a teodiceia num processo cada vez mais puxado de racionalização da concepção ético-religiosa e de progressiva eliminação das primitivas representações mágicas[11], teve de enfrentar dificuldades cada vez maiores. Afinal de contas, era demasiado frequente o sofrimento individual "imerecido". E quase sempre aqueles para quem as coisas andavam melhor não eram os melhores, mas sim os "maus", e maus não apenas por critérios de uma "moral de escravos", mas também pelos critérios do próprio estrato senhorial. Podia-se explicar o sofrimento e a injustiça seja pelo pecado individual cometido anteriormente numa vida passada (reencarnação), seja pela culpa dos antepassados a acarretar uma punição até à terceira ou quarta geração, seja (e esta é a explicação mais radical em seus termos) pela inerente corruptibilidade de toda criatura enquanto tal; mas havia, como compensação, as promessas: esperança de uma vida futura melhor, ou neste mundo

---

11. Weber define aqui seu conceito de "desencantamento do mundo", sem contudo mencionar-lhe o nome: "crescente racionalização de uma noção ética de religião com progressiva eliminação das primitivas representações mágicas" [NdR].

para o indivíduo (reencarnação), para os descendentes (reino messiânico), seja no além (paraíso). Paralelamente, a reflexão metafísica sobre deus e o mundo suscitada pela necessidade inerradicável de teodiceia só conseguiu produzir um número pequeno de sistemas de pensamento – três ao todo, conforme veremos – capazes de dar respostas racionalmente satisfatórias à questão da origem da incongruência entre o destino e o mérito: a doutrina hindu do karma, o dualismo zoroastriano e o decreto de predestinação do *deus absconditus*. Essas soluções, racionalmente as mais consequentes, só muito excepcionalmente surgiram em forma pura.

A necessidade racional de uma teodiceia do sofrimento – e da morte – teve um efeito extraordinariamente vigoroso. Chegou a imprimir sua marca em mais de um traço característico essencial de religiões como o hinduísmo, o zoroastrismo, o judaísmo e, numa certa medida, também o cristianismo paulino e o cristianismo tardio. Em 1906, à pergunta que foi posta a um número importante de proletários a respeito dos motivos de sua descrença, apenas uma minoria respondeu com argumentos tirados das modernas ciências da natureza, ao passo que a resposta da maioria fazia referência à "injustiça" da ordem deste mundo – pela simples, mas profunda razão de crerem numa compensação revolucionária neste mundo.

A teodiceia do sofrimento podia tingir-se de ressentimento. Mas a necessidade de uma compensação pela adversidade do destino neste mundo não só não assumiu sempre, como dá para dizer que só muito excepcionalmente ela assumiu o ressentimento como sua marca decisiva. Bem verdade que está muito próxima da necessidade de vingança a crença de que os injustos se saem melhor neste mundo porque no outro mundo já os aguarda o inferno pelo fato de serem injustos, ao passo que aos piedosos está reservada a bem-aventurança eterna, e é precisamente por isso que estes deverão expiar neste mundo os pecados ocasionais que também os pios cometem. Mas não é difícil nos convencermos de que mesmo esse modo de pensar com o qual topamos de vez em quando nem sempre estava determinado pelo ressentimento e, sobretudo, que ele não era o produto de estratos socialmente oprimidos. Houve apenas uns poucos casos, dos quais só um exemplo categórico, de uma religiosidade cujos traços *fundamentais* foram na realidade condicionados pelo ressentimento. O que há de exato, então, é apenas isto: por toda parte o ressentimento *pôde* adquirir importância como um elemento a mais (ao lado de outros) do racionalismo religiosamente determinado dos estratos sociais desfavorecidos, e isso, aliás, aconteceu muitas vezes. Mas, mesmo assim, aconteceu em graus extremamente diversos e não raro insignificantes, segundo a natureza das promessas próprias de cada religião. Seja como for, seria totalmente errôneo de um modo geral querer deduzir dessas fontes a "ascese". A desconfiança em relação à riqueza e ao poder normalmente presente nas religiões de salvação propriamente ditas tinha sua natural razão de ser, antes do mais, na experiência vivida pelos próprios salvadores, profetas e sacerdotes, a saber: que os estratos favorecidos e já "saciados" neste mundo geralmente sentiam em medida muito limitada a necessidade de uma redenção – não importando de que tipo –, sendo eles, portanto, menos "piedosos" no sentido dessas religiões. E, desse modo, o desenvolvimento de uma *ética* religiosa racional precisamente no solo dos estratos socialmente desvalorizados enraizou-se positivamente em sua predisposição interior já num primeiro momento. Aos estratos solidamente dotados com a posse de honra social e poder apraz construir sua lenda estamental invocando uma qualidade especial que lhes seria imanente, o mais das vezes a qualidade do seu sangue: seu sentimento de dignidade nutre-se do seu *ser* [*ihr Sein*], real ou presumido. Já o sentimento de dignidade dos estratos socialmente oprimidos, dos grupos de *status* negativamente ou em todo caso não positivamente valorados, nutre-se, antes, da crença em uma "missão" particular que lhes teria sido confiada: seu *dever-ser* [*ihr Sollen*], ou seu *desempenho* (funcional) efetivo é que garante ou constitui a seus olhos seu valor próprio, o qual, com isso, se desloca para algo posto mais além deles mesmos: uma "tarefa" atribuída por deus. Nesse estado de coisas por si só já se teria o bastante para situar a fonte da força das ideias das profecias *éticas* antes de mais nada nos socialmente desfavorecidos, sem precisar recorrer ao ressentimento como alavanca. O interesse racional por uma compensação material e ideal foi perfeitamente suficiente. Paralelamente, não se pode duvidar que, intencionalmente ou não, os profetas e sacerdotes tenham instrumentalizado para sua propaganda o ressentimento das massas. Mas isso de modo algum teve alcance universal. Antes de mais nada, até onde se sabe essa potência essencialmente negativa não foi, nunca e em lugar nenhum, a fonte daquelas concepções propriamente metafísicas que conferiram a cada uma das religiões de salvação sua singularidade. E mais: a natureza de uma promessa religiosa geralmente não consistia, nem necessária nem mesmo predominantemente, em ser mero porta-voz de um interesse de classe [*Klassinteresse*], exterior ou interior. Deixadas a si mesmas, como veremos, as massas permaneceram sempre e em toda parte presas no maciço primitivismo da magia, lá onde uma *profecia*, com a ajuda de determinadas promessas, não as tenha arrastado num movimento religioso de caráter ético. Quanto ao resto, a especificidade dos grandes sistemas ético-religiosos foi determinada por condições sociais bem mais individuais do que a simples oposição entre estratos dominantes e dominados.

Para não ficar multiplicando repetições, convém fazer ainda algumas advertências preliminares sobre essas questões. Os bens de salvação prometidos e propagandeados pelas religiões, entre si diversos, não devem de modo algum ser compreendidos pelo pesquisador empírico como atinentes apenas ou mesmo prioritariamente ao "outro mundo". Isso sem contar o fato de que um "outro mundo" como endereço de determinadas promessas não faz parte de toda e qualquer religião, nem ao menos de toda e qualquer religião mundial. Com a única exceção, parcial aliás, do cristianismo e de outras poucas confissões religiosas especificamente ascéticas, os bens de salvação oferecidos por todas as religiões, primitivas ou cultas, proféticas ou não, referem-se antes de mais nada a bens substancialmente intramundanos: saúde, vida longa e riqueza, eram estas as promessas das religiões chinesa, védica, zoroastriana, judaica antiga, islâmica, exatamente do mesmo modo que nas religiões fenícia, egípcia, babilônica e germânica antiga, sendo tais promessas dirigidas também aos leigos piedosos do hinduísmo e do budismo. Somente o virtuose em religião: o asceta, o monge, o sufi, o dervixe, aspirava a um bem de salvação "extramundano" comparável ao padrão dos bens intramundanos mais substanciais. No entanto, mesmo esse bem de salvação extramundano não dizia respeito apenas ao *outro mundo*, nem mesmo quando era compreendido desse modo. Antes, posta a coisa no plano psicológico, aquilo que interessava em primeiro lugar a quem buscava a salvação era justamente um *habitus* no presente e *aqui neste mundo*. A *certitudo salutis* puritana, o estado de graça imperdível experimentado no sentimento de sua "comprovação", era o único bem psicologicamente palpável que podia ser alcançado dentre os bens de salvação oferecidos por uma religiosidade ascética feito o puritanismo. O sentimento de amor acósmico[12] do monge budista seguro de seu ingresso no nirvana; a *bhakti* (o amor em brasa da união divina), o êxtase apático do hindu piedoso ou o êxtase orgiástico na dança *radjenie* entre os *khlysty*[13] ou na dança rodopiante do dervixe, o transe divino e a possessão de deus, o amor cavalheiresco a Maria e ao Salvador, o culto jesuíta do Sagrado Coração de Jesus, a meditação quietista e a ternura pietista pelo Menino Jesus e sua "chaga aberta", as orgias sexuais e semissexuais no culto de amor a Krishna, os refinados banquetes cultuais dos *vallabbhacharys*[14], as práticas onanistas no culto gnóstico de iniciação, as diversas formas de *unio mystica* e de imersão contemplativa no Todo-Uno: todos esses estados foram, não resta dúvida, buscados primeiramente por causa daquilo que *eles em si mesmos imediatamente* proporcionavam em termos de valor afetivo. Desse ângulo de visão, eram estados em tudo equivalentes a uma embriaguez religiosa provocada pelo álcool nos cultos dionisíacos ou nos cultos do soma, às orgias alimentares totêmicas à base de carne, aos festins canibais, ao antigo consumo religiosamente consagrado de haxixe, de ópio e de nicotina, enfim, a todas as variedades de inebriamento mágico. Esses estados aqui relacionados eram

---

12. Weber trata mais detidamente do amor acósmico (o acosmismo do amor) no magnífico ensaio teórico denominado *Zwischenbetrachtung* ("Consideração intermediária"), desde logo inserido entre os dois estudos sobre as grandes religiões do continente asiático (confucionismo e taoismo na China, hinduísmo e budismo na Índia), estudos esses cujo objeto nodal aparece resumido assim no subtítulo da *Zwischenbetrachtung*: "Teoria dos estágios e direções da rejeição religiosa do mundo". Em tempo: "acosmismo" figura como um quase sinônimo de "rejeição do mundo" [NdR].

13. Seita russa [NdR].

14. Seita hindu [NdR].

considerados como especificamente consagrados e divinais, por causa de sua excepcionalidade psíquica e do valor *particular* de sua efetivação enquanto tal. E se é verdade que foi somente com a entrada em cena das religiões racionalizadas que uma significação metafísica foi introduzida nessas ações especificamente religiosas junto com a obtenção imediata do bem de salvação, sublimando com isso a orgia em "sacramento", mesmo assim não faltou, até mesmo à orgia mais primitiva, uma interpretação em linha de sentido. Só que essa interpretação significativa era de caráter puramente mágico-animista e não envolvia ainda, ou envolvia somente em rudimentos, algo que é próprio de todo racionalismo religioso: a integração em uma pragmática de salvação cósmico-universal. Não obstante, mesmo transcorrido esse estágio, era natural que muito pouco se alterasse no fato de que o bem de salvação continuasse a ser para o devoto, primeiramente e sobretudo, um estado psicológico no *aqui e agora*, no tempo presente, quer dizer: o fato de definir-se o bem de salvação antes do mais como um estado, um *habitus* afetivo puramente como tal despertado direta e imediatamente pelo ato especificamente religioso (ou mágico), pela ascese metódica ou pela contemplação.

Esse estado, tanto em termos do seu sentido quanto em sua forma exterior, só podia ser um *habitus* extracotidiano de caráter não mais que passageiro. No princípio, por toda parte era quase sempre assim: não havia separação absolutamente nenhuma entre estados "religiosos" e estados "profanos", a não ser por esse caráter *extracotidiano* dos estados religiosos. Mas atenção: também um estado excepcional alcançável com meios religiosos podia ser visado como um "estado de salvação" permanente em seus efeitos, envolvendo o ser humano por inteiro e seu destino. Era fluida a transição. Das duas vertentes mais excelsas dentre as doutrinas de salvação religiosa sublimada – "renascimento" e "redenção" –, o renascimento representava um bem mágico dos tempos mais antigos. Significava a aquisição de uma alma nova por meio da orgia ou da ascese metódica. Essa nova alma podia ser obtida temporariamente no êxtase, mas podia também ser buscada como *habitus* duradouro a se alcançar mediante a ascese mágica. O homem jovem precisava ter uma nova alma se quisesse ingressar como herói na comunidade dos guerreiros, ou se quisesse participar da comunidade de culto como um membro seu, tomar parte em suas danças ou orgias mágicas, ou ainda se quisesse comungar com os deuses no repasto ritual. Tudo isso, portanto, são coisas bem antigas: a ascese dos heróis e a dos magos, a iniciação dos jovens e os ritos de renascimento nas fases importantes da vida privada e comunitária. No entanto, além dos meios empregados que eram diferentes, eram diferentes antes de mais nada os fins visados com essas atividades, vale dizer, as respostas à pergunta: Eu preciso renascer "para quê"?

Os diversos estados dotados de valor religioso (ou mágico) que deram a cada religião um feitio psicológico próprio podem ser sistematizados de pontos de vista muito diversos. Não é o caso de fazer aqui essa tentativa. A esta altura, em conexão com o que foi dito acima, interessa apenas acenar em termos muito gerais para o seguinte: a natureza do estado (intramundano) de bem-aventurança ou de renascimento ao qual uma religião aspira como o sumo bem devia, de modo evidentemente necessário, variar de acordo com o caráter do estrato social que constituía o portador mais importante da religiosidade em questão. Classes [*Klassen*] de cavaleiros guerreiros, camponeses, negociantes e intelectuais letrados, como é natural, manifestavam quanto a isso tendências diferentes, e essas, por si sós, ainda que estivessem longe de determinar de forma unívoca o feitio psicológico da religião, exerceram entretanto sobre ela influência altamente duradoura. Notadamente o contraste entre os dois primeiros e os dois últimos estratos sociais que acabamos de mencionar teve papel muito importante. Pois, dentre os dois últimos, os intelectuais sempre e os negociantes (comerciantes e artesãos) pelo menos potencialmente eram portadores de racionalismo, um racionalismo mais teórico no primeiro caso e mais prático no segundo, e ainda que esses dois tipos de racionalismo pudessem ter as características mais diversas, mesmo assim costumavam exercer uma influência importante sobre a atitude religiosa. Nesse aspecto foi de importância máxima, para dizer o mínimo, a peculiaridade dos estratos *intelectuais*. Se, no tempo presente, é completamente indiferente para o desenvolvimento religioso[15] que nossos intelectuais modernos experimentem a necessidade de acrescentar a toda sorte de outras sensações fortes também a de entrar num estado "religioso" como "experiência de vida", como que para mobiliar com bom estilo seu ambiente interior com peças de antiquário garantidas como autênticas – e de semelhante fonte ninguém jamais viu sair qualquer renovação religiosa –, no passado, em compensação, a peculiaridade dos estratos intelectuais foi da maior importância para as religiões. Seu feito principal foi ter sublimado a posse do bem sagrado em fé na "redenção". Se entendermos pela ideia de redenção a libertação da miséria, da fome, da seca, da doença, enfim, do sofrimento e da morte, sua concepção é um fato antiquíssimo, imemorável. Ocorre, no entanto, que a redenção só adquiriu uma significação específica ao se tornar a expressão de uma "imagem do mundo" sistematicamente racionalizando uma tomada de posição diante dele. De fato, aquilo que "redenção" queria e podia significar segundo o seu sentido e a sua qualidade psicológica dependia justamente daquela imagem do mundo e dessa tomada de posição. Não as ideias, mas sim os interesses (materiais e ideais) é que dominam diretamente a ação dos humanos. O mais das vezes, porém, as "imagens do mundo" criadas pelas 'ideias" determinaram, feito manobristas de linha de trem, os trilhos ao longo dos quais a ação é empurrada pela dinâmica dos interesses. Era com base na imagem do mundo que se determinava "do quê" e "para quê" se queria (e, não nos esqueçamos, se podia) ser "redimido". Redenção da escravidão política e social, para um reino messiânico futuro neste mundo. Ou da contaminação por coisas ritualmente impuras ou então da impureza em geral decorrente da prisão no corpo, para a pureza de uma existência na harmonia entre corpo e alma, ou para a pureza de uma existência totalmente espiritual. Ou do jogo sem fim e sem sentido das paixões e dos desejos humanos, para a silente quietude da pura contemplação do divino. Ou da maldade radical e da servidão ao pecado, para a bondade eterna e livre no regaço de um deus paternal. Ou da sujeição ao determinismo das constelações astrais tal como

---

15. A propósito de *religiöse Entwicklung,* cf. nota 10 desta parte [NdR].

é pensado pela astrologia, para a dignidade da liberdade e da participação na essência do *deus absconditus*. Ou dos limites da finitude que se manifestam no sofrimento, na miséria e na morte e da ameaça das penas do inferno, para a bem-aventurança eterna em uma existência futura, na terra ou no paraíso. Ou do ciclo das reencarnações, com sua implacável retribuição pelas ações em vidas passadas, para o descanso eterno. Ou da falta de sentido do cismar em pensamentos e do devir das coisas, para um sono sem sonhos. Muitas possibilidades mais de redenção havia, a lista não fechou. E a elas subtendia sempre uma tomada de posição perante algo que no mundo real vinha percebido como particularmente "sem sentido", donde a exigência seguinte: que a estrutura do mundo em seu conjunto fosse – ou antes: pudesse ser e de algum modo devesse ser – um "cosmos" pleno de sentido. Tal exigência, produto nuclear do racionalismo religioso propriamente dito, encontrou essencialmente nos estratos de intelectuais quem a levasse a sério. As vias e as resultantes dessa necessidade metafísica foram muito diversas, assim como a dimensão dos seus efeitos. Mesmo assim, é possível dizer algumas generalidades a respeito.

A forma moderna de racionalização transversal [*Durchrationalisierung*][16] – intelectual e teleológica, a um só tempo teórica e prática – da imagem do mundo e da conduta de vida teve a seguinte consequência geral: quanto mais progredia essa forma especial de racionalização, tanto mais a religião – do ponto de vista de uma conformação intelectual da imagem do mundo – viu-se empurrada para o irracional [*in das Irrationale*]. Isso por vários fatores. Por um lado, o cálculo do racionalismo consequente definitivamente não resolvia todos os problemas. Do mesmo modo que na música a "coma" pitagórica resistiu ao processo de racionalização sem resto orientada para a física dos tons e, do mesmo modo que, em decorrência disso, cada um dos grandes sistemas musicais distinguiu-se, em todos os povos e em todas as épocas, pela maneira como soube encobrir e contornar essa inelutável irra-

---

16. Ou seja, "racionalização total" [NdR].

cionalidade ou, por outro lado, colocá-la jeitosamente a serviço do enriquecimento das tonalidades, o mesmo parece ter ocorrido com a imagem teórica do mundo e, mais acentuadamente e sobretudo, com a racionalização prática da vida. Aqui também cada um dos grandes modos de conduta de vida metodicamente racional caracterizou-se principalmente por aqueles pressupostos irracionais que haviam sido, de saída, incorporados nessas condutas de vida, simplesmente aceitos sem mais. Ora bem, tais pressupostos foram determinados em forte medida – para não dizer mais ainda – por fatores puramente históricos e sociais, vale aqui dizer: pela peculiaridade da *situação de interesses* externa (condicionada socialmente) e interna (condicionada psicologicamente) daqueles estratos sociais que foram os portadores da respectiva metodologia de vida durante o período – decisivo – de sua modelagem.

Os elementos irracionais presentes na racionalização do real constituíram, além disso, os lugares para onde a necessidade quase irreprimível do intelectualismo de aderir a valores suprarreais foi constrangida a se retirar à medida que o mundo parecia despojar-se de tais valores. A unidade da primitiva imagem do mundo, em que tudo era magia concreta, mostrou então a tendência a cindir-se, de um lado, num conhecimento racional da natureza visando ao seu domínio racional e, do outro, em experiências "místicas" cujos conteúdos inefáveis ficavam sobrando como o único além ainda possível junto ao mecanismo desdivinizado do mundo [... *neben dem entgotteten Mechanismus der Welt*][17]: na verdade, como um reino "retro-mundano"[18], inalcançável a não ser quando surripiado pela posse de uma salvação individual e divina. Quando se puxa essa coerência lógica até o fim sem deixar resto, o indivíduo só pode procurar sua salvação enquanto indivíduo. Esse fenômeno, que de uma forma ou de outra foi se dando a ver à medida que avan-

---

17. Alusão a uma ideia forte do poeta Schiller, *Entgötterung der Natur* = "desdivinização da natureza", que foi decisiva na formação do conceito weberiano de "desencantamento do mundo" [NdR].

18. O adjetivo *hinterweltlich* ("retro-mundano") não é, no vocabulário weberiano, o mesmo que *ausserweltlich* ("extramundano"); é sabido que este último termo aparece muitíssimas vezes mais que o primeiro, este, aliás, bastante raro na escrita de Weber e que não forma uma bipolaridade tipológica com *innerweltlich* ("intramundano"). O advérbio *hinter* em alemão significa "detrás" [NdR].

çava o racionalismo intelectualista[19], ocorreu de um modo ou de outro onde quer que os homens se lançaram à racionalização da imagem do mundo como um cosmos regido por regras impessoais. Obviamente, isso ocorreu de modo mais intenso naquelas religiões e éticas religiosas que foram influenciadas de maneira decisiva por estratos nobres de intelectuais dedicados puramente à apreensão *cognitiva* do mundo e de seu "sentido", como nas religiões mundiais da Ásia e acima de tudo nas da Índia. Para todas essas religiões, a contemplação – com a possibilidade que oferecia de penetrar na profunda quietude e abençoada imobilidade do Uno – tornou-se o supremo e último bem religioso acessível ao ser humano, enquanto todas as outras formas de estados religiosos constituíam, na melhor das hipóteses, bens sucedâneos de valor no máximo relativo. Para a relação da religião com a vida, economia incluída, esse fato teve consequências de largo alcance, como veremos repetidamente. Eram consequências que fluíam do caráter geral das experiências "místicas" (no sentido contemplativo) e das precondições psicológicas de sua procura.

Foi bem diferente o que ocorreu quando os estratos sociais decisivos para o desenvolvimento de uma dada religião tinham, na vida, uma atividade prática, fossem eles cavaleiros heróis de guerra, ou funcionários políticos, ou classes [Klassen] economicamente aquisitivas; ou, por fim, lá onde a religião era dominada por uma hierocracia organizada.

A *hierocracia*, com um racionalismo que decorria de sua ocupação profissional com o culto e o mito, ou, em proporção ainda maior: com a cura de almas, ou seja, com a confissão dos pecados e o aconselhamento dos pecadores, procurou por toda parte monopolizar para si a distribuição do bem de salvação religioso e assim oferecê-lo devidamente temperado na forma da "graça sacramental" ou "graça institucional", a ser ministrada ritualmente apenas pela hierocracia e não acessível diretamente ao indivíduo. A procura da salvação pelo indivíduo isolado ou por comunidades livres mediante a contemplação e a ascese, ou por meios orgiásticos, parecia aos hierocratas extre-

---

19. *Racionalismo intelectualista*: notar como Weber ajunta nesta expressão que pede para ser entendida dois processos semelhantes, muito próximos, mas não equivalentes: a *racionalização* e a *intelectualização* [NdR].

mamente suspeita, devendo por isso ser regulamentada ritualmente e, mais que qualquer outra coisa, submetida a seu controle hierocrático, o que parecia completamente natural do ponto de vista dos seus interesses de poder.

O *funcionariado político*, de sua parte, desconfiava de qualquer espécie de busca individual da salvação e de qualquer formação de comunidades livres, vistas como fonte de emancipação ante a domesticação exercida pela instituição estatal; a burocracia política desconfiava da concorrência movida pela instituição sacerdotal da graça, mas na verdade nutria um profundo desprezo pelo anseio por esses bens não práticos, projetados muito além dos utilitários fins intramundanos. Para todo corpo de funcionários, os deveres religiosos não passavam, no fim das contas, de meros deveres oficiais de cidadãos do Estado ou deveres sociais de membros de um estamento: o ritual correspondia ao regulamento, e toda religiosidade assumia esse caráter ritualista quando era determinada por uma burocracia.

Também o estrato dos *cavaleiros* guerreiros costumava ser, por sua vez, orientado intramundanamente em seus interesses e alheio a toda e qualquer "mística". Mesmo assim, quase sempre lhes faltava, como falta aos heróis de modo geral, tanto a necessidade quanto a capacidade de um domínio racionalista da realidade: a irracionalidade do "destino", em certas circunstâncias a vaga ideia de uma "fatalidade" deterministicamente pensada (a "moira" homérica) estava por trás e acima dos deuses e demônios pensados como heróis ao mesmo tempo fortes e apaixonados, de quem os heróis humanos recebiam assistência, inimizade, glória e butim. Ou morte.

Aos *camponeses*, cuja existência econômica estava toda ela tão especificamente ligada à natureza e tão dependente das forças elementares, a magia – o encantamento coercitivo contra os espíritos que exerciam domínio por cima e por dentro das forças da natureza – ou mesmo a simples compra da benevolência divina eram coisas tão afins a eles, que somente reviravoltas enérgicas em sua orientação de vida procedentes de outros estratos sociais ou de profetas poderosos legitimados como feiticeiros pela força do milagre tiveram o poder de arrancá-los de sua renitência nessa forma de religiosidade universalmente primordial. A entrega a estados orgiásticos e extáticos de "possessão" produzidos por substâncias tóxicas ou pela dança – estados esses que o sentimento estamental dos cavaleiros reputava indignos, estranhos – ocupava entre os camponeses a posição que a "mística" ocupava entre os intelectuais.

Por último, os estratos *"burgueses"* no sentido europeu-ocidental da palavra e o que a eles equivalia noutros lugares: artesãos, comerciantes, empresários de indústrias domésticas e seus derivados só encontráveis no Ocidente moderno. Juntos eles formavam – e isso é particularmente importante para nós – a camada aparentemente mais polivalente quanto às possibilidades de tomada de posição religiosa. Precisamente nesses estratos burgueses, mais do que em todos os outros, lançaram âncoras particularmente firmes todas as formas de busca individual da salvação, entre as quais: a graça sacramental institucional da Igreja romana nas cidades medievais – esteios dos papas –, a graça sacramental mistagógica nas cidades antigas e na Índia, a religiosidade orgiástica e contemplativa dos sufis e dervixes no Oriente Próximo, a magia taoista, a contemplação budista e a aquisição ritualista da graça sob a direção espiritual dos mistagogos na Ásia, todas as formas de amor ao salvador e de fé no redentor dispersas pelo mundo inteiro, do culto de Krishna ao culto de Cristo, o ritualismo racional da Lei mosaica e a pregação nas sinagogas despojada de toda magia, as seitas pneumáticas da Antiguidade e as seitas ascéticas da Idade Média, a graça da predestinação e a regeneração ética dos puritanos e metodistas. É certo, naturalmente, que também a religiosidade de todos os outros estratos estava bem longe de reduzir-se ao caráter que acima apresentamos como estando em especial afinidade eletiva com eles. Mas muito mais polivalente em termos de determinação sob esse aspecto parece, à primeira vista, ter sido o "estrato burguês" em seu todo. Isso não obstante, precisamente no seio desse estrato encontramos com toda a evidência afinidades eletivas com determinados tipos de religiosidade que têm em comum a tendência ao racionalismo *prático* da conduta de vida, tendência condicionada pelo modo da conduta de vida desse estrato, a qual desde logo envolvia maior afastamento em relação à dependência econômica da natureza. Toda a sua existência repousava no cálculo técnico ou econômico e na dominação da natureza e dos homens – por rudimentares que fossem seus meios. A técnica de vida herdada do passado podia, também em seu seio, congelar-se em tradicionalismo – como tem se repetido sem cessar em toda parte. No entanto, foi precisamente na burguesia, embora em graus muito diversos, que existiu permanentemente, em conexão com a tendência ao racionalismo técnico e econômico, a *possibilidade* de emergir uma regulamentação *eticamente* racional da vida. Ela não foi capaz, em toda parte e a maior parte do tempo, de se afirmar por si só contra a tradição magicamente estereotipada. Mas lá onde uma profecia lhe forneceu uma infraestrutura religiosa que podia pertencer a um ou outro dos dois grandes tipos de profecia de que trataremos muitas vezes: a profecia "exemplar" – uma profecia apresentando, *à guisa de modelo*, a vida que *devia* ser levada para se chegar à salvação, geralmente uma vida consagrada à contemplação e ao êxtase apático; ou a profecia "emissária", que em nome de um deus endereçava ao mundo *exigências* relevando da ética e o mais das vezes da ascese ativa. É compreensível que este segundo tipo de profecia, que exortava os seguidores a um agir ativo[20] no meio do mundo, encontrasse justamente nos estratos burgueses um terreno tanto mais favorável quanto mais crescesse seu peso social como burgueses, e eles sempre mais se libertassem das amarras dos tabus, desligando-se das divisões em linhagens e castas. A ascese ativa: não a possessão de deus, não a entrega de si à contemplativa intimidade com o divino – que era o que aparecia como o bem supremo para as religiões influenciadas por estratos nobres de intelectuais –, mas sim: a *ação* querida por deus associada ao sentimento de ser sua "ferramenta" pôde tornar-se aqui o *habitus* religioso privilegiado, como de resto ocorreu no Ocidente repetidamente: a preponderância da ascese ativa sobre a mística contemplativa e sobre o êxtase orgiástico ou apático, igualmente bem conhecidos por aqui.

Não quer dizer que esse *habitus* tenha ficado restrito aos estratos burgueses. Também aqui não existiu de forma alguma uma determinação social unívoca. A profecia zoroastriana dirigida aos nobres e camponeses e a profecia islâmica dirigida aos guerreiros, assim como a profecia e a pregação do judaísmo e do cristianismo primitivo, também tinham esse caráter ativo, ao

---

20. "Agir ativo", eis um caso de abundância enfática. No original: *zum aktiven Handeln* [NdR].

contrário da propaganda budista, taoista, neopitagórica, gnóstica e sufista. É certo, no entanto, que consequências específicas da profecia emissária afloraram precisamente em solo "burguês", como veremos.

Ora, a profecia emissária, na qual os devotos deviam se sentir não como recipientes do divino, mas sim como ferramentas de deus, tinha uma afinidade eletiva profunda com uma determinada concepção da divindade: o deus criador, transcendente, pessoal, colérico, misericordioso, amoroso, exigente, punitivo, ao contrário do Ser Supremo da profecia exemplar, que – não sempre, mas regularmente – é impessoal, acessível apenas pela via contemplativa entendida como um estado duradouro. A primeira concepção dominou a religiosidade do Irã, a da Ásia Menor e a do Ocidente, derivada desta última; a segunda dominou as religiosidades da Índia e da China.

Essas diferenças não existiram desde as origens. Ao contrário, é possível reconhecer que elas se fizeram sentir somente com uma sublimação bastante ampla das representações primitivas de espíritos animistas e divindades heroicas, muito semelhantes por toda parte. Seguramente, com o possante concurso do já mencionado nexo com aqueles estados psicológicos que eram religiosamente valorizados e desejados como bens de salvação. Pois justamente esses estados receberam interpretações que apontavam para diferentes concepções de deus, variando de acordo com o estado salvífico que fosse considerado o de mais alto valor, entre eles: a experiência mística contemplativa, o êxtase apático, a possessão orgiástica de deus, a inspiração visionária, as "vozes" emissárias. Se adotássemos o ponto de vista hoje em dia disseminado e em grande parte também justificado, segundo o qual os conteúdos emotivos constituiriam o elemento primordial, as ideias não sendo mais do que secundárias emanações suas, seria possível tender a admitir a seguinte relação causal: o primado dos nexos "psicológicos" sobre os nexos "racionais" como o vetor causal exclusivo, devendo estes últimos ser considerados *simplesmente* como interpretação dos primeiros. Tal, no entanto, seria ir longe demais ante a evidência dos fatos. Repleta de consequências, a evolução para a concepção de um deus, transcendente ou imanente, foi determinada por toda uma série de fatores puramente históricos, e ela, por sua vez, influiu poderosamente sobre o modo como foram modeladas as experiências de salvação. Isso vale antes de mais nada para o deus transcendente, como sem cessar se verá. Se o próprio Mestre Eckhart[21] às vezes colocava "Marta" expressamente acima de "Maria", era, afinal de contas, porque: para ele, a experiência panteísta de deus, tal como a vive o místico, era impossível de realizar sem renunciar a todos os componentes decisivos da crença ocidental em deus e na criação. Os componentes racionais de uma religião, sua "doutrina" – a doutrina indiana do Karma, a fé calvinista na predestinação, a luterana justificação somente pela fé e a doutrina católica dos sacramentos – possuem, elas também, suas legalidades próprias [*Eigengesetzlichkeiten*], de modo que a pragmática racional da salvação religiosa decorrente do modo como se representam deus e o mundo produziu, sob certas circunstâncias, consequências de grande alcance para a modelagem da conduta de vida prática.

Se, conforme deixamos entendido nas observações feitas até aqui, a natureza dos bens de salvação demandados foi fortemente influenciada pela natureza da situação de interesses externos e por uma conduta de vida adequada a esses interesses da parte dos estratos dominantes e, por conseguinte, pela própria estratificação social[22], assim também, inversamente, a direção seguida pela conduta de vida como um todo, ali onde esta passava por uma racionalização metódica, estava profundissimamente determinada pelos valores últimos pelos quais essa racionalização se orientava. Nem sempre e muito menos em caráter exclusivo, mas com toda a certeza regularmente e, em todo caso, de modo absolutamente decisivo ali onde houvesse ocorrido uma racionalização *ética* e até onde sua influência se fizesse sentir, esses valores últimos eram valorações e tomadas de posição *também* condicionadas *pela religião*.

---

21. O filósofo místico Eckhart von Hochheim, mais conhecido como Mestre Eckhart, foi um dos grandes místicos da Cristandade medieval (1260?-1328?). Suas especulações místicas foram condenadas pela Igreja de Roma sob a acusação de panteísmo [NdR].

22. Neste preciso caso a designação sociológica "estratificação social" é a tradução literal de *soziale Schichtung* [NdR].

Para determinar o caráter dessas conexões recíprocas entre situações de interesse externas e internas, uma coisa foi de grande importância: os "mais excelsos" bens de salvação prometidos por uma religião, dos quais viemos falando até aqui, não eram na verdade os mais universais. A entrada no nirvana, a união contemplativa com o divino, a possessão divina obtida com meios orgiásticos ou ascéticos não eram de modo algum acessíveis a qualquer um. E mesmo em sua forma atenuada, quando a passagem ao estado religioso de transe ou de sonho podia tornar-se o objeto visado de um culto popular universal, no mínimo não eram parte integrante da vida cotidiana. Bem no início da história de toda religião deparamos com um fato empírico muito importante: o fato da *desigual qualificação* religiosa dos seres humanos, o qual foi dogmatizado pela doutrina calvinista da predestinação em sua forma racionalista mais difícil de encarar: o "particularismo da graça". Os bens de salvação religiosos maiormente valorizados – as capacidades extáticas e visionárias dos xamãs, dos feiticeiros, dos ascetas e dos pneumáticos de toda sorte – não ficavam ao alcance de qualquer um, a sua posse era um "carisma" que podia certamente ser despertado em alguns, mas não em todos. Disso derivou a tendência de toda religiosidade intensiva a uma espécie de *estratificação estamental*[23] conforme as diferenças de qualificação carismática. A religiosidade "de heróis" ou "de virtuoses"[24] opunha-se à religiosidade de "massa", e é claro que por "massa" não se designam aqui, de modo algum, os que ocupam posição social inferior na ordem estamental mundana, mas sim os que "não têm ouvido musical" para religião"[25]. Nesse sentido, eram portadores estamentais de uma religiosidade de virtuoses: as ligas de feiticeiros e de dançarinos sacros, o estamento religioso dos *sramana* indianos, os "ascetas" do cristianismo primitivo formalmente reconhecidos no seio da

---

23. A expressão *ständische Gliederung* também pode ser traduzida como "estratificação por grupos de *status*" [NdR].

24. Neste contexto, deve-se retirar do conceito de "Virtuossentum" (virtuosidade) toda conotação de valor estranha a ele e que hoje em dia lhe vem sendo aplicada. Por causa desse inconveniente, eu teria preferido a expressão religiosidade "heroica", se ela não estivesse tão distante de alguns fenômenos aqui estudados.

25. Ao pé da letra, "os religiosamente não musicais" (*die religiös "Unmusikalischen"*) [NdR].

congregação como um "estamento" especial, os "pneumáticos" paulinos e, sobretudo, gnósticos, a "*ecclesiola*" pietista, todas as "seitas" propriamente ditas, o que, sociologicamente falando, significa: associações que admitiam somente quem era religiosamente *qualificado* e, por fim, todas as comunidades monásticas da terra inteira. Ocorre que toda religiosidade de virtuoses, pelo fato de se desenvolver conforme sua própria legalidade própria [*eigengesetezlich*][26], é combatida em princípio por toda autoridade hierocrática oficial de uma "igreja", isto é, de uma comunidade dispensadora da graça dotada de uma organização institucional à base de funcionários. Pois, como portadora [*Trägerin*] da graça institucional, a Igreja ambiciona organizar essa religiosidade de massas e colocar seus próprios bens de salvação, oficialmente monopolizados e intermediados, no lugar da autoqualificação estamental-religiosa dos virtuoses religiosos. Por sua natureza, quer dizer, conforme a situação de interesses de seus funcionários portadores [*Amststräger*], ela tem de ser "democrática" no sentido da acessibilidade geral dos bens de salvação, quer dizer: tem de ser partidária do universalismo da graça e exigir uma qualificação ética básica, não excessiva, de todos os que se alinham sob sua autoridade institucional. Sociologicamente, esse processo constitui um perfeito paralelo da luta, no plano político, da burocracia contra os direitos políticos particulares da aristocracia estamental. Do mesmo modo que a hierocracia, toda burocracia política plenamente desenvolvida também é, necessariamente, e, num sentido bem parecido, "democraticamente" orientada no sentido de um nivelamento e supressão dos privilégios estamentais que concorrem com o seu próprio poder. Os mais diversos compromissos resultaram dessa luta nem sempre oficial, mas sempre presente em estado latente: a luta da religiosidade dos ulemás contra a dos dervixes, a luta dos bispos do cristianismo primitivo contra os pneumáticos e os seguidores das seitas heroicas, e contra o assim chamado poder das chaves do carisma ascético, a luta do ofício luterano da pregação e da Igreja sacerdotal anglicana contra a ascese de modo geral, da Igreja oficial russa contra as seitas, da gestão oficial do

---

26. Cf. nota anterior.

culto confuciano contra qualquer forma de busca da salvação budista, taoista e sectária. O modo específico em que a religião influenciou a vida cotidiana dependeu de um fator que, entre outros, foi decisivo em primeira linha: o tipo de concessões feitas às possibilidades da religiosidade das massas no dia a dia, concessões às quais a intransigência dos virtuoses religiosos viu-se forçada a ceder com o fim de ganhar e manter em torno de si, no plano das ideias e no plano material, uma clientela de massa. Lá onde, em virtude dessa espécie de influência, as massas permaneciam enredadas na tradição mágica – como ocorreu em quase todas as religiões orientais –, a influência da religião foi infinitamente menor do que quando ela, mesmo ao preço de uma ampla redução de suas exigências ideais, empreendeu uma racionalização ética da vida cotidiana voltada também, ou somente, para as massas. Contudo, paralelamente a essa relação entre religiosidade dos virtuoses e religiosidade das massas, que no fim das contas se instaurou como resultado final daquela luta, o modo peculiar da própria religiosidade dos virtuoses foi, por essa razão, de importância decisiva para o desenvolvimento da conduta de vida também das "massas" e, com isso, também para a ética econômica das respectivas religiões. Com efeito, a religiosidade dos virtuoses era a religiosidade prática autenticamente "exemplar". Ao prescrever uma conduta de vida para virtuoses de vários perfis, abria o leque das possibilidades de se estabelecer uma ética racional da vida cotidiana.

A relação da religiosidade de virtuoses *com a vida cotidiana*, esse *locus* da economia, variou bastante, principalmente em função da especificidade do *bem de salvação* visado.

Lá onde os bens sagrados e os meios de redenção da religiosidade de virtuoses eram de caráter contemplativo ou orgiástico-extático, não havia nenhuma ponte entre essa religiosidade e a atividade prática do dia a dia no mundo. Nesse caso, não só a economia como também toda ação no mundo era algo de baixo valor religioso. Já do *habitus* avaliado como sumo bem era absolutamente impossível tirar, mesmo indiretamente, motivações psicológicas que estimulassem a atividade prática do dia a dia neste mundo. Antes pelo contrário, a religiosidade contemplativa e a extática, em sua essência mais íntima, eram especificamente hostis à economia. É que a experiência mística, orgiástica, extática, na verdade representa algo que é propriamente extracotidiano, algo que afasta do cotidiano e de qualquer ação racional referente a fins e que *justamente por isso* é pensado como "sagrado". Donde o fato de, nas religiões com tal orientação, um profundo abismo separar a conduta de vida dos "leigos" da conduta de vida da comunidade dos virtuoses. Daí que a dominação própria do estamento religioso dos virtuoses no interior da comunidade religiosa resvala facilmente para os trilhos de uma antropolatria mágica: o virtuose passa a ser diretamente adorado como um santo, ou no mínimo sua bênção e seus poderes mágicos são comprados pelos leigos como meios de capturar uma salvação, mundana ou religiosa. Como o camponês para o senhor, assim era o leigo para o *bhikkshu* budista e jainista: no fundo, no fundo, uma simples fonte de tributos, que permitia a este último dedicar-se em tempo integral à sua própria salvação sem ter que trabalhar, o que representaria por sinal um perigo constante para a salvação. Mesmo assim, a própria conduta de vida do leigo nesse contexto também podia experimentar uma certa regulamentação ética. Pois o virtuose era o cura de almas, o padre confessor, o *directeur de l'âme*[27] do leigo, exercendo com isso, frequentemente, uma forte influência sobre sua vida. Mas quanto a respeito à *sua* influência sobre o indivíduo "sem ouvido musical para religião", ou ela se mostrava inoperante, não indo no mesmo sentido de *sua* própria conduta de vida (*sua* do virtuose), ou então se restringia a detalhes cerimoniais, rituais e convencionais. Uma vez que a ação intramundana em si permanecia sempre, por princípio, sem qualquer significação religiosa, a ambição de alcançar um fim religioso acabou por se orientar na direção precisamente oposta. O carisma do "místico" puro servia em cheio apenas a ele mesmo e não a outrem, ao contrário do carisma do mago genuíno.

---

27. Em francês no original; em português tal agente religioso chama-se "diretor espiritual" [NdR].

Bem diferentes andaram as coisas lá onde o virtuosismo dos religiosamente qualificados desembocou numa *seita* ascética que aspirava a moldar a vida *neste* mundo em conformidade com a vontade de um deus. Para que isso pudesse chegar a acontecer no sentido mais exato possível, era preciso que se cumprissem duas condições prévias. Em primeiro lugar, o supremo bem de salvação não devia ser de natureza contemplativa, isto é, não devia consistir na fusão com um ser transcendente e eterno que justamente por essas qualidades se contrapusesse ao mundo, nem tampouco numa *unio mystica* a ser consumada mediante orgia ou êxtase apático. Pois tais estados de união com o divino sempre estão fora do agir cotidiano, sempre levam para além do mundo real, sempre se distanciam dele. Em segundo lugar, a religiosidade devia despojar-se ao máximo do caráter puramente mágico ou sacramental dos *meios* da graça. Pois também esses meios sempre desvalorizam a ação no mundo, atribuindo-lhes uma significação religiosa apenas relativa e ligam a decisão quanto à salvação ao êxito de procedimentos que escapam à racionalidade da vida cotidiana. As duas condições: desencantamento do mundo e deslocamento da via de salvação, que se transfere da "fuga do mundo" [*Weltflucht*] contemplativa para a "transformação do mundo" [*Weltbearbeitung*] ascético-ativa, só foram plenamente efetivadas nas grandes formações de igreja e seita do protestantismo ascético no Ocidente (com exceção de algumas pequenas seitas racionalistas encontráveis alhures pelo mundo). Para tanto houve uma confluência de ocorrências muito específicas da religiosidade ocidental, condicionadas por fatores puramente históricos. Em parte, influxo do ambiente social e, acima de tudo, do estrato social que se mostrou decisivo para o seu desenvolvimento, mas em parte também, e com igual intensidade, efeito do caráter singular do cristianismo: seu deus transcendente e a peculiaridade dos seus meios e vias de salvação, historicamente estabelecidos de início e por primeiro pela profecia israelita e pela doutrina da Torá. Tais coisas já foram analisadas antes, de maneira parcial, nos estudos sobre o protestantismo e ainda serão aprofundadas nos ensaios subsequentes[28]. Lá

---

28. Weber se refere diretamente ao estudo sobre "O judaísmo antigo" (que aliás faz parte da presente coletânea) e, indiretamente, a outros estudos a respeito do cristianismo que ele planejava escrever, mas não chegou a fazê-lo [NdR].

onde o virtuose religioso se considera posto no mundo como "ferramenta" de um deus e ao mesmo tempo destituído de todos os meios mágicos de salvação, e ainda por cima tendo que encarar a exigência de "comprovar" perante deus – e isso significa concretamente: comprovar para si mesmo mercê da qualidade ética do seu agir nas ordens do mundo e *somente* por meio desse agir – que ele é um vocacionado por deus à salvação – o "mundo" como tal podia ser desvalorizado religiosamente o quanto fosse e rejeitado como criatura e sede do pecado: só que assim o mundo acabava sendo aceito afirmativamente em termos psicológicos e até mais do que isso: sendo acolhido como o teatro da atividade querida por deus numa "profissão" mundana. Pois a ascese intramundana, não obstante sua intramundanidade, representava na verdade uma rejeição do mundo [*Weltablehnung*], a ponto de desprezar e proscrever como estando em concorrência com o reino de deus: a dignidade e a beleza, o sonhar e o embriagar-se, a potência e o orgulho puramente mundanos do herói. Mas nem por isso a ascese intramundana propiciava uma fuga do mundo tal como o fazia a contemplação; ao contrário, ao querer racionalizar eticamente o mundo de acordo com o mandamento de deus, ela se manteve voltada para o mundo de um modo especificamente mais efetivo do que a ingênua "afirmação do mundo" [*Weltbejahung*] que pode ser encontrada, por exemplo, em humanismos como o da Antiguidade e o do catolicismo leigo. Justamente no cotidiano é que se comprovavam a graça e a qualidade de eleito do indivíduo religiosamente qualificado – não, que fique claro, na vida cotidiana assim como ela era, mas na ação cotidiana metodicamente *racionalizada* a serviço de deus. Uma vez alçada racionalmente à categoria de vocação profissional, a ação cotidiana tornou-se comprovação da salvação. No Ocidente, as seitas de virtuoses religiosos constituíram os fermentos da racionalização metódica da conduta de vida, incluindo nisso a atividade econômica, mas, diferentemente do que ocorreu na Ásia com as comunidades adeptas do êxtase contemplativo (orgiástico ou apático), as seitas ocidentais de virtuoses religiosos não serviam de válvulas de escape para os anseios de evitar a falta de sentido do fazer intramundano.

Entre esses polos extremos desdobraram-se as mais variadas formas de transição e combinação. Afinal, as religiões, assim como os seres humanos, não são livros inventados já prontos. Elas são formações históricas e não construções lógicas isentas de contradições, mesmo psicológicas. O mais das vezes elas trouxeram consigo séries de motivos que, se levadas adiante cada qual de modo consequente, iriam necessariamente cruzar os caminhos umas das outras, caindo não raro em frontal contradição recíproca. A "coerência" aqui era a exceção, não a regra. Normalmente as vias e os bens de salvação também não eram unívocos em si mesmos, sequer no plano psicológico. O monge do cristianismo primitivo e o quaker também mostravam em sua busca de deus uma veia contemplativa bastante pronunciada; mas no conjunto o conteúdo de sua religiosidade, em especial a crença no deus criador transcendente e o modo de se assegurar da certeza da graça, sempre de novo os traziam de volta à via da ação. O monge budista, por sua vez, também era ativo – só que esse seu agir acontecia esvaziado de qualquer racionalização *intra*mundana consequente, devido ao fato de que sua busca da salvação visava, em última análise, a escapar da "roda" das reencarnações. Os adeptos de seitas e de outras confrarias da Idade Média ocidental portadoras da impregnação religiosa da vida cotidiana encontravam sua contrafigura nas irmandades do islã, cujo desenvolvimento tinha sido anterior e até mais universal; até o estrato típico dessa religiosidade impregnante do cotidiano era o mesmo em ambas as religiões: pequeno-burgueses, particularmente artesãos. Mas o espírito da religiosidade correspondente a cada um dos lados era bem distinto. Observadas por alto, numerosas comunidades religiosas hinduístas pareciam-se com as seitas ocidentais, mas o bem de salvação e o modo de consegui-lo iam em direções radicalmente opostas.

Não é o caso, aqui, de continuar amontoando exemplos, uma vez que pretendemos examinar, uma por uma, as mais importantes das grandes religiões. Nem nesse nem em qualquer outro aspecto elas podem ser simplesmente articuladas numa série de tipos concatenados onde cada tipo significasse um novo "degrau" em relação ao anterior. Todas elas são, isto sim, individualidades históricas de altíssima complexidade e, tomadas em conjunto, não esgotam mais que uma pequena fração das combinações possíveis de imaginar, formadas que são a partir dos numerosíssimos fatores individuais que haveria que levar em conta.

Nos ensaios que virão a seguir, não se trata absolutamente de traçar uma "tipologia" *sistemática* das religiões. Nem se trata, por outro lado, de um trabalho puramente histórico. A exposição subsequente é "tipológica" apenas no sentido de que leva em consideração alguns aspectos daquilo que na realidade histórica das éticas religiosas foi importante, de modo típico, para sua conexão com os grandes contrastes existentes entre as mentalidades *econômicas* mais comuns, e desconsidera outros tantos. Em nenhum momento a proposta aqui é oferecer um quadro completamente elaborado das religiões estudadas. Propõe-se dar relevo máximo aos traços que sejam próprios de cada religião individual *em contraste* com as demais, e que *ao mesmo tempo* sejam importantes da perspectiva das conexões que nos interessam. Uma exposição que prescindisse de acentuar a importância desses traços muitas vezes acabaria por atenuá-los ante o quadro traçado e quase sempre teria ainda de acrescentar outros mais e eventualmente dar a ver, de um modo mais nítido do que seria possível aqui, que todos os contrastes qualitativos encontrados na realidade podem – naturalmente! – ser interpretados em última análise como diferenças puramente quantitativas nas proporções em que os fatores singulares se combinam. Para nós, seria totalmente estéril querer insistir toda vez nessa obviedade.

Mas os traços das religiões que consideramos importantes para a ética econômica também devem nos interessar aqui essencialmente de um ponto de vista bem determinado, a saber: quanto ao modo de sua relação com o *racionalismo* econômico, ou mais precisamente – posto que também isso não é inequívoco – com o tipo de racionalismo econômico que desde os séculos XVI e XVII começou a dominar o Ocidente como parte do modo de racionalização burguesa da vida que aí se instalou. Agora é o momento de alertar uma vez mais para o fato de que: "racionalismo" pode significar coisas muito distintas. Desde logo o termo faz pensar naquele modo de racionalização que o pensador sistemático empreende sobre a imagem do mundo tendo em vista um crescente domínio teórico da realidade por meio de conceitos abstratos sempre mais precisos – ou, melhor dizendo, traz à mente a racionalização no sentido da consecução metódica de um dado fim prático bem-determinado mediante o cálculo cada vez mais preciso dos meios adequados. Trata-se de duas coisas muito distintas, apesar de em última análise elas se pertencerem uma à outra indissoluvelmente. Mesmo no contexto de uma apreensão intelectual do real, é possível distinguir tipos como esses: houve quem tentasse, por exemplo, reduzir aos dois tipos as diferenças entre a física inglesa e a física continental. A racionalização da conduta de vida que aqui nos importa pode assumir formas extraordinariamente diversas. O confucionismo é, assim, racionalista no sentido de que lhe faltam toda metafísica e quase todo resíduo de ancoragem religiosa – a tal ponto que ele se situa no limite extremo daquilo que ainda se pode chamar genericamente de "ética religiosa", tão racionalista e ao mesmo tempo tão prosaico no sentido da ausência e recusa de todo critério não utilitário, que ele não se equipara a nenhum outro dos sistemas éticos, exceto talvez ao de Jeremy Bentham. E no entanto, apesar das analogias reais e aparentes que são constantes, o confucionismo é completamente diverso deste último e de todos os tipos ocidentais de racionalismo prático. "Racional", mas no sentido de que nele se expressava a crença num "cânone" válido, era o ideal estético supremo da Renascença, e, apesar dos elementos de mística platonizante, também sua concepção da vida era racionalista no sentido de uma rejeição dos laços tradicionais e da crença na potência da *naturalis ratio*. Também "racionais" – novamente num sentido totalmente diverso, a saber: no sentido de "sistematicidade" – eram os métodos da ascese de mortificação, da ascese mágica ou da contemplação em suas formas mais consequentes, como por exemplo na ioga ou na manipulação dos moinhos de oração do budismo tardio. De modo geral, eram racionais todas as modalidades de ética prática orientadas de maneira sistemática e unívoca para objetivos precisos de salvação religiosa, em parte no sentido da metodologia formal, em parte no sentido da distinção que se operava entre o que tem "valor" normativo e o que é empiricamente dado. Pois bem, dentre os processos de racionalização, é este último que vai nos ocupar na sequência. Querer antecipar aqui a análise desses processos em sua casuística não teria o menor sentido, uma vez que a presente exposição gostaria justamente de contribuir nessa direção.

Mas, para aí chegar, ela deverá tomar certa liberdade: a de ser "não histórica", no sentido de apresentar a ética de cada religião de modo sistemático, como se fosse essencialmente mais homogênea do que jamais terá sido no fluxo de seu desenvolvimento. Será preciso deixar de lado a abundância de antagonismos que são vividos no seio de cada religião, isso sem falar dos desenvolvimentos incompletos e das ramificações colaterais e, desse modo, os elementos que são importantes para nós deverão muitas vezes ser apresentados como se dotados de coerência lógica maior e evolução histórica menor do que as encontradas na realidade. Tal simplificação, se fosse feita arbitrariamente, resultaria, *neste caso*, em algo de historicamente "falso". Mas não é este o caso, ao menos na intenção. O que se fez foi sempre sublinhar, no quadro de conjunto de uma religião, aqueles traços característicos que, em suas *diferenças* com as outras religiões, foram decisivos para a modelagem da conduta de vida *prática*[29].

Antes porém de chegar ao cerne do objeto, ainda cabe fazer as derradeiras observações preliminares no intuito de elucidar certas particularidades terminológicas recorrentes em nossa exposição[30].

Quando estão plenamente desenvolvidas, as societarizações [*Vergesellschaftungen*] e as comunidades [*Gemeinschaften*] religiosas pertencem ao tipo dos grupamentos de *dominação*: representam grupamentos "hierocráticos", quer dizer, grupamentos nos quais o poder de dominar está fundado no monopólio da dispensação, ou da recusa, dos bens de salvação. Todos os poderes de dominação, tanto os profanos como os religiosos, tanto os políticos como os apolíticos, podem ser considerados como variações ou apro-

---

29. A ordem de exposição, cabe observar, é apenas acidentalmente geográfica, indo do Oriente para o Ocidente. Na verdade, o critério adotado não foi este, externo, de distribuição espacial, mas foram sim, como um exame mais aprofundado talvez venha mostrar, motivos internos de adequação ao objetivo da exposição.

30. Para uma exposição mais desenvolvida a esse respeito, cf. o capítulo "Economia e sociedade" no *Grundriss der Sozialökonomik* (Tübingen: J.C.B. Mohr). • Esta nota, que em sua redação não registra a data de publicação do mencionado *Grundriss*, foi acrescentada por Weber na segunda edição da *"Einleitung"*, isto é, da presente "Introdução" à *Ética econômica das religiões mundiais*. A exposição a que Weber se refere, vale esclarecer, encontra-se no cap. III da Primeira Parte de *Economia e sociedade* intitulado "Os tipos de dominação". Cf. WEBER, M. (1991). *Economia e sociedade*. Vol. I. Brasília: UnB, p. 139-196 [NdR].

ximações de alguns tipos puros, cuja construção arranca da seguinte questão: Qual o fundamento da *legitimidade* pleiteada para a dominação? Nossas associações atuais, sobretudo as de natureza política, pertencem ao tipo da dominação "legal". Isso quer dizer que a legitimidade de comandar repousa, para o detentor do poder de comando, numa regra racionalmente estatuída, pactuada contratualmente ou outorgada, e que a legitimação da fixação dessa regra repousa, por sua vez, sobre uma "constituição" racionalmente estatuída ou racionalmente interpretada. A voz de comando é emitida não em nome de uma autoridade pessoal, mas em nome de uma norma impessoal, e a injunção de um comando representa, ela própria, a obediência perante uma norma, e não um livre-arbítrio, uma graça ou um privilégio. O "funcionário" é o portador do poder de comando: jamais o exerce por sua própria conta, mas, ao contrário, ele o detém sempre por delegação da "instituição" impessoal, isto é, do viver junto de pessoas determinadas ou indeterminadas, designáveis segundo regras estabelecidas, viver junto, portanto, que é determinado por regras normatizadoras. A esfera do poder legítimo do funcionário é delimitada pela "competência", ou seja, por um âmbito concretamente definido de possíveis objetos de seu comando. Perante o "cidadão" ou o "membro" do grupamento ergue-se uma hierarquia de "superiores" aos quais ele pode dirigir suas queixas desde que observe, como reclamante, a "sequência das instâncias hierárquicas". A mesma coisa ocorre hoje na Igreja como grupamento hierocrático. O pastor ou o padre tem sua "competência" bem-delimitada: estabelecida por regras. E isso também se aplica ao mais alto escalão da Igreja: a atual "infalibilidade" papal é um conceito de competência, diferente em sua significação intrínseca do conceito que a precedeu (até à época de Inocêncio III[31]). A separação entre "esfera oficial" (no caso da infalibilidade trata-se da chamada definição "*ex cathedra*") e "esfera privada" funciona exatamente da mesma maneira que no caso do funcionalismo (político ou outro). A "separação" jurídica entre o funcionário e os meios de administração (seja em forma natural ou pecuniária) realiza-se no âmbito dos grupamentos políticos e hierocráticos exatamente da

---

31. Papa de 1198 a 1216 [NdR].

mesma maneira que a "separação" entre o trabalhador e os meios de produção na economia capitalista: a primeira constitui um paralelo perfeito desta última.

Mas tudo isso é especificamente moderno em seu pleno desenvolvimento, por mais que prenúncios desses fenômenos possam ser encontrados no mais remoto passado. O passado conheceu outros fundamentos da dominação legítima, cujos rudimentos, aliás, é possível enxergar a cada passo, mesmo no presente. Em poucas palavras, queremos circunscrevê-los ao menos terminologicamente.

1) A expressão *"carisma"* deve ser compreendida nos estudos a seguir como uma qualidade *extracotidiana*[32] de um ser humano (pouco importando se real, suposta ou pleiteada). "Autoridade[33] carismática" significa, então, uma dominação (seja ela preponderantemente externa ou interna) exercida sobre seres humanos, à qual submetem-se os dominados devido à crença nessa qualidade ligada àquela pessoa específica. O feiticeiro mágico[34], o profeta, o líder de expedições de caça ou de saque, o capitão de guerra, o senhor assim chamado "cesarista" e, eventualmente, o líder pessoal de um partido, todos são exemplos desse tipo de dominação referida a seus discípulos, a seu séquito, à sua tropa, a seu partido etc. A legitimidade de sua dominação repousa na crença e na entrega de si ao extraordinário, ao que ultrapassa as qualidades humanas normais e que por isso mesmo é valorizado como sobrenatural de origem. Repousa, assim, sobre a crença na magia, numa revelação ou num herói, crenças cuja fonte está na "comprovação" da qualidade carismática pelos milagres, vitórias e outros êxitos, numa palavra: pelos benefícios trazidos aos dominados. Eis por que essa crença evanesce ou periga evanescer ao mesmo tempo em que esmorece a autoridade pleiteada; tão

---

32. "Extracotidiano" [*ausseralltäglich*] e "extraordinário" [*aussergewöhnlich*] constituem significantes que em alemão se equivalem no significado e, por isso, mostram-se plenamente intercambiáveis no uso que Weber faz deles principalmente quando está escrevendo sociologia da dominação e sociologia da religião [NdR].

33. Em algumas passagens, como aqui e em outras logo adiante, Weber emprega a palavra autoridade [*Autorität*] em vez de dominação [*Herrschaft*] [NdR].

34. Assim mesmo no original: *der magische Zauberer* [NdR].

logo a comprovação não comparece, a pessoa carismaticamente qualificada dá-se a ver como se abandonada estivesse por seu poder mágico ou pelo seu deus. A dominação carismática não é exercida segundo normas gerais (tradicionais ou racionais), mas sim – em princípio – de acordo com revelações e inspirações concretas e nesse sentido: ela é "irracional". É "revolucionária" no sentido de se desobrigar em relação a tudo o que está aí: "Está escrito... eu porém vos digo...!"

2) Pela expressão "*tradicionalismo*" deve-se entender a disposição anímica a aceitar o cotidiano *habitual* e a crer que este se constitui em norma inviolável de conduta, e por isso se chamará de "autoridade *tradicionalista*" uma relação de dominação que repousa sobre essa base, vale dizer, sobre o respeito piedoso em relação a tudo o que foi sempre assim (realmente, supostamente ou presumidamente). De longe o mais importante modo de dominação que se baseia numa autoridade tradicionalista, que funda sua legitimidade na tradição, é o patriarcalismo: a dominação do pai de família, do marido, do mais velho da casa e do mais ancião da tribo sobre os membros da família ou da tribo, do senhor ou do patrão sobre os escravos, os dependentes e os libertos, do senhor da casa sobre os criados e funcionários domésticos, do príncipe sobre os empregados de sua casa e os funcionários de sua corte, sobre os ministros, os clientes e os vassalos, do senhor patrimonial e do príncipe soberano (o assim chamado "pai da pátria") sobre os "súditos". É próprio da dominação patriarcal (e da dominação patrimonial, variante da primeira) que coexistam nela, de um lado, um sistema de normas invioláveis tidas por absolutamente sagradas a ponto de sua violação acarretar danos mágicos ou religiosos e, do outro lado, um âmbito em que a arbitrariedade e o favor do senhor por princípio se exerçam com toda a liberdade, em função de relações "pessoais" e não em razão de critérios "objetivos", sendo, nesse sentido, "irracional".

3) A dominação carismática, que repousa sobre a crença na santidade ou no valor do *extracotidiano*, e a dominação tradicionalista (patriarcal), que se apoia sobre a crença na santidade do *cotidiano*, desde as mais remotas eras repartiram entre si os modos mais importantes das relações de dominação. No âmbito do que era tido como válido pela força da tradição, um "novo" direito não podia ser introduzido a não ser pelos portadores de carisma na forma de oráculos de profetas ou disposições de chefes guerreiros carismáticos. Revelação e espada: duas potências extracotidianas que eram também as típicas potências da inovação. Isso não obstante, as duas, apenas realizada sua obra, sucumbiram tipicamente à cotidianização[35]. Com a morte do profeta ou do príncipe guerreiro, eis que surgia a questão da sucessão. Fosse ela resolvida por uma escolha (originalmente não se tratava de "escolha pelo voto", mas sim de uma seleção em função do carisma) ou fosse por uma objetivação sacramental do carisma (designação do sucessor por consagração: "sucessão" hierocrática ou apostólica) ou pela crença na qualificação carismática da linhagem (carisma hereditário: realeza hereditária, hierocracia hereditária): de um modo ou de outro esse foi sempre um ponto de partida da dominação por *regras*. O príncipe ou o hierocrata não mais dominavam graças a qualidades puramente pessoais, mas em virtude de qualidades, adquiridas ou herdadas, ou em razão da legitimação que o ato de escolha fitava. Eis aí, iniciado, o processo de cotidianização, quer dizer, de tradicionalização. E, o que foi talvez o mais importante: com a organização mais estável da dominação, cotidianizava-se o quadro de pessoal sobre o qual se apoiava o chefe carismático: seus discípulos, apóstolos, sequazes tornavam-se padres, vassalos feudais e principalmente: funcionários. De início, então, o que se tinha era

---

35. "Cotidianização" segue uma tendência generalizada nas traduções mais recentes da escrita weberiana, a de traduzir do modo mais literal possível certos termos já consagrados por antigas traduções. É o caso da palavra *Veralltäglichung*, que nós no Brasil nos acostumamos a ver representada (em português ou noutros idiomas de chegada como espanhol, inglês, francês) com esta outra expressão: "rotinização", *um* significante menos saturado de sentido literal se comparado a "cotidianização", porém mais nítido na intenção de qualificar negativamente o processo histórico-empírico ao qual Weber se refere no contexto imediato de sua sociologia da dominação, onde deslinda o processo de *rutinización del carisma, routinization of charisma, routinisation du charisme...* (Cf. WEBER, M. *Economia e sociedade*. Vol. I, parte I, cap. III: "Os tipos de dominação") [NdR].

uma comunidade carismática especificamente alheia à economia, vivendo de um modo comunista à base de ofertas, esmolas e butins de guerra, só que essa comunidade carismática mais tarde se converteria num estrato social de auxiliares do senhor, um estrato subsidiado com rendas da terra, emolumentos, direitos eventuais, compensações *in natura*, honorários, numa palavra: *prebendas*; e de agora em diante esses auxiliares do senhor estariam extraindo seu poder legítimo de investiduras, concessões, nomeações em estágios muito diversos de apropriação do poder. De modo geral, isso representava uma *patrimonialização* dos poderes senhoriais semelhante à que possivelmente se desenvolveu também a partir do patriarcalismo puro à vista da decomposição do poder inflexível do senhor. Resultou que o prebendado ou o feudatário a quem se outorgara um cargo reivindicasse ter *direito* próprio sobre o cargo em consequência da outorga. Ele detinha a posse dos recursos administrativos exatamente como o artesão detinha a posse dos meios de produção econômica. Ele devia cobrir os custos da administração com os eventuais proventos de seu ofício ou de outras entradas, ou então transferir ao senhor feudal uma parte dos tributos recebidos de seus súditos, ficando com o restante para si. No caso-limite, podia legar seu cargo em herança ou aliená-lo como qualquer outra espécie de posse. Falamos em patrimonialismo *estamental* quando a apropriação de poderes senhoriais houver atingido um tal estágio, independentemente do fato de seu desenvolvimento se dar a partir de um estágio inicial carismático ou patriarcal.

Raras vezes, porém, a evolução parou por aí. Por todo canto assistimos à *luta* do senhor (político ou hierocrático) com os detentores ou usurpadores dos direitos de soberania apropriados por um estamento, cada lado tentando expropriar o outro. O senhor tentando de seu lado expropriar os estamentos, e estes tentando expropriá-lo. Quanto mais o senhor conseguisse constituir para si um quadro próprio de funcionários dependente exclusivamente dele e com interesses vinculados aos dele e, em vista disso, conseguisse constituir e, congruentemente, manter firmemente em suas mãos meios administrativos próprios (finanças próprias para o caso de senhores políticos e cada vez mais para o caso de senhores hierocráticos, como ocorreu no Ocidente desde Inocêncio III[36] até João XXII[37]; para o caso de senhores laicos, armazéns e arsenais próprios para o abastecimento de seus exércitos e de seus funcionários), tanto mais essa luta teria a probabilidade de decidir-se em favor do senhor e em detrimento dos estamentos progressivamente expropriados dos privilégios que detinham. A composição *característica* do estrato social de funcionários, cujo apoio foi de grande ajuda para o senhor em sua luta pela expropriação dos poderes senhoriais estamentais, historicamente foi muito diversificada: clérigos (tipicamente na Ásia e no Ocidente da Alta Idade Média); escravos e clientes (tipicamente na Ásia Anterior); libertos (em proporções limitadas, tipicamente no principado romano); letrados humanistas (tipicamente na China) e finalmente juristas (tipicamente no Ocidente da era moderna, na Igreja tanto quanto nas associações políticas). Por toda parte a vitória do poder soberano do príncipe e a expropriação das prerrogativas senhoriais particularistas implicavam no mínimo a possibilidade, quando não a introdução efetiva, de uma racionalização da administração. Mas isso, como veremos, em graus e sentidos bem diversos. É preciso então, antes do mais, distinguir entre duas racionalizações: a racionalização *material* da administração e da justiça (por obra de um príncipe patrimonial que quer agraciar os súditos seja do ponto de vista utilitário, seja no plano da ética estamental, como faz um grande senhor de uma grande casa a quantos pertençam a ela) e a racionalização *formal* (mediante a instauração, a cargo dos peritos em direito, do domínio da norma jurídica com pretensão de uma vinculação universal dos "cidadãos do Estado". Por mais fluida que tenha sido tal distinção (haja vista os exemplos da Babilônia, de Bizâncio, da Sicília dos Hohenstaufen, da Inglaterra dos Stuarts, da França dos Bourbons), em última análise ela não deixou de subsistir. E o nascimento do moderno "Estado" ocidental, assim como o das "igrejas" ocidentais, foi, na mais essencial de suas partes, obra de *juristas*. Ainda não é o momento de discutir de onde foi que estes hauriram a força

---

36. Papa de 1198 a 1216 [NdR].

37. Papa de 1316 a 1334 [NdR].

e o conteúdo de ideias mais os meios técnicos necessários para dar conta de um trabalho desses.

Com a vitória do racionalismo jurídico *formalista,* apareceu no Ocidente, ao lado dos tipos de dominação tradicionalmente existentes, o tipo de dominação *legal,* cuja espécie mais pura, sem ser a única, foi e ainda é a dominação *burocrática.* Conforme já mencionado[38], a condição moderna dos funcionários estatais e comunais, dos padres e capelães católicos, dos funcionários e empregados dos bancos modernos e das grandes empresas capitalistas, representa o tipo mais importante dessa estrutura [*Herrschaftsstruktur*][39] de dominação. Em nossa terminologia, deve-se considerar como traço decisivo o que já foi evocado: a submissão – não em virtude da crença e da entrega de si a *pessoas* dotadas de carisma (profetas e heróis), muito menos em virtude de uma tradição sagrada ou de um respeito filial por um senhor *pessoal* designado pela ordem tradicional e, eventualmente, a seus vassalos e prebendados legitimados em direito *próprio* mediante privilégio e outorga, mas sim em virtude da vinculação *im*pessoal àquele dever genericamente chamado "dever de ofício" em sua designação geral e objetiva, impessoal. Esse "dever de ofício", assim como o direito de dominação que lhe corresponde – sua "competência" – é definido por normas *racionalmente estabelecidas* (leis, decretos, regulamentos), de tal maneira que a legitimidade da dominação passa a ser a legalidade da regra geral, cogitada em vista de um fim, estatuída e promulgada segundo critérios de correção formal.

As diferenças entre os tipos que acabamos de esboçar estendem-se a todas as particularidades de sua estrutura social [*soziale Struktur*] e de sua significação econômica.

---

38. Weber refere-se ao célebre ensaio em que focaliza o processo de racionalização ocidental, que tem, no original, o modesto nome de *Vorbemerkung* ("Nota preliminar") e que, com tal título, incumbe-se de prefaciar a vasta coletânea dos *Ensaios reunidos de sociologia da religião* [*Gesammelte Aufsätze zur Religionssoziologie – Gars,* 1920]. Tal ensaio ficou mais conhecido pelo título *Author's Introduction* que ganhou na tradução que Talcott Parsons fez dele para funcionar como abertura solene da primeira tradução em inglês de *A ética protestante e o espírito do capitalismo* (1930). • NB: Essa *Vorbemerkung* ("Nota preliminar") não faz parte de *A ética econômica das religiões mundiais,* o que justifica sua ausência da presente edição [NdR].

39. Notar o uso expresso do termo estrutura – estrutura de dominação [NdR].

Somente uma exposição sistemática poderia corroborar até que ponto o modo da distinção e da terminologia aqui escolhido satisfaz ao nosso propósito. Baste dizer o seguinte: nosso modo de exposição não tem de modo algum a pretensão de ser o único possível, nem muito menos a pretensão de que todas as formações empíricas de dominação devam corresponder "de modo puro" a algum desses tipos. Justo o contrário. A esmagadora maioria dessas formações empíricas constitui uma combinação, um estado de transição entre vários desses tipos. Diante disso, seremos constantemente forçados a expressar com a ajuda de palavras compostas, como por exemplo "burocracia patrimonial", o fato de que o fenômeno em questão pertence, numa parte de seus traços característicos, ao tipo racional de dominação e, em outra parte deles, ao tipo tradicionalista de dominação – exemplo disso é o tipo estamental. E mais: houve outras formas, extremamente importantes – como a estrutura de dominação [*Herrschaftsstruktur*] feudal –, que conheceram historicamente uma difusão universal e, em razão de certas características importantes, dificilmente se deixam classificar sem mais aquela em um dos três tipos principais que acabamos de apresentar distintivamente, só se tornando inteligíveis em combinação com outros conceitos (neste caso: os conceitos de "estamento" e "honra estamental"). Deparamos igualmente com outras formas, como os funcionários da democracia *pura* (de um lado cargos honoríficos rotativos e formas análogas, do outro, dominação plebiscitária), ou certos modos de dominação de notáveis (uma forma particular da dominação tradicionalista), que podemos compreender parcialmente por princípios outros que os da "dominação" e parcialmente a partir de alterações peculiares do conceito de carisma que entretanto se deixam contar entre os fermentos de primeiríssima importância histórica para o parto [*Entbindung*] do racionalismo político. Eis por que a terminologia aqui proposta não pretende fazer com que a infinita variedade do acontecer histórico encaixe-se à força num esquema; ela visa apenas a criar pontos de orientação conceituais utilizáveis para fins determinados.

O mesmo vale para uma *última distinção terminológica*. Entendemos por *situação de estamento* a chance de *consideração*[40] social positiva ou negativa para determinados grupos humanos, condicionada *primariamente* por diferenças no modo de *condução da vida* (muitas vezes por diferenças na *educação*). Em segundo lugar – e nisso nos entrelaçamos com a precedente terminologia das formas de dominação –, a situação de estamento costuma coincidir o mais das vezes ou de maneira típica com um monopólio *juridicamente* assegurado ao estrato social em questão, monopólio incidindo sobre certos direitos senhoriais ou sobre certas oportunidades de entradas e lucros de determinada espécie. Um "estamento" é, portanto, desde que reúna todas essas características, e isso evidentemente nem sempre acontece, um grupo humano nem sempre organizado na forma de associação, mas de um modo ou de outro sempre societarizado [*vergesellschaftete*], caracterizado por uma forma de conduta de vida, por um conceito de honra em sentido especificamente convencional e por oportunidades econômicas juridicamente monopolizadas. *Commercium*, no sentido de se ter uma circulação "societária", e *connubium*, no sentido da conjugalidade entre grupos, são os sinais típicos do mútuo reconhecimento de *equivalência estamental*. A ausência de tais sinais indica diferença estamental. Em contrapartida, por "situação de classe" serão designadas, de um lado, as oportunidades de sustento e de ganho condicionadas em primeiro lugar por situações *economicamente* relevantes e típicas, tais como: determinado tipo de posses ou de destreza adquirida na execução de funções requisitadas; de outro lado, por condições de vida gerais e típicas resultantes de tais situações econômicas (p. ex., a necessidade de submeter-se à disciplina da fábrica de um proprietário de capital). Uma "situação de estamento" pode ser tanto a causa quanto a consequência de uma "situação de classe", mas pode ser também uma outra coisa. Já as situações de classe, por sua vez, podem ser em primeiro lu-

---

40. Normalmente traduzida como "honra social", a expressão em alemão *soziale Ehre*, neste preciso caso em que aparece seguida dos qualificativos *positivo/negativo*, parece ficar mais congruente se traduzida como "consideração social", visto que é extremamente difícil cogitar que honra possa representar algo negativo [NdR].

gar *condicionadas pelo mercado* (de trabalho e de bens) – casos esses que são específicos e típicos dos dias de hoje. Mas nada exige que seja necessariamente assim. Na hipótese de uma fraca inserção no mercado, o condicionamento por este representa quase nada nos casos dos grandes proprietários de terra e dos pequenos camponeses e tem grande variação (de sentido e de grau) no caso das diferentes categorias de "rentistas" (podendo a renda ser auferida da terra, de pessoas, do Estado, de títulos na bolsa). É por isso que devemos distinguir entre "classes patrimoniais" [*Besitzklassen*] e "classes aquisitivas" [*Erwerbsklassen*], essas últimas condicionadas em primeiro lugar pelo mercado. A sociedade hodierna é predominantemente estratificada em classes [*Klassengegliedert*] e, num grau especialmente alto, em classes aquisitivas. Contudo, no prestígio especificamente *estamental* dos estratos "cultivados", nossa sociedade encerra um elemento bastante tangível de estratificação estamental [*ständisches Gliederungselement*] (que se manifesta externamente do modo mais claro nos monopólios econômicos e nas oportunidades de prerrogativa social para os detentores de diplomas). No passado, a significação da estratificação estamental [*ständische Gliederung*] foi de longe a mais decisiva, mormente para a estrutura *econômica*[41] das sociedades. Pois, sobre esta última, a estratificação estamental [*ökonomisch Struktur*] tem uma forte influência, de um lado isso tem a ver com as barreiras ou regulamentações impingidas ao consumo e com a importância dos monopólios propriamente estamentais – monopólios que são irracionais do ponto de vista da racionalidade *econômica* – e, por outro lado, isso tem a ver com o efeito de exemplaridade das *convenções* estamentais próprias dos respectivos estratos dominantes. De resto, essas *convenções* podiam ter um caráter de estereotipagem *ritual*, e foi esse, em grande medida, o caso das estratificações estamentais [*ständischen Gliederungen*] asiáticas, para as quais nos voltamos a partir de agora.

---

41. Observe-se o uso forte, fortíssimo, do termo "estrutura" [NdR].

PARTE II
CONFUCIONISMO E
TAOISMO[1]

1. *Quanto à bibliografia*: As grandes obras centrais traduzidas da literatura clássica chinesa, que aqui não são citadas expressamente a cada passagem, foram editadas por *J. Legge* nos "Chinese Classics", com anotações críticas sobre o texto. Algumas dentre elas foram incluídas nos "Sacred Books of the East", Max *Müller*. A introdução provavelmente mais cômoda aos pensamentos pessoais (ou tidos como pessoais, o que, para nós, tem o mesmo significado) de *Confúcio* e de seus mais influentes discípulos encontra-se em três escritos editados por *Legge* com uma introdução num pequeno volume intitulado "The Life and Teachings of Confucius". Londres, 1867": o Lun Yü (traduzido como "Confucian Analects"), o Ta Hio ("The Great Learning") e o Tschung Yung ("Doctrine of the Mean"). A eles acrescentem-se os célebres Anais de Lu (Tschun Tsiu – "Primavera e Outono"). Traduções de *Mêncio*: nos "Sacred Books of the East" e na obra de Faber "The Mind of Mencius". A obra Tao te king, atribuída a *Lao-tse*, foi traduzida para muitíssimas línguas, sendo para o alemão (genialmente) por v. Strauss em 1870 e para o inglês, por Carus em 1913. Neste meio-tempo também foi publicada uma boa antologia de místicos e filósofos chineses (ed. por *Wilhelm*) pela Editora Diederichs, de Jena. Tornou-se recentemente quase moda ocupar-se com o taoismo. Além da magnífica obra de Richthofen, predominantemente geográfica, mas também incluindo considerações paralelas sobre a situação do Estado e da sociedade, também serve ainda hoje como introdução sobre as condições sociais e do Estado o trabalho de *Williams* "The Midden Empire", obra mais antiga e destinada à popularização. Um excelente esboço (com bibliografia) é o de Otto *Franke* na "Kultur der Gegenwart (II, II, I)" (*Cultura da época atual*). Sobre as cidades: *Plath* nas "Abhandlungen der bayerischen Akademie der Wissenschaft X" (*Tratados da Academia Bávara da Ciência*). O melhor trabalho sobre economia de uma (moderna) cidade chinesa foi apresentado por um discípulo de K. Bücher, o Dr. Nyok Ching Tsur (Die gewerblichen Betriebsformen der Stadt Ningpo (*As formas empresariais da pequena indústria da cidade de Ningpo*), Caderno 30 da Zeitschrift für die gesamte Staatswissenschaft. Tübingen, 1909). Sobre a religião da China *antiga* (o assim chamado "sinismo"): E. *Chavannes* na Revue de l'Histoire des Religions, 34, p. 125ss. Por seu máximo cuidado em trabalhar com citações literais, são recomendáveis sobre a religião e ética do confucionismo e taoismo os dois trabalhos de Dvořak na obra "Darstellungen aus dem Gebiet der nichtchristlichen Religions-Geschichte" (*Exposições de história das religiões não cristãs*). Entre as demais obras, consultem-se as exposições contidas nos diversos manuais de história das religiões (na Editora Bertholet (Tübingen, 1908) encontra-se a parte de autoria de Wilhelm *Grube*; na Editora Chantepie de la Saussaye, a de E. Buckley). Quanto ao mais, no tocante à religião oficial, os grandes trabalhos de *de Groot* são os mais avançados da atualidade. Obra-prima: The Religious System of China (trata, nos volumes já publicados, essencialmente do ritual, sobretudo do ritual fúnebre). Do mesmo autor encontra-se uma visão geral dos sistemas religiosos existentes na China em "Kultur der Gegenwart" (*Cultura da época atual*). Sobre a tolerância do confucionismo há uma espirituosa obra polê-

67

mica do mesmo autor: Sectarianism and religious persecution in China (Verh. der Kon. Ak. van Wetensch. te Amsterdam. Afd. letterk. N. Reeks IV, 1, 2). Sobre a história da situação religiosa ver seu artigo no vol. VII do Archiv für Religionswissenschaft (1904). Sobre isso, cf. a recensão de *Pelliot* em Bulletin de l'Ecole Française de l'Extrême Orient III, 1903, p. 105. Sobre o *taoismo*: Pelliot. Op. cit., p. 317. Sobre o Edito Sagrado do fundador da Dinastia Ming (precursor do "Edito Sagrado" de 1671): *Chavannes.* Bulletin de l'École Française de l'Extrême Orient III, 1903, p. 549s. Exposição da doutrina confuciana sob o ponto de vista do moderno partido reformista de Kang Yu Wei: *Chen Huan Chang*, The Economic Principles of Confucius and his School (Tese de doutorado na Columbia University de Nova York, 1911). • Os impactos dos diversos sistemas religiosos sobre formas de vida estão ilustrativamente refletidos no belo artigo de Wilhelm *Grube*: Zur Pekinger Volkskunde (na "Veröffentlichung des "Königliches Museum für Völkerkunde". Berlim, VII, 1901. Cf. do mesmo autor: Religion und Kultur der Chinesen. Über chinesische Philosophie, in: "Kultur der Gegenwart" I, 5. Do mesmo autor: Geschichte der chinesischen Literatur. Leipzig, 1902. Dentre a bibliografia missionária, é de particular valor, por reproduzir numerosas conversações, a publicação de Jos. *Edkins*: Religion in China. 3. ed., 1884. Também contém um certo número de boas considerações a obra de *Douglas*: Society in China. Ulterior bibliografia pode ser consultada nas conhecidas revistas inglesas, francesas e alemãs, assim como a Zeitschr. f. vergl. Rechtswissenschaft e o Archiv für Religionswissenschaft. • Para uma ilustrativa introdução na moderna situação chinesa: F. v. *Richthofen*. Tagebücher (*Diários*), e também os livros de Lauterer, Lyall, Navarra e outros. Quanto ao taoismo, cf. tb. no cap. VII. Uma história moderna do desenvolvimento da China (tempo antigo) é apresentada por E. Conrady no vol. III da "Weltgeschichte" (*História Universal*), 1911, de v. *Pflugk-Harttung*. Enquanto o presente manuscrito se encontrava no prelo, chegou-me às mãos a nova obra de de Groot: "Universismus". Die Grundlage der Religion und Ethik des Staatswesens und der Wissenschaft Chinas (*"Universismo".* *O fundamento da religião e da ética, do sistema estatal e da ciência da China*). Berlim, 1918. Dentre os breves esboços introdutórios, vale a pena indicar o de um dos melhores especialistas: Freiherr von *Rosthorn*. Das soziale Leben der Chinesen (*A vida social dos chineses*), 1919. Dentre a bibliografia mais antiga, tome-se, p. ex.: *J. Singer*. Über soziale Verhältnisse in Ostasien (*Sobre a situação social na Ásia Oriental*), 1888. Em vez de muitas outras exposições, consulte-se, por ser mais instrutiva, a coleção dos decretos imperiais destinados aos funcionários do império, traduzidos por ingleses interessados, durante decênios, sob o nome de *Peking Gazette.* A bibliografia restante e os escritos traduzidos das fontes são aqui citados na respectiva passagem. Dificulta muito o trabalho dos não especialistas a circunstância de ter sido traduzida somente uma ínfima parte das fontes documentais e monumentais. Infelizmente, *não* contei, para fins de controle, com o apoio de um sinólogo. Por este motivo, esta parte só está sendo impressa com graves pontos de interrogação e grandíssimas reservas.

I
FUNDAMENTOS SOCIOLÓGICOS:
A) CIDADE, PRÍNCIPE E DEUS

> Sistema monetário
>
> Cidades e corporações
>
> Administração de principados e concepção de deus em comparação com a Ásia Menor
>
> Posição carismática e pontifical do monarca central

Sistema monetário

Em forte contraste com o Japão, a China tem sido, já desde tempos para nós pré-históricos, um país de *cidades* amuralhadas. Somente as cidades possuíam um padroeiro local canonizado e cultuado. O príncipe era, antes de mais nada, o senhor da cidade. Para designar o "Estado", usava-se em documentos oficiais, inclusive dos grandes estados divididos, a expressão "Vossa Capital" e, respectivamente, "Minha Modesta Cidade". Ainda no último quadrimestre do século XIX, a subjugação dos Miao (1872) ficou definitivamente consolidada com a imposição do *sinoiquismo*, ou seja, a unificação de assentamentos urbanos, exatamente como na Antiguidade romana até aproximadamente ao século III. E efetivamente, sobretudo, a política fiscal da administração chinesa terminava por favorecer acentuadamente os habitantes das cidades, em detrimento dos do campo[2]. A China também foi, desde

---

2. Neste sentido H.B. Morse resume sua posição em The Trade and Administration of the Chinese. Nova York, 1908, p. 74. E, na verdade, fatos de fundamental importância, tais como a ausência de impostos indiretos e de impostos sobre rendas variáveis, as baixíssimas taxas aduaneiras até a Época Moderna e a política de cereais orientada unicamente sob o aspecto do consumo já justificam este juízo. E principalmente: dada a peculiaridade do funcionalismo público, um comerciante abastado estava em condições de impor, com dinheiro, praticamente tudo o que fosse de seu interesse.

sempre, área de comércio interior, indispensável para a cobertura das necessidades de extensas regiões. Apesar disso, até inclusive à Idade Moderna, em razão da extraordinária importância da produção agrícola, dificilmente a economia monetária terá atingido em algum momento o nível de desenvolvimento observado, por exemplo, no Egito ptolomaico. É o que comprova suficientemente[3] o próprio sistema monetário, que certamente se deve entender, em parte, apenas como produto perecível, dada a cotação continuamente oscilante da moeda-cobre em relação à barra de prata – cuja cunhagem ficava a cargo das corporações –, uma oscilação periódica de valor variável, e, além disso, diferindo de um lugar para outro.

O sistema monetário chinês[4] conserva traços de extremo arcaísmo, em combinação com elementos aparentemente modernos. O símbolo para "riqueza" mantém ainda hoje o antigo significado de "concha" (pei). Ao que parece, ainda em 1578 havia ocorrências de tributos em dinheiro de concha provenientes de Yünnan (uma província mineral!). Para "moedas" existe um símbolo que significa "casca de tartaruga"[5], "Pu pe": "dinheiro de seda" deve ter existido sob os Tchou, e nos mais diversos séculos observou-se o pagamento de impostos por meio de seda. Pérolas, pedras preciosas, estanho também são mencionados paralelamente como antigas peças dotadas de função monetária, e já o usurpador Wang Mang (a partir do ano 7 d.C.) tentara – em

---

3. Contudo, a transição para este sistema, correspondente à nossa moeda "bancária" (considerada pelo Hamburger Bank como tendo sido exemplar) só ocorreu a partir da deterioração das moedas e das emissões de papel-moeda pelos imperadores; portanto, foi uma transição de ordem secundária. Entretanto, uma súbita escassez de moeda corrente em cobre pode gerar confusão, com muitas consequências, entre as quais a emissão ampliada de cédulas bancárias locais e os diferentes ágios e especulações em barras de prata, como demonstram as ocorridas recentemente, levando o governo a tomar medidas desastradas (cf. o decreto imperial e relatório em *Peking Gazette* de 02/06/1896). A melhor exposição sobre a situação monetária encontra-se em H.B. Morse. Trade and Administration of the Chinese Empire. Nova York, 1908, cap. V, p. 119s. De resto, cf. *J. Edkins*. Banking and Prices in China (1905). E na antiga literatura chinesa: Se Ma Tsien. Editado por Chavannes. Vol. III, cap. XXX.

4. Aliás, a designação de "dinheiro" é "hwo", ou seja, "meio de troca" (puo hwo – valioso meio de troca).

5. Além do respectivo capítulo de *Morse* (Trade and Administration of China) e de Jos. *Edkins*, Chinese Currency (Londres, 1913), cf. o antigo, mas ainda valioso, trabalho de *Biot* no N. Journ. Asiat. 3, Ser. 3, 1837, que se fundamenta essencialmente em Ma Tuan Lin como abonador. Somente durante a correção de provas tipográficas recebi a tese de doutorado em Nova York de *W.P. Wei* (Stud. In Hist. Ec. etc. 59. Nova York, 1914), que em seu *primeiro* capítulo contém algo a respeito.

vão – instaurar uma escala monetária na qual serviriam como meios de pagamento, a par de ouro, prata e cobre, também cascas de tartaruga e conchas, ao passo que, inversamente, segundo uma fonte infelizmente não muito confiável, o unificâdor racionalista do império, Schi Hoang Ti, havia mandado cunhar apenas moedas "redondas", entre as quais, porém, além das de cobre, também moedas de ouro (Y e Tsien), tendo também proibido – mas sem sucesso – todos os demais meios de troca e de pagamento. A prata parece ter surgido como metal-moeda somente em época tardia (sob Wu-ti, no final do século II a.C.) e, como imposto (das províncias meridionais), apenas em 1035. Sem dúvida, a princípio, por razões técnicas. O ouro era de aluvião, a exploração do cobre fazia-se inicialmente por técnicas relativamente fáceis, mas a de prata só se realizava por mineração propriamente dita. Contudo, tanto a técnica de mineração dos chineses como a de moedas mantiveram-se em grau muito primitivo. Criadas pretensamente no século XII a.C., mas com maior probabilidade no século IX a.C., e providas com símbolos escritos somente por volta de 200 a.C., as moedas eram confeccionadas por fundição e não por cunhagem. Por isso, era muito fácil fazer imitações e o seu teor variava muito, e mesmo, até o século XVII, muito mais do que o das moedas europeias (no caso de coroas inglesas, quase 10%). 18 unidades de uma só e mesma emissão do século XI apresentaram, segundo a pesagem de Biot, uma oscilação no teor de cobre entre 2,70g e 4,08g, e 6 unidades emitidas em 620 d.C. tiveram uma variação de 2,50g a 4,39g. Já por este único motivo elas não constituíam um padrão inequívoco para o comércio. As reservas de ouro aumentaram subitamente em volumes substanciais, graças ao ouro dos tártaros tomado como troféu de guerra, mas logo voltaram a baixos níveis. Por isso, ouro e prata cedo rarearam sensivelmente, embora, no caso da prata, as minas tivessem permanecido rentáveis, desde que aplicada a devida técnica[6].

---

6. Superstições geomânticas, a serem comentadas mais adiante, repetidamente voltavam a fazer com que se reprimisse a exploração do minério. No entanto, seria ridiculamente exagerada a comparação com as minas de Potosí, como pretende Biot. Op. cit. As minas de Yünnan devem ter rendido, de 1811 a cerca de 1890, apenas aproximadamente 13 milhões de Taéis (apesar do *royalty* relativamente magro de 15%). Já no século XVI (1556) aconteceu que se abria uma mina com custos de 30.000 Taéis para obter-se depois um rendimento de cerca de 28.500 Taéis. As diversas interdições da exploração de chumbo obstaculiza-

O cobre permaneceu moeda corrente no comércio cotidiano. Os escrivães de Anais, particularmente na época de Han, estavam perfeitamente cientes do fato de que, no Ocidente, a circulação de metais preciosos era muito maior. Sustentadas por tributos naturais, as grandes caravanas de seda (em grande número anualmente) traziam ouro do Ocidente para o país, é bem verdade. (Encontraram-se moedas romanas.) No entanto, isso acabou com o fim do Império Romano e somente o Império Mongol trouxe melhoras.

Uma reversão chegou apenas a partir do comércio com os países ocidentais na época posterior à abertura das minas de prata mexicanas e peruanas, cuja produção rumava em parte considerável para a China, como contravalor para seda, porcelana, chá. A desvalorização da prata em relação ao ouro (no ano de 1368: 4:1; 1574: 8:1; 1635: 10:1; 1737. 20:1; 1840: 18:1; 1850: 14:1; 1882: 18:1) não impediu que a valorização da mesma, como consequência da crescente demanda pelo sistema monetário, levasse à queda do preço do cobre frente à prata. Do mesmo modo que as minas, também a criação de moedas era direito soberano do poder político: um mestre de moedas já existia no tempo das nove autoridades semilendárias do Tschou--li. As minas funcionavam, em parte, sob regime de direção autônoma com trabalho forçado[7] e, em parte, por pessoas privadas, mas sujeitas ao monopólio de compras da produção pelo governo[8]; os altos custos de transporte do cobre para a Casa da Moeda em Pequim – a qual, supridas as necessidades de moeda do Estado, vendia o excedente – acarretavam considerável encare-

---

ram a obtenção de prata como subproduto. Somente durante a dominação dos chineses sobre a Trans--Índia (Camboja, Anam), onde especificamente a Birmânia era um país produtor de prata, houve um forte aumento (duradouro) no provimento de prata, também através do comércio com o Ocidente passando por Buchara, particularmente no século XIII, como contravalor para a seda e, posteriormente (cf. comentários adiante), a partir do século XVI, mediante o comércio exterior com europeus. A grande *insegurança*, pelo que se infere da Analística, constituía, a par da técnica deficiente, uma razão importante para o nível de rentabilidade geralmente baixo das minas de prata.

7. Enormes trabalhos forçados para a exploração de minas de ouro estão relatados na história da Dinastia Ming escrita pelo Imperador Kian Lung (Yu tsiuan tung kian kang mu, traduzido por Delamarre. Paris, 1861, p. 362) em relação ainda ao ano de 1474: 550.000 (? [*sic*]) pessoas teriam sido pressionadas para este fim.

8. A desproporção entre o preço de compra e os custos explica satisfatoriamente o rendimento, de todo insuficiente.

cimento adicional da já altamente custosa fabricação de moedas. No século VIII (752, segundo Ma-tuan-lin), cada uma das 99 Casas da Moeda então existentes produzia presumivelmente 3.300 Min (com 1.000 unidades cada Min) por ano em moedas de cobre. Para tanto, cada unidade produtiva demandava 30 operários e aplicava 21.200 unidades de peso Kin (de 550g cada uma) de cobre, 3.700 de chumbo e 500 de estanho. Os custos perfaziam 750 de cada 1.000 unidades produzidas, ou seja, 75%. Além disso, ainda havia o lucro exorbitante por moeda reclamado (monopolisticamente) pela Casa da Moeda[9]: 25% em termos nominais; só isto já era suficiente para dissipar toda e qualquer perspectiva de vitória na luta incessante travada em todos os séculos contra recunhagens, extraordinariamente lucrativas. Os distritos minerais estavam sob a ameaça de invasão inimiga. Não raro o governo comprava cobre no exterior (Japão) para transformá-lo em moeda ou confiscava reservas privadas de cobre, a fim de garantir a forte demanda de cunhagem. Durante um certo período, o sistema de soberania e o de direção autônoma foram estendidos à totalidade das minas de metais.

As minas de prata pagavam um montante muito significativo de *royalties* (em Guandong, meados do século XIX, 20-33 1/3%, para liga de chumbo 55%) aos respectivos mandarins, cuja principal fonte de renda, lá, consistia justamente nestes *royalties*, a eles conferidos contra um montante fixo em dinheiro que repassavam ao governo. Como para qualquer outra mina, as concessões para as minas de ouro (existentes principalmente na Província de Yunan) eram outorgadas a mestres de mineração (artesãos) em pequenos campos destinados para pequenas empresas, e os pagamentos de *royalties*, dependendo da produtividade, eram de até 40%. Relatórios dão conta de que, ainda no século XVII, em todas as minas a exploração era de baixo nível técnico. E a razão era – a par das dificuldades ligadas à geomântica[10], a ser mencionada mais adiante – o tradicionalismo generalizado, de que trataremos

---

9. De acordo com Weil (op. cit., p. 17), um lucro derivado da moeda era desconhecido na antiga política monetária da China. Mas esta posição não é verossímil, pois de outra forma a recunhagem, com suas proporções notoriamente gigantescas, não teria sido rentável. Também a Analística relata o contrário (cf. mais adiante).

10. Sobre este efeito do Fung schui, cf. Variétés Sinolog, n. 2 (H. Havret. La prov. De Ngan Hei, 1893, p. 39).

mais tarde, inerente à estrutura política, econômica e mental da China e que continuamente levava ao insucesso qualquer reforma monetária mais séria. Nos Anais são referidas diversas deteriorações da moeda ocorridas já em tempos antigos (Tschuang Wang e Tsu); também constam relatos sobre fracassos na tentativa de colocar forçosamente em circulação moedas deterioradas. A primeira deterioração de moedas de ouro – fato que posteriormente se repetiu frequentemente – foi relatada por King Ti, que também fala em fortes distúrbios do comércio provocados pela mesma. O mal fundamental, porém, consistia evidentemente nas oscilações dos estoques[11] de metal para moedas, um mal que atingia justamente a região setentrional, onde se impunha exercer a defesa contra os bárbaros da estepe, de modo incomparavelmente mais forte do que a parte meridional, sede do comércio e região tradicionalmente dotada de quantidades muito maiores de metais-moedas de circulação. O financiamento de cada guerra dava ensejo a violentas reformas monetárias, assim como à utilização de moedas de cobre para a fabricação de armas (como ocorreu em nosso meio, com a guerra das moedas de níquel). E a construção da paz significava inundar o país com cobre devido à utilização arbitrária do patrimônio do exército por soldados "desmobilizados". Qualquer perturbação da ordem política podia paralisar as minas, e também constavam dos relatos oscilações de preço assombrosas e, mesmo descontados presumíveis exageros, muito significativas, ligadas tanto à escassez como à superabundância de moeda.

Enorme quantidade de estabelecimentos privados de recunhagem – sem dúvida tolerados pelos funcionários públicos – surgia e ressurgia continuamente, e também uma ou outra satrapia repetidamente desrespeitava o monopólio. No desespero devido aos insucessos de todas as tentativas de implementação do monopólio estatal da moeda, recorreu-se várias vezes (primeiramente sob Wen-ti no ano de 175 a.C.) à liberação, para qualquer

---

11. Segundo anotação de Biot (N.J. As. II Ser. 6, 1838, p. 278) retirada do Wen hian tong kao, os estoques de moeda de todo o país no tempo de Yuan Ti (48-30 a.C.) teriam sido estimados em 730.000 Uan a 10.000 tsien (moedas de cobre) cada unidade, dos quais 330.000 em poder do fisco (!) – estoques considerados baixos por Ma Tuan Lin.

pessoa privada, da fabricação de moeda segundo modelos prefixados. O resultado foi, naturalmente, uma total confusão do sistema de moedas. É bem verdade que, após o primeiro destes experimentos, Wu-ti conseguiu, com certa rapidez, implantar o monopólio da moeda, exterminar os estabelecimentos privados de cunhagem e ainda restabelecer o prestígio das moedas estatais melhorando a técnica da moeda (moedas com bordas duras). Mas a necessidade de emitir títulos de crédito (feitos de peles de cervos brancos) para financiar a guerra de Hiung Nu (a guerra dos hunos, com uma influência causal nas confusões monetárias de todos os tempos), assim como a facilidade de imitar suas moedas de prata fizeram com que mais esta tentativa acabasse por fracassar.

Sob Yuan-ti (cerca de 40 a.C.), a escassez de moeda-metal foi grande como nunca[12], sem dúvida em consequência de desordens políticas no curso das quais o usurpador Wang Mang empreendeu em vão suas experiências com escalas monetárias. (28 tipos diferentes de moedas!) Desde então, aparentemente não se constatou mais nenhuma fabricação, pelo governo, de moedas de ouro e prata – fato que, em si, ocorria apenas esporadicamente. Contudo, a primeira emissão de meios circulantes estatais feita em 807[13] à semelhança de meios circulantes bancários[14] teve cobertura metálica conforme moldes bancários somente num primeiro tempo, florescendo de modo particular na Mongólia, mas tornou-se cada vez menos frequente em épocas posteriores. Além disso, a desvalorização dos títulos creditícios, juntamente com a lembrança das deteriorações monetárias, fez com que, desde então, se estabelecesse de modo inabalável a moeda-banco (barras de prata depositadas como base das transações financeiras do comércio atacadista em unida-

---

12. A Analística (Ma Tuan Lin) refere que o cobre, pelo peso, era naquele tempo 1.840 vezes mais valioso do que cereais (segundo outras fontes, 507 vezes mais valioso), ao passo que, na época dos Han, o cobre teria sido 1-8 vezes mais valioso do que o arroz (também em Roma, no último ano da República, foi admirável o valor relativo do trigo).

13. O papel-moeda "pient-tschen" do século X era resgatado pelas caixas do Estado.

14. O dinheiro-ferro, relativamente pesado, tinha feito surgir, para as transações comerciais em Setschuan, já no século I, certificados (tschiav-tse) da Corporação Mercantil dos 16, portanto: dinheiro-bancário, que posteriormente se tornou irresgatável devido à insolvência.

des de "Taël"). A moeda-cobre, por sua vez, implicava – apesar dos preços baixos – não apenas aquele enorme encarecimento da cunhagem de moedas, mas também, devido aos elevados custos de transporte do dinheiro, uma forma pecuniária muito incômoda para o comércio e para o desenvolvimento da economia monetizada: um fio com mil moedas de cobre enfileiradas (tsien) teve inicialmente o valor de 1 onça de prata, caindo posteriormente para 0,5 onça de prata. Nesse contexto, como resultado da sua utilização industrial e artística (estátuas de Buda), as oscilações das quantidades disponíveis de cobre, mesmo em tempos de paz, permaneceram extraordinariamente significativas, refletindo-se sensivelmente tanto nos preços como no ônus fiscal. Foram as fortes oscilações do valor da moeda, com suas consequências para os preços, que regularmente levaram ao fracasso as repetidas tentativas de instituir um orçamento unificado sobre a base de impostos puramente (ou, pelo menos, quase puramente) monetários: Sempre foi preciso retornar novamente à cobrança de impostos (pelo menos, em parte) em bens naturais de pagamento, com suas evidentes consequências de estereotipização da economia[15].

---

15. Eis aqui uma listagem das receitas estatais da China de tempos mais antigos, *segundo a Analística* (Ma tuan lin):

	997 a.C.	1021 d.C.	1077 d.C.*
Cereais	21.707.000 schi	22.782.000 schi	18.202.287 kuan
Moedas de cobre	4.656.000 kuan (1 kuan = 1.000 tsien)	7.364.000 kuan	
Tecidos grossos de seda	1.625.000 py (por peça)	1.615.000 py	2.672.323 py
Tecidos finos de seda	273.000 py	182.000 py	
Fio de seda	410.000 onças	905.000 onças	5.847.358 onças
Gazes (seda finíssima)	5.170.000 onças	3.995.000 onças	
Chá	490.000 libras	1.668.000 libras	
Feno, fresco e seco	30.000.000 schi	28.995.000 schi	16.714.844 scho
Lenha de fogão	280.000 scho	?	
Carvão ("lignite")	530.000 tsching	26.000 tsching	
Ferro	300.000 libras	-	
Posições para flechas	Apenas mencionadas		

Para o governo central, no tocante ao seu relacionamento com o sistema monetário, o que dominava muito fortemente a atenção era também a política de preços, a par da demanda bélica imediata e demais motivos puramen-

Posições para penas de ganso (para as flechas)	Apenas mencionadas		
Vegetais	Apenas mencionadas		
Posições para couro		816.000 tsching	
Posições para cânhamo		370.000 libras	
Posições para sal		577.000 schi	
Posições para papel		123.000 tsching	
Prata			60.137 onças
Cobre			5.586.819 kuan

* Reforma monetária e do monopólio comercial por Wang An Schi, a tratar-se mais adiante.

Além disso, há uma profusão de taxas sobre chá, sal, queijo, farelo, cera, óleo, papel, ferro, carvão, açafroa, couro, cânhamo etc., mas os números indicados pelos escritores dos Anais referem-se ao peso total (3.200.253 libras), o que não faz sentido. No tocante às quantidades de trigo, calcula-se – como já mencionado em outro lugar – uma demanda mensal de 1,5 schi por pessoa (mas o tamanho do schi variava consideravelmente). A receita obtida com a prata da última coluna (1077 d.C.), ausente nas duas primeiras (997 a.C. e 1021 d.C.), pode ser explicada seja pelo monopólio comercial, seja pela introdução do câmbio da moeda-corrente de cobre pela moeda de prata por parte dos cobradores fiscais ou pela circunstância de a última coluna retratar um cálculo "efetivo", ao passo que as duas primeiras constituíam orçamentos planejados (? [sic]). O primeiro balanço da Dinastia Ming, de 1360, apresenta, por sua vez, apenas três posições:

Cereais	29.433.350 schi
Dinheiro (em cobre ou papel)	450.000 onças (prata)
Fazendas de seda	288.546 peças

Tratava-se, portanto, de considerável progresso quanto ao aumento de prata, caindo fora numerosos produtos naturais especificados, que na época claramente constavam apenas dos orçamentos distritais em que eram gastos. Não se pode obter grandes informações a partir destes números devido ao fato de não saber-se com segurança a quantidade subtraída previamente. De 1795 a 1810 foram entregues ao governo central 4,21 milhões de schi em cereais (cada qual com 120 libras chinesas), e, em contraste, um aumento muito acentuado de prata em termos relativos e absolutos, possibilitado pela balança comercial enormemente positiva da China nas transações com os países ocidentais desde o tempo da bênção da prata americana. (A evolução mais recente não nos deve interessar aqui.)

Era praxe no tempo antigo, conforme a Analística, encomendar aos distritos vizinhos da capital a entrega de produtos naturais de menor valor e aos distritos periféricos a de bens com um valor crescente na medida em que aumentava a distância. Sobre os impostos e seu efeito, cf. mais abaixo.

te fiscais. Tendências inflacionárias – liberação da cunhagem no intuito de estimular a produção de cobre – revezavam-se com medidas contra o efeito da inflação: fechamento de parte dos estabelecimentos de cunhagem[16]. Mas sobretudo a proibição e o controle do comércio exterior eram determinados também pela política cambiária: em parte por receio de provocar evasão de dinheiro com a importação livre, em parte por preocupação ante a possível inundação de dinheiro estrangeiro devido à exportação livre[17] de mercadorias. Do mesmo modo, a perseguição de budistas e taoistas, por certo, tinha sido condicionada, em parte, essencialmente pela política religiosa, mas a par disso também havia um condicionamento de ordem puramente fiscal-pecuniária: as estátuas de Buda, vasos, paramentos e, de um modo geral, a utilização de material monetário para fins artísticos, estimulada pela arte monacal, tornava-se continuamente um perigo para a moeda: as fundições maciças acarretavam forte escassez de dinheiro, entesouramento de cobre, quedas de preço e, daí derivada, a tendência para a adoção da economia natural[18]. Saqueios sistemáticos a mosteiros pelo fisco, taxações de mercadorias de cobre[19] e finalmente[20] a tentativa de instituir um monopólio estatal de fabricação de mercadorias de bronze e cobre, ao qual posteriormente se seguiu o monopólio de fabricação de *qualquer* mercadoria metálica (para assim poder controlar as falsificações privadas de moeda) – ambas as tentativas não foram viáveis de maneira duradoura. Como se tratará mais adiante, a proibição de acumulação fundiária por funcionários públicos levou repetidas vezes a acumulações muito significativas de cobre nas mãos dos mesmos e, em tempos de escassez monetária, a par de altíssimos impostos sobre posse pecuniária,

---

16. Assim era em 689 d.C. de acordo com Ma Tuan Lin.

17. Assim era, em 683 d.C., a venda de cereais para o Japão (onde imperava, na época, a cunhagem de cobre).

18. Assim era em 702 de acordo com a Analística.

19. Pela primeira vez, em 780 d.C.

20. No século VIII, os mestres da moeda argumentavam que 1.000 unidades de cobre processadas em obras de arte (vasos) tinham o valor de 3.600 unidades, de modo que o aproveitamento industrial do cobre seria mais vantajoso do que o monetário.

também acarretando, por motivos de ordem fiscal e de política de preços, a multiplicação de decisões estabelecendo volumes máximos de posse monetária[21]. Procurou-se repetidamente introduzir o ferro-moeda, que realmente circulou como metal-moeda durante um bom tempo ao lado do cobre-moeda, mas isso em nada melhorou a situação. Permaneceu sem implementação a instrução oficial do tempo de Schi-tong (século X), já mencionada, que exigia a renúncia ao lucro advindo da moeda e a liberação da utilização do metal (para assim evitar preços monopolísticos para produtos metálicos e deste modo evitar o estímulo à sua utilização industrial).

A política do papel-moeda obedecia a pontos de vista semelhantes. O incentivo a tal imitação proveio das emissões bancárias, que a princípio tiveram um caráter de certificado, ou seja, o de preservar o comércio atacadista de eventual confusão monetária, e que posteriormente assumiram o caráter de meio circulante, sobretudo para finalidades de transferências interlocais. O pressuposto técnico foram o surgimento, no século II d.C., da indústria importada de papel e um adequado procedimento de xilografia[22], particularmente o corte em relevo, em substituição ao procedimento original por entalho. No início do século IX, o fisco começou por retirar dos comerciantes a oportunidade de lucrarem com letras de câmbio. Em primeiro lugar, havia-se assumido igualmente a diretiva de um fundo de saque bancário (de 1/4 a 1/3). E mais tarde também se verifica a existência de emissão de cédulas muitas vezes com base no monopólio do fisco sobre depósitos bancários. Mas evidentemente não se ficou nisso. As cédulas, inicialmente impressas em xilografia e posteriormente com ponteio de cobre, logo ficavam gastas devido à má qualidade do papel. No mínimo tornaram-se ilegíveis em decorrência de guerras e escassez de metais para moedas. Continuamente o papel-moeda caía em descrédito devido a razões como: miniaturização das moedas até

---

21. No ano de 817 e, a partir de então, frequentemente não mais do que 5.000 kuan (de 1.000 tsien cada um). Conforme a quantia possuída em dinheiro-cobre, eram concedidos diferentes prazos para sua venda.

22. Parece ter sido primeiramente utilizado para o timbre oficial dos funcionários, que desde Schi Hoang-Ti constituía a marca externa para a transição do feudalismo para o Estado patrimonial.

chegar-se a unidades ínfimas; repúdio de cédulas gastas, pelo menos das que se haviam tornado ilegíveis; cobrança de uma taxa para custos de impressão no caso de substituição por novas[23], principalmente porém para a eliminação do acervo metálico[24] ou devido a maiores dificuldades de saque ligadas à mudança do estabelecimento de saque para o interior[25], ou decorrentes dos prazos de saque[26] que inicialmente eram relativamente curtos, mas posteriormente alongados várias vezes (22-25 anos), sendo que o saque geralmente era feito por substituição de cédulas antigas por novas, frequentemente após rebaixamento do valor nominal[27]; e também em decorrência da recusa pelo menos parcial, continuamente repetida, do aceite das cédulas como meio de pagamento de impostos. E este descrédito ligado ao papel-moeda, naturalmente, em nada se alterou com a ordem frequentemente reiterada de que qualquer pagamento de grande monta tivesse de efetivar-se, sob determinadas proporções, em papel-moeda[28], nem tampouco com a proibição, às vezes total, do pagamento em moeda metálica. Por outro lado, muitas vezes o papel-moeda tem sido retirado totalmente de circulação, acarretando escassez de dinheiro e queda de preços, ao passo que uma expansão planejada dos meios circulantes, tal como se tentou várias vezes, fracassava então, por razões fiscais, ante a tentação, daí surgida imediatamente, de uma inflação desenfreada. Sob condições normais, a proporção de papel-moeda para metal-moeda manteve-se constante e próxima ao limite constatado na Inglaterra durante o século XVIII (1 por 10 ou menos). Guerras, perdas de distritos minerais em benefício de bárbaros e – em muito menor volume – o

---

23. Assim foi no ano de 1155: 1,5%, fixado pelos dominadores tártaros da China Setentrional.

24. Assim ainda era em 1107. A desvalorização das cédulas ocorria como a de títulos da dívida (chegando a 1/100).

25. Assim foi em 1111, ano em que se emitiu papel-moeda para a guerra de fronteira.

26. Esta foi a forma regular, recomendada inicialmente também pelos interessados em comércio. Neste sentido, estas cédulas tinham valor de letras do Tesouro.

27. Emissões antigas ou gastas eram resgatadas, por vezes, apenas por um décimo ou até um terço do montante.

28. Ainda em 1107, como consequência da Guerra dos Tártaros, a metade de cada pagamento acima de dez mil tsien era feita em papel. De maneira semelhante com certa frequência.

aproveitamento industrial (mais precisamente, artesanal-artístico) do metal numa época de acentuada acumulação de posses e fundações de mosteiros budistas provocavam inflação e a guerra levava, com suas sequelas, à falência dos devedores de ordens de pagamento.

Os mongóis (Kublai Khan) haviam tentado uma emissão escalonada de certificados com lastro metálico, muito admirada[29] por Marco Polo, como se sabe. Mas o resultado foi uma enorme inflação de papéis. Já em 1288 houve uma desvalorização [no original: Devalvation, *sic*] de 80%. Mas o grande afluxo de prata recolocou este metal precioso em circulação. Procurou-se então instaurar uma proporção tarifária para ouro, prata e cobre (ouro-prata: 10, na prática: 10, 25:1, a onça de prata: 2.005 tsien: portanto, desvalorização do cobre à metade do valor). Toda e qualquer posse privada de barras de ouro e prata foi proibida, visto que os metais preciosos deviam servir como lastro para a cobertura de certificados. A indústria de metais nobres e de cobre foi estatizada e cessou-se a cunhagem de moedas metálicas. De fato, foi o que levou à adoção exclusiva do papel-moeda e, com a queda da dinastia, ao repúdio de títulos.

Os Ming retornaram, por certo, à cunhagem regular de metais (e aqui, ao que consta, a cotação do ouro em relação à prata foi de 4:1, fenômeno característico da inconstância na relação de preços dos metais preciosos), mas logo proibiram a função de dinheiro primeiramente (em 1375) para o ouro e a prata, e posteriormente (em 1450) também para o cobre, dado que também houve a desvalorização do papel-moeda permitido *paralelamente*. Com isso, a moeda unicamente em forma de papel se estabelecera aparentemente como sistema monetário definitivo. No entanto, o ano de 1489 é o último em que se menciona papel-moeda nos Anais, e no século XVI foram constatadas tentativas de cunhagem forçada de cobre, as quais, porém, igualmente fracassaram. Apenas o afluxo de prata europeia na esteira do

---

29. Sua descrição é inaceitável. Não é possível um desconto de 3% para o resgate de cédulas gastas contra novas (*cédulas!*); tampouco é possível que, pelo contrário, se faça a entrega, a pedido, do "ouro" e da "prata" contra cédulas a qualquer pessoa que precise. Isto não é possível nem mesmo entendendo Marco Polo no sentido (pelo menos *possível*, com base no texto literal) de que a pessoa tivesse de declarar um objetivo *industrial*. Ele também dá conta de vendas compulsórias de metal nobre contra cédulas.

comércio direto, iniciado no século XVI, veio gerar uma situação suportável. No final do século, estabeleceu-se para o comércio atacadista a prata-moeda ponderal (moeda em barras, na verdade, moeda bancária), a cunhagem de cobre voltou a funcionar e novamente a relação do cobre para a prata alterou-se, é verdade, em prejuízo do cobre[30], mas desde a proibição exarada pelos Ming em 1620 e mantida pelos manchu, o papel-moeda (de qualquer tipo) permaneceu totalmente suprimido e o crescimento, paulatino, mas considerável, das reservas de metal-moeda refletiu-se na estrutura das prestações de contas do Estado, mais intensamente marcadas pela economia monetizada. A emissão de cédulas estatais na segunda rebelião de Taiping terminou, à semelhança de títulos da dívida, em desvalorização e repúdio de títulos.

Apesar disso, a circulação de prata em barras significava grandes dificuldades, pois em todos os casos era necessário pesá-las e considerava-se legítimo que o banqueiro da província avaliasse seus custos como sendo mais elevados e usasse balanças outras que as habituais nas cidades portuárias. O grau de fineza era obrigatoriamente examinado por ferreiros. Para pagamentos em prata, cuja participação percentual estava aumentando fortemente, o governo central exigia para cada barra a indicação do lugar de origem e o estabelecimento examinador. Fundida em forma de sapato, a prata tinha um peso total específico que diferia de uma região para outra.

É claro que esta situação tinha de conduzir à introdução da moeda-banco. As corporações dos banqueiros nas localidades do comércio atacadista, cujas letras de câmbio eram honradas em qualquer lugar, assumiram então a criação desta moeda e tornaram obrigatório o pagamento de todas as dívidas comerciais em moeda-banco. Certamente, até o século XIX não faltaram recomendações no sentido da reintrodução do papel-moeda estatal (Memorando de 1831)[31]. E os argumentos aventados eram os mesmos de antigamente, como já no início do século XVII e na Idade Média: a utilização industrial do cobre poria em perigo a circulação da moeda e, portanto,

---

30. Presumivelmente de 500:1 para 1.110:1 em meados do século XIX.

31. J. Edkins. Chinese Currency, 1890, p. 4.

a política de preços; além disso, a moeda-banco entregaria aos comerciantes o poder de dispor sobre o dinheiro, mas naquela época não se chegou a tanto. Os salários dos funcionários públicos – os interessados mais poderosos – eram essencialmente pagáveis em prata. Amplas camadas deles eram solidárias com os interesses do comércio no sentido da não intervenção por parte do governo de Pequim em assuntos monetários, pois elas dependiam do comércio para concretizar suas chances de renda. Em todo caso, todos os funcionários provinciais estavam unanimemente interessados em *opor-se* ao fortalecimento do poder financeiro e sobretudo ao do controle financeiro por parte do governo central, como ainda veremos.

A massa da população pequeno-burguesa e pequeno-camponesa, todavia, estava pouco ou nada interessada em mudanças da situação reinante, apesar da forte perda do poder aquisitivo do cobre – que aliás, nos últimos séculos, tem sido contínua e lenta –, e até mesmo por causa deste processo. Desconsiderem-se aqui os detalhes técnicos bancários do sistema chinês de pagamento e crédito. Apenas uma observação: o Taël, unidade ponderal de cálculo, existia em três formas principais e várias outras secundárias, e as barras carimbadas pelos bancos e fundidas em forma de sapato tinham um peso específico extremamente não confiável. Nesta época, toda forma outorgada de taxação do *cobre*-moeda *havia cessado* de existir há muito tempo. Dentro do país, a moeda de cobre era a única efetiva. O estoque de prata, pelo contrário, e também a *velocidade* em que crescia eram, desde 1516, extraordinariamente significativos.

Vemo-nos agora diante de dois fatos singulares: 1) O fato de que o fortíssimo aumento da posse de metal precioso provocou, por certo, um inegável fortalecimento da evolução rumo à economia monetizada, particularmente na área financeira, mas isto sem aliar-se a uma ruptura com o tradicionalismo e sim, ao contrário, ligando-se a um inegável *incremento* do mesmo e, ao que se pode ver, sem introduzir aspectos capitalistas em dimensões de algum modo palpáveis. E mais: 2) O fato de ter ocorrido um colossal crescimento populacional (de cujo volume se falará mais adiante), sem que daí decorresse um estímulo para a formação capitalista ou que, por sua vez, desta recebesse impulsos; ao contrário, ele associou-se a uma forma (pelo menos!) estacionária de economia. É preciso esclarecer este ponto.

Cidades e corporações

No Ocidente, os suportes sociais da racionalização financeira, da economia monetária e do capitalismo *politicamente* orientado eram, durante a Antiguidade e a Idade Média, as cidades e, na Idade Média, a Cúria e o Estado nascente. Quanto aos mosteiros da China, vimos que eles eram até temidos como elementos nocivos para a preservação da moeda-metal. Inexistiam na China cidades que, como Florença, criassem uma moeda-padrão e indicassem ao Estado os rumos da política monetária. E, como vimos, o Estado não fracassava apenas nesta política, mas também na tentativa de implementar a economia monetária.

Era significativo e típico até tempos bem recentes dimensionar-se as prebendas dos templos e muitas outras[32] (predominantemente) em termos de remuneração em bens naturais. Deste modo, a cidade chinesa era em pontos decisivos, apesar de todas as semelhanças, diferente da cidade ocidental. O símbolo chinês para "cidade" significa "fortaleza". Isto era válido também para a Antiguidade e a Idade Média no Ocidente. Na China antiga a cidade era a residência do príncipe[33] e até a Idade Moderna permaneceu antes de tudo como residência dos vice-reis e demais oficiais de alto nível: um lugar em que, como nas cidades da Antiguidade e, por exemplo, em Moscou no tempo da servidão, se gastavam sobretudo *rendas*, em parte fundiárias, em parte prebendas oficiais e outras receitas de origem direta ou indiretamente política. Além disso, as cidades eram naturalmente, como em toda parte, as

---

32. Classificadas em 16 grupos, as prebendas dos funcionários dos Tsin e Han (referidas apud *Chavannes*. Vol. II, Ap. I de sua edição de Se Ma Tsien) eram quantias fixas, parcialmente em dinheiro e parcialmente em arroz. Recusar a devida parcela de remuneração em bens naturais contida na carne destinada a sacrifícios rituais era uma atitude vista como sinal de desgraça perante o imperador – em que incorreu, p. ex., Confúcio, de acordo com a biografia de Se Ma Tsien. Entretanto, no Turquistão, chinês naquela época, também havia documentos que continham contas em dinheiro, como se mencionará mais adiante.

33. A substituição de construções de madeira pela de pedras veio a ocorrer somente no século IV a.C. Até então havia mudanças fáceis e frequentes de residências com paliçadas.

84

sedes do empresariado comercial e, embora com exclusividade notavelmente menor do que na Idade Média ocidental, do artesanato de serviços e pequeno-manufatureiro. Direito mercantil também existia nas aldeias sob a proteção do templo. Faltava um monopólio mercantil próprio da cidade garantido por privilégio estatal[34].

O contraste fundamental entre a cidade chinesa ou qualquer outra cidade oriental e a ocidental consistia na ausência de caráter político específico da cidade. Esta não era a *polis* em sentido antigo, nem conhecia um "direito citadino" como a Idade Média. Pois ela não era "comuna" com direitos políticos especiais próprios. Não havia, como na Antiguidade ocidental, uma burguesia em sentido de estamento militar sediado na cidade e que se autoequipasse. E nunca surgiram, a exemplo da "Mercandanza", confederações militares conjuradas como a "Compagna Communis" de Gênova ou outras "conjurações" e grupos de poder – cônsules, conselheiros, *associações* políticas de corporações e grêmios – que, apoiados em uma força armada autônoma própria do distrito urbano, ora lutavam contra, ora pactuavam com senhores feudais citadinos em torno da questão da autonomia[35]. Sempre estiveram em pauta, é bem verdade, revoltas dos citadinos contra os funcionários públicos obrigando estes últimos a refugiarem-se na cidadela. Mas a finalidade sempre foi a de eliminar um determinado funcionário ou uma portaria concreta, particularmente uma nova imposição tributária, e nunca a de obter a liberdade política da cidade, fixada e confirmada em documento oficial, por relativa que fosse. Em sua forma ocidental, uma tal liberdade, já pelo fato de nunca se terem dissolvido os laços do *clã*, dificilmente se teria tornado possível. As pessoas que se mudavam para a cidade (sobretudo as abastadas) mantinham seu relacionamento com a sede genealógica, com o lugar dos antepassados, com o santuário dos ancestrais de seu clã, e portan-

---

34. Não é de grande proveito para o conhecimento da realidade urbana chinesa o trabalho de *L. Gaillard* sobre Nanquim. Var. Sinol. 23 (Schanghai 1903).

35. Voltaremos a comentar a grande importância das corporações na China. Serão ressaltadas as diferenças em relação ao Ocidente e as respectivas razões, cujo significado fica ainda mais evidente quando se considera que, na China, o poder *social* das corporações sobre o indivíduo, e também o alcance de seu impacto *econômico*, eram muito maiores do que no Ocidente, em qualquer época.

to: mantinham todas as relações ritual e pessoalmente importantes na aldeia da qual provinham. Há uma semelhança, por exemplo, com o membro do estamento camponês russo que, mesmo tendo-se estabelecido permanentemente na cidade em atividade como operário industrial, oficial de artesanato, comerciante, fabricante, letrado, mantém dentro do seu *Mir* fora da cidade seu direito natal (*Indigenat*) (nele incluídos os respectivos direitos e deveres vigentes na Rússia). O Ζεὺς ἑρκεῖος do cidadão ático e o seu demos, vigente desde Clístenes, ou o "Hantgemal" do saxônico eram, no Ocidente, rudimentos de semelhante situação[36]. Mas lá, a cidade era uma "comuna", sendo na Antiguidade simultaneamente uma liga cultual e, na Idade Média, uma fraternidade conjurada. Disso se encontram na China apenas estágios preliminares, mas não uma realização plena. O deus citadino chinês era apenas um espírito protetor local, mas não um deus da *liga*. Em geral ele era, isso sim, um mandarim canonizado da cidade[37].

A causa disso tudo está na total ausência de uma liga política conjurada de citadinos armados. Havia na China, e ainda há no momento, corporações, ligas hanseáticas, corporações artesanais, em alguns casos também uma "corporação da cidade", em sua aparência externa semelhantes à *"Gilda mercatoria"* inglesa. Veremos que os funcionários imperiais tinham de levar em conta seriamente as diversas uniões de citadinos; também constataremos que, na prática, estas ligas controlavam amplissimamente a regulação da vida econômica na cidade, de modo muito mais intenso do que a administração imperial e, em muitos pontos, bem mais firmemente do que a média das ligas do Ocidente. Sob diversos aspectos, a situação das cidades chinesas lembrava, aparentemente, a das cidades inglesas, em parte, do tempo das *firma burgi* e, em parte, da época dos Tudor. Apenas com a diferença não desprezível, sob o aspecto puramente externo: de que também naqueles tempos a *Charter* sempre fazia parte de uma cidade inglesa, confirmando as "liberdades"

---

36. Naturalmente, também na China havia muitos cidadãos que não mantinham nenhuma ligação com o santuário dos antepassados na terra natal.

37. No Panteão oficial, considerava-se o deus da riqueza como o deus *universal* da cidade.

com um documento oficial. Nada de semelhante havia na China[38]. No mais crasso contraste com o Ocidente, mas em conformidade com a situação na Índia, as cidades, por serem fortalezas imperiais, tinham, na realidade, substancialmente *menos* "autogestão"[39] legalmente garantida do que as aldeias: A cidade consistia formalmente em "distritos-aldeias", cada qual sob a autoridade de um *tipao* (decano) e fazia parte de vários distritos administrativos inferiores (*hsien*) e, em alguns casos, também de vários superiores (*fu*), com uma administração estatal inteiramente à parte[40] – algo muito vantajoso para malandros. Já do ponto de vista puramente formal, fazia ausência às cidades a possibilidade de fechar contratos quer de direito privado, quer de natureza política, de instaurar processos e geralmente também a de atuar como corporação na forma em que – veremos por quais meios – agiam as aldeias. Não representava uma compensação para isso a dominação *fática* da cidade por uma poderosa corporação mercantil, como ocasionalmente ocorria na Índia (e em todo o mundo).

A razão está na origem diferente das cidades aqui e lá. A *polis* da Antiguidade – por forte que fosse sua fundamentação no sistema de senhores fundiários – surgira primeiramente como cidade de comércio marítimo; a China, porém, era preponderantemente uma região interiorana. Por maior que fosse o raio de ação dos veleiros (*Dschunken*) chineses e por mais desenvolvida que fosse a técnica náutica (com bússola e compasso[41]), a importância relativa do comércio marítimo não passava de insignificante, comparada com o respectivo território interior. E, além disso, a China havia renunciado, há séculos, a uma força marítima própria, base indispensável para um

---

38. Sobre a cidade chinesa, cf. Eug. *Simon*. La cité chinoise. Paris, 1885, pouco preciso.

39. Pois o servidor honorário (em inglês o "headborough", cf. *H.A. Giles*. China and the Chinese. Nova York, 1912, p. 77) responsável perante o governo pela *tranquilidade* de uma localidade tinha, além desta, essencialmente apenas a função de encaminhar *petições* e realizar determinados atos cartoriais. Ele possuía um selo (de madeira), mas *não* era visto como servidor e sua posição na hierarquia vinha abaixo da do último mandarim local. Tampouco existiam na cidade tributos municipais especiais. O que havia eram taxas municipais para escolas, pobres, água etc., expedidas pelo governo.

40. Pequim compunha-se de cinco distritos administrativos.

41. Utilizados essencialmente, porém, no transporte *interno*.

comércio ativo, e afinal, como se sabe, tendo em vista assim seu interesse em preservar a tradição, também havia restringido seu relacionamento com o exterior a um único porto (Guandong) e a um reduzido número (13) de firmas concessionadas. Este final não veio por acaso. O próprio "Canal do imperador", como consta de qualquer mapa e também dos relatórios conservados, foi justamente construído apenas para *evitar* que as remessas de arroz do sul para o norte tivessem de ir por via marítima, com toda a insegurança causada por pirataria e principalmente por tufões: ainda na Idade Moderna relatórios oficiais expunham pormenorizadamente que a via marítima causava para o fisco perdas num montante tal que fazia valer a pena arcar com os gigantescos custos de reforma do canal. Por outro lado, tanto na China e na Ásia Menor como também no Ocidente, uma típica cidade medieval interiorana era, por certo, uma fundação de príncipes e senhores feudais destinada a servir de fonte de rendas pecuniárias e impostos. Mas simultaneamente a cidade europeia muito cedo se tornou uma associação altamente privilegiada com direitos estabelecidos que foram e puderam ser ampliados planejadamente, dado que naquele tempo o senhor da cidade não dispunha de meios técnicos para a administração da mesma e também porque a cidade era uma associação militar capaz de fechar com sucesso seus portões a qualquer exército de cavaleiros. As grandes cidades da Ásia Menor, como por exemplo a Babilônia, pelo contrário, cedo se tornaram dependentes, em toda a sua existência, das graças da administração burocrática imperial das obras do canal. E isso valia também para a cidade chinesa, apesar da fraquíssima intensidade administrativa central da China. Também o seu florescimento dependia fortemente não da audácia econômica e política de seus cidadãos, mas sim do funcionamento da administração imperial, e, principalmente, da administração hidroviária[42]. Nossa burocracia ocidental é jovem e, em parte, instruiu-se apenas com as experiências das cidades-Estado autôno-

---

42. Como no Egito é o faraó quem segura na mão o açoite dos trabalhos forçados como sinal do ato de "governar", assim também na China o bastão de comando é o símbolo do ato de "governar" (tsching), identificando-se com "regulação dos corpos aquáticos" na terminologia antiga, que também usa para o conceito de "lei" o símbolo de "deixar escoar a água" (cf. *Plath*. China vor 4.000 Jahren (*China há 4.000 anos*). Munique, 1869, p. 125).

mas. O funcionalismo público chinês imperial era muito antigo. A cidade era aqui – predominantemente – um produto racional da administração, como habitualmente demonstrado por sua própria forma aparente. Em primeiro lugar aprontava-se a paliçada ou a muralha, em seguida juntava-se, eventualmente à força[43], a população, frequentemente em número insuficiente comparado com as proporções da área amuralhada e, juntamente com a dinastia, mudava-se também a capital ou, pelo menos, o seu nome, como no Egito. Até à Idade Moderna, Pequim, tornada finalmente a residência imperial permanente, manteve-se uma praça industrial de comércio e exportação de reduzidíssimas proporções.

A ínfima intensidade administrativa imperial, como veremos, acarretou, conforme mencionado, o fato de que os chineses, *tanto* na cidade *como* no campo, se "autoadministravam". Como os clãs no campo – cujo papel será discutido com frequência –, assim também as associações profissionais eram na cidade os senhores soberanos de toda a existência dos seus membros, paralelamente aos clãs e, no caso de que alguém não pertencesse a nenhum deles ou pelo menos a nenhum antigo e forte, em substituição a eles. Em nenhum outro lugar (fora as castas indianas, de outro modo) se desenvolveu tanto quanto na China[44] a dependência incondicional do indivíduo para com a agremiação e a corporação (terminologicamente não havia distinção entre ambas). Tais agremiações, à exceção das poucas monopolísticas, desde sempre destituídas de qualquer reconhecimento oficial por parte do governo estatal, frequentemente se haviam apropriado de fato da jurisdição absoluta sobre os seus membros[45]. Estava sob seu controle tudo o que tivesse im-

---

43. Segundo a tradição, Schi Hoang Ti, p. ex., outorgou, para a sua capital, a formação de um sinoiquismo juntando as 120.000 (?) [sic] famílias mais ricas do país. A crônica da Dinastia Ming escrita pelo Imperador Khian Lung relata a formação, para Pequim em 1403, de um sinoiquismo composto por pessoas *ricas* (Yu tsiau thung kian kang um. Paris: Delamarre, 1865, p. 150).

44. Cf. a respeito: *H.B. Morse*. The Guilds of China. Londres, 1909. Além disso, dentre a literatura mais antiga, *Macgowan*, Chinese Guilds (J. of the N. China Br. of the R. As. Soc., 1888/1889) e *Hunter*. Canton before treaty days 1821-1844. Londres, 1882.

45. Sob o aspecto formal, isto parece valer particularmente para as agremiações Hwei-kwan dos (*funcionários e*) comerciantes (correspondentes aos "hanseáticos" alemães). Surgidas em todo caso desde o século XIV, mas provavelmente já a partir do século VIII, para proteger os comerciantes locais contra

portância econômica para seus sócios: medida e peso, moeda (chancela das barras de prata)[46], manutenção de estradas[47], controle do comportamento creditício dos membros e "cartel das condições", como diríamos[48]: verificação dos prazos de entrega[49], de armazenagem e pagamento, dos prêmios de seguro e das taxas de juro[50]; o combate a negócios fictícios ou de qualquer outra maneira ilegais; o cuidado com a indenização regular dos credores na transmissão do controle da empresa[51]; a regulamentação das cotações cambiais[52]; o pagamento antecipado de mercadorias de longa armazenagem[53]; para os artesãos principalmente: a regulamentação e a limitação do número de aprendizes[54], assim como eventualmente a salvaguarda do segredo de

---

inimigos (conforme ocasionalmente indicado nos preâmbulos estatutários), elas praticavam de fato a obrigação de ingressar como membro (quem quisesse fazer *negócios* tinha de ingressar como membro, sob pena de incorrer em perigo de vida), e também possuíam casas de clube, cobravam impostos de acordo com o salário no caso de servidores e segundo o faturamento no caso de comerciantes, puniam qualquer recurso a tribunais feito por um membro contra outro, providenciavam a localização de seus túmulos no adro do templo, em vez da terra natal, arcavam com custos judiciais em casos de conflitos com não membros e apelavam para o poder central (disponibilizando, naturalmente, as facilidades requeridas) contra as autoridades locais (assim, p. ex., em 1809 elas recorreram contra as proibições locais de exportação de arroz). Além de servidores e comerciantes vindos de fora, também se encontram em corporações artesãos, fabricantes de agulhas originários de Kiangsu e Taitschou em Wentschou, na corporação de ourives de ouro laminado *exclusivamente* pessoas de Ningpo, no mesmo lugar. Estas organizações são rudimentos da organização artesanal nativa. Em todos estes casos, o poder absoluto da corporação resultava da situação sob constante ameaça em que viviam os membros da liga hanseática em meio para eles estranho, fenômeno semelhante ao da disciplina rígida, embora bem menos rigorosa, das ligas hanseáticas de Londres e Nowgorod. Mas também as corporações e agremiações artesanais (Kung so) exerciam uma dominação quase absoluta sobre cada um dos membros através de expulsão, boicote e justiça por linchamento (no século XIX ocorreu a execução por mordidas de um membro da agremiação que havia desrespeitado as regras referentes ao número máximo de aprendizes empregados!).

46. P. ex., pela grande "Agremiação geral" de Niutschwang.

47. Ibid.

48. Divulgado sobretudo nas agremiações Hwei-kwan ("Ligas Hanseáticas").

49. É a agremiação do ópio em Wutschou que determina quando o ópio pode ser lançado no mercado.

50. É o caso das corporações de banqueiros em Ningpo, Schanghai e outros lugares para as taxas de juros; é assim também no caso da corporação de chá para as taxas de armazenagem e seguros.

51. Assim é com a agremiação dos farmaceutas em Wentschou.

52. As agremiações de banqueiros.

53. Assim é com as agremiações do ópio, devido à recém-mencionada regulamentação das vendas sazonais.

54. Também sendo proveniente da própria família.

produção[55]. Algumas agremiações dispunham de um patrimônio milionário, frequentemente investido em bens fundiários, levantavam impostos de seus membros, taxas de admissão de novos filiados e cauções (em vista de um bom comportamento), organizavam encenações e providenciavam o enterro de sócios pobres[56].

O ingresso nesta multidão de associações profissionais era facultado (e mesmo, normalmente, obrigatório) para cada pessoa que praticasse o respectivo ofício. Mas havia não somente numerosos restos de antigos ofícios praticados por clãs e tribos como monopólio efetivamente hereditário ou mesmo como arte oculta hereditária[57], mas também existiam paralelamente monopólios corporativos criados pela política fiscal ou xenófoba do poder estatal[58]. E a cobertura de necessidades por meio de prestação compulsória de serviços por pessoas de posses – recurso para o qual, na Idade Média, a administração chinesa repetidamente procurava retornar – faz parecer possível que a transição do estágio marcado por ofícios familiares e tribais de funcionamento itinerante baseados na divisão *inter*étnica de trabalho, para o estágio do artesanato local sedentário livremente acessível à instrução tenha sido efetivada em vários ofícios, a partir de cima, através de degraus intermediários de associações artesanais e pequeno-manufatureiras organizadas coercitivamente a partir de cima para fornecimentos estatais e ligadas à profissão. Isto foi o que condicionou a preservação do caráter familiar e tribal em

---

55. A agremiação dos batedores de ouro em folhas, da cidade de Ningpo em Wentschou, proibiu, para qualquer pessoa nascida no lugar, toda e qualquer admissão na agremiação e todo ensino de seu ofício às mesmas. Fica patente aqui, de modo particularmente visível, a divisão social da produção segundo os aspectos interétnico e artesanal próprio do clã.

56. Em contraposição a isto, o sistema de apoio e o caráter religioso (culto comum) estavam menos desenvolvidos do que se deveria supor com base em analogias ocidentais. Quando, por vezes, se pagava ingresso a um deus (caixa do templo), isto ocorria seguramente (de início) com a finalidade de subtrair-se ao poder político. O fato de um templo servir como sala de reunião acontecia regularmente apenas quando se tratava de corporações pobres, sem condições para possuir um salão próprio. As peças de teatro apresentadas tinham caráter profano (e não de "mistério", como no Ocidente). As fraternidades religiosas (Hwei) conferiam baixa intensidade a seus interesses religiosos.

57. Assim é no referido caso em Ningpo, com numerosos exemplos paralelos.

58. Este é o caso principalmente na agremiação Ko-hong em Kanton, cujas 13 firmas associadas monopolizaram todas as transações exteriores até realizar-se a Paz de Nanquim: esta é uma das poucas agremiações baseadas em um privilégio formal do governo.

extensa parte dos ofícios. Sob os Han, múltiplas atividades artesanais constituíam estrito segredo familiar, e a arte da fabricação do verniz Fuchou, por exemplo, desapareceu completamente durante a rebelião de Taiping, devido ao completo extermínio do clã que guardava o sigilo. Geralmente inexistia a monopolização do artesanato pela cidade. É bem verdade que aqui – como em todo lugar – houve o desenvolvimento da "economia urbana", expressão com que designamos este tipo de divisão local do trabalho entre a cidade e o campo, e também se pode constatar a existência de medidas regulatórias isoladas de política econômica urbana. Mas aquele tipo de política urbana sistemática, praticada na Idade Média pelas agremiações acedidas ao poder – que foram as primeiras a procurarem realmente implementar a *política* da economia urbana –, nunca chegou à realização plena, apesar dos diversos processos iniciados, mas que não passaram da fase incoativa. De modo particular, o poder público, vez ou outra, tem recorrido às contribuições compulsórias, mas não chegou a estabelecer um sistema de privilégios corporativos como o que conheceu a Idade Média em seu zênite. Foi justamente a ausência de garantias jurídicas que levou as associações profissionais na China a trilharem, à medida que permaneceu desconhecida no Ocidente, um caminho de autoajuda sem limite de compromisso algum. E foi igualmente esta ausência que também condicionou a ausência, na China, de bases *jurídicas* sólidas, publicamente reconhecidas, formais e confiáveis, de uma constituição comercial e artesanal livre e regulada em forma de cooperativa, tal como a conhecida no Ocidente, beneficiando o desenvolvimento do *pequeno* capitalismo nas artes e ofícios da Idade Média ocidental. O fato de faltarem estas bases tem sua razão na inexistência de um poder político-*militar* próprio das cidades e agremiações, e este fato, por sua vez, encontra sua explicação no desenvolvimento precoce da organização do funcionalismo (e oficialismo) no exército e na administração.

Administração de principados e concepção de deus em comparação com a Ásia Menor

Como no Egito, também na China a necessidade de uma regulação fluvial como precondição para toda economia racional foi decisiva para o surgimento do poder central, existente desde os primeiros registros seguros da memória histórica, bem como para o de seu funcionalismo patrimonial, segundo o comprova muito claramente, por exemplo, a resolução contida em um suposto cartel de príncipes feudais mencionado por Mêncio e datado do século VII a.C.[59] Em contraste com o Egito e a Mesopotâmia, porém, pelo menos na parte setentrional da China, célula-mãe política do império, o ponto primordial era a proteção contra inundações e a construção de canais para fins de navegação fluvial interna (sobretudo para o transporte de forragens), e não em igual medida para fins de irrigação, como era o caso na Mesopotâmia, onde a aptidão da área deserta para o cultivo dependia inteiramente de irrigação. Os funcionários ligados à regulação fluvial e a "polícia", então referida já em documentos muito antigos como classe *atrás* dos "estamentos produtivos" [*Nährstände*, ou seja, camponeses, artesãos, comerciantes, pequeno-manufatureiros] e antes dos "eunucos" e "carregadores de cargas", constituíam o germe da burocracia pré-letrada e puramente patrimonial.

É de se perguntar até que ponto esta situação tinha consequências não apenas de ordem política – o que está fora de dúvida –, mas também de natureza religiosa. O deus da Ásia Menor tinha sido formado segundo o modelo do rei terreno. Para o súdito mesopotâmico ou egípcio, que quase não conhecia chuva, todo bem e mal, e principalmente a safra, dependiam do agir do rei e de sua administração. O rei "criava" diretamente a safra. Algo de semelhante, pelo menos remotamente, embora absolutamente não com igual imperiosidade, ocorria em algumas partes da China Meridional, onde a regulação hídrica sobrepujava todo o resto em importância. A transição direta do sistema agrícola baseado na enxada e pequenos animais domésticos para a horticultura, contudo, foi condicionada por este processo. Na parte setentrional da China, pelo contrário, e apesar do considerável nível de desenvolvimento alcançado aqui também pela irrigação, a questão dos fenômenos naturais, e particular-

---

59. A irrigação já estava com sua regulamentação formada ao tempo em que se desenvolvia a escrita (e talvez tenha havido um nexo entre esta última e a administração condicionada por aquela). "Governar" (tsching) significa: levar o báculo na mão, e a expressão que designa "lei" (fa) situa-se no contexto de fazer fluir a água (Plath. China vor 4000 Jahren (*A China há 4.000 anos*). Munique, 1869, p. 125).

mente a da chuva para a safra, tinha uma prioridade muito mais elevada. Na Ásia Menor, por sua vez, a antiga administração centralizada e burocrática favorecia, sem dúvida, a possibilidade de imaginar-se o deus supremo como o rei celeste que "criou" do nada o mundo e o ser humano e que, agora, como dominador ético supramundano, exige da criatura o cumprimento de seu dever e de sua obrigação – uma ideia de deus que de fato somente aqui manteve sua predominância com tanta força. Mas deve-se acrescentar imediatamente que *o fato de* ela ter mantido sua predominância não pode ser inferido *unicamente* daquelas condições econômicas. Também na própria Ásia Menor, ou melhor, precisamente nesta região, o rei celeste ascendeu à posição suprema de poder, e mesmo – mas apenas no tempo do exílio relatado pelo Dêutero--Isaías –, a uma posição pura e simplesmente supramundana, a partir da qual conforme sua graça mandava a chuva e o brilho do sol na Palestina, ao contrário das regiões desertas, como fonte de fecundidade[60]. Portanto, na contraposição existente entre uma e outra concepção de deus existe evidentemente a influência também de outros momentos. E estes se encontravam, em parte considerável, não na área da política econômica, mas sim na da política *exterior*. Aqui temos de ampliar um pouco a abordagem.

O contraste entre as concepções de deus da Ásia Menor e da Ásia Oriental de modo algum existiu desde sempre de forma tão drástica. A Antiguidade chinesa conhecia, por um lado, para cada associação local, um deus duplo (sche-tsi) camponês, já evoluído como deus autor de sanções éticas e resultante da fusão entre o espírito da terra fértil (sehê) e o espírito da safra (tsi); por outro lado, a Antiguidade chinesa também conhecia os templos dos espíritos dos ancestrais (tsong-miao) enquanto objetos de culto do clã. Estes espíritos constituíam juntos (sche-tsi-tsong-miao) o objeto principal dos cultos locais camponeses, ou seja, o espírito de proteção da terra natal concebido inicialmente de maneira ainda naturalista, como uma força ou substância mágica semimaterial, cuja posição correspondia mais ou menos àquela do deus local da Ásia Ocidental (já muito cedo concebido de forma essencial-

---

60. É justamente por isto que Javé repreende os israelitas.

mente mais pessoal). À medida que crescia o poder do príncipe, o espírito da *terra* lavrada se foi tornando o espírito da *região* do príncipe. Com o desenvolvimento do heroísmo ilustre, surgiu obviamente também na China, como na maioria dos casos, um deus celeste pessoal, correspondendo aproximadamente ao Zeus helenístico, o qual era adorado pelo fundador da Dinastia Tschou juntamente com o deus local, em união dualística. Com o surgimento do poder imperial, primeiramente em forma de poder feudal superior exercido sobre o príncipe, o holocausto oferecido ao céu, do qual o imperador era visto como filho, constituía monopólio do imperador; os príncipes celebravam seus sacrifícios aos espíritos da região e dos ancestrais; os pais de família, aos espíritos dos antepassados da estirpe. Neste tempo, porém, na China o caráter cambiante animista-naturalista dos espíritos – aqui, como em todo lugar – e principalmente o do espírito celeste (Chang-ti), concebível como o próprio céu ou como rei celeste, passou a assumir um traço cada vez mais impessoal, e isto sobretudo no caso dos mais poderosos e universais dentre eles[61], exatamente ao inverso do que sucedia na Ásia Menor, onde o criador pessoal supramundano e regente régio do mundo se elevou acima dos espíritos animistas-semipessoais e da divindade local. A concepção de deus dos filósofos chineses permaneceu durante muito tempo extremamente contraditória. Ainda para Wang Tschung, embora não devesse ser concebido de maneira antropomórfica, deus tinha um "corpo", ao que parece, uma espécie de fluido. Por outro lado, o mesmo filósofo justificou repetidamente sua negação da imortalidade também argumentando com o caráter totalmente "amorfo" de deus, um caráter para o qual o espírito humano retornaria – de modo semelhante à "ruach" israelítica – após a morte. Uma concepção que encontrou expressão também em epígrafes. Mas o que passou a ser acentuado de maneira cada vez mais forte foi a impessoalidade precisamente dos supremos poderes supraterrenos. Na filosofia confuciana,

---

61. Presume-se (cf. mais adiante) que, na dinastia de Tschou (como aliás também sustenta Legge em: Schu-king, Proleg. p. 193s. (no original Shu-king, evidentemente há um erro tipográfico)) o deus dos céus, pessoal, ao lado do qual se encontravam os "Seis Venerados", tenha sido substituído nos cultos pelas expressões impessoais "Céu e Terra" (de onde ele também podia aparecer admoestando, cf. Legge, p. 238). Algo como inferno não existia.

a concepção de um deus pessoal, propugnada até no século XI, desapareceu a partir do século XII, sob o influxo do materialista Tsche Fu Tse, tratado como autoridade ainda pelo Imperador Kang Hi (autor do "Edito sagrado"). Mas esta evolução rumo à impessoalidade[62] não se processou sem deixar vestígios duradouros de concepção pessoal, como será exposto mais adiante. Como tal, ela impôs-se precisamente no culto oficial.

Também no Oriente semítico, a terra fértil, a terra com água natural, foi inicialmente a "terra de Baal" e simultaneamente a sua sede, e aqui também o Baal camponês da terra, no sentido da terra produtiva, se tornou o deus local da associação política ligada à localidade – o deus da terra natal. Mas esta terra era então lá considerada "propriedade" de deus, e não havia a concepção de um "céu" que pudesse aparecer, como concorrente de um senhor do céu, de maneira impessoal, mas insuflado de alma ao modo chinês. O Javé israelítico era primeiramente o deus sentado na montanha, o deus das tempestades e catástrofes naturais, que, com trovoadas e nuvens, entrava na guerra para auxiliar os heróis, o deus da Aliança da confederação guerreira e conquistadora cuja associação estava contratualmente colocada sob sua proteção por intermédio de seus sacerdotes. Por conseguinte, a política exterior permaneceu duradouramente domínio seu, e seus interessados eram todos os maiores dentre seus profetas, verdadeiros publicistas políticos em tempos de tremendo receio ante os poderosos estados predadores da Mesopotâmia. Foi devido a estas circunstâncias que ele adquiriu sua forma definitiva: a política exterior era o palco de suas ações em peripécias prenhes de guerra e fatal destino para os povos. Eis por que ele era e permaneceu primeiramente e antes de tudo o deus do *extra*ordinário: do destino guerreiro, do seu povo. Mas como este povo não podia criar um império mundial, e portanto permanecera apenas um pequeno Estado em meio a potências mundiais, acabando

---

62. Até que ponto era oscilante este caráter impessoal fica demonstrado, p. ex., numa inscrição condenatória do Rei Tsin contra o Rei Tschu, inimigo, datada de 312. O motivo da inscrição era por ter este "violado as regras dos bons costumes" e rompido um contrato. Ali são chamados como testemunhas, lado a lado, 1°) o Céu; 2°) o "Senhor de Cima" (portanto, um *deus* celeste pessoal); 3°) o espírito de um rio (às margens do qual o contrato terá sido contraído). (Cf. a inscrição no apêndice III do vol. II da edição de Se Ma Tsien realizada por Chavannes, assim como Chavannes in: Journal Asiatique, mai.-jun./1893, p. 473s.)

por sucumbir-lhes, ele só podia tornar-se um "deus mundial" na qualidade de condutor supramundano do destino, em cujos olhos seu próprio povo escolhido não tinha outra significação além da de criatura e ora era abençoado, ora rejeitado, de acordo com seu comportamento.

O Império Chinês, pelo contrário, no curso da história e apesar de todas as campanhas guerreiras, foi-se tornando cada vez mais um império mundial pacificado. Por certo, o início do desenvolvimento cultural chinês esteve sob um signo puramente militar. O *schih*, mais tarde o "funcionário público" é, no início, o "herói". Surgido mais tarde, o "pavilhão de estudos" (*Pi yung kung*), no qual segundo o ritual o próprio imperador interpretava os clássicos, foi, ao que parece, originariamente uma "casa dos homens" (ἀνδρεῖον) (a andreion dos gregos) no sentido difundido por quase todo o mundo junto a povos especificamente guerreiros ou caçadores, ou seja, como lugar de permanência da irmandade formada pela equipe jovem do grupo etário visado para "aquartelamento" fora da família, e que, sem dúvida, após prévia comprovação no curso de cerimônia até hoje conservada para imposição "do gorro" fora declarado *apto para a defesa armada*. Permanece obscuro até que ponto se havia desenvolvido, na época, o sistema típico de classes etárias. É possível estabelecer etimologicamente a probabilidade de que, originariamente, a mulher haja tido exclusivamente em suas mãos a tarefa de cuidar da lavoura; em todos os casos, ela nunca tomava parte nos cultos *fora* do lar. A casa dos homens era, evidentemente, a casa do cacique (carismático) de guerra. Nela se realizavam ações diplomáticas, tais como a subjugação de inimigos; nela se guardavam as armas de guerra, a ela se levavam os troféus (orelhas cortadas), nela se exercitava ritmicamente – quer dizer, disciplinadamente –, na associação de jovens guerreiros, o uso do arco e flecha, cujos resultados serviam de orientação para o príncipe na escolha de seus seguidores e oficiais (donde a importância cerimonial do uso de arco e flecha até a época mais recente). Nela também é possível – embora não seguro – que os espíritos dos ancestrais tenham dado conselhos. Seriam condizentes com tudo isso, caso correto, as notícias sobre a sequência maternal originária. O "direito materno" parece ser em toda parte, pelo que hoje se pode ver, primeiramente consequência do caráter *militarista* da alienação familiar do pai[63]. Isto remonta historicamente a tempos muito remotos. Uma vez chegada ao seu ápice graças à utilização do *cavalo*, inicialmente, como animal de tração do carro de guerra, a luta individual do herói foi, também na China, como ao que parece em todo o mundo (até à Irlanda), o que fez entrarem em decadência as casas de homens, orientadas como estavam para a infantaria. Com isso, o herói individual, altamente treinado e armado com grandes dispêndios, assomou ao primeiro plano. Também esta época "homérica" da China desenrolou-se em tempos muito remotos da história e aparentemente nem aqui, nem tampouco no Egito e na Mesopotâmia, a *técnica* bélica da cavalaria levou a uma estrutura *social* tão individualista como na Grécia "homérica" e na Idade Média. A dependência para com a regulação fluvial e, com isso, também para com a autoadministração burocrática do príncipe foi presumivelmente o contrapeso decisivo. O *provimento* de carros de guerra e encouraçados foi imposto a cada um dos distritos, à semelhança do observado na Índia. Portanto, não havia um contrato individual, como na associação feudal ocidental, mas sim o dever de alistamento militar, regulamentado por cadastro, como base para o exército de cavalaria. Mas, pelo menos, o "fidalgo" de Confúcio, Kiün tse (*gentleman*), era o cavaleiro adestrado em armas, porém o impacto dos fatos estáticos da vida econômica nunca permitiu que os deuses da guerra ascendessem a um Olimpo. O imperador chinês celebrava o rito de lavrar a terra e tornou-se assim padroeiro protetor do lavrador, deixando de ser um príncipe cavaleiro. Certamente, os elementos mitológicos referentes aos deuses intraterrenos (ctonianos) das profundezas[64] não alcançaram uma importância dominante, mas desde a era dominada pelos letrados a virada rumo a ideologias cada vez mais pacifistas tem sido uma evolução natural, e vice-versa, como veremos.

---

63. Sobre a matéria cf. a excelente tese de doutorado apresentada em Zeipzig por *M. Quistorp* (discípulo de Conrady): Männergesellschaft und Altersklassen im alten China (*Sociedade masculina e classes etárias na China antiga*) (1913). Somente o especialista poderá decidir a questão se em alguma época o totemismo terá imperado na China.

64. Resquícios dos mesmos foram encontrados por Quistorp (op. cit.) em certos mitologemas registrados de forma rudimentar em Lao-tse.

O espírito celeste passou a ser considerado pela fé *popular* agora – e muito mais após a aniquilação do feudalismo – inteiramente ao modo das divindades egípcias, como uma espécie de instância ideal de reclamações contra os oficiais terrestres, a começar pelo imperador e a terminar com o último funcionário. Isto vale para a China do mesmo modo que para o Egito (e menos pronunciadamente também para a Mesopotâmia), onde, a partir desta concepção burocrática, a praga rogada pelo oprimido e pobre era particularmente temida – e veremos como isto repercutiu na vizinha ética israelítica. *Esta* concepção e *unicamente* esta é a que estava, como arma temida e espécie de carta magna supersticiosa, do lado dos súbditos e contra os funcionários e todos os privilegiados, incluídas as pessoas de posses – uma característica totalmente específica da mentalidade burocrática e simultaneamente *pacifista*.

A era de verdadeiras guerras populares, em todos os casos, só ocorreu na China em tempos pré-históricos. Por certo, o período de guerras da China não foi interrompido com o advento da ordem estatal burocrática, que levou os exércitos da China às costas da Índia e ao centro do Turquistão. As fontes literário-documentárias mais antigas celebram o herói *guerreiro mais* do que quaisquer outras figuras. No entanto, em tempos históricos, segundo a posição oficial, uma única vez um general vitorioso, enquanto tal, foi proclamado imperador pelo *exército* (Wang Mang, em ano próximo ao nascimento de Cristo). Na realidade, o mesmo aconteceu com muito maior frequência, naturalmente, mas em formas determinadas pelo ritual ou em consequência de uma conquista ou revolta ritualmente reconhecida contra um imperador ritualmente incorreto. Na época decisiva para a caracterização da cultura intelectual, entre os séculos VIII e III a.C., o império constituía uma aliança muito frouxa de dominações políticas que, todas elas, por certo reconheciam formalmente a autoridade suprafeudal do imperador, só que este havia perdido seu poder político e elas se combatiam mutuamente, disputando principalmente a posição de chefe do paço real. A diferença em relação ao Sacro Império Romano do Ocidente consistia sobretudo no fato de o imperador suprafeudal ser *simultaneamente* e antes de tudo o legítimo sumo *sacerdote*, à semelhança, por exemplo, do papa ocidental na posição pretendida por Bonifácio VIII – fato importante inclusive em tempos pré-históricos. Esta função indispensável determinou sua preservação. A partir dela ele forjou um elemento essencial da coesão cultural dos estados divididos, cuja abrangência e posição de poder variavam continuamente. A igualdade quanto ao *ritual* (pelo menos em teoria) constituía a argamassa daquela coesão. Aqui, como no Ocidente da Idade Média, esta unidade religiosa condicionava a liberdade das famílias ilustres de ir e vir entre um Estado dividido e outro. O estadista ilustre passava sem dificuldade do serviço de um príncipe para o de outro. A instauração do império único a partir do século III a.C., apenas brevemente interrompida desde então, pacificou o império – ao menos, em princípio e segundo a teoria – internamente. A partir de então, guerras "legais" já não eram possíveis no seu interior. A resistência contra os bárbaros e a sua sujeição, no entanto, constituíram uma tarefa unicamente da polícia de segurança. Por conseguinte, o "céu" não podia assumir aqui a forma de um deus-herói adorado em guerra, vitória, derrota, exílio e esperança de regresso à terra natal, a revelar-se na irracionalidade dos golpes do destino em um contexto de política externa. Em compensação, desde a construção da Grande Muralha, exceção feita apenas às incursões mongólicas, estas voltas do destino já não eram suficientemente importantes nem irracionais e tampouco eram, precisamente em tempos de exercício sereno da especulação religiosa, suficientemente perceptíveis aos olhos, a cada momento, como fatalidades iminentes ou superadas, mas sobretudo não constituíam assunto para os *companheiros* do povo. Por ocasião de usurpações do trono ou invasões bem-sucedidas, os súditos apenas trocavam de senhor e, num caso como no outro, isto significava simplesmente uma mudança do recebedor de impostos e não da ordem social[65]. Por conseguinte, neste caso, a antiga ordem de vida política e social interna, que por milênios permanecera inabalada, passou a ser algo que competia à proteção divina e que a revelava. Também o deus israelita levou em consideração as relações sociais internas como oportuni-

---

65. Eis por que O. Francke acentua expressamente que a dominação manchu não foi percebida como "dominação estrangeira". Entretanto, é necessário fazer uma ressalva para tempos de agitação revolucionária: os manifestos dos Taiping constituem um vívido atestado a este respeito.

dade de punição do seu povo por ter decaído, devido a infortúnios de guerra, das antigas regras da Aliança por ele estipuladas. Mas estas violações, vistas em comparação com a idolatria, de relevância muito maior, representavam apenas uma categoria de pecado entre outras. Para o poder celeste chinês, pelo contrário, o mais importante eram as antigas ordens sociais. O céu imperava como guardião de sua continuidade e vigência ininterrupta, como refúgio da tranquilidade garantida pela observação imperiosa de normas sensatas, mas não como fonte de peripécias irracionais do destino, fossem elas temidas ou almejadas. Estas peripécias constituíam inquietação e desordem. Eram, portanto, de origem especificamente demoníaca. Quem melhor podia garantir tranquilidade e ordem interior era um poder qualificado em sua impessoalidade e, justamente por isso, também qualificado como especificamente superior a todas as coisas terrenas, ao qual necessariamente permanecia estranha qualquer paixão e, particularmente, a da "ira", atributo principal de Javé. Portanto, estas bases políticas da vida chinesa favoreciam, no conjunto da crença em espíritos, a vitória daqueles elementos que, por certo, em qualquer parte do mundo existiam pré-formados em toda magia convertida em culto, mas que, no Ocidente, ficaram truncados em seu desenvolvimento devido à expansão da crença em deuses-heróis e, em definitivo, da fé em um deus pessoal, ético e salvador do mundo, própria de estratos *plebeus*. É bem verdade que os cultos intraterrenos (ctonianos) propriamente ditos, com sua orgiástica típica, foram eliminados da China pela aristocracia dos cavaleiros e, mais tarde, pela dos letrados[66]. Pois já não se constatam danças – a antiga dança de guerra havia desaparecido –, nem a orgiástica sexual, nem musical, nem quaisquer outras formas de inebriação, salvo raros resquícios, e um único ato ritual parece ter assumido um caráter "sacramental", mas justamente este tinha uma característica totalmente não orgiástica. O deus celeste venceu aqui também. Para isto, segundo a biografia de Confúcio es-

---

66. Com o nome "Gênio da Terra" foi deificado Heu tu, um dos seis ministros do Imperador Huang-ti (cf. a nota 215, p. LII, do Schih Luh Kuoh Kiang Yuh Tschi, traduzido, anotado e editado por Michels: "Histoire géographique des XVI royaumes". Paris, 1891). Por conseguinte, dificilmente poderá ter existido já naquele tempo um culto ctônico, pois semelhante título teria constituído uma blasfêmia.

crita por Se Ma Tsien, os filósofos apresentaram a justificativa de que são os deuses das montanhas e dos riachos que governam o mundo, dado que a chuva provém das montanhas. Entretanto, ele venceu como deus da ordem celeste e não como deus dos exércitos (de guerra) celestes. A forma especificamente chinesa de religiosidade, predominante também na Índia, embora por outras razões e de outra maneira, foi que elevou o intemporal, o imutável em nível de poder religioso supremo – e o fez reportando-se, como ponto de apoio, à inviolabilidade e à uniformidade tanto do *ritual* mágico que subjuga os espíritos como do *calendário*, de fundamental importância para um povo de lavradores; ou seja, unindo as leis naturais e as rituais *numa só unidade* e assim reportando-se à unidade do "Tao"[67]. Percebe-se agora, como último e supremo ser, não um deus criador supramundano, mas sim um ser supradivino, impessoal, sempre igual a si mesmo, eterno na perspectiva temporal, um ser que era simultaneamente validade intemporal de ordens eternas. Este poder celeste impessoal "não falava" para os seres humanos. Ele se lhes revelava na forma do regime terrestre e, portanto, dentro da ordem estabelecida da natureza e do devir que era parte da ordem cósmica; e também se revelava – como em toda parte – através daquilo que *acontecia* aos seres humanos. O bem-estar dos súditos documentava a satisfação celeste e, portanto, também

---

67. Pois é *nisto, nesta fusão*, que consistia a fonte do "universismo" próprio da concepção taoista, que então foi desenvolvida ao ponto de tornar-se (de forma substancialmente mais engenhosa do que a dos conceitos babilônicos extraídos da observação do fígado e também até mais engenhosa do que as concepções "metafísicas" da Antiguidade egípcia) um sistema cósmico das "correspondências" (cf. mais detalhes sobre a interpretação filosófica – além da que ainda será tratada no capítulo VII – o belo livro, já citado, de de Groot sobre o "Universismo", livro que, por sua abordagem inteiramente sistemática, não trata da questão relativa à origem). Mas é claro que, de início, eram de importância secundária tanto a interpretação cronomântica do calendário, também em sua forma elaborada, como a estereotipificação absoluta do ritual e, no mesmo contexto de ambas, a *filosofia* taoista racional, que tinha como ponto de partida a mística, a ser tratada mais adiante. O calendário mais antigo (hia siao tsching, "pequeno relógio de pêndulo") parece ser o que está menos onerado com tais teologúmenos, cuja evolução, ao que consta, somente teve início após a reforma do calendário promovida por Schi Hoang Ti. O que forneceu matéria para os "Mestres do Dia" (cronomantes profissionais) foi o cadastro cronomântico Schi hien schu, elaborado e distribuído posteriormente em massa como livro popular pelo governo, que coibiu com a maior rigidez qualquer produção por própria conta de calendários privados. A Repartição do Calendário, muito antiga, constituiu a origem histórica tanto das repartições astronômicas (calendariais) como das astrológicas (*portenta* [= do latim, sinais negativos dos deuses para o futuro]) e também da analística da corte, concebida a título unicamente de exemplo e paradigmático e que, originariamente, era exercida pela mesma pessoa que elaborava o calendário (cf. mais abaixo).

o correto funcionamento das ordens. Todos os acontecimentos graves, pelo contrário, eram sintomas de um transtorno da harmonia providencial entre céu e terra, provocado por poderes mágicos. Esta concepção totalmente otimista da harmonia cósmica, de fundamental importância para a China, desenvolveu-se paulatinamente a partir da primitiva crença em espíritos, superando-a. O original[68] era aqui, como em outros lugares, o dualismo dos espíritos bons (úteis) e maus (nocivos), dos "Shen" e dos "Kwei", que preenchiam todo o universo e se exprimiam nas ocorrências naturais tanto quanto no agir e no bem-estar ou mal-estar dos seres humanos. Também a "alma" do ser humano era vista – em conformidade com a suposição universalmente difundida de uma maioria das forças insufladoras de alma – como compondo-se da substância Shen, útil, proveniente do céu, e da substância Kwei, nociva, proveniente da terra, substâncias que voltavam a separar-se após a morte. A doutrina comum a todas as escolas filosóficas resumia então os "bons" espíritos ao princípio Yang (celeste e masculino) e os "maus", ao princípio Yin (terreno e feminino), de cuja união surgiu o mundo. Ambos os princípios eram eternos, como o céu e a terra. Contudo, este consequente dualismo encontrava-se aqui, como em quase todo lugar, atenuado de modo otimista e era sustentado pelo fato de o carisma mágico dos feiticeiros e heróis, portador da salvação para o ser humano, identificar-se com os espíritos salvíficos Shen, oriundos do poder celeste abençoador, o Yang. E agora, que o homem carismaticamente qualificado havia, com toda a evidência, adquirido poder sobre os maus demônios (os Kwei) e uma vez estabelecido o poder celeste como bondoso condutor supremo inclusive do cosmos social, os espíritos Shen presentes no ser humano e no mundo também deviam ser fortalecidos em seu funcionamento[69]. Para tanto bastava, porém, que os espíritos demoníacos Kwei fossem deixados em paz; então, a ordem protegida pelo céu funcionava corretamente. Pois sem a *permissão* do céu, os

---

68. Para o que segue, cf. particularmente *de Groot.* Rel. of the Ch., sobretudo p. 33s. e 55s.

69. Com esta motivação houve por vezes oposição frontal contra concubinas de imperadores que se houvessem tornado excessivamente poderosas: O domínio feminino significava a preponderância do yin sobre o yang.

demônios ficavam inofensivos. Os deuses e espíritos eram seres poderosos. No entanto, tomados individualmente, nenhum dos deuses ou heróis endeusados ou espíritos, por mais poderoso que fosse, era "onisciente" ou "onipotente". Quando seres piedosos eram acometidos por algum infortúnio, a sóbria sabedoria de vida dos confucionistas constatava, sem inibição, que a "vontade divina era muitas vezes inconstante". Todos estes seres sobre-humanos eram, por certo, mais fortes do que o ser humano, mas ficavam bem abaixo do poder supremo celeste impessoal e também abaixo de um pontífice imperial em estado de graça celeste. Conforme estas concepções, somente estes poderes sobre-humanos impessoais e seus similares podiam constituir objetos de culto para a comunidade suprapessoal, e determinavam o seu destino[70]. A sina dos indivíduos, pelo contrário, podia ser plasmada por espíritos individuais, influenciáveis pela magia.

Posição carismática e pontifical do monarca central

O relacionamento com estes se dava de maneira totalmente primitiva, na base da permuta: quantas as ações rituais, tantos os benefícios. Caso se

---

70. Entretanto, também faziam parte ativa do culto estatal (cf. a exposição extremamente plástica e meticulosa do "universismo" em de Groot), além dos cultos: 1°) do "Céu" – que no entanto, segundo de Groot, aparecia no grande ato sacrificial como *primus inter pares* no conjunto dos espíritos de antepassados do imperador; 2°) da Terra ("imperatriz Terra"); 3°) dos antepassados imperiais, igualmente os cultos; 4°) do Sche Tsi, o espírito protetor do solo e dos frutos da terra; 5°) do sol e da lua; 6°) de Sien Nung, fundador patriarcal (Ἀρχηγέτης) da agricultura; 7°) da fundadora (Ἀρχηγέτης) da cultura da seda (oficial do sacrifício: a imperatriz); 8°) dos grandes e, a partir de 1722, de todos os imperadores das dinastias anteriores (*excetuados* os que morreram por atos de violência ou os depostos por rebeliões exitosas, que eram vistas como sinais da ausência de carisma, bem como 9°) de Confúcio e alguns corifeus de sua escola – estes últimos, porém, todos eles fundamentalmente pelo próprio *imperador em pessoa*. Além disso, também faziam parte os cultos: 10°) dos deuses da chuva e do vento [Tien Sehen] e dos deuses das montanhas, dos mares, dos rios (Ti Ke); 11°) de Júpiter como deus do calendário (espírito do Grande Ano/Ano de Júpiter); 12°) do fundador (Ἀρχηγέτης) da cura medicinal juntamente com o deus da primavera (*talvez* como sintoma da orgiástica ctônica de outrora como origem da terapêutica mágica); 13°) do deus da guerra (o general canonizado Kuan ti, do século II d.C.); 14°) do deus dos estudos clássicos (deus protetor contra heresias); 15°) do espírito do-polo norte (canonizado em 1651); 16°) do deus do fogo Huo Schen; 17°) dos *deuses dos canhões*; 18°) os deuses da fortaleza; 19°) da "Montanha Santa do Oriente"; 20°) dos deuses dos dragões e das águas ou dos deuses da construção, da olaria e do celeiro, e 21°) dos servidores provinciais canonizados. Estes deviam ser (normalmente) servidos pelos funcionários encarregados. Como se vê, a quase totalidade da organização estatal externa, com seus respectivos espíritos, estava canonizada. Contudo, os sacrifícios supremos foram evidentemente ofertados a espíritos *im*pessoais.

104

verificasse que, apesar de todos os sacrifícios e virtudes, um espírito protetor não fosse suficientemente poderoso para resguardar os seres humanos, impunha-se trocá-lo por outro. Pois somente o espírito que se *comprovasse* realmente poderoso merecia veneração. Esta substituição ocorria de fato frequentemente, e particularmente o imperador conferia a deuses comprovados o reconhecimento como objetos de veneração bem como seu título e grau[71], e os revogava quando fosse o caso. O que conferia legitimação era apenas o carisma comprovado de um espírito. O imperador, por certo, era responsável pelo infortúnio, como logo se comentará. Mas este fato também era motivo de vergonha para o deus que, mediante oráculo sorteado ou outra ordem, houvesse provocado um empreendimento malogrado. Ainda em 1455 um imperador pronunciou oficialmente um discurso punitivo contra o espírito do Monte Tsai. E em outros casos foram proibidos cultos e sacrifícios a tais espíritos. Schi Hoang Ti, o "racionalista" entre os grandes imperadores e unificadores do império, mandou desmatar completamente uma montanha em sinal de punição pelo fato de o espírito ter-se mostrado renitente e ter-lhe dificultado o acesso, conforme menciona Se Ma Tsien em sua biografia do mesmo.

Exatamente o mesmo ocorria, naturalmente, com o próprio imperador, em fiel conformidade com o princípio carismático da dominação. Com efei-

---

71. A *Peking Gazette* está repleta de requerimentos apresentados por servidores para tais canonizações que, também neste particular, estão em concordância com procedimentos católicos, segundo os quais o avanço se dá passo a passo, conforme a comprovação de novos milagres. Deste modo, em 1873, ante um relatório do governador competente sobre o comportamento de um "presiding spirit of the Yellow River" quanto a uma iminente inundação, primeiro foi autorizado o acesso do mesmo ao culto, mas o requerimento para a concessão de título honorífico ficou em suspenso até a apresentação de um relatório sobre a obtenção de ulteriores méritos. Em 1874, após a notícia (*Peking Gazette*, 17/12/1874) de que a ostentação de sua imagem conteve a ameaça de uma enchente, foi concedido o respectivo título. Em 13/07/1874 (*Peking Gazette* do mesmo dia) requereu-se o reconhecimento do poder miraculoso de um templo do deus dragão em Honan. Em 23/05/1878 foi aprovado um novo título para o "espírito do dragão" (*Peking Gazette* da mesma data). Assim também foi apresentado, p. ex., em 1883 (*Peking Gazette*, 26/04/1883), pelos servidores responsáveis um requerimento para uma elevação do grau de canonização para um ex-mandarim falecido, tendo em vista o fato de se ter divisado seu espírito pairando sobre as águas e ajudando a domar as águas, apesar do extremo risco. Encontram-se com muita frequência requerimentos semelhantes de servidores bem conhecidos na Europa (Li Hung Tschang. *Peking Gazette*, 02/12/1878 et al.). No dia 31/11/1883, um censor com a função de *advocatus diaboli* protestou contra a canonização de um mandarim por sua administração não ter sido, de forma alguma, excelente (*Peking Gazette* da mesma data).

to, toda esta construção tinha como ponto de partida esta realidade política habitualmente vivida. Também ele tinha de se *comprovar*, por suas qualidades carismáticas, como vocacionado pelo céu para ser dominador. Isto correspondia plenamente aos genuínos fundamentos da dominação carismática, moderados pelo carisma hereditário. O carisma era em toda parte uma força extracotidiana (*maga, orenda*), cuja presença se manifestava no poder mágico e no heroísmo, mas que, no caso de noviços, tinha de ser constatada mediante comprovação em ascese mágica (e, conforme a opção mental, também mediante obtenção de uma "nova alma"). A qualidade carismática, porém, podia (originariamente) ser perdida, pois o herói ou mago podia ser "abandonado" por seu espírito ou deus. A posse desta qualidade somente se revelava como garantida na medida em que a mesma se *comprovasse* continuamente por novos milagres e novos atos heroicos, no mínimo, porém, pelo fato de o mago ou o herói não expor a si próprio nem seus seguidores a óbvios fracassos. A força do herói era considerada originariamente como uma qualidade mágica, do mesmo modo que as forças "mágicas" propriamente ditas: a magia que fazia chover ou que curava doenças e outras artes técnicas extracotidianas[72]. O ponto decisivo para o desenvolvimento cultural era essencialmente se, sim ou não, o carisma *militar* do príncipe da guerra e o carisma *pacifista* do mago (por via de regra, meteorologista) se encontravam, ambos, nas mãos de uma só pessoa. No primeiro caso, o do "cesaropapismo", a questão central passa a ser qual dos dois se tornara a base *primária* para o desenvolvimento do poder do príncipe. No caso da China – conforme anteriormente exposto com mais pormenores – ocorrências fatídicas de tempos para nós pré-históricos, presumivelmente condicionadas também pela gran-

---

72. Não é possível, para o mundo conceitual pré-animista e animista, *distinguir* estritamente o que é "magia" do que não o é. Até mesmo o ato de arar e qualquer ação cotidiana voltada a obter determinado êxito eram uma "magia" no sentido do uso de "forças" específicas e – mais tarde – "espíritos". Aqui só se pode distinguir *sociologicamente*: A posse de qualidades *fora* do cotidiano distingue o estado de êxtase do estado cotidiano e o mago profissional da pessoa cotidiana. "Extracotidiano" transforma-se então, racionalisticamente, em "sobrenatural". O artesão artístico que produzia os paramentos do templo de Javé estava tão possesso da "ruach" de Javé quanto o curandeiro sob a força que o habilitava a suas realizações.

de significação da regulação fluvial[73], fizeram com que o regime imperial surgisse a partir do carisma *mágico*, unindo nas mãos de uma só pessoa a autoridade secular e a clerical, porém sob fortíssima preponderância desta última. O carisma mágico do imperador também tinha de se comprovar mediante sucessos bélicos (ou, pelo menos, pela ausência de estrondosos fracassos), por certo, mas principalmente mediante tempo bom para a safra e situação favorável de tranquilidade e ordem interna. No entanto, as qualidades pessoais que devia possuir para ser agraciado carismaticamente foram elevadas por ritualistas e filósofos ao âmbito do rito e, mais ainda, ao da ética: ele devia *viver* em conformidade com as prescrições rituais e éticas das antigas escrituras clássicas. O monarca chinês permaneceu assim, em primeira linha, um pontífice: o antigo "manda-chuvas" da religiosidade mágica[74] foi transladado ao âmbito ético. Visto que o "céu" eticamente racionalizado tinha sob sua proteção uma ordem eterna, o carisma do monarca ficava firmemente atrelado a suas virtudes éticas[75]. Como todo dominador genuinamente carismático, ele era um monarca pela graça de deus e não, segundo a maneira

---

73. Mas inexplicável a partir unicamente da mesma. Pois de outra forma deveria ter-se verificado igual ocorrência na Mesopotâmia. É preciso conformar-se com o fato de que esta evolução do relacionamento entre *imperium* e *sacerdotium* – uma evolução de importância central, como já o observou G. Jellinek por várias vezes – com frequência decorre justamente de fatalidades "casuais" históricas, desaparecidas para nós.

74. A ausência de chuva (ou neve) acarreta nos círculos da corte e de funcionários rituais as mais acalentadas discussões e propostas, e nestes casos a *Peking Gazette* fica cheia de requerimentos para o recurso a auxílios mágicos de toda espécie. Assim foi, por exemplo, no caso da ameaça de seca em 1878 (cf. particularmente a *Peking Gazette*, 11 e 14/06/1878). Após o Yamen (comitê) de astrônomos do Estado ter apontado, com referência a autoridades astrológicas, para a coloração do sol e da lua, o relatório de um membro da Academia Hanlin destacou a inquietação surgida em decorrência disso e exigiu que este parecer, por certo, fosse dado ao conhecimento do público, mas que se preservasse o jovem imperador deste palavreado de eunucos cheio de interpretações malévolas e precipitadas e que se vigiasse o palácio; quanto ao mais, que as imperatrizes-regentes cumprissem com seus deveres morais, pois assim não faltará chuva. Este relatório foi publicado juntamente com declarações tranquilizantes sobre a conduta na vida das damas de alto nível e com a observação de que, entrementes, a chuva já havia chegado. Uma "Donzela-anjo" (anacoreta falecida em 1469) havia sido anteriormente proposta para a canonização no mesmo ano, graças ao auxílio frequentemente prestado em situações de fome generalizada (*Peking Gazette*, 14/01/1878).

75. Esta frase fundamental da ortodoxia confuciana é continuamente repetida com destaque nos numerosos editos e pareceres imperiais ou nos requerimentos da Academia Hanlin. Neste sentido, eis o que reza o parecer do "professor" da Hanlin, já citado na nota precedente e que deverá voltar a ser referido várias vezes mais adiante: "Somente a prática da virtude é que pode influenciar o poder do Céu" (em inglês no original: *It is the practice of virtue* alone *that kan influence the power of Heaven...*) (cf. tb. as próximas notas).

cômoda dos senhores feudais modernos que, com base neste predicado (de possuidores da graça de deus), pretendiam que o responsável por estultices cometidas fosse "unicamente deus", o que significava na prática não serem eles, de modo algum, os responsáveis. Mas sim no autêntico sentido antigo da dominação carismática. E isto queria dizer, em consonância com o recém-exposto, que, dado o bem-estar de seu povo, ele devia identificar-se como "filho do céu", como o senhor por ele aprovado. Se não podia fazer isto, era porque lhe faltava o carisma. Portanto, se os rios rebentassem os diques e a chuva não chegasse apesar de todos os sacrifícios oferecidos, isso era prova de que, como se ensinava expressamente, o imperador não possuía as qualidades carismáticas exigidas pelo céu. Neste caso, ele fazia penitência pública por seus pecados, e isto ainda tem ocorrido nos decênios mais recentes. Os Anais dão conta de tal confissão pública dos pecados já para os príncipes da época feudal[76] e este costume perdurou até ultimamente. Ainda em 1832, após uma tal confissão pública do imperador, a chuva logo chegou[77]. E se nem isso frutificasse, ele tinha de ficar preparado para a deposição e no passado, presumivelmente, para a imolação. Ele estava sujeito à repreensão oficial dos censores[78], tal como os funcionários públicos. Um monarca que tivesse transgredido as antigas ordens sociais estabelecidas – este elemento cósmico que, como norma e harmonia impessoais, era superior a qualquer ser divino –, ou que, por exemplo, tivesse alterado o direito natural absoluto

---

76. Tschepe. Op. cit., p. 53.

77. Em 1899 (*Peking Gazette*, 06/10) encontra-se um decreto do imperador (posto sob tutela por um golpe de Estado realizado pela Imperatriz Viúva) pelo qual ele deplora seus pecados por serem a causa provável da seca ocorrida, apenas acrescentando que também os príncipes e ministros contribuíram com sua parte de culpa ligada à sua conduta incorreta. Na mesma situação, ambas as imperatrizes-regentes prometeram em 1877 seguir a admoestação de um censor, pela qual elas deveriam manter-se em "atitude reverencial", pois este seu comportamento já havia contribuído para afastar a seca.

78. Cf. nota precedente, no final. Em 1894, após criticar como impertinente a ingerência da Imperatriz Viúva em assuntos do Estado (cf. *Peking Gazette*, 28/12/1894), um censor foi deposto e exilado para cumprir pena de trabalho forçado nas estradas de tráfego postal da Mongólia; mas isto não ocorreu por causa de crítica, em si inadmissível, mas sim porque ela se baseou "apenas em ouvir dizer" e não em provas. Em 1882, um membro da Academia entendeu melhor as intenções desta enérgica senhora, ao apresentar o pedido (cf. *Peking Gazette*, 19/08/1882) de que a imperatriz-mãe quisesse dedicar-se mais aos assuntos de governo, dado que o imperador ainda se encontra em idade jovem e tenra, que trabalho é o que de melhor existe para os membros da dinastia e que, de outra forma, as pessoas do relacionamento da imperatriz começariam a criticar seu modo de governar.

e divino da piedade filial para com os antepassados, tal monarca teria demonstrado, por isso mesmo (segundo a teoria, aliás, nem sempre válida), ter sido abandonado por seu carisma e ter caído sob o poder demoníaco. Por conseguinte, era permitido matá-lo, pois ele era então um homem privado[79]. Agora, a autoridade competente para tanto não era, evidentemente, qualquer indivíduo, mas sim os altos funcionários públicos (mais ou menos como, segundo Calvino, os estamentos sociais possuíam o direito de resistência)[80]. Com efeito, também o portador da ordem estatal – ou seja, o funcionalismo público – era considerado partícipe do carisma[81] e, por conseguinte, no mesmo sentido, como uma instituição de direito sagrado, como o próprio monarca, por mais que cada funcionário, pessoalmente, fosse removível *ad nutum*, como continua sendo até o presente. Também sua idoneidade tinha, por isso mesmo, um condicionamento carismático: cada ato de agitação ou desordem de natureza social ou cósmico-meteorológica na sua circunscrição era prova de que não contava com a graça dos espíritos, sendo obrigado a deixar o cargo sem mesmo poder colocar pergunta alguma sobre as razões.

Esta posição do funcionalismo encontrava-se, desde tempos para nós pré-históricos, em evolução. A antiga ordem sagrada semilendária da Dinastia Tschou, tal como consta do Tschou-li, já se encontra no ponto em que o patriarcalismo original começa sua transição para o feudalismo.

---

79. A esta teoria sobre a responsabilidade do monarca contrapunham-se outras, que declaravam inadmissível a "vingança" contra o imperador (século VI a.C.) e prometiam graves adversidades (mágicas) para quem ousasse tocar uma cabeça coroada (E.H. Parker. Ancient China Simplified. Londres, 1908, p. 308). É que nem a teoria nem a própria posição – preponderantemente pontifical – do imperador eram algo de sempre fixo. No entanto, ao que parece, só se constatou uma única vez a existência, como legítimo monarca, de um imperador proclamado por um *exército*. Mas a aclamação das "Cem Famílias", quer dizer dos grandes senhores feudais, era originariamente, a par da designação, sem dúvida alguma, uma condição legal para qualquer sucessão ao trono.

80. Toda esta concepção carismática do príncipe penetrou em todo lugar no qual a cultura chinesa tenha tomado pé. Após ter rechaçado a dominação chinesa, o Príncipe Nan-Tschao é objeto de uma referência em inscrição publicada por Chavannes (in: Journ. As. 9 Ser. 16, 1900, p. 435) com os dizeres: O rei tem "uma força que carrega em si o equilíbrio e a harmonia" (expressão extraída de Tschong yong), além da capacidade "de cobrir e de nutrir" (como o Céu). "Obras meritórias" (aliança com o Tibete) são arroladas como sinais de sua virtude. Do mesmo modo que o imperador-modelo da China, ele selecionou as "famílias antigas" e circundou-se das mesmas (p. 443), ao qual o Schu-king (= Livro dos Anais) é comparável.

81. Cf. a penúltima [*verletzte* (= ferida) no original, um erro evidentemente tipográfico, ao invés do semanticamente correto *vorletzte* (= penúltima)] anotação. Mais abaixo se mencionará que os mandarins eram tidos como portadores de forças mágicas.

109

II
FUNDAMENTOS SOCIOLÓGICOS:
B) ESTADO FEUDAL E PREBENDAL

> O caráter carismático-hereditário do feudalismo
>
> A reconstituição do Estado unificado burocrático
>
> Governo central e funcionários locais
>
> Encargos públicos: Estado servilista e Estado tributarista
>
> O funcionalismo e a taxação tributária fixa

O caráter carismático-hereditário do feudalismo

Ao que se vê, o feudalismo político, na China, não estava ligado, em primeira linha, à dominação fundiária como tal (no sentido ocidental da palavra). Pelo contrário, ambos surgiram, como na Índia, a partir do "Estado de estirpes", depois que os *clãs* dos caciques se livraram dos antigos laços que os ligavam à casa dos homens e seus derivativos. Segundo nota arquivada, era o clã que, originariamente, provia os carros de guerra e também era o clã que formava o fundamento da antiga estrutura estamental. Ao que se depreende de conhecimentos históricos mais ou menos claros ainda disponíveis no limite da segurança cognitiva, a constituição política realmente existente representava a continuação retilínea daquela estrutura administrativa original de qualquer império que se baseasse em conquistas, como a que caracterizava os grandes impérios negros do século XIX: o "Império do Meio" – ou seja, diretamente a região "central" situada ao redor da sede do reino, administrada como pátrio poder pelo dominador vitorioso através de seus funcionários (= clientes pessoais e funcionários ministeriais) – foi anexando cada vez mais regiões "periféricas" dominadas por príncipes tributários, em cuja administração o imperador, dominador do "Império do Meio", intervinha na medida em que – e apenas nesta medida – considerava impreterível intervir para preservar o poder e os interesses tributários conexos, e também: na medida em que ele o conseguia e portanto, evidentemente, com continuidade e intensidade decrescentes na proporção da distância cada vez maior da região relativamente à sede do pátrio poder. Pode-se arrolar os seguintes problemas políticos, cada qual resolvido de forma inteiramente instável: decidir se os senhores feudais das regiões periféricas eram, na prática, dinastas demissíveis ou hereditários; com qual frequência o direito de queixa dos seus súditos, reconhecido pela teoria de Tschou-li, foi praticado perante o imperador, acarretando medidas por parte de sua administração; se, como desejava a teoria, os funcionários ao lado ou abaixo deles eram nomeados e demitidos pelos funcionários do imperador, destes dependendo na prática; se, por conseguinte, a administração dos três grandes e dos três pequenos conselhos (*kung* e *ku*), na prática, ultrapassavam o pátrio poder e se a capacidade bélica dos estados periféricos estavam efetivamente disponíveis para o supremo senhor feudal. A feudalização política que se desenrolou a partir desta situação tomou assim aqui a mesma direção que, em sua mais consequente implementação, reencontraremos na Índia: somente os clãs de detentores já efetivos do poder *político* e os de seus seguidores eram os que exigiam e conseguiam ser considerados na lotação de postos dependentes, desde a do príncipe tributário até as de seus funcionários cortesãos e provinciais. E, em primeiro lugar, o próprio clã do imperador. Contudo, também os daqueles príncipes que oportunamente a ele se subordinaram e aos quais foi dado manterem, total ou parcialmente, sua dominação[82]. E por fim os clãs de todos os que se haviam distinguido como heróis ou pessoas de confiança. De todo modo, o carisma já de há muito não se ligava a cada indivíduo de modo es-

---

82. Muitas vezes, ante o poder dos espíritos dos antepassados de clãs carismáticos chegava-se mesmo, aparentemente, a recear a total desapropriação das terras de famílias de chefes subjugados (*E.H. Parker. Ancient China simplified*. Londres, 1908, p. 57). Mesmo sem ser sua única origem, o fato de as chances feudais e prebendais ficarem condicionadas ao carisma de clãs também explica, vice-versa, a forte posição dos espíritos dos antepassados.

tritamente pessoal, mas sim ao seu clã, como posteriormente ficaremos conhecendo mais pormenorizadamente, a modo de tipo ideal, ao discutirmos as condições reinantes na Índia. Não foi a posse do feudo, obtido por livre-comenda de vassalidade e investidura, que criou o estamento, mas sim – ao menos em princípio – vice-versa: foi o fato de pertencer àqueles nobres clãs que, conforme a posição hierárquica tradicional da família, qualificavam para um feudo oficial em determinada posição. No medievo feudal chinês constatamos a existência de cargos ministeriais ou mesmo de certos cargos de legados firmemente em mãos de determinadas famílias, e o próprio Confúcio era nobre por descender de uma família de dominadores. As "grandes famílias", que aparecem também em epígrafes de épocas posteriores, eram estes clãs carismáticos cuja posição se sustentava economicamente sobretudo com receitas politicamente condicionadas e, colateralmente, com a posse fundiária mantida por hereditariedade. Em relação ao Ocidente havia sob certos aspectos, naturalmente, um contraste relativo, mas não irrelevante quanto ao significado. No Ocidente, a hereditariedade dos feudos foi apenas um produto da evolução. E a diferenciação estamental dos senhores feudais pelo critério de terem recebido ou não o poder jurisprudencial, a diferenciação dos benefícios segundo a natureza do serviço e finalmente a diferenciação estamental da cavalaria em relação a outros estamentos e, por último, em relação também ao patriciado urbano, tais diferenciações realizavam-se no interior de uma sociedade já estruturada com base na apropriação do solo e (em ampla escala) de todas as chances possíveis de receitas com a circulação econômica. A posição quanto ao carisma hereditário devida, nos primórdios do medievo alemão, aos "dinastas" (ainda muito hipotéticos em numerosos pontos) seria a mais próxima da situação encontrada na China. Mas nas áreas que constituíam o núcleo do feudalismo ocidental, evidentemente a rígida estrutura dos clãs já havia sido fortemente flexibilizada, devido à subversão dos ordenamentos hierárquicos tradicionais por conquistas e migrações, e as necessidades bélicas obrigavam a acolher compulsoriamente, na cavalaria, qualquer homem hábil dotado de instrução militar, ou seja, comportavam permitir o acesso à dignidade de cavaleiro a qualquer homem que *estivesse vivendo* como cavaleiro. Apenas a evolução posterior deu origem então ao carisma hereditário e por último à "prova dos ancestrais". Na China, pelo contrário, o carisma hereditário do clã – no tempo histórico a nosso alcance – sempre foi o ponto primário (ao menos segundo a teoria[83]; sempre houve arrivistas bem-sucedidos). Por conseguinte, *não* se trata, por exemplo (como mais tarde no Ocidente), da hereditariedade do *feudo* concreto – a qual era vista mais como um grosseiro abuso –, mas sim de um direito, existente por força da posição herdada do clã, a um feudo de determinada *posição social.* Será provavelmente uma lenda o dito de que a Dinastia Tschou tenha "instaurado" os cinco graus de nobreza e em seguida introduzido o princípio da concessão de feudos segundo a posição na nobreza; mas é plausível que os altos vassalos (Tschou-Lou, os "Príncipes") só tenham sido selecionados dentre os descendentes de antigos senhores feudais[84]. Isto correspondia a estágios iniciais da história japonesa e constituía o "Estado de estirpes". Conforme consta dos Anais, ao mudar sua capital para Lo yang (após a queda da Dinastia Han), os Wei levaram junto a "aristocracia". Esta compunha-se de seu próprio clã e de antigos clãs hereditário-carismáticos – originariamente, portanto, é claro, das famílias dos caciques do clã. Já naquele tempo, contudo, descendentes de possuidores de feudos oficiais e de prebendas oficiais. E neste sentido eles atribuíam – mais uma vez, *naquele tempo*! – a "posição hierárquica" (e, por conseguinte, o direito a prebendas) de acordo com o *ofício* que um dos *antepassados* familiares havia revestido (completamente igual ao princípio da nobreza romana e do mjestnitschestwe russo)[85]. Do mesmo modo como, na época dos estados divididos, os mais altos cargos se encontravam fixados nas mãos de determinados clãs (os de alto grau hierárquico carismático-hereditário)[86]. O surgimento de uma "nobreza cortesã" propriamente dita só veio a

---

83. "Uma família se estima pela idade; um objeto de uso, pela novidade", reza um provérbio no Schu-king.

84. Cf. dados em: Fr. *Hirth.* The ancient Hist. of China. Nova York, 1908. Tradução dos Anais "Bambus" de Biot in: Journ. Asiat., 3a. série, vol. XII, p. 537s., XXIII, p. 38s. Sobre as inscrições em vasos de bronze e as odes do Schu-king enquanto fontes do período entre o século XVIII e XII a.C.: Frank. *H. Chalfant.* Early Chinese Writing, Mem. of the Carnegie Mus. (Pittsburg), IV, setembro de 1906.

85. Cf. Chavannes. Journ. As. X., série 14, 1909, p. 33, nota 2.

86. Cf. Kun-Yu (Discours des Royaumes). Lovaina: Harlez, 1895, p. II, v. 110.

ocorrer no tempo de Schi Hoang Ti (a partir de 221 a.C.) simultaneamente à queda do feudalismo: na época, a Analística menciona primeiramente uma *outorga* de grau hierárquico[87]. E dado que, ao mesmo tempo, as necessidades financeiras forçaram, pela primeira vez, a compra de cargos – e portanto a escolha dos funcionários públicos de acordo com a posse pecuniária –, o carismatismo hereditário entrou em decadência, apesar de terem sido basicamente mantidas as diferenças hierárquicas. Ainda em 1399 encontra-se mencionada[88] a degradação em nível de "plebeu" (ming), embora na época sob condições totalmente diversas e em outro sentido[89]. O que, no tempo do feudalismo, correspondia à definição hereditário-carismática da posição hierárquica era o sistema de ordenação de feudos e posteriormente – depois de eliminado o subenfeudamento e de concluída a transição para a administração por funcionários públicos – o de ordenação de prebendas logo classificadas sob os Tsin e, pelo padrão dos mesmos, sob os Han, segundo um escalonamento em 16 categorias de renda, expressa em dinheiro e arroz[90]. Isto já significava a cabal eliminação do feudalismo. A transição se deu pelo fato[91] de que os cargos foram divididos, quanto à posição hierárquica, em duas categorias diferentes: koan nei heu, prebendas *fundiárias*, e lie heu, prebendas *rentistas*, para as quais se necessitavam os encargos tributários de determinadas localidades. As primeiras sucederam aos antigos feudos da época puramente feudal. *Na prática* elas significavam naturalmente direitos de dominação muito amplos sobre os camponeses e perduraram até o exército de cavaleiros ser substituído pelo do principado e, posteriormente, pelo do império, recrutado de camponeses, disciplinado e permanente. Portanto, havia, em ampla medida, uma semelhança externa entre o antigo feudalismo e o

---

87. Cf. Se Ma Tsien's. Biographie Schi-Hoang-Ti's. Ed. de Chavannes, 1897, p. 139.

88. Yu tsiuan tung kian kong mu (Anais de Ming), redigidos pelo Imperador Kian Lung, tradução de Delamarre h. a.

89. A saber, naquele tempo: passando de pessoa graduada – e, como tal, imune a trabalhos forçados e bastonadas – para pessoa sujeita a trabalhos forçados.

90. Cf. a edição por Chavannes de Se Ma Tsien. Vol. II, Ap. I, p. 526, nota 1.

91. Se Ma Tsien's. Biographie Schi-Hoang-Ti's. Ed. de Chavannes, 1897, p. 149, anotação.

feudalismo ocidental, apesar das diferenças internas. De um modo particular, na China, como em qualquer outro lugar, as pessoas que, por motivos econômicos ou ausência de destreza em armas, fossem ineptas para o serviço militar sempre ficavam privadas de todos os direitos políticos. E isto seguramente também *antes* do feudalismo. O fato de que supostamente, ao tempo de Tschou, o príncipe consultava o "povo", ou seja, os clãs aptos para ações bélicas, antes de guerras ou na iminência de penas capitais, correspondia a uma situação que geralmente surgia no contexto de uma mobilização para o exército. Presumivelmente, com o advento dos carros de guerra, a antiga estrutura do exército desintegrou-se ou tornou-se obsoleta e o feudalismo hereditário-carismático surgiu, logo expandindo-se aos cargos políticos. O Tschou-Li[92], o mais antigo documento sobre a organização da administração, acima citado, já apresenta um Estado construído de forma acentuadamente esquemática[93], mas mesmo assim baseado em padrões burocráticos na condução das atividades de irrigação, de culturas especiais (seda), assim como de listas de recrutamento, estatística e arquivos, e dirigido por funcionários públicos de maneira muito racional, mas cuja realidade deve considerar-se bastante problemática, tendo em vista, por outro lado, que, conforme a Analística, esta racionalização administrativa só apareceu como produto da concorrência dos estados divididos feudais entre si[94]. Pelo menos pode-se

---

92. Traduzido por *Biot*. Le Tscheou-li, ou rites des Tscheou. 2 vols. Paris, 1851. Origina-se presumivelmente do governo de Tschong Wang, 1115-1079 a.C. Considerado "autêntico" apenas quanto ao essencial.

93. Quanto às designações do chefe dos serviços da corte, do ministro da agricultura, do mestre do cerimonial, do ministro da guerra, do ministro da justiça e do ministro do trabalho, respectivamente, como ministro do céu, da terra, da primavera, do verão, do outono, do inverno, trata-se sem dúvida de um produto literário. Assim também se considera não histórica a precondição de um "orçamento" fixado pelo mandarim do céu.

94. Se Ma Tsien nos transmitiu a organização efetiva da administração dos Tsin e Han (cf. o tomo II da edição organizada por Chavannes de Se Ma Tsien, ap. II). De acordo com esta fonte, a par de dois visires (até o Imperador U) constavam o Tai Wai como chefe militar dos generais; o Tschong Tscheng como chanceler e superior dos mensageiros do rei (*missi dominici*) e servidores provinciais; o fong tscheng para o culto sacrificial e simultaneamente como grão-astrólogo, grão-adivinho, grão-médico e – ponto característico – como responsável por diques e canais; em seguida, os po sche (letrados); o lang tschong ling como intendente palaciano; o wei wei como chefe da guarda palaciana; o tai pu como camareiro das armas; o ting wei como chefe da justiça; o tien ko como chefe dos vassalos e príncipes bárbaros; o tsong thscheng como guarda da família imperial; o tsche su nei sche como guarda do almoxarifado (e assim, ministro da agricultura e do

crer que a era feudal foi precedida por uma era patriarcal nos moldes do "Antigo Reino" do Egito[95]. É que, tanto aqui como lá, inexiste qualquer dúvida quanto à idade extremamente elevada do regime burocrático de águas e construção civil, surgido da clientela do rei. Sua existência teve desde o início um efeito atenuante sobre o caráter feudal da época dos estados divididos e, como veremos, impulsionou a maneira de pensar do estamento dos letrados rumo ao burocratismo técnico-administrativo e utilitarista. Mas, em todo caso, o feudalismo político foi dominante durante mais de meio milênio.

O período do século IX ao século III a.C. foi a época dos estados feudais praticamente independentes. A Analística[96] nos dá uma ideia aproximada da situação nesta era feudal, já brevemente exposta acima. O imperador era o supremo senhor feudal; perante ele, os vassalos desciam do carro; títulos políticos de posse somente eram "de direito" se tivessem por base a outorga por parte do imperador. Ele recebia dos príncipes-vassalos dádivas, cujo caráter voluntário o levava a uma situação de desagradável dependência na medida em que seu poder se debilitasse. Ele outorgava o grau de príncipe de modo escalonado. Os subvassalos não tinham contato direto com ele[97]. Existem

---

comércio); o schao fu como chefe do domicílio imperial (abaixo dele, o schang schu, um eunuco); o tschong wei como chefe da polícia da capital; o tsiang tso schao fu como intendente de construção; o tschong sche como diretor da casa da imperatriz e do sucessor no trono, o nei sche como prefeito da capital e o tschu tsio tschong wei como controlador dos vassalos (cf. supra), posteriormente integrado ao tien ko (cf. acima). Como se vê – bem ao contrário das construções do Tschou li racionais e, portanto, de credibilidade histórica não muito alta –, esta lista contém todas as irracionalidades de um funcionalismo patrimonial evoluído a partir da administração domiciliar, ritual e militar mediante o acréscimo de interesses da justiça, da economia hídrica e puramente políticos.

95. "Patriarcal" não no sentido sultanístico, naturalmente, mas sim no de um patriarcalismo de clãs carismáticos hereditários com o poder predominante de um pontífice ritual transmitido primeiramente por designação (colocada no início também pelos livros clássicos) e posteriormente por critérios de carisma hereditário.

96. São acessíveis mediante tradução (parcial) principalmente os anais de Se Ma Tsien (século I a.C. Ed. por Chavannes). Sumários da evolução política relatada nos Anais para os estados feudais Tsin, Han, Wei, Tschao e U encontram-se em P. Tschepe (p. 7). Op. cit. (publicação útil, apesar das inevitáveis considerações "cristãs", muitas vezes de impacto um tanto ingênuo). Quando se cita Tschepe sem nenhum outro acréscimo, tem-se em mente os Anais de Tsin. Acrescem os "Discours des royaumes", já citados várias vezes.

97. Politicamente importantíssimo para os fu yung (subvassalos), este princípio pode ser explicado da maneira mais simples com o surgimento de numerosos vassalos políticos a partir de príncipes originariamente independentes, que posteriormente se tornaram tributários. As dádivas dos próprios vassalos ao

vários registros sobre o surgimento de feudos com a entrega de um castelo a título de vigilância, ato posteriormente transformado em outorga (como foi o caso no surgimento do Estado feudal de Tsin). Em caso de herança, os feudos deviam, pela teoria, ser novamente requeridos, e o imperador os outorgava de direito, a seu arbítrio, ao herdeiro qualificado; contudo, em caso de conflito entre as determinações paternas e as do imperador no tocante à pessoa do herdeiro, quem cedia, segundo relatam os Anais, era o imperador. Sem dúvida era variável o tamanho dos feudos de cavaleiros. Pode-se encontrar na Analística[98] a informação de que os feudos deviam abarcar uma área de 10.000 a 50.000 Mou (com 5,26 ares cada qual, correspondendo portanto a uma área entre 526 e 2.630 hectares) com uma população de 100 a 500 pessoas. Em outras passagens textuais, consta como normal a indicação de um carro de guerra por 1.000 pessoas[99] e, em outras ainda (no ano de 594 a.C.), computavam-se quatro unidades de assentamento (provavelmente de tamanho indeterminado[100]) para 144 guerreiros, outras mais (posteriores) fixavam determinadas quantidades de carros de guerra, blindados, cavalos e mantimentos (gado) para determinadas unidades, mais tarde geralmente muito grandes[101]. A estes legados da era feudal se reporta evidentemente qualquer mudança posterior realizada posteriormente em impostos, trabalhos forçados e recrutamento, pois também eles – os legados referidos – também tinham como ponto de partida, nos tempos mais antigos, a disponibilização de carros e cavaleiros e somente mais tarde a de recrutas para as forças armadas, de trabalhadores para trabalhos forçados e fornecimentos em bens naturais ou dinheiro, como veremos adiante.

---

imperador – fora o apoio militar obrigatório – eram facultativas, e o imperador tinha o dever de retribuir com doações recíprocas. Cf. a respeito: E.H. Parker. Ancient China simplified. Londres, 1908, p. 144s.).

98. Citado por P. Alb. Tschepe SJ. Hist. du Royaume de Tsin 777-207 a.C.

99. A saber, 1.000 consumidores de sal no Estado Tsin, o qual foi o primeiro a racionalizar-se, segundo a interpretação de Hirth (in: Ancient History of China. Nova York, 1908) sobre um trecho em Kuan Tse.

100. Visto parecerem inaceitáveis as indicações de *E.H. Parker*. Ancient China simplified. Londres, 1908), p. 83.

101. Disso se voltará a tratar quando da análise da tributação fundiária.

Também havia morgado vinculado, ou seja, em co-hereditariedade familiar sob a liderança do mais velho[102]. Também coexistiam na casa imperial a primogenitura e a designação de um sucessor dentre os varões filhos e parentes pelo dominador ou por funcionários públicos de alto escalão. Por vezes, a preterição do primogênito ou do filho da principal mulher em favor de um filho mais jovem ou do filho da concubina era tomada pelos vassalos como ocasião para revolta contra o imperador. Posteriormente, e até o tempo da monarquia, esteve vigente, por motivos rituais relacionados aos sacrifícios para os antepassados, a regra de que o sucessor deveria ser eleito dentre o grupo etário mais jovem do que o dominador falecido[103]. Sob o aspecto político, os direitos do supremo senhor feudal se haviam reduzido a quase nada. Esta foi a consequência do fato de que unicamente os *vassalos fronteiriços – os duques das fronteiras – empreendiam guerras* e, portanto, constituíam *potências militares*, e o imperador – decerto por causa disso, justamente – cada vez mais se foi tornando um hierarca exclusivamente pacifista.

O imperador era o pontífice máximo dotado de prerrogativas rituais: a ele ficava reservada a oferenda dos principais sacrifícios. Uma guerra contra ele por parte de um vassalo era considerada, em teoria, como ritualmente condenável, podendo acarretar desvantagens mágicas, o que mesmo assim não impedia que, dado o caso, ocorresse uma guerra. Da mesma forma como, no Império Romano, o Bispo de Roma reclamava para si a presidência dos concílios ecumênicos, o imperador, por sua vez, também chamava a si ou a seus legados a presidência das assembleias de príncipes, as quais, segundo refere a Analística, têm sido realizadas diversas vezes; no entanto, esta pretensão foi desrespeitada no período em que regia o poder dos protetores do pátio imperial, exercido por alguns grandes vassalos (o que naturalmente,

---

102. A posição *ritual* dos filhos mais jovens era inferiorizada em benefício do mais velho. Eles já não eram considerados "vassalos" e sim funcionários públicos (ministeriais), e seus ritos sacrificiais não se realizavam no altar dos antepassados familiares, mas sim nos altares laterais (cf. o Tratado "Riten" (*Ritos*) de Se Ma Tsien. Vol. III da edição de Chavannes).

103. A consequência disso foi que, nos últimos anos da monarquia, houve a sucessão de um imperador de menor idade por outro também de menor idade, ficando o governo a cargo de um parente (Príncipe Kung) ou de imperatrizes-viúvas.

sob o aspecto da teoria literária, constituía uma violação ritual). Estes concílios de príncipes ocorriam com certa frequência; um destes, por exemplo, voltou-se, no ano 650 a.C., contra a cassação dos direitos do herdeiro legítimo, contra os cargos hereditários, a acumulação de cargos, a pena capital para altos funcionários públicos, a política "sinuosa" e contra as restrições à venda de cereais, defendendo simultaneamente a piedade filial, bem como a veneração da velhice e dos talentos.

Na prática, a unidade do império não se expressava nestas assembleias ocasionais de príncipes, mas sim na "unidade cultural". E como na Idade Média ocidental, aqui também esta unidade cultural foi representada por três elementos: 1) unidade dos costumes estamentais dos cavaleiros; 2) unidade religiosa, ou seja, ritual; 3) unidade da classe dos letrados. A unidade ritual e a unidade estamental dos vassalos cavaleiros que guerreavam com carros e a dos portadores de feudos castelares expressavam-se de forma semelhante à observada no Ocidente. Da mesma forma que, nesta região, "bárbaro" e "pagão" eram idênticos, assim também na China o que era visto como característica do bárbaro ou semibárbaro era sobretudo o procedimento ritual incorreto; o fato de o príncipe de Tsin ter sacrificado erroneamente uma vítima fez com que, ainda em época muito posterior, fosse considerado como um semibárbaro. Uma guerra contra um príncipe ritualmente incorreto era tida como obra meritória. Também em épocas posteriores, cada uma das numerosas dinastias de conquistadores tártaros que se tivesse adaptado corretamente às regras rituais (e, assim, ao poder da casta dos letrados), logo passava a ser considerada legítima pelos portadores das tradições rituais. E, assim, também aquelas exigências de "direito internacional dos povos" colocadas ao comportamento do príncipe como expressão da unidade cultural, ao menos em teoria, tinham sua origem, em parte, nos ritos e, em parte, no estamento cavaleiro. Há registro de uma tentativa de instauração da paz na província mediante uma assembleia de príncipes. Segundo a teoria, constituía incorreção ritual empreender uma guerra contra um príncipe vizinho que se encontrasse de luto ou em situação de necessidade, sobretudo em caso de aflição por fome generalizada;

neste caso a teoria estatuía o dever de ajuda fraterna emergencial como obra de agrado aos espíritos. Quem fizesse algo de mal a seu superior feudal ou quem lutasse por uma causa injusta, não receberia lugar nem no céu nem no templo dos ancestrais[104]. O anúncio de lugar e data do combate era considerado bom costume de cavaleiro. O combate tinha de levar a uma decisão, de qualquer modo: "Deve-se saber quem é o vencedor e quem o vencido"[105], visto que o combate era um juízo de deus.

Na prática, porém, a política dos príncipes geralmente se apresentava de forma bem diversa. O que ela demonstrava era um combate sem dó dos grandes e pequenos vassalos uns contra os outros; os subvassalos aproveitavam qualquer oportunidade para tornarem-se independentes, os grandes ficavam exclusivamente à espera de uma chance para assaltar os vizinhos, e toda aquela época foi, como se pode depreender dos Anais, um período de guerras inauditamente sangrentas. Mesmo assim, a teoria não perdeu seu significado, mas manteve-se importante, isso sim, como expressão da unidade cultural. Seus portadores eram os letrados, ou seja, os que sabiam escrever e dos quais os príncipes se serviam no interesse de racionalizar sua administração em benefício do poder, de modo similar ao que ocorria com os príncipes indianos dos brâmanes e com os príncipes ocidentais dos clérigos cristãos. As odes do século VII ainda não decantavam "sábios e letrados", mas sim guerreiros. O orgulhoso estoicismo da China antiga e a sua total rejeição dos interesses do "além" foram um legado desta época militarista, mas, com referência ao ano de 753, menciona-se a nomeação de um analista oficial da corte (o que também significava: astrônomo da corte) no Estado de Tsin. Os "Livros" dos príncipes – livros de rituais e Anais (coletâneas de precedentes) – começaram então, inclusive como troféus de guerra, a ter importância[106], e a dos

---

104. Tschepe. Op. cit., p. 54.

105. Ibid., p. 66.

106. Temos de deixar de lado, neste contexto, a qualidade técnica destes "livros" antigos. O papel foi um produto (importado) de uma época *muito* posterior, mas a escrita e o cálculo já existiam muito antes de Confúcio. Na suposição de von Rosthorn, que será mencionada mais adiante, a "literatura" ritual foi transmitida oralmente e a "queima de livros" não passou, por conseguinte, de uma lenda, suposição não aceita, ao que parece, por de Groot, que em sua última obra ainda se refere a esta queima como um fato.

letrados também aumentou visivelmente. Estes se encarregavam das contas e da correspondência diplomática – da qual a Analística recolheu numerosos exemplos (talvez redigidos como paradigmas) –, indicavam os instrumentos geralmente bastante "maquiavélicos" para vencer os príncipes vizinhos por vias de guerra ou diplomacia, urdiam alianças e providenciavam a mobilização para a guerra. Principalmente por meio da organização racional do exército e das políticas fiscais e de estoques é evidente que, como contabilistas dos príncipes, eles estavam capacitados para tanto[107]. Os príncipes procuravam influenciar-se uns aos outros quando se tratava de escolher os letrados ou de aliená-los uns dos outros, ao passo que os letrados, por sua vez, mantinham correspondência recíproca, mudavam de serviço, levavam frequentemente uma vida itinerante[108] entre uma corte e outra, mais ou menos como o faziam os clérigos e intelectuais leigos ocidentais no fim da Idade Média. Eles se percebiam como uma camada social unida, como estes últimos.

A concorrência dos estados divididos em busca do poder político deu origem à racionalização da política econômica dos príncipes[109]. Ela foi obra daquela camada de letrados. Um letrado, Yong, é tido como o criador da administração interna; um outro, Wei Jan, é considerado o criador da administração racional do exército daquele Estado dividido que posteriormente superou todos os demais. Como no Ocidente, população numerosa e, sobretudo, riqueza – dos príncipes como também de seus súditos – tor-

---

107. A Analística (Tschepe. Op. cit., p. 133) conserva cálculos referentes à força militar de cada Estado dividido, feitos no contexto de um plano de aliança. Segundo esta fonte, p. ex., uma área de 1.000 li quadrados (1 li = 537 metros) deveria estar em condições de fornecer 600 carros de guerra, 5.000 cavalos e 50.000 homens (10.000 dos quais na tropa de transporte e os demais na de combate). Um (pretenso) plano de reforma de encargos no século XII a.C. (presumivelmente, com base em analogias da Ásia Menor, alguns séculos após a introdução dos carros de combate) exigia da mesma área a quantidade de 10.000 carros de combate.

108. Cf. Tschepe. Op. cit., p. 67.

109. A época dos estados divididos foi um tempo de fortíssimo patriotismo sobretudo nos estados fronteiriços contra os bárbaros (principalmente Tsin). Quando o Rei Tsin foi aprisionado, "2.500" famílias angariaram por subscrição os recursos para prosseguir a guerra. Contrastando com isso, parece ter obtido parco resultado, no ano 112 d.C., a tentativa empreendida por um imperador Han para enfrentar uma situação de penúria financeira recorrendo a semelhante "empréstimo de cavalheiros", semelhante ao habitual na Áustria leopoldina do século XVII.

naram-se aqui, enquanto instrumentos de poder, um objetivo político[110]. Também como no Ocidente, os príncipes e seus assessores literário-rituais tinham de empreender o combate sobretudo contra seus próprios subvassalos, cuja renitência lhes ameaçava a mesma sorte que haviam infligido aos seus próprios senhores feudais. O processo durante o qual a antiga administração se deslocou dos vassalos, e portanto das grandes famílias qualificadas carismaticamente, para os funcionários públicos teve duas características: a formação de subcartéis de príncipes contra a subfeudalização, e a fixação, pelos letrados, de dois princípios fundamentais: o de tornar ritualmente execrável a hereditariedade de um cargo de funcionário público e o de que a incúria na execução dos deveres de ofício acarretaria desvantagens mágicas (morte precoce)[111]. A criação da guarda pessoal principesca[112] e de exércitos equipados mantidos pelos príncipes com oficiais e não com tropas de vassalos levou, juntamente com a política fiscal e de armazenamento, à respectiva mudança na área militar. O contraste estamental entre os clãs carismaticamente qualificados, ou seja, os que, com seus carros de combate e seus séquitos, se seguiam ao príncipe rumo ao campo de batalha, e o povo comum, é algo presumido pela Analística como natural em qualquer parte. Não havia regras fixas quanto ao modo de vestir[113]; as "grandes famílias" procuravam assegurar sua posição mediante a política matrimonial[114] e igualmente as ordens racionais dos estados divididos, como por exemplo os Yongs no Estado de Tsin, mantiveram a separação dos estamentos. "Nobres" e povo ficam sempre separados, ressaltando-se, porém, que por "povo" se devia entender não porventura servos, mas sim famílias de plebeus livres, excluídos apenas da hierarquia feudal, das lutas de cavaleiros e da formação cavaleiresca. Consta[115] haver um posicionamento político do "povo" divergente do

---

110. Tschepe. Op. cit., p. 142.

111. Ambos referidos na alocução de um letrado, reproduzida por Tschepe. Op. cit., p. 77.

112. Tschepe. Op. cit., p. 61.

113. Ibid., p. 59.

114. Ibid., p. 14.

115. Ibid., p. 38.

assumido pelos nobres. Contudo, mais tarde se mostrará que a situação da massa dos camponeses era precária e que, aqui como em toda parte, somente o desenvolvimento dos estados patrimoniais propiciou a união de príncipes e camadas não privilegiadas contra a nobreza.

A reconstituição do Estado unificado burocrático

A luta dos estados divididos foi reduzindo progressivamente o número dos mesmos a um círculo cada vez menor de estados unificados administrados de forma racional. Ao fim e ao cabo, no ano de 221, o príncipe de Tsin, após remover a dinastia nominal e todos os outros vassalos, conseguiu, na condição de "primeiro imperador", incorporar toda a China ao "Império do Meio" – patrimônio do soberano – e assim colocá-la sob sua própria administração movida por funcionários públicos. No lugar da antiga ordem feudal-teocrática instituiu-se uma autêntica "autocracia", eliminando-se o antigo conselho feudal da coroa e introduzindo-se dois grão-vizires (ao modo dos *praefecti praetorio*, chefes da guarda pretoriana), separando governadores militares de governadores civis (de maneira similar às instituições romanas tardias), submetendo ambos à vigilância de funcionários supervisores principescos (segundo a maneira persa), dos quais se desenvolveram posteriormente os *"censores"* viajantes (*missi dominici*), e estabelecendo uma ordem estritamente burocrática, com promoção por mérito e graça, e com admissão geral para os cargos. Contribuiu para esta "democratização" do funcionalismo não apenas a aliança natural – sempre eficaz em qualquer lugar – do autocrata com as camadas plebeias contra os ilustres membros dos estamentos; também contou um aspecto financeiro: conforme já observado, não por acaso a Analística atribui a este "Primeiro imperador" (Schi Hoang Ti) a primeira prática da *venda* de cargos oficiais, a qual tinha necessariamente por consequência levar plebeus abastados a acederem às prebendas do Estado. Entretanto, a luta contra o feudalismo foi realizada por razões de princípio. Ficou proibido todo e qualquer enfeudamento de poder político, mesmo no interior da estirpe do imperador. A estrutura estamental permaneceu intacta, é verdade[116]. Mas a chance de promoção para funcionários de origem inferior aumentou com a fixação de uma ordem hierárquica de cargos, cujos escalões preliminares já haviam sido criados em alguns dos estados divididos. De fato, o novo império impôs-se contra os poderes feudais com o auxílio de forças plebeias. Até então, sob condições especiais, a ascensão de pessoas de origem plebeia a uma posição politicamente influente era possível apenas no interior da camada dos letrados. Desde o início da racionalização administrativa encontram-se nos Anais exemplos de pessoas de confiança dos príncipes, oriundas de camadas pobres e não nobres, as quais deviam sua posição unicamente ao próprio saber[117]; e os letrados, por força destas suas aptidões e domínio dos ritos, exigiam tratamento preferencial para os mais altos cargos, mesmo ante familiares mais próximos dos príncipes[118]. Mas esta oposição não apenas sofria contestação por parte dos grandes vassalos; o próprio letrado via-se geralmente numa posição inoficial de ministro sem pasta ou, se quiser, como uma espécie de "confessor" do príncipe e, além disso, ele estava em luta contra a nobreza feudal, a qual aqui – como também no Ocidente – se opunha à admissão de forasteiros para cargos oficiais, procurando monopolizá-los para si mesma. Nos primeiros anos de Schi Hoang Ti, no ano de 237, e ainda antes da unificação do império, encontra-se também relatada a expulsão de letrados (e comerciantes) nascidos fora. Mas os interesses de poder do príncipe levaram-no a cancelar esta medida restritiva[119], e o seu primeiro-ministro ficou sendo desde então um letrado que se declarava a si mesmo como *parvenu* de estamento inferior. Contudo, após a unificação do império, o absolutismo racional e antitradicionalista seguido pelo autocrata,

---

116. "Nobres e povo permanecem nos limites de seu nível", afirma o imperador em inscrição contida nos Anais (Tschepe. Op. cit., p. 261). Numa outra inscrição distinguem-se "nobres, funcionários públicos e povo".

117. Cf. o texto, a ser comentado mais adiante, referido por Tschepe. Hist. du R. de Han, Sinol. 31, p. 43 (sobre o principado de Wei no ano 407 a.C.).

118. Op. cit. (nota precedente).

119. Segundo a tradição, o letrado Li-se foi quem expôs em memorando a significação dos letrados (e dos forâneos em geral, também comerciantes) para o poder do príncipe (Tschepe. Op. cit., p. 231).

conforme consta claramente em suas epígrafes[120], voltou-se com veemência igualmente contra o poder social da aristocracia erudita dos letrados. Nem a Antiguidade deveria imperar sobre o momento presente, nem seus intérpretes sobre o monarca: "O imperador é mais do que a Antiguidade"[121]. A crer na tradição, ele próprio buscou eliminar, em violenta catástrofe, toda a literatura clássica e o estamento dos letrados. Os livros sagrados foram queimados e presumivelmente 460 letrados foram enterrados vivos. O assim inaugurado absolutismo puro, fundado em favoritos pessoais sem consideração de origem ou formação cultural, ficou caracterizado pela nomeação de um eunuco para grão-mestre doméstico[122] e preceptor do segundo filho que, após a morte do imperador, foi elevado ao trono pelo eunuco, em aliança com o letrado *parvenu* contra o primogênito e o comandante do exército. Parecia irromper assim na China o regime de favorecimento próprio do sultanismo oriental puro, que combinava o nivelamento estamental com a autocracia absoluta, regime este que foi desde então combatido ininterruptamente pelos letrados, com sucesso variável, durante todos os séculos da Idade Média. Após abolir a antiga denominação de "povo" (Min) para as pessoas livres comuns, o imperador colocou em seu lugar o nome de Kein tscheu, "cabeças pretas", o que certamente significava algo como "súditos", de modo a deixar clara a posição que pretendia para si mesmo. O colossal emprego de mão de obra servil[123] para as construções imperiais exigia um controle sem compromissos nem

---

120. P. ex., na inscrição conservada em sua biografia escrita por Se Ma Tsien (edição de Chavannes, T.V., p. 166): Toda ação feita contra a *razão* deve ser rejeitada. Numerosas outras inscrições (também ali reproduzidas) elogiam a *ordem* que o imperador instaurou no reino. Este "racionalismo" não o impediu de mandar procurar o elixir da imortalidade.

121. Expressão de Schi Hoang Ti, transmitida em sua biografia redigida por Se Ma Tsien (edição de Chavannes. Vol. II, p. 162). Aliás, como será comentado mais adiante, nem sempre se opunham por princípio a tal concepção a posição do ministro dos letrados nos estados divididos e nem mesmo a de Wang An Schi (século XI d.C.).

122. O regime de eunucos começou a existir aparentemente no século VIII a.C.

123. Para a construção da Grande Muralha foi indicada a cifra de 300.000 (? [*sic*]) pessoas em trabalho forçado, donde resulta um montante muito superior para o total da mão de obra servil, muito embora a construção da Grande Muralha se tenha estendido por períodos muito longos (pois segundo o cálculo de Elisée Reclus ela consumiu, no mínimo, 160 milhões de metros cúbicos de muro maciço, donde se pode deduzir uma estimativa do trabalho requerido).

peias sobre o pessoal e os quadros dirigentes[124] do país, de modo similar ao império dos faraós. Por outro lado, a respeito do eunuco palaciano, onipotente durante o período do sucessor de Schi Hoang Ti, há o relato expresso[125] de uma recomendação sua no sentido de que os dominadores se aliassem ao "povo" e conferissem os cargos oficiais sem consideração de estamento ou formação cultural; que estaria na hora de os sabres imperarem e não os bons modos, totalmente conforme ao patrimonialismo oriental típico. Por outro lado, o imperador resistiu à tentativa dos magos[126] de, a pretexto de melhorar seu prestígio, torná-lo "invisível", ou seja, interná-lo como a um dalai-lama e colocar toda a administração nas mãos dos funcionários; ao contrário, ele reservou para si a "autocracia", no mais lídimo sentido da palavra.

Sob a liderança de varões de origem inferior, a reação violenta contra este sultanismo brusco foi exercida simultaneamente, em parte, pelas antigas famílias, em parte pelo estamento dos letrados, em parte pelo exército exasperado com o trabalho de aterramento e em parte por clãs de camponeses sobremaneira onerados com recrutamento, trabalhos forçados e encargos fiscais[127]. A vitória foi conquistada não por camadas ilustres, mas sim por

---

124. Fazia parte desta última, em especial, a disponibilização dos necessários mantimentos para os soldados e prisioneiros que prestavam o trabalho forçado. A Analística (Tschepe. Op. cit., p. 275) estimou que os custos de transporte até os lugares de consumo perfaziam 18.200% (ou seja, de 182 cargas, sempre chegava apenas uma ao lugar de destino, dado o consumo necessário durante o caminho; trata-se, naturalmente, de uma assertiva talvez acertada apenas em algum caso isolado).

125. Tschepe, p. 363s. O próprio eunuco era descendente de família nobre, mas onerada com antecedentes criminais.

126. Sobre esta tentativa existe algum relato na Analística, particularmente de Se Ma Tsien em sua biografia de Schi Hoang Ti (editado por Chavannes, II, p. 178). O "Mestre Lu", um taoista, por ele encarregado de buscar a erva da imortalidade, é aparentemente o autor do plano. Segundo consta, "o 'autêntico ser humano' esconde-se e não se mostra" (uma forma especial de aplicação dos princípios de Lao-tse, conforme se comentará mais adiante). Mas Schi Hoang Ti governava de fato pessoalmente, e havia uma queixa dos "sábios" de *qualquer* orientação de não serem convenientemente ouvidos por ele (p. 179 1. c.). Somente o sucessor, Eul schi hoang ti veio a viver "escondido", sob a proteção de seu favorito, mas por isso ele também não concedia audiências a seus funcionários (p. 266 1. c.): Queixa típica dos confucianos contra taoistas e eunucos (ambos aliados, como se tratará mais adiante), quando eram estes que governavam. Sua queda fez voltar ao poder, já sob o fundador da Dinastia Han, o "séquito", ou seja, os senhores feudais, apesar de ter permanecido toda a burocracia de Schi Hoang Ti e muito embora tenha sido restabelecida sobretudo a influência dos letrados.

127. Tschen-tschu, líder da revolta do exército, era um operário, Liu kang, líder dos camponeses e fundador da Dinastia Han, era guarda de campo de uma aldeia. Uma aliança de seu clã com outros clãs de camponeses constituiu o cerne de seu poder.

um *parvenu* que derrubou a dinastia e, no momento em que o império recomeçava a desmembrar-se em estados divididos, lançou as bases de poder da nova dinastia que o reunificou. Mas o sucesso coube afinal aos letrados, cuja política econômica e administrativa pautada por racionalidade, também desta vez, foi decisiva para a instauração do poder imperial e que, na época, era tecnicamente superior à administração por favoritos e eunucos, por eles sempre combatida. Mas o que principalmente influiu decisivamente nesta direção foi o enorme prestígio de seus conhecimentos sobre ritos e ordens de precedência, bem como o de sua capacidade escritural, que naquele tempo constituía uma espécie de arte secreta.

Schi Hoang Ti havia instituído ou, pelo menos, almejado instituir a unidade de escrita, medidas e pesos, bem como de leis e regulamentos administrativos. Ele se vangloriava de ter eliminado a guerra[128] e introduzido a paz e a ordem interna, e de ter alcançado isso tudo através de "trabalho dia e noite"[129]. Nem tudo se conservou da uniformidade externa, mas o mais importante foi a eliminação do sistema feudal e a implementação do regime de funcionários qualificados por idoneidade pessoal. Embora execradas pelos letrados como transgressões da antiga ordem teocrática, estas inovações patrimonialísticas foram mantidas pela restauração promovida pela Dinastia Han, acabando por beneficiar apenas os letrados.

Houve recaídas no feudalismo também em tempos muito posteriores. Ressurgido inicialmente com a concessão, em moldes feudais, de cargos oficiais a príncipes imperiais, o feudalismo teve de ser novamente reprimido na época de Se Ma Tsien (século II a.C.), sob os imperadores Tschu fu yen e U. A princípio, ministros imperiais residentes foram enviados às cortes dos vassalos com a finalidade de fiscalizá-las; em seguida, a corte imperial chamou a si a nomeação de todos os funcionários públicos; posteriormente (em 127 a.C.) foi decretada a divisão hereditária dos feudos, a fim de enfraquecer o poder dos vassalos e, por fim (sob o Imperador U), cargos da corte que até

---

128. Tschepe, p. 259s. (presumivelmente uma inscrição).

129. Ibid., p. 267s.

então eram requeridos pela nobreza, foram conferidos a pessoas nascidas em camadas inferiores (entre as quais um ex-pastor de suínos). A nobreza opôs-se veementemente a esta última medida, mas os letrados impuseram (em 124 a.C.) a norma de que os altos cargos ficassem reservados *a eles*. Veremos mais adiante de que modo influiu, nestas lutas decisivas para a estrutura política e cultural da China, a oposição exercida pelos letrados confucionistas contra o taoismo, que na época se aliara aos aristocratas e posteriormente aos eunucos, permanecendo inimigo dos letrados e contrário à formação cultural do povo para assim preservar seu interesse pela magia, mas nem naquele tempo esta luta chegou a um desenlace definitivo. Reminiscências feudais perduraram, com forte influência na ética estamental do confucionismo. Quanto ao próprio Confúcio, é admissível supor-se, como premissa tácita mais evidente, que a formação clássica por ele exigida como precondição decisiva para pertencer ao estamento senhoril ficava, de fato, restrita, pelo menos, via de regra, à camada dominante das "antigas famílias" tradicionais. E também a expressão Kiün tse, "homem principesco", que – originariamente usada na acepção de "herói", mas já por Confúcio na de "pessoa formada" – designa a pessoa instruída segundo princípios confucianos, tem sua origem no período da dominação estamental exercida por aqueles clãs qualificados para o poder político pelo critério hereditário-carismático. Apesar disso, não foi possível revogar inteiramente o reconhecimento do novo princípio, introduzido pelo patrimonialismo "esclarecido", de que o mérito pessoal, e somente este, qualifica para os cargos oficiais, inclusive para o de dominador[130]. Os elementos feudais da ordem social foram passando cada vez mais para o segundo plano, e em pontos essenciais o patrimonialismo[131], como será exposto, tornou-se realmente a forma estrutural básica para o espírito do confucionismo.

---

130. Mas mesmo sob o aspecto puramente teórico, isto apenas se foi impondo em ritmo *extremamente* lento e com retrocessos repetidos. Mais adiante será tratado como foi a prática.

131. Na Analística (cf. Tschepe, p. 67 e passim, inclusive passagens já citadas) assomam muito claramente a oposição contra os vassalos e seu ódio e desprezo para com os escolares que itineravam de uma corte a outra. Cf. a controvérsia de Yong com os grandes da corte do Príncipe Hiao Kong. In: Tschepe, p. 118.

Governo central e funcionários locais

Como sói acontecer em formações estatais patrimoniais de grande extensão territorial que contavam com técnica de transporte pouco ou nada desenvolvida, o grau de centralização administrativa manteve-se, aqui também, dentro de estreitos limites. Mesmo após a implementação do Estado administrado por funcionários públicos, não somente persistiu a oposição dos funcionários "internos", ou seja, daqueles empregados no âmbito patrimonial do antigo imperador, contra os funcionários "externos" ou provinciais, mas também a diferença de nível hierárquico entre eles; além disso, permaneceram sob a competência das províncias o regime de patronato para os cargos oficiais, excetuada uma certa quantidade de cargos do mais alto nível em cada província, e principalmente, após repetidas tentativas frustradas de centralização, a quase totalidade da economia financeira. Daí reiniciarem-se as lutas, logicamente, em todos os grandes períodos de reforma financeira. Wang An Schi (século XI), a par de outros reformadores, exigiu a efetivação da unidade financeira: entrega de todas as receitas fiscais após a retenção dos custos de arrecadação e, além disso, um orçamento imperial. As enormes dificuldades de transporte e o interesse dos funcionários provinciais sempre misturaram água a este vinho. Exceção feita a dominadores de incomum energia, como revelam os números dos registros cadastrais publicados, os funcionários regularmente declaravam tanto a área fiscal quanto o número de recenseados com uma diferença de aproximadamente 40% para menos[132]. Naturalmente, as despesas locais e provinciais também deviam ser previamente subtraídas. Como resultado, porém, o fisco central ficava com receitas residuais extremamente oscilantes. Por fim, a capitulação do fisco

---

132. Neste contexto, são característicos os números reproduzidos por Ma Tuan Lin sobre as receitas totais da caixa central, cujas incoerências – enormes e totalmente injustificadas (particularmente no século XVI) – são explicadas por autores chineses com este fato (cf. Biot N.J. Asiat. 3, Ser. 5, 1838 e ibid. 6, 1838, p. 329). Pois está claro o que significa o fato de que, já em 1370, estavam cadastrados 8,4 milhões de ring (= 48 milhões de hectares) em solos tributáveis, passando para 4,2 milhões em 1502, 4,3 milhões em 1542 e, em 1582, novamente 7 milhões de king (= 39,5 milhões de hectares) (no original: "ring" e "king" são usados evidentemente como sinônimos). (Em 1745, 30 anos *após* o contingenciamento tributário – terão sido contados 161,9 milhões de hectares.)

desde o início do século XVIII até o presente, pelo menos na prática, destinou-se para os governadores, à semelhança dos sátrapas persas, um determinado tributo normalmente *global fixo*, variável apenas em teoria segundo as necessidades. Voltar-se-á ao assunto mais adiante. Este contingenciamento tributário acarretou consequências para a posição de poder dos governadores provinciais em *todas* as áreas.

Destes partia a proposta de contratação para a maioria dos funcionários. Esta era realizada pelo poder central, por certo. Mas já o reduzido número de funcionários oficiais[133] leva à conclusão de que lhe era impossível administrar, ele próprio, sua circunscrição gigantesca. Dados os deveres de um funcionário chinês, com uma abrangência simplesmente universal, não era possível administrar de maneira objetivamente adequada uma área do tamanho de um distrito prussiano nem com um *único* funcionário, nem com centenas deles. O império assemelhava-se a uma confederação de sátrapas com um pontífice no ápice. O poder estava formalmente – mas apenas for-

---

133. No final de 1879, a *Peking Gazette* publicou um cálculo do número aproximado de candidatos a cargos públicos vivendo na mesma época e promovidos em segundo grau (civil), ou seja, inteiramente habilitados a cargos oficiais regulares; foram classificados segundo a idade média dos candidatos – com contingente máximo fixo para cada grau – e segundo a expectativa de vida; o número assim calculado pode ser visto como excessivamente alto na medida em que o número dos candidatos em idade superior à média não era tão pequeno, ou como excessivamente baixo quando a ele se adicione o número dos candidatos advindos da carreira militar – ou seja, os manchus – e o dos disponíveis em decorrência da compra de qualificação. Supondo-se, porém, que o número de candidatos vivendo na mesma época fosse de 30.000 e não 21.200, neste caso – considerando uma população de 350 milhões – haveria apenas um único candidato para cada 11.000-12.000 habitantes. No entanto, sendo de apenas 1.470 o número de distritos estatais administrativos de escalão inferior sob o comando de um funcionário estatal independente (os Tschih-hsien) nas 18 províncias (incluída a Manchúria), haveria por conseguinte apenas um candidato para aproximadamente cada 248.000 habitantes; incluindo-se os ofícios superiores independentes previstos no "orçamento", esta relação seria de um cargo de nível superior para cada 200.000 habitantes. E mesmo acrescentando ainda servidores dependentes e temporários, chegar-se-ia a uma relação pela qual, p. ex., a Alemanha teria de arranjar-se com apenas 1.000 servidores administrativos e judiciários em nível de assessor para todas as tarefas. Números totalmente diversos surgiriam no caso de se tomar por base a atualização do número de famílias e habitantes realizada pela polícia chinesa. Os números assim obtidos por Sacharow para o ano de 1895/1896 (trabalhos da missão de clérigos 'Legação Imperial Russa", traduzidos por Abel e Meckenberg. Berlim, 1858) apresentavam apenas para o distrito de Pequim e dois outros em 1845 cerca de 26.500 servidores civis e militares lá residentes (e, portanto, não lá contratados) e em 1846 este número já chegava a 15.866 orçamentários e a 23.700 disponíveis (duas cifras, estas dificilmente compatíveis). Mas neste total estão evidentemente incluídos, além dos promovidos em segundo grau, também todos os aspirantes e todos os oficiais manchus.

130

malmente – em mãos dos grandes funcionários provinciais. Os imperadores, por sua vez, restaurada a unidade do império imperial, utilizavam engenhosamente os instrumentos próprios do patrimonialismo para preservar seu poder pessoal: curtos prazos para os cargos, oficialmente três anos, ao cabo dos quais o funcionário devia ser transferido para outra província[134]; proibição de contratação de um funcionário em sua província natal; proibição da contratação de parentes na mesma circunscrição; e estrutura de espionagem sistemática na forma de assim chamados "censores". Tudo isso, porém, sem que – por motivos a serem logo expostos – se produzisse objetivamente uma uniformidade administrativa precisa. O princípio que consistia, nas repartições públicas colegiadas centrais, em subordinar o presidente de um Yamen a outros presidentes, tornando-o simultaneamente membro de outros colégios, inibia a exatidão administrativa sem fomentar substancialmente a uniformidade. E com mais forte razão ela fracassava quando se tratava das províncias. Conforme vimos, cada um dos grandes distritos administrativos locais, à exceção de interrupções ocasionais em períodos de fortes imperadores, subtraía das receitas fiscais previamente suas despesas domésticas e fornecia declarações cadastrais falsas. Na medida em que as províncias eram financeiramente "passivas" por serem apenas pontos militares ou arsenais, havia um complicado sistema de instruções sobre as receitas das províncias superavitárias, mas nem na central nem nas províncias existia um orçamento confiável, somente havia apropriações tradicionais. Faltava ao poder central uma visão clara das finanças provinciais, e veremos com qual resultado. Até decênios recentes, eram os governadores provinciais e não o governo central – desprovido até mesmo de um órgão especializado para este fim – quem assinava contratos com potências estrangeiras. Quase todas as instruções administrativas realmente importantes provinham formalmente dos governadores provinciais e, de fato, dos funcionários a eles subordinados, a saber, dos funcionários inoficiais. Por isso mesmo, até o presente, as ordens

---

134. No caso de funcionários do escalão superior fez-se frequentemente, por razões imperiosas, exceção a este princípio: Li Hung Tschang, p. ex., permaneceu durante vários decênios chefe supremo da administração em Tschili. De outra forma, salvo havendo permissão para um prolongamento por mais três anos, este princípio foi observado com bastante rigor até tempos recentes.

do poder central eram frequentemente tratadas pelas instâncias inferiores mais como propostas ou desejos *eticamente* normativos do que como ordens propriamente ditas e conformes à natureza pontifical carismática do império, em consonância com o que deveriam ser. Como se depreende de qualquer consulta, elas constituíam muito mais observações críticas da direção oficial do que ordens. Cada um dos funcionários pessoalmente era, por certo, livremente demissível a qualquer momento. Mas o poder real do poder central não tirava nenhuma vantagem deste fato, pois o princípio de que nenhum funcionário pudesse ser contratado em sua província natal e o turno trienal prescrito para a rotação de uma província para outra ou, pelo menos, de um cargo a outro acarretavam, por um lado, o fato de que estes funcionários não alcançavam o nível de poderes autônomos, ao modo de vassalos feudais, perante o poder central, e que, por isso, a unidade externa do império ficava preservada. Mas isto, por outro lado, ao preço de que estes funcionários oficiais nunca ficavam estáveis em suas circunscrições locais de serviço oficial. O mandarim que, acompanhado de todo um séquito de companheiros do clã, amigos e clientes pessoais, tomasse posse do seu ofício numa província desconhecida para ele e cujo dialeto lhe era em regra ininteligível, geralmente ficava de início, já sob o aspecto da língua, dependente dos serviços de um intérprete. Além disso, ele também ignorava o direito provincial em nível local, fundamentado em numerosos precedentes que, por representarem expressão de tradição sagrada, ele não poderia ousar transgredir sem incorrer em risco. E por esta razão ele ficava totalmente dependente das instruções de um assessor inoficial, igualmente letrado como ele próprio, mas por força de ascendência local corretamente familiarizado com os costumes locais e que se tornava uma espécie de "confessor", designado como seu "mestre" e por ele tratado com respeito e mesmo devoção. Por conseguinte, ele ficava na dependência de assessores pertencentes *não* ao quadro de funcionários oficiais pagos pelo Estado e sujeitos à obrigatoriedade de nascimento forâneo, mas sim ao quadro *inoficial* de funcionários a serem remunerados por ele mesmo, de seu próprio bolso. Ele os recrutava naturalmente dentre candidatos nascidos na província, qualificados para o serviço estatal, mas ainda não investidos de cargo oficial, e em cujos conhecimentos locais de pessoas e assuntos ele podia confiar e mesmo devia, dada a falta de qualquer conhecimento próprio que o orientasse. E no final das contas, caso tivesse assumido um cargo de governador em uma nova província, ele passava a depender do saber técnico e local dos chefes das pastas habituais[135] em cada província, pois estes tinham, quanto ao conhecimento das condições locais, alguns anos de dianteira em comparação com ele. É absolutamente claro qual tinha de ser a consequência: o poder real estava nas mãos daqueles subfuncionários inoficiais nascidos no lugar, para cuja gestão o controle ou correção se encontrava fora do poder dos funcionários oficiais e se lhes tornava tanto menos possível quanto mais alto fosse o seu nível hierárquico. Portanto, a orientação que os funcionários contratados pela administração central ou pelos funcionários centrais possuíam sobre as condições locais era demasiado instável para permitir-lhes uma intervenção consequente e racional.

Encargos públicos: Estado servilista e Estado tributarista

Foi, por certo, da mais decisiva importância para o caráter da administração e cultura chinesa, como se comentará mais adiante, o instrumento – mundialmente famoso e extremamente eficaz – usado pelo patrimonialismo chinês para impedir uma emancipação feudal-estamental dos funcionários

---

135. Muitas vezes, em número de até 6. Mas as personalidades oficiais realmente importantes abaixo do "vice-rei" eram somente governadores, juízes provinciais e tesoureiros provinciais. Originariamente, o tesoureiro era, dentre estes, o único e supremo servidor administrativo, enquanto o governador não passava, no final das contas, de um mensageiro real (*missus dominicus,* anteriormente muitas vezes um eunuco) que se havia tornado sedentário. Somente os dois funcionários para finanças e justiça eram designados, ao passo que para as demais "pastas" o cargo era inoficial. Até o servidor do mais baixo escalão, denominado oficialmente hsien (cujo significado é "pastor"), tinha dois secretários: um para a justiça e o outro para as finanças. O prefeito (fu), no escalão imediatamente superior, ainda tinha funções claras ou, pelo menos, concretamente definíveis (hidrovias, agricultura, coudelaria, transporte de cereais, acomodação de soldados, administração geral no sentido policial), mas era considerado essencialmente como instância intermediária para o relacionamento com escalões superiores. Em contraste com isso, as funções do servidor no mais baixo escalão eram simplesmente enciclopédicas: ele aí estava para resolver tudo e era responsável por tudo. Nas grandes repartições provinciais, "Taotai's" específicos eram contratados para impostos sobre o sal, construção de estradas etc. Também ocorria aqui, como em todos os estados patrimoniais, a contratação de servidores especiais com encargos e competências casuísticas. Quanto ao conceito de "jurista" (conhecedor de precedentes) na China e no tocante à advocacia, cf. Alabaster Notes and Commentaries on Chinese Criminal Law (inacessíveis para mim (Max Weber) neste momento).

oficiais em relação a seu poder, a saber, a introdução de *exames* e de investidura nos cargos pelo critério das qualificações educacionais, em vez de nascença ou nível hierárquico herdado. Mas, dadas aquelas circunstâncias supracitadas, não se estava em condições de produzir um mecanismo que funcionasse com precisão nas mãos da instância central. Mas posteriormente, ao expormos com mais pormenores a formação profissional dos funcionários, veremos que também se interpunham empecilhos provenientes da singularidade intrínseca da ética estamental do funcionalismo (em parte, condicionada por considerações religiosas). A burocracia patrimonial, na verdade, constituía tanto na China como no Ocidente o cerne fixo ao qual se ligava a formação do grande Estado. A entrada em cena de instâncias colegiadas e o desenvolvimento de "pastas" foram fenômenos típicos tanto aqui como lá. Mas o "espírito" do trabalho burocrático era – como veremos – bem diferente aqui e lá.

Na medida em que se baseava em momentos puramente sociológicos, este "espírito" divergente se colocava no contexto do sistema dos *encargos públicos*, tal como se havia desenvolvido na China em combinação com a oscilação da economia monetária.

A situação original era aqui, como em outros lugares, a de que, ao cacique ou, respectivamente, ao príncipe, era destinado um lote de terra (Kong tien, correspondente ao τέμενος (*témenos*) de Homero) cultivado em conjunto pelas pessoas do mesmo povo[136]. Aqui está a origem da obrigação geral para o trabalho forçado, que posteriormente encontrou na premente necessidade de obras hídricas seu novo ponto de apoio. Esta "criação" do país pela administração de construções fluviais tornava sugestivo o pensamento de uma "regalia fundiária" do imperador, um pensamento ressurgido várias vezes e ainda hoje conservado na terminologia (como na Inglaterra), mas que não impediu, nem aqui nem no Egito, que se fizesse a separação entre domínios arrendados e posses privadas sujeitas à cobrança de impostos. Por outro lado, segundo alguns resquícios contidos na terminologia, os impostos parecem ter-se desenvolvido em parte a partir das dádivas habituais, em parte com base nos deveres tributários de

---

136. Daqui se originou o "sistema de poços", com seu campo estatal no centro, circundado por oito quadrados.

subjugados e em parte com base no direito ligado à regalia fundiária. Terra do Estado, dever tributário, obrigação de trabalho forçado existiram sempre paralelamente em proporções variáveis. O que fazia com que um destes elementos predominasse era, em parte, o respectivo grau alcançado pela economia monetária do Estado – uma economia extremamente instável por razões da cotação da moeda, como vimos –, em parte o grau de pacificação, e em parte, finalmente, a medida de confiabilidade do aparato do funcionalismo público.

A origem primitiva do funcionalismo público patrimonial a partir da construção de vazadouros e canais, portanto a partir da construção civil, assim como a origem da posição de poder do monarca (como no Egito e na Ásia Menor) a partir dos trabalhos forçados dos súditos, inicialmente inevitáveis por causa do interesse pela regulação hidráulica, e a origem do império unido a partir do interesse cada vez mais generalizado pela regulação hidráulica em áreas cada vez mais extensas, juntamente com a necessidade de segurança política para a área cultivada contra invasões de nômades – todos estes pontos de origem encontram expressão visível no que a lenda relata tanto sobre o "santo" (lendário) Imperador Yü, descrito como aquele que regula o vazadouro e a construção de canais, quanto sobre o primeiro soberano inteiramente burocrático, "Schi Hoang Ti", apresentado como o maior construtor de canais, estradas e fortalezas, e também, simultaneamente e acima de tudo, como o construtor da Grande Muralha (da qual ele em verdade concluiu apenas uma parte). Estas obras serviam, todas elas, não só para a irrigação, mas também para interesses fiscais, militares e alimentícios, sendo que, por exemplo, o célebre Canal Imperial Yangtse-Hongho (Rio Amarelo) se destinava a transportar o arroz, em sua função de tributo, do sul para a nova capital (Pequim) do Khan (soberano) mongol[137]. Em certo momento, segundo um relatório oficial, 50.000 trabalhadores servis estavam ocupados no represamento de um rio, e o tempo de construção estendeu-se por muitos séculos, concluindo-se a obra parte por parte. Para Mêncio, a forma ideal propriamente dita para cobrir as necessidades públicas era o trabalho for-

---

137. Seu nome oficial era: "Canal dos Transportes de Tributos". Cf. sobre o assunto: P. Dom. *Gandar* S.J. Le canal impérial. Var. Sinol. Caderno 4. Schanghai, 1894.

çado e não o imposto. Como na Ásia Menor, o rei reassentava seus súditos, mesmo contra a resistência dos mesmos, após os presságios terem designado o lugar apropriado para uma nova capital. Os diques e eclusas eram vigiados por pessoas punidas com a deportação ou por soldados recrutados compulsoriamente, que constituíam parte da mão de obra de construções e arroteia. Passo a passo, o deserto localizado nas províncias fronteiriças da região ocidental foi sendo transformado em terra fértil pela mão de obra do exército[138]. Lamentos melancólicos relativos ao terrível ônus desta sina monótona vivida principalmente nos trabalhos forçados de construção da Grande Muralha encontram-se em vários poemas conservados na literatura[139]. A doutrina clássica teve de enfrentar de maneira muito enérgica o desperdício de trabalhos forçados realizados pelos súditos na construção de obras privadas do príncipe, à maneira egípcia. Tal desperdício era, aqui também, um efeito colateral do desenvolvimento de uma organização burocrática dos trabalhos públicos. Por outro lado, a partir do momento em que o sistema de trabalhos forçados entrou em declínio, não somente teve início, nas regiões da Ásia Central[140], o avanço do deserto sobre a terra fértil que dele havia sido conquistada e que hoje se encontra totalmente assoreada, mas também começou a debilitar-se a capacidade de desempenho político do império como tal. Nos Anais estão registradas queixas sobre o cultivo deficiente dos bens da coroa. Somente personalidades excepcionais conseguiram organizar e conduzir unitariamente o Estado baseado em trabalhos forçados.

---

138. Os respectivos registros e recibos estão, em parte, conservados nos documentos do Turquistão (pouco antes e depois de Cristo) reunidos por Aurel Stein. Em alguns lugares, o avanço no aproveitamento do solo árido era de três passos por dia (*Chavannes*. Les documents chinois découverts par Aurel Stein dans le sable du Turkestan oriental. Oxford, 1913).

139. Cf. Chavannes, p. Xlss. Op. cit. O serviço frequentemente dura a vida inteira: as mulheres ficam sem os maridos e é melhor simplesmente não educar os filhos masculinos.

140. Não é nada certo, ao contrário do que geralmente se presume, que mudanças climáticas tenham tido alguma influência. A própria decadência do sistema servil já seria suficiente, pois nestas áreas o solo só podia ser mantido cultivável se não se colocasse a questão dos "custos". Um operário não conseguia tirar do solo seu pleno sustento, mas apenas sua alimentação pura e simples, e mesmo assim, muitas vezes, somente com determinadas culturas. Evidentemente, apesar dos subsídios seguramente copiosos, o solo só foi mantido cultivável no interesse do provimento de guarnições e missões com bens de difícil transporte.

Contudo, o trabalho forçado permaneceu como forma clássica de satisfação das necessidades do Estado. A maneira como, no século XVII, se inter--relacionavam a cobertura das necessidades de Estado pela economia natural (efetivada por trabalhos forçados) e a realizada na economia monetizada (efetivada por concorrência pública) fica bem ilustrada em discussão mantida perante o imperador sobre a questão da escolha de um dos dois sistemas para a realização de consertos no Canal Imperial. Foi decidido realizar a outorga das obras mediante dinheiro, pois de outra maneira os consertos levariam dez anos[141]. Várias vezes se tentou – em tempos de paz – aliviar a população civil mediante o aproveitamento do exército para os trabalhos forçados[142].

A par de mobilizações militares, trabalhos forçados e contribuições compulsórias (*leiturgias*), também existiam tributos já em tempos mais antigos. Ao que parece, o trabalho forçado foi abolido muito cedo (no século VI a.C.) no Estado dividido Tsin, cujo soberano se tornou posteriormente (no século III a.C.) o "primeiro imperador" do império total.

Taxas existiram naturalmente já em tempos bem mais antigos. As necessidades orçamentárias da corte imperial eram distribuídas entre todas as regiões[143], como em quase toda parte, na forma de taxas específicas pagas em bens naturais, um sistema cujos resquícios perduram até o presente. O sistema de taxas pagas em bens naturais teve um nexo muito estreito com a criação do exército patrimonial e do funcionalismo público, já que ambos eram mantidos, aqui como em outros lugares, pelos estoques do príncipe, tendo-se também desenvolvido prebendas fixas em forma de bens naturais.

---

141. *P.D. Gandar*, S.J. Le canal imperial. Var. Sinol. Schanghai, 1894, p. 35.

142. Sob os Ming ficou vigente até 1471 a norma de que o transporte de cereais para a capital devia ser providenciado meio a meio pelo exército e pela população civil. Naquele ano saiu a prescrição de que somente o exército teria de arcar com este trabalho forçado. (Yu tsiuan tung kian kang mu, Gesch. der Ming-Dynastie des Kaisers Kian Lung. Trad. De Delamarre. Paris, 1865, p. 351.)

143. Cf., em anotação acima referida na p. 235, as prestações de contas do governo central nos séculos X, XI e XIV. No total, conforme consta da Analística, os encargos pagos em bens naturais eram escalonados segundo a distância da capital, de modo que a primeira zona devia enviar cereais com palha, a segunda somente cereais, seguindo-se mercadorias de valor específico cada vez maior, ou seja, com intensidade de mão de obra em grau cada vez mais alto. Isto é plenamente plausível, encontrando-se em concordância com outras informações.

Apesar disso, às vezes, pelo menos durante a Dinastia Han, mais ou menos no início da era cristã, também havia paralelamente uma economia monetizada estatal, que se encontrava em estágio já bastante avançado, conforme mostram os documentos[144]. Esta coexistência de trabalhos forçados ocasionais (principalmente para fins de construção, mas também para serviços de correio e transporte) e de taxas em bens naturais e em dinheiro, ao lado da economia domiciliar do príncipe para certas necessidades de luxo da corte[145], perdurou até o presente, juntamente com a tendência, em geral crescente, de deslocamento na direção da economia monetizada.

Este deslocamento no sentido de impostos em dinheiro estendeu-se também e principalmente ao tributo de longe mais importante até os tempos mais recentes: o imposto fundiário, cuja interessante história não se pretende aqui descrever pormenorizadamente[146]. Voltaremos ao assunto mais adiante, na medida do necessário, ao discutirmos um pouco mais detalhadamente a estrutura agrária. Nesta altura basta dizer que também aqui, como nos estados patrimoniais do Ocidente, o sistema tributário – que por vezes tem sido mais diferenciado devido ao fato de que o patrimônio não investido em posses fundiárias ficava "invisível" à técnica tributária da administração imperial extensiva – foi evoluindo cada vez mais no sentido da unificação dos impostos mediante a transformação de todas as demais taxas em adicionais ao imposto fundiário. Esta tendência de volatilização de toda posse não visível talvez te-

---

144. Cf. o que Chavannes (op. cit.) registra quanto aos achados de A. Stein da época de 98 a 137 d.C. O soldo dos oficiais militares era pago em dinheiro, mas duvida-se que isto também sucedesse com o dos soldados (n. 62); o vestuário destes últimos era adquirido, pelo menos em parte, com pagamento em dinheiro (n. 42). O diário de despesas de um templo de Buda (editado, por certo, em época muito posterior) apresenta a economia monetária plenamente desenvolvida (op. cit., n. 969): o aluguel dos artesãos contratados em regime salarial, bem como todas as demais despesas, eram pagos em dinheiro. Mais tarde ocorreria um forte retrocesso em comparação com este estado de coisas.

145. Fornecimentos de seda e porcelana das manufaturas imperiais para a corte montaram, somente em 1883 (*Peking Gazette* de 23/01, 24/01, 27/01, 30/01, 13/06, 14/06/1883), a um total de 405.000 Taéis (preço de custo!). Acresciam os fornecimentos em bens naturais pelas províncias para uso da corte (seda, papel de luxo etc.) e também (ferro, enxofre etc.) para fins políticos. Em 1883 a Província de Schansi solicitou *em vão* a pecuniarização, por ter de *comprar* ela própria os bens (exceto ferro) a serem fornecidos *Peking Gazette*, de 15/12/1883).

146. Cf. a respeito a obra, sob muitos aspectos ainda útil, de *Biot*. In: Nouv. Journ. Asiat. 3 Ser. 6, 1838.

nha sido codeterminante para as tentativas continuamente reencetadas para, na medida do possível, cobrir a necessidade estatal de bens naturais mediante trabalhos forçados e contribuições compulsórias. A par disso, e na verdade provavelmente em primeiro lugar (como codeterminante), as relações monetárias. Mas para o imposto fundiário vigoravam duas tendências universais de desenvolvimento também válidas para qualquer Estado patrimonial extensivamente administrado: a de transformação em taxas pecuniárias, que atingiu todos os demais encargos, particularmente os trabalhos forçados e demais contribuições compulsórias, e a de transformação num imposto redistributivo que acabou assumindo a forma de tributo contingenciado fixo e repartido entre as províncias por um padrão fixo. Este procedimento extraordinariamente importante já foi tocado em breve exposição. A pacificação do império na Dinastia Manchu possibilitou à corte renunciar a receitas variáveis e deu origem ao edito de 1713, celebrizado como a fonte do novo desabrochar da China no século XVIII, ao transformar os deveres provinciais referentes ao imposto fundiário, esta era a intenção, em taxas fixas. Logo deveremos falar sobre o assunto. A par do tributo fundiário, também tinham importância para as receitas da administração central, especificamente, o imposto sobre o sal, as minas e, em último lugar, as taxas alfandegárias. Também para estas últimas o montante a ser destinado para Pequim se transformou num valor tradicionalmente fixo. Somente as guerras contra potências europeias e a situação de emergência financeira surgida após a revolução de Taiping (1850-1864) fizeram com que as taxas alfandegárias "Likin" passassem, sob a brilhante administração fazendária de Sir Robert Harts, para a primeira linha das finanças imperiais.

No contexto deste contingenciamento tributário e das suas consequências – a dispensabilidade e eliminação da exploração de trabalhos forçados, eliminação da obrigatoriedade do passaporte e de todas as restrições à liberdade de ir e vir, assim como a extinção de todo controle sobre escolha profissional, situação de posses habitacionais e rumo da produção –, a pacificação do império teve por efeito um forte crescimento populacional. Se, por um lado, aparentemente a densidade demográfica da China, muito oscilante segundo os números cadastrais – mesmo sendo estes, em parte, extremamente problemáticos – não foi substancialmente maior no início da dominação Manchu do que na de Schi Hoang Ti quase 1.900 anos antes (em todo caso, este suposto número populacional oscilou durante séculos entre 50 e 60 milhões, aumentando de 60 para cerca de 350-400 milhões entre meados do século XVII e o final do século XIX[147]), por outro lado, o proverbial tino artesanal e profissional chinês desabrochou em pequena e grande escala, e houve acumulação de grandes patrimônios individuais. O que necessariamente chama a atenção nesta época é o fato de que, apesar desta admirável evolução demográfica e da situação material da população, não somente a especificidade mental da China neste mesmo tempo permaneceu inteiramente estável, mas também no campo econômico não se constatou o mínimo sinal para o desenvolvimento do capitalismo moderno, apesar daquelas condições, na aparência, extremamente propícias; além disso, o fato de o comércio interno da China, outrora tão importante, não ter experimentado nenhuma reanimação para fora, mas ao contrário apenas ter-se realizado o comércio passivo num único porto (Kanton) aberto aos europeus sob estrito controle; também o fato de não se dispor do mínimo conhecimento sobre alguma aspiração surgida desde dentro ou um interesse capitalista próprio da população para superar esta limitação (muito pelo contrário). E finalmente o fato de não se ter iniciado, de um modo geral nos campos da técnica, economia e administração, um desenvolvimento "progressista", por mínimo que fosse, no sentido europeu da palavra, mas sim, totalmente ao contrário, o fato de o vigor fiscal do império, pelo menos na aparência, não se ter encontrado, de modo algum, à altura de resistir a um choque mais sério, a não ser na medida em que considerações de política exterior o tivessem levado a julgar imperiosa esta resistência. Como explicar tudo isso, ante aquele crescimento

---

147. Observe-se que estas cifras são de credibilidade extremamente baixa. Tenha-se em mente que, antes do compromisso fiscal de 1713, os servidores tinham interesse em reduzir ou manter estável nos seus relatórios o número de contribuintes fiscais (naquele tempo era vigente o tributo por número de habitantes!), o que deixou de existir a partir da fixação das cotas fiscais (cf. abaixo). A partir de então, pelo contrário, o interesse dos servidores passou a ser o de brilhar com números populacionais elevados, pois desde esta época estes números só interessavam os próprios *deuses* aos quais eram comunicados. Deste modo, quando elevados, eles representavam uma comprovação do *carisma* dos respectivos servidores. Ainda no século XIX havia números (referentes, p. ex., ao crescimento anormal da população de Se Tschuan) extremamente duvidosos. Mesmo assim, segundo Dudgeon (Population of China in: J. of the Peking Oriental Society III, 3 1893) a população de 14 províncias nos anos 1880 era de 325 milhões.

populacional extraordinariamente forte, incontestável apesar das críticas? *Eis o nosso problema central.*

As causas eram tanto econômicas como mentais. As primeiras, de que falaremos agora em primeiro lugar, eram de natureza certamente econômico-estatal e, portanto, política, mas partilhavam com as de ordem mental a circunstância de se originarem da peculiaridade da camada dirigente chinesa, ou seja, do estamento formado pelo funcionalismo público e respectivos pretendentes (dos "mandarins"). Destes falaremos agora, partindo de sua situação material.

O funcionalismo e a taxação tributária fixa

O funcionário público chinês, como vimos, dependia primeiramente de prebendas em bens naturais oriundas dos estoques reais. Posteriormente, estas foram sendo substituídas progressivamente por valores pecuniários. E assim ficou. Formalmente falando, o governo pagava aos seus funcionários um ordenado. Contudo, por um lado, ele só pagava ordenado com seus próprios recursos a uma pequena fração dentre as pessoas efetivamente atuantes na administração, e, por outro, este ordenado constituía apenas uma pequena parte da renda dele, frequentemente em montante até mesmo negligenciável. O funcionário não teria podido viver daquilo e, muito menos, arcar com os custos administrativos que oficialmente lhe cabiam. A situação era, na verdade, sempre a seguinte: o funcionário, tal como um senhor feudal ou sátrapa, era responsável perante o governo central pela entrega de determinados montantes em encargos fiscais, mas, por sua vez, pagava quase todos os custos de sua administração com as importâncias efetivamente cobradas entre tributos e taxas, ficando com o excedente. Por pouco que tenha sido oficialmente reconhecido, pelo menos em todas as suas consequências, este direito vigorou sem dúvida efetivamente e de modo definitivo em virtude da situação reinante desde o contingenciamento das receitas governamentais.

A assim chamada fixação do imposto fundiário no ano de 1713 constituiu objetivamente uma capitulação político-financeira da coroa ante os prebendários oficiais. Pois na verdade o que se transformou em renda fundiária fixa (como, p. ex., na Inglaterra) *não foi* porventura o dever fiscal das propriedades fundiárias, mas sim aquilo que a administração central atribuía a seus funcionários provinciais *como receita fiscal de sua circunscrição*; portanto, o que foi fixado pela administração central para todos os tempos foi o montante do qual eles deviam entregar um quociente fixo como tributo à coroa, ou seja – efetivamente –, apenas o montante da tributação das prebendas destes *sátrapas*[148]. Em conformidade com o genuíno caráter de qualquer administração especificamente patrimonial, a renda que o funcionário recolhia da administração de seu distrito era tratada como sua prebenda, a qual não se distinguia realmente de suas receitas privadas[149]. Os prebendários oficiais, por seu lado, nem de longe consideravam o imposto fundiário (ou qualquer outra espécie de dever fiscal) dos contribuintes como um total fixo de receitas. Na prática, tampouco se podia dizer que o governo imperial tivesse seriamente pretendido uma tal fixação. O funcionário oficial, sempre

---

148. Era seguramente este o sentido da medida, pois de outra forma a formulação seria totalmente absurda: a partir de então, um determinado número de unidades na respectiva província teria o dever de pagar imposto, e todas as demais gozariam de "isenção fiscal"; e de fato assim foram computadas nos censos periódicos. Naturalmente, não era um determinado número de habitantes que se beneficiava da isenção fiscal, mas sim eram os servidores que simplesmente não os *computavam* como contribuintes fiscais efetivos. Por verificar-se sem sentido, esta distinção entre ambas as categorias censitárias, logo – em 1735 – foi abolida pelos imperadores.

149. Todos os projetos de impostos diretos dos últimos 30 anos fracassaram já pelo fato de recaírem principalmente sobre as prebendas dos mandarins. A concepção patrimonial das receitas de servidores manifestava-se de forma particularmente plástica no efeito do ritual fúnebre após a morte de um funcionário. De acordo com o antiquíssimo sentido tradicional do luto, conservado na China de modo particularmente explícito nas famílias de servidores, este ritual servia para evitar a cólera e a inveja do espírito do falecido contra quem, na qualidade de herdeiro, se tivesse apropriado das suas posses após sua morte. Desconsiderando neste contexto o fato de que, originariamente, significativas partes de seus haveres (inclusive de sacrifícios de viúvas e outras pessoas) lhe eram dadas para acompanhá-lo ao além (*Hades*), os herdeiros tinham de, durante longo período, evitar a casa do falecido, de rejeitar qualquer lance sobre sua posse, de mudar-se para outra morada, vestir-se modestamente e abster-se do gozo de seus bens. O ofício público era considerado como "prebenda" e esta era vista como propriedade privada do prebendário em tal medida que, em caso de luto obrigatório devido a um falecimento, a renúncia ao ofício era a consequência inarredável. As contínuas vacâncias em massa de numerosos ofícios públicos, a impossibilidade temporária de aproveitamento de numerosos servidores, o acúmulo de candidatos que por motivo de luto perderam os seus ofícios públicos acarretavam uma calamidade política extremamente onerosa, sobretudo em caso de epidemias. Os imperadores alternavam, no interesse do Estado, proibições de lutos demasiado prolongados com ordens para observá-los rigorosamente, tomadas por receio ante os espíritos – ambas as alternativas sob pena de castigos físicos. Li Hung Tschang, quando da morte de sua mãe, foi em vão duramente admoestado pela imperatriz para que tirasse férias, ao invés de renunciar (*Peking Gazette*, 01/05/1882).

de acordo com o princípio patrimonial, não apenas tinha de cobrir todas as necessidades materiais da administração e da jurisprudência civil do seu distrito, mas também – e mesmo principalmente – as de seu quadro inoficial de funcionários, sem o qual, como vimos, ele nem mesmo estaria em condições de exercer sua administração. Mesmo para a menor unidade administrativa (hsien), conhecedores da matéria estimam que a quantidade destes funcionários se situava entre 30 e 300 pessoas, não raro recrutadas dentre os refugos da sociedade. As despesas pessoais do funcionário oficial não eram separadas das despesas administrativas. Por conseguinte, de modo nenhum a administração central podia ter uma visão total das receitas brutas reais de cada província e distrito, o governador provincial tampouco das dos prefeitos, e assim por diante. Por parte dos contribuintes fiscais, por outro lado, só havia um princípio firme: o de resistir na medida do possível à cobrança de encargos fixos *não tradicionais*, e veremos que e por qual razão eles estavam em condições de, dentro de amplos limites, assim agir com grande sucesso. Entretanto, deixando de lado a natureza precária desta resistência, essencialmente dependente da situação de poder, contra as tentativas mesmo assim sempre renovadas de sobrecobrança, os funcionários públicos dispunham de dois instrumentos para elevar suas receitas: Por um lado, a exigência de um adicional para os custos de cobrança (no mínimo 10%) e para qualquer descumprimento do prazo, quer tenha sido causado voluntária ou involuntariamente pelo devedor, ou mesmo propositalmente (com frequência mais do que suficiente) pelos próprios funcionários públicos. E por outro lado, especificamente, a troca do imposto em bens naturais por imposto em dinheiro, do imposto em dinheiro primeiramente por imposto em dinheiro de prata, depois de cobre e novamente de prata, com cotações variáveis, cuja fixação o cobrador de impostos se reservava a si próprio[150]. Antes de tudo, porém, deve-se considerar que, pelos princípios patrimonialistas, qualquer ação oficial de um funcionário devia ser remunerada com "presentes" e que inexistiam taxas legais. Incluindo estas rendas extras, a receita total bruta

---

150. Pessoas influentes preferiam, por esta razão, o pagamento em bens naturais e o impunham.

do funcionário destinava-se inicialmente a cobrir previamente os custos materiais de seu ofício e das tarefas administrativas correspondentes. Mas era muito pequena, na maioria dos casos, a fração destas despesas "estatais" propriamente ditas ligadas à administração interna. No entanto, em seguida e especificamente, esta renda bruta do funcionário situado no último degrau de baixo, diretamente junto à fonte do imposto, constituía o fundo do qual os funcionários posicionados acima dele retiravam as suas receitas. Ele tinha o dever de entregar ao seu superior não somente o montante relativamente não muito grande, cuja arrecadação, segundo o cadastro tradicional, constituía tarefa sua. Mas além disso e sobretudo ele tinha de dar-lhe "presentes" na tomada de posse e, em seguida, em intervalos regulares, as mais valiosas dádivas possíveis, de modo a obter assim a benevolência decisiva para a sua própria sorte[151]. E nesta situação ele tinha de prover seus assessores inoficiais e funcionários subalternos com abundantes propinas, na medida em que podiam exercer alguma influência sobre seu destino (inclusive o porteiro, caso ele desejasse uma audiência). Isto prosseguia de degrau em degrau até ao eunuco palaciano, que também tomava seu tributo do mais alto funcionário. A proporção entre o montante oficialmente publicado e realmente arrecadado somente do imposto fundiário é estimada por bons conhecedores[152] como sendo de 1:4. O compromisso de 1712/1713 firmado entre o governo central e os funcionários provinciais correspondia, na forma da economia monetizada, aproximadamente ao fixado no Ocidente para os deveres feudais na economia de bens naturais. Com a diferença de que, inicialmente, na China, como em todos os estados especificamente patrimonialistas, não se tratava de feudos, mas sim de prebendas, e tampouco de serviços militares prestados por cavaleiros que se autoequipavam e de cujo exército o príncipe dependia, mas sim de tributos em bens naturais e, sobretudo, tributos em dinheiro de

---

151. Isto faz lembrar, p. ex., nos Estados Unidos da América, a cobrança de impostos dos servidores nomeados pelo chefe eleito do partido vencedor das eleições, feita pelos líderes partidários para si próprios e para o caixa do partido, com a diferença de que lá esta cobrança era vinculada a fins específicos.

152. Jamieson, Parker. Cf. os cálculos e estimativas deste último in: "Trade and Administration of the Chinese Empire", p. 85s.

uma figura típica de estados patrimoniais, a dos prebendários recebedores de taxas e impostos, cujos serviços administrativos eram imprescindíveis para o poder central. E havia mais uma diferença importante em comparação com o Ocidente. Lá também se conhecia a prebenda, inclusive a de taxas e inclusive de tributos. E isto, em épocas mais antigas, nos territórios eclesiásticos e, mais tarde, nos territórios de estados patrimoniais seguindo o padrão eclesiástico. A diferença é que, neste caso, ela durava a vida inteira (exceto em caso de demissão do cargo por um processo formal) ou era também objeto de apropriação hereditária, como o feudo, sendo transmissível frequentemente até mesmo por compra. E as taxas, tarifas alfandegárias, impostos, em que a prebenda se baseava, eram fixados por privilégio ou por costume estabelecido. Como vimos, na China, porém, justamente o funcionário constante do "orçamento" era livremente demissível e transferível e até tinha de ser transferido regularmente dentro de prazos curtos. Em parte (e principalmente) no interesse da manutenção do poder político da administração central, mas paralelamente também – fenômeno ocasionalmente visível – para que outros candidatos também tivessem a chance de verem chegar sua vez[153]. O funcionalismo *como um todo* estava assegurado no gozo de considerável receita em prebendas, mas o funcionário ficava individualmente em situação totalmente precária e, por conseguinte, visto que a obtenção do cargo (estudos, compra, presentes e "taxas") lhe causara ingentes custos, lançando-o frequentemente no endividamento, ele via-se forçado a, durante o curto período de seu ofício, fazer seu cargo render o mais possível. E, dada a ausência de taxas e garantias fixas, ele também estava em condições para tanto. Entendia-se como perfeitamente lógico e evidente que o sentido do ofício público consistia em obter um patrimônio, sendo que apenas a sobremedida era vista como repreensível[154].

---

153. Esta concepção vem à tona com particular nitidez no edito publicado na *Peking Gazette* de 11/01/1895, no qual se reprova o fato de que certos servidores (de escalão inferior) fiquem com as prebendas durante mais de três anos, impedindo que "chegue a vez" de outros candidatos.

154. É o que se depreende de múltiplos editos. Assim, p. ex., na *Peking Gazette* de 23/3/1882: Um servidor de Kanton juntou em poucos meses 100.000 Taéis *mais do que de costume* (note-se bem!). Um escrivão alugado em Fuh kien conseguiu comprar o cargo de prefeito em Kiangsu. Servidores alfandegários tinham receitas de 100-150.000 Taéis por ano.

Mas também há outros efeitos e até de maior alcance, resultantes desta situação. Em primeiro lugar, a posição de poder da administração central em relação às pessoas dos funcionários ficou de fato assegurada, de maneira sumamente eficiente, pelo sistema de transferências. Devido a estas constantes reestruturações e à contínua alteração de suas chances, cada funcionário tornava-se concorrente de cada um dos outros na busca da prebenda. Sua situação relativamente às possibilidades de ascensão era totalmente precária em consequência desta impossibilidade de conciliar seus interesses pessoais: com isto se conectava estreitamente toda a coesão interna autoritária deste funcionalismo. Existiam "partidos" entre os funcionários, por certo. Baseavam-se inicialmente em agremiações de compatriotas e, em conexão com estas, também nas especificidades tradicionais das escolas que os haviam educado. Em contraste com a escola "conservadora" das províncias setentrionais encontravam-se a escola "progressista" nas províncias centrais e a "radical" dos cantonenses; ainda nesta época, editos imperiais referiam-se à oposição exercida, dentro de um só e mesmo Yamen, pelos adeptos da educação segundo o método dos Sung e contra os que defendiam o dos Han. Contudo, em consequência do princípio da proveniência forânea dos funcionários e da contínua transferência de província em província, e visto que a repartição empregadora cuidava meticulosamente de, tanto quanto possível, misturar entre si as escolas e agremiações de compatriotas em um só e mesmo distrito e escalão, não houve condições para que se desenvolvesse, ao menos nesta base, um particularismo regionalista capaz de pôr em risco a unidade do império: esta tinha fundamentos bem diversos, conforme logo se mencionará. Por outro lado, a fraca posição dos funcionários em relação a escalões superiores também era uma decorrência comprada da igualmente grande fraqueza, já descrita, perante posições inferiores. E uma consequência bem mais importante derivada da estrutura deste sistema prebendal era o extremo *tradicionalismo* desta estrutura na administração e política econômica. Na medida em que se fundamentava em *atitude ideológica*, este tradicionalismo será objeto de consideração mais adiante. Mas ele também tinha razões extremamente "racionais".

Qualquer intervenção de qualquer natureza na forma tradicional de economia e administração interferia em inúmeros interesses de espórtulas e prebendas da camada determinante. E como cada funcionário podia ser algum dia transferido para um cargo ameaçado de redução em suas chances de receitas, o funcionalismo ficava estritamente unido nestes casos, obstruindo, com força pelo menos tão vigorosa quanto a dos contribuintes fiscais, a tentativa de alterações no sistema de espórtulas ou aduanas ou impostos. O modo ocidental de apropriação de chances de receitas com aduanas, taxas de proteção, pedágios em pontes ou vias, depósito compulsório ou via compulsória de transporte, espórtulas e outras modalidades tornava visíveis os interesses em jogo, possibilitando por via de regra a união de determinados grupos de interesses ou a remoção de eventuais obstruções de circulação mediante o emprego da força ou por compromisso ou privilégio. Mas da China não se podia dizer o mesmo. Pois lá, na medida em que estavam em jogo os interesses *da mais alta* e determinante camada de funcionários, estas chances de receitas *não* eram apropriadas individualmente, mas sim pelo estamento destes funcionários transferíveis como *um todo*. E assim este estamento reagia *unido* contra qualquer intervenção, perseguindo solidariamente com ódio mortal cada ideólogo racionalista que clamasse por "reforma". Somente uma revolução violenta, vinda de baixo ou de cima, teria podido realizar aqui uma mudança. A eliminação do transporte de tributos por canoas no Canal Imperial e a preferência dada ao transporte por vapores, muito mais barato por via marítima, as alterações das formas tradicionais de arrecadação aduaneira, o transporte de pessoas, o atendimento de petições e processos, de um modo geral todas e cada uma das inovações *podiam* pôr em perigo os interesses individuais por emolumentos?? [sic] presentes e possíveis no futuro. Passando-se uma vista geral sobre a lista de projetos reformistas do imperador no ano de 1898 e percebendo-se a enorme alteração na situação da renda que seria causada pela implementação, mesmo parcial, dos mesmos, pode-se calcular a imensidão dos interesses materiais engajados contra eles, de modo a tolher-lhes inteiramente qualquer perspectiva de implementação, dada a ausência de todo e qualquer órgão executor fora do próprio círculo de interessados. Neste tradicionalismo estava a fonte do "particularismo" das províncias. Tratava-se, em primeira linha, de um particularismo financeiro e condicionado pelo fato de as prebendas dos funcionários provinciais e de seu séquito inoficial estarem seriissimamente ameaçadas por qualquer centralização administrativa. Nisto consistia o principal empecilho que se antepunha tanto a uma racionalização da administração imperial a partir do centro como também a uma política econômica coerente.

Além disso, o destino geral de formações estatais puramente patrimoniais, como as da maioria dos estados orientais – e é de fundamental importância reconhecer isto – foi justamente o fortalecimento do tradicionalismo mediante a implementação da economia *monetizada*, e não seu enfraquecimento, como haveríamos de esperar. E isto pelo motivo de que justamente esta economia gerou para a camada dirigente apenas com prebendas aquelas chances de ganho que não apenas corroboraram o "espírito rentista" em geral[155], mas também fizeram com que a manutenção das *condições* econômicas vigentes, decisivas para o montante de lucros das prebendas, se tornasse o interesse universalmente dominante da camada que delas participava. Por isso, no Egito, nos países islâmicos e na China, constatamos que, justamente com o progressivo avanço da economia pecuniária e com a progressiva *prebendalização* concomitante das receitas estatais, surgia o fenômeno habitualmente avaliado como "solidificação" (ou, em termos mais modernos, "engessamento") após breves intervalos que duravam até completar-se a apropriação das prebendas. Eis por que o patrimonialismo oriental e suas prebendas monetárias tinham por consequência o fato de que apenas conquistas militares do país ou bem-sucedidas revoluções militares ou religiosas conseguiam regularmente fazer explodir o sólido edifício de interesses prebendais, gerando assim formas inteiramente novas de distribuição do poder e, com isso, novas condições econômicas, mas também o fato de que qualquer tentativa de reestruturação a partir de dentro fracassava ante aquelas resistências. A grande

---

155. Quanto a isso, cf. p. ex., *B.E.H. Parker*. China, her history, diplomacy and commerce. Londres, 1901. "Ele é um homem de 2.000 libras (de arroz)" (tem uma renda anual neste valor) era a expressão usada para uma pessoa abastada.

exceção histórica está, como se falou, no moderno Ocidente europeu. Inicialmente por motivo de ele não ter precisado de uma pacificação em um império unido. Lembramo-nos de que a mesma camada de prebendários estatais, que no império mundial inibia a racionalização administrativa, também foi, a seu tempo, o seu mais poderoso promotor nos estados divididos. Mas o estímulo agora ficou faltando. Do mesmo modo como a concorrência pela conquista do mercado forçou a racionalização das empresas da economia privada, assim também a concorrência em busca do poder político impôs, em nosso meio e na China da época dos estados divididos, a racionalização da economia estatal e da política econômica. E como, por outro lado, qualquer cartelização dentro da economia privada debilita o cálculo racional – esta alma da economia capitalista –, assim também o término da concorrência dos estados entre si em busca do poder levou ao colapso do processo de racionalização no funcionamento administrativo, na economia financeira e na política econômica. O império mundial já não tinha estímulos para tanto, como os que existiam outrora com a concorrência entre os estados divididos, mas não foi esta a única razão. Também na época da concorrência entre os estados a racionalização da administração e da economia na China ficava contida dentro de limites mais estreitos do que no Ocidente. E isto porque no Ocidente – excetuadas as diferenças na apropriação, já mencionadas – ou havia potências fortes e independentes com as quais o poder do príncipe se podia aliar e assim romper os limites tradicionais, ou potências fortes e independentes que, por sua vez, a partir de seu próprio poderio militar, estavam em condições de desvencilhar-se dos laços do poder patrimonial, como o fizeram as cinco grandes revoluções decisivas para o destino do Ocidente: a italiana dos séculos XII e XIII, a holandesa do século XVI, a inglesa do século XVII, a americana e a francesa do século XVIII. Não havia tais potências na China?

III
FUNDAMENTOS SOCIOLÓGICOS:
C) ADMINISTRAÇÃO E ESTRUTURA AGRÁRIA

> Estrutura feudal e fiscal
>
> A estrutura do exército e a tentativa de reforma de Wang An Schi
>
> A proteção fiscal aos camponeses e seus resultados para a estrutura agrária

Estrutura feudal e fiscal

Já desde muito tempo, o desenvolvimento e a intensidade totalmente extraordinários do *empreendedorismo* chinês estão fora de qualquer dúvida. Sua veemência e – na medida em que se tratava de não membros do clã – sua ausência de escrúpulos estavam à altura de qualquer concorrência por parte de outros povos, salvo no caso dos comerciantes atacadistas e (particularmente) dos do setor externo, fortemente moderados sob o aspecto ético pelas corporações monopolistas a bem dos negócios. A diligência e a capacidade de trabalho dos chineses foram sempre vistas como inalcançadas. As organizações dos interessados por comércio em suas respectivas corporações eram, como vimos, mais fortes do que em qualquer outro país do mundo, sua autonomia era de fato quase ilimitada. Dado o gigantesco crescimento populacional vivido pela China desde o início do século XVIII, em combinação com o contínuo aumento dos estoques de metais nobres, era de supor-se, pelas concepções europeias, a existência de uma chance muito propícia para o desenvolvimento do capitalismo. Repetidamente voltamos a este problema,

150

colocado no ápice destas exposições. Algumas razões explicativas do fato de, apesar de tudo, não ter havido um desenvolvimento capitalista foram acima apresentadas. Mas não podemos contentar-nos com isso.

O fenômeno do desenvolvimento chinês que mais chama a atenção e que em maior contraste se encontra com o Ocidente é o de que a época decorrida desde o início do século XVIII se caracteriza *não* pelo (relativo) *decréscimo* da população rural e de pequenos camponeses, como o ocorrido na Inglaterra, mas sim por seu enorme *crescimento*; e também não, como na parte oriental da Alemanha, por grandes estabelecimentos agrícolas, mas sim por estabelecimentos em parcelas de pequenos camponeses que cada vez mais marcavam o perfil do país; e por fim, em conexão com isso, pelo fato de que o estoque de gado era bem pequeno, raro o seu abate (realizado, propriamente falando, apenas para fins de sacrifício ritual), *ausência* do consumo de leite e que "comer carne" significava o mesmo que "ser uma pessoa distinta" (pois era como participar do consumo de carne sacrificada ritualmente, algo reservado aos funcionários públicos). Donde provinha tudo isso?

Seria totalmente impossível para alguém que não fosse sinólogo, no atual estado das fontes a ele acessíveis, descrever a evolução da estrutura agrária chinesa[156]. Para o nosso contexto, ela só deverá ser considerada na

---

156. Não é possível, no âmbito deste trabalho, aprofundar a história precedente, sobretudo a referente ao nomadismo primitivo dos chineses, afirmado pelos sinólogos. Evidentemente, também em tempos pré--históricos houve a repetida subjugação dos povos nômades da Ásia Interior por renovadas invasões. Mas somente os mongóis mostraram durante um certo tempo séria disposição para impor-se como nômades contra a cultura superior dos povos agrícolas (proibindo o cultivo do solo numa determinada área ao redor da capital). Para os chineses, por sua vez, o consumo de *leite* era desconhecido, fato que constitui para a lavoura e a horticultura um testemunho mais claro do que qualquer tradição; e o uso do arado era parte dos atos rituais do pontífice imperial supremo. Em comparação com tudo isso, era sem significação para a continuidade da cultura o fato de que parte ou mesmo a totalidade da camada dirigente fosse oriunda de nômades. A existência da "casa dos homens" (cf. acima) não tem naturalmente nada a ver com o "nomadismo", mas significa que guerra e *caça* sejam realizadas por estas comunidades e o cultivo do solo, por mulheres. A inexistência do consumo de leite é evidentemente muito antiga na China e contradiz a hipótese do "nomadismo". Animais de grande porte destinavam-se para o trabalho ou para o sacrifício ritual, ficando o consumo de carne como destino dos animais de pequeno porte. Cf. sobre a história do sistema agrícola no contexto do sistema fiscal: *N.J. Kochanowskij.* Semljewladjenie i semljedjielje w Kitaje. Wladiwostok, 1909. In: Iswestija Wostotschnawo Instituta d. g. isd. 1907/1908. Vol. XXIII w. 2) e *A.J. Iwanoff*, Wang An Schi i jewo reformy (São Petersburgo, 1906). Infelizmente não me foi acessível a literatura russa restante. (Tampouco consegui acesso até agora a: *A.M. Fielde*. Land Tenure in China. Journal of the China Branch of the R. Asiat. Soc. 1888. Vol. 23, p. 110, e nem a quase todas as publicações desta revista.) Alguma outra literatura será indicada mais adiante.

medida em que, na problemática da política agrária chinesa, se manifestava a peculiaridade do sistema estatal. Pois de todo modo é inconfundível, já ao primeiro relance, o seguinte: que foi a reestruturação da política militar e fiscal do governo que criou as condições para as profundas transformações da estrutura agrária. A história agrária chinesa mostra, justamente por este motivo, um vaivém monótono entre diversos princípios de tributação igualmente possíveis e o tratamento, daí derivado, da posse fundiária, um tratamento que não tem nenhum parentesco com um "desenvolvimento" interno a partir do desbaratamento do feudalismo desbaratado.

Na época feudal, os camponeses eram sem dúvida, ao menos em parte – já que não necessariamente, nem apenas provavelmente, em seu *todo*[157] –, dependentes servis dos senhores feudais, aos quais pagavam encargos e indubitavelmente também rendiam serviços. Esta situação, denominada kien ping pela Analística, estava caracterizada pelo fato de que, em consequência de ameaças e inseguranças de guerra ou devido a superendividamento tributário ou creditício, os camponeses se haviam "apinhado" ao redor dos estabelecimentos agrícolas das camadas possuidoras, a fim de se recomendarem como clientes (tien ke); tal situação foi em geral rigorosamente combatida pelo governo. Procurava-se manter o dever de tributação dos camponeses e, principalmente, impedir a emergência de uma casta de senhores fundiários politicamente perigosa. Mesmo assim, de acordo com relatórios explícitos[158], houve sob os Han, pelo menos temporariamente, a situação de que os senhores feudais tinham pago para os seus colonos o imposto. Do mesmo modo como o monarca militar Schi Hoang Ti, também o "usurpador" militar Wang Mang procurou eliminar esta posição dos senhores feudais, introduzindo a regalia fundiária imperial – mas, ao que parece, em vão. Ignoramos até que ponto teria havido uma economia agrícola servilista-senhoril [*Fronhofwirtschaft*] de caráter ocidental. De qual-

---

157. Pois parece que, no tempo de Schi Hoang Ti, eles conservaram em certa medida a capacidade de resistência. E mesmo que não tenha sido este o caso, isto não teria necessariamente significado uma "subserviência à dominação fundiária" perante os senhores feudais no nosso sentido da palavra, mas sim: sujeição de caráter político ao poder dos príncipes e condicionada pela regulação da corrente de água, ao modo egípcio e da Ásia Menor.

158. Reproduzido em Biot. Op. cit.

152

quer modo, é improvável que, na medida em que for possível documentar, ela tenha sido um fenômeno a ser considerado como típico e, com mais forte razão, também é improvável que deva ser avaliada como consequência do feudalismo. Pois a natureza do tratamento jurídico dispensado aos feudos cria insegurança quanto à possibilidade de ela ter representado a base para dominações fundiárias propriamente ditas de cunho ocidental. As fontes acessíveis a uma pessoa não especialista também nada de seguro apresentam sobre a natureza da comunidade camponesa e tem de ficar duvidoso se, e eventualmente de que modo, ela terá tido uma ligação com o sistema feudal, como sói tipicamente acontecer[159], ou se tenha sido de origem fiscal, como tão frequentemente ocorre. Isto, em si, teria sido bem possível. Sob a Dinastia Tang, por exemplo, no ano de 624, os camponeses foram distribuídos para fins tributários em pequenos distritos administrativos (hiang) e, dentro destes, foram-lhes garantidas e eventualmente atribuídas determinadas unidades fundiárias a partir de terras do Estado[160]. A desistência e, neste caso, a venda da terra era, por certo, permitida, mas pressupunha que a compra levasse a integrar-se em outra comunidade tributária. Sem nenhuma dúvida, o processo frequentemente não permanecia parado nesta relativa coesão das associações fundiárias. Extremamente radicais, estes reagrupamentos da população em associações fiscais, servis e de recrutamento com responsabilidade solidária fazem com que se afigure totalmente seguro o fato, também mencionado expressamente pela Analística, de que o *dever* de cultivo da terra (no interesse fiscal) sempre devia ser considerado como ponto primordial, sendo o correspondente "direito" à terra o aspecto daí derivado. Mas não parece ter assim surgido para as *aldeias* uma economia comunitária, fosse ela correspondente às condições germânicas ou às russas ou indianas. A existência de solos pertencentes à comunidade aldeã no sentido ocidental só se pode depreender de menções ocasionais, como fenômeno de um passado

---

159. Cf. o exposto (nem sempre com precisão, sobretudo no tocante à Antiguidade, mas provavelmente de modo correto quanto a este ponto) por R. Leonhard in: Schmollers Jahrbuch (anúncio do livro valioso, embora um tanto unilateral de Lacombe, L'évolution de la propriété foncière).

160. Não cabe duvidar da realidade, visto que o *Japão* assumiu a instituição (cf. mais adiante).

remoto. Segundo as regulamentações fiscais imperiais a unidade fiscal não era a aldeia, mas sim a *família* e seus membros *aptos ao trabalho* (ting) (na maioria das vezes, na idade de 15 aos 56 anos), reunindo-os, no mais tardar a partir do século XI d.C., mas provavelmente já muito antes, naquelas associações artificiais de responsabilidade. Ainda será comentado mais adiante o fato de que a aldeia, assim mesmo, representava uma associação dotada da mais ampla autoadministração. A esta altura, o que interessa é, primeiramente, o fato – de nenhum modo natural, dadas aquelas fortes intervenções fiscais – de que, desde tempos pré-históricos, uma outra forma de associação, originalmente talvez limitada a pessoas ilustres[161], abrigou a totalidade da população camponesa (considerada de igual valor), e não foi destruída por estas medidas fiscais.

Pois o que se pode constatar com segurança é a coesão do *clã*, ininterruptamente existente durante todos os milênios, bem como a posição de destaque do chefe do clã. A dominação fundiária mais antiga da China deve ter surgido a partir deste fato. Conforme observado, os serviços militares e, presumivelmente, todos os encargos públicos em geral foram originariamente repartidos entre os clãs e, por conseguinte, conforme todas as analogias e também inferências feitas a partir de posteriores alterações, o responsável pela repartição e pelo cumprimento era o chefe do clã. Após a implementação do regime de propriedade privada ou, em outros termos, após a apropriação formal da terra (ou de seu aproveitamento) pelas famílias individualmente, ouvimos às vezes que o chefe do clã foi substituído nesta função pelos proprietários fundiários mais abastados (em 1055, segundo a tradição), ou seja, que o idoso encarregado da repartição dos encargos sobre a terra – pessoa que por isso mesmo se revestia de autoridade e era considerada preferencialmente quanto às chances de acumular posses – transformou-se em senhor fundiário e que os membros empobrecidos do clã viraram seus "moradores"

---

161. Isto se poderia considerar seguro se Conrady tivesse razão quanto à sua tese de que é possível comprovar a existência de associações totêmicas na China. Mas a evolução do clã parece ter ocorrido da mesma forma em qualquer lugar, com a emergente camada dos senhores subtraindo-se à associação totêmica (essencialmente plebeia).

["*Hintersassen*"] – um fenômeno que, como se sabe, tem numerosos parale-los[162]. Não é possível, a um leigo, decidir até que ponto tenha existido, desde tempos remotos, uma camada de servos *não pertencentes a nenhum clã*, ao lado da camada composta por membros de clã que constituíam, como em toda parte, uma camada superior, por sua vez costumando reclamar para si o monopólio da posse de terra e de escravos[163]. Mas é certo que havia servos e que eles constituíam parte muito grande e mesmo talvez a grande maioria da camada de camponeses. No século IV a.C. a posse de servos era somente per-mitida às famílias Kuan (na época, habilitadas para cargos oficiais); os servos não pagavam ko (imposto fundiário) nem prestavam ju (trabalhos forçados), mas, sim, eram seus senhores que aparentemente pagavam seus impostos na medida em que não tivessem adquirido isenção fiscal. Segundo a Analística, algumas famílias possuíam "até 40 deles", do que se pode concluir por um vo-lume apenas modesto de posses fundiárias e servos *naquele tempo*. Em todas as épocas existiu escravatura na China. Mas, ao que parece, sua importância econômica só foi realmente considerável em fases de acumulação de grandes patrimônios pecuniários advindos do comércio e de fornecimentos ao Esta-do: em forma de escravidão ou servidão decorrentes de endividamento, tema que logo adiante será tratado.

As mudanças decisivas da estrutura agrária ocorreram aparentemente por iniciativa do governo em conexão com a regulação do dever militar e de ônus fiscais. Relata-se sobre o "primeiro imperador" (Schi Hoang Ti) ter ele realizado um *desarmamento* geral do país. Sem dúvida, foi esta uma medida voltada contra as forças armadas dos senhores feudais, por ele radicalmente reprimidos[164]. Ao mesmo tempo – e isto irá repetir-se frequentemente na

---

162. Aliás, este "privilégio" dos abastados não era percebido como tal, mas sim como "contribuição com-pulsória leitúrgica" ["Leiturgie"] e assim era também intencionalmente. O beneficiado procurava subtrair-se a este ônus mediante vendas fictícias de terras e repartições entre os membros da família.

163. O direito à posse de escravos tinha limites estamentais também na China.

164. No entanto, o decorrer do levante que levou à queda de sua dinastia parece demonstrar que até então vastas camadas de camponeses ainda estavam armados (como, aliás, na Alemanha até o desar-mamento ocorrido após as Guerras dos Camponeses). É que o fundador da Dinastia Han e outros líderes de levantes eram camponeses e tinham como base a capacidade armada de seus *clãs*.

China desde então – foi introduzida a "propriedade privada". Quer dizer: A terra foi conferida a título de propriedade às famílias de camponeses (Quais famílias? – dificilmente se poderá constatar), de modo a ficarem livres dos encargos até então vigentes (Quais?) e imediatamente oneradas com os novos encargos estatais. Estes ônus estatais eram, em parte, encargos, em parte trabalhos forçados, em parte disponibilização de recrutas para o exército do imperador dentro do regime de principado patrimonial. E os pontos decisivos para o que veio a seguir foram, evidentemente: em que medida foram envolvidas as forças armadas, o dever de trabalho forçado e a capacidade fiscal dos camponeses; se as contribuições eram mais em bens naturais ou em dinheiro e se – neste contexto – o exército se compunha de súditos obrigados a este serviço ou de mercenários; e que instrumentos técnicos a administração criou para garantir a efetiva prestação dos diferentes tipos de ônus[165]. Pois bem, todos estes componentes sofreram alterações e as contraposições das escolas literárias que se estenderam por toda a literatura chinesa têm seu fundamento, em parte não negligenciável, nestes problemas de técnica administrativa. E por isso eles se aguçaram de forma especial na época em que, a partir do século XI de nossa era, se anunciava ameaçadoramente a invasão dos mongóis. Um problema central de todos os reformadores sociais daquele tempo sempre consistiu (precisamente como no caso dos Gracos) na manutenção ou reconstituição de um *exército* dotado de força combativa suficiente, assim como de recursos necessários tanto em dinheiro como em bens naturais. Instrumento típico, mas de novo não exclusivamente específico da Chi-

---

165. No Estado Lu (o Estado-modelo confuciano), p. ex., a um certo momento foram impostos para cada unidade cadastrada (de 64 "tsing"): 1 carro de guerra, 4 cavalos, 10 cabeças de gado, 3 couraçados, 64 infanteristas (sem couraça). É claro que estes números pressupunham que os clãs associados à respectiva unidade cadastrada, por sua vez, iriam providenciar, mediante pagamento de soldo, as forças militares a serem fornecidas. Presumivelmente, o recurso a uma cobrança compulsória imediata permaneceu em segundo plano. (Mais tarde saberemos de que modo se desenvolveram na Índia situações semelhantes no que se refere às prebendas de senhores fundiários.) Em outros casos, a mobilização para o exército (como logo será exposto) foi regulada de modo a que se recorresse diretamente a cada uma das famílias. No entanto, já a referida ordem no Estado Lu mostra que, no lugar de uma convocação de vassalos, o que havia era um primeiro tipo de "recrutamento" sob regime de principado patrimonial, ou seja, a eliminação do feudalismo como sistema *militar*. Existem analogias com o que ocorreu na Europa (Delbrück descreveu com grande felicidade estes processos no contexto do exército feudal da Europa).

na, para garantir o cumprimento das obrigações camponesas – de variáveis espécies – eram a formação de associações de responsabilidade solidária (de 5 a 10 famílias cada uma, as quais por sua vez se uniam entre si em alianças mais amplas) e a instituição de classes de desempenho entre os proprietários fundiários, escalonados de acordo com sua posse (p. ex., em cinco classes). Outro instrumento relativamente frequente para manter ou ampliar o número de camponeses idôneos, ou, por outra, para evitar a acumulação de posse e o surgimento de áreas não cultivadas ou extensivamente cultivadas, consistia na tentativa de introduzir quantidades máximas de posse fundiária, de condicionar o direito à posse fundiária ao cultivo efetivo, de abrir novas terras de colonização e de, eventualmente, redistribuir terras na base de uma parcela média de posse fundiária para cada um dos integrantes da mão de obra agrícola, parcela que assim corresponderia, por exemplo, ao "Nadjel" russo.

A administração fiscal chinesa via-se perante consideráveis dificuldades decorrentes de sua técnica de medições ainda insuficientemente desenvolvida tanto para os problemas recém-referidos como para todos os problemas cadastrais. A única "obra" geométrica propriamente científica[166], retirada de obras hindus quanto ao essencial, parece dar a entender que, naquele estágio de conhecimentos, não apenas estavam excluídas as medições trigonométricas, mas também que a medição de parcelas individuais de terra cultivável dificilmente alcançava o nível da antiga técnica germânica e de modo algum o da técnica verdadeiramente primitiva dos agrimensores romanos. Parecem ter ocorrido a cada dia espantosos erros de medição – tão espantosos quanto os erros de cálculo de banqueiros medievais. A unidade de medição, a saber, o "pé" chinês, continuou evidentemente variando conforme a província, apesar da reforma empreendida por Schi Hoang Ti. A unidade de maior valor era geralmente o pé imperial (= 320mm), encontrando-se variações entre 255, 306, 315, 318 e 328mm. A medida fundamental de agrimensura era o mou, teoricamente uma faixa de terra originariamente de 100, mais tarde 240 x 1 pu = 5 ou 6 pés, neste último caso seria, portanto, com base num pé de

---

166. Suan fa tong tsang. Cf. Biot, N. Journ. Asiat. 3 Ser. 5, 1838 (Exposição baseada no Wen hian tong kao).

306mm, = 5,62 ares, e o cêntuplo seria um king (= 5 hectares e 62 ares). Sob o domínio dos Han, 12 mou com uma produção de 1½ schi de arroz cada um eram tidos como – dito em russo – o *nadjel* necessário para cada indivíduo. Os registros mais antigos aparentemente afirmam que, nas épocas anteriores a Wen Wang (século XII a.C.), se atribuía a cada indivíduo a parcela de 50 mou (com 3,24 ares na época), sendo que um décimo deste total, portanto 5 mou, era cultivado como Kong tien (terra do rei) para o fisco, de modo que para cada indivíduo teria sido considerado normal a posse de 2,916ha. No entanto, este registro não tem nenhuma confiabilidade[167]. Um milênio ou até mais de um milênio mais tarde, ainda se calculava com base não em unidades fundiárias, mas sim por *famílias*, classificando-as eventualmente – como já se mencionou – segundo o número dos "ting", indivíduos aptos para o *trabalho* a elas pertencentes[168]. O solo, por sua vez, era classificado de modo extremamente grosseiro, distinguindo-o simplesmente entre "preto" e "vermelho", ou seja (como podemos presumir com segurança), entre "irrigado" e "não irrigado", de onde resultavam duas classes fiscais. Outro modo de classificação era por tamanho de terra em pousio: 1) terra sem pousio (portanto, irrigada); 2) terra de três campos; 3) terra alternadamente de pastagem e lavoura [*Feldgraswirtschaft*]. Para a primeira categoria tinha-se como parcela normal de uma família, segundo os registros acessíveis mais antigos, 100 mou (5,62ha), 200 (11,24ha) para a segunda e 300 (16,86ha) para a terceira. Também aqui a unidade fiscal refere-se à família e não à unidade fundiária. A diversidade de tamanho e composição etária da família fazia pensar às vezes em destinar terras de boa qualidade para grandes unidades e terras de má qualidade para pequenas. Naturalmente, é muito duvidoso que isto tenha sido levado à prática. Reassentamentos da população sempre têm sido vistos como instrumento de fácil aplicação para equilibrar o nível de nutrição e o da capacidade fiscal e de trabalho forçado. Mas dificilmente esta possi-

---

167. Sempre é preciso levar em conta que a primeira data *cronológica* tida como passavelmente segura (Chavannes) na história da China é do ano 841 a.C.

168. Hoje em dia calcula-se, para um cultivo *não* estritamente horticultor, que uma família de cinco pessoas possa sobreviver com 15 mou (aprox. 85 ares), uma cifra para nós incrivelmente baixa.

bilidade teria servido como base para a idoneidade fiscal regular em todo o seu conjunto. Ou também se fazia a classificação das famílias por inventário: famílias tributáveis e não tributáveis (século V d.C.). Mas este sistema fiscal pessoal (tsu) revezava-se muitas vezes com sistemas fiscais puramente fundiários (tu) de diferentes tipos. Tinha-se por um lado impostos por cotas em bens naturais. Assim era já segundo a proposta do ministro Tschang yang (360 a.C.) no Estado de Tsin, num valor significativamente elevado (ao que se presume, 1/3 a 1/2 do produto bruto), o que representa um indício para a força do poder soberano e a fraqueza dos camponeses. Apesar deste elevado montante, entretanto, segundo a Analística, a consequência foi um maior cultivo do solo devido ao maior interesse próprio em amainar a terra. Posteriormente, as cotas foram sensivelmente reduzidas (à décima ou até à décima quinta parte). Ou então, por outro lado, tinha-se também tributação *fixa* em bens naturais, de acordo com a qualidade do solo. Assim foi aparentemente no período de Tschang ti (78 a.C.) e novamente (ao que parece) no século IV d.C., sempre segundo uma classificação bastante grosseira do solo. Ou havia, finalmente, também tributação em dinheiro. Foi este o caso em 766 d.C. (15 tsien de mou). Em 780, o rendimento insatisfatório obrigou o pagamento de impostos em bens naturais, permitindo que a autoridade fiscal fizesse uma estimativa do valor pecuniário – uma fonte de abusos sem fim. Após várias tentativas fracassadas de finanças estatais monetizadas, recorreu-se cada vez mais a estas experiências, e isto com o evidente objetivo de sustentar exércitos verdadeiramente eficientes sob o aspecto militar, o que significava: exércitos que pagavam *soldo*. O que mudava era a forma. Assim, em 930, sob o usurpador Heu tung, o imposto arrecadado em bens naturais foi "revendido" aos contribuintes fiscais, e pode-se imaginar qual foi o resultado. O aspecto decisivo foi a ausência de uma burocracia fiscal confiável, cuja introdução apenas foi tentada em 960, na Dinastia Sung. Mas em 987 o memorando de Pao tschi descreveu em cores fortes a fuga em massa de contribuintes, e a tentativa de implantação de um cadastro universal, empreendida por Wang An Schi em 1072 sob o Imperador Schin Tsong, não se completou: no final do seu governo, uma área de aproximadamente 70%

do país ainda não tinha sido incluída no cadastro, e o orçamento de 1077[169] apresenta um aumento das receitas em dinheiro em detrimento das arrecadadas em bens naturais, embora continuasse muito longe de tornar-se um orçamento em dinheiro ou mesmo apenas predominantemente em dinheiro. A economia monetizada com papel-moeda do século XIII sofreu contínuos colapsos, regressando à tributação em bens naturais, como já havia ocorrido com a desvalorização da moeda no período de Tschang ti (século I a.C.); somente no período dos Ming houve uma significativa parcela de prata, a par de receitas muito importantes em cereais e uma quantidade (relativamente) modesta de seda. A pacificação do reino no tempo dos manchus – parcialmente em consequência da domesticação dos mongóis pelo budismo – juntamente com o contingenciamento fiscal de 1712/1713 fez com que o imposto caísse a um montante modesto e fixo (aproximadamente 1/10 do produto na primeira metade do século XIX), eliminando os últimos resquícios do "dever para com a terra" e da fiscalização do cultivo do solo. Editos imperiais dos últimos decênios *proibiram* responsabilizar os decúrios [*Zehnschaftsobmänner*] pelo ônus tributário[170].

A estrutura do exército e a tentativa de reforma de Wang An Schi

Contudo, em ambos os milênios desde Schi Hoang Ti, já não era pura teoria, mas sim realidade às vezes bastante perceptível o dever de cultivar a terra que incumbia a todos os "ting", ou seja, a todas as pessoas hábeis para o trabalho e, portanto, obrigadas a trabalhos forçados; também eram realidade as comunidades de responsabilidade para serviços servis ou tributos formadas pelos clãs e respectivos grupos decenários, além disso igualmente o máximo de posse fundiária permitido e o direito de reassentamento. Na medida em que os tributos e encargos servis eram repartidos entre as *famílias*[171] – ocorrência, como vimos, relativamente frequente na realidade, dada a enorme dificuldade de implantar um cadastro fundiário –, o fisco

---

169. Cf. acima, cap. I.

170. *Peking Gazette* de 14/06/1883.

171. Cf. exemplos de uma lista domiciliar *japonesa* e cálculo da respectiva parcela de terra cabível em *Nachod* sobre a história do Japão: "Weltgeschichte". Vol. III, editado por Pflugk-Hartung.

favorecia ou mesmo *obrigava*, com toda a veemência, a *repartição* entre as famílias, a fim de aumentar tanto quanto possível o número de contribuintes. Isto deve ter exercido considerável influência para o surgimento de *empresas*-anãs, típicas da China. Mas vista de um ponto de vista social, esta influência tinha seu limite definido.

É bem verdade que todas estas medidas regulatórias inibiam a emergência de unidades *empresariais* maiores. Mas elas também estimulavam – considerando-se o resultado efetivo – a união dos antigos *clãs* camponeses como portadores sociais da propriedade fundiária (ou do direito ao uso da terra, na medida em que se recorria ao sistema de regalia fundiária); os *clãs*[172] eram os quadros *efetivos* para as associações de responsabilidade[173]. Devido à total insuficiência de recursos administrativos, fracassaram continuamente todas as tentativas de implantação efetiva da igualdade de posses. E as experiências de "socialismo estatal" do século XI e de alguns outros dominadores posteriores – experiências estas motivadas, no fundo, por considerações fiscais – deixaram para a posteridade evidentemente apenas uma forte aversão contra toda e qualquer intervenção dos poderes políticos centralistas, e quanto a isso os prebendários oficiais locais estavam de acordo com todas as camadas populacionais. A exigência principal do governo central (p. ex., no século X) – a saber, que deviam obrigatoriamente ficar à disposição do governo central não valores globais fixos, mas sim *todos os* excedentes dos encargos (trabalhos forçados e tributos) acima da necessidade local – somente foi cumprida na prática durante certo tempo no tempo de imperadores extraordinariamente enérgicos e caducava

---

172. Estas associações compunham-se de dez *clãs* cada uma. A tentativa empreendida repetidamente de recorrer às famílias ou aos indivíduos, e não aos clãs, provavelmente só teve sucesso em data tardia.

173. Quando escritores russos pretendem reencontrar na parcela normal de terra o *nadjel* da *obschtschina* russa (comunidade agrícola de posse coletiva e uso individual), não se deve deixar fora de consideração o fato de que estas medidas regulatórias unicamente fiscais só levaram ao comunismo da *aldeia* sob condições russas, a saber principalmente: a responsabilidade ficava com a associação *aldeã*. E estas condições, ao que parece, não se verificaram (na China de então).

frequentemente, sendo finalmente abandonada sob o domínio manchu, conforme mencionado. Pelo menos alguns aspectos ulteriores desta política agrária fiscal serão a seguir destacados, de modo a completar o quadro.

Uma posição especial dentro da estrutura agrária cabia primeiramente à cultura da seda (*serici*cultura), de importância tanto para o consumo próprio da corte como para o comércio exterior e, em segundo lugar, à cultura "úmida" (irrigada) de *arroz*. Segundo a Analística, a primeira – antigo ramo de jardinagem e de trabalho artesanal caseiro – foi imposta aos domicílios camponeses no século V d.C. em proporção fixa relativamente à parcela de terra. A rizicultura irrigada, porém, deve ter sido a base real ou, pelo menos, originária do chamado sistema de "poços", considerado por autores chineses como elemento clássico, por constituir o sistema nacional propriamente dito de repartição de terras[174]: dividindo-se por três os lados de um quadrado, reparte-se em nove campos a sua área e no seu centro se reserva uma parte a ser cultivada para o fisco (ou, eventualmente, para os senhores fundiários) pelos oito circundantes. Seria absolutamente impensável que a difusão deste sistema fosse de alguma forma universal, pois mesmo abstraindo-se da sua improbabilidade intrínseca, isto estaria em contradição com os dados da Analística referentes aos rumos tomados pelo direito fundiário. O que ocorreu foi a alternância entre "eliminação" do sistema de poços (como, p. ex., sob o domínio dos Tsin no século IV d.C.) – eliminação que equivaleria à substituição *pura e simples* do sistema de "campo do rei" por tributos – e "reintrodução" (confessadamente, malograda) do mesmo sistema. O que se pode constatar com segurança é que o sistema existiu apenas em nível local e, sem dúvida, essencialmente na irrigação da rizicultura, sem excluir ocasionais extensões a outras lavouras. De qualquer maneira, historicamente

---

174. Presume-se que esta designação (sistema de "poços") derive do respectivo símbolo de escrita, que representa um quadrado subdividido em nove partes. Mas há *também* provavelmente a explicação de que, para a rizicultura, eram imprescindíveis os valos e tubos de irrigação, bem como áreas inundadas por longo tempo. Em toda parte na Ásia (p. ex., na Ilha de Java), isto comportava inovações extremamente profundas das relações de apropriação e sobretudo a intervenção fiscal, cuja base estava na canalização da água. Mas certamente é possível que o sistema, que se estima ser muito antigo, tenha sido racionalizado pelos membros do clã a partir do cultivo originário da terra pertencente ao chefe do mesmo.

não foi esta *a* instituição fundamental da China, como se tem pretendido anteriormente, mas sim apenas uma forma de por vezes aplicar à rizicultura irrigada o antigo princípio do Kong tien (terra do rei).

Em todas as mudanças da estrutura agrária, gozavam de uma posição especial, do ponto de vista jurídico, os bens concedidos como apanágios ou feudos vitalícios continuamente recriados, mas regularmente reconcedidos aos descendentes, desde que idôneos e dispostos a assumir os deveres. Em parte, eram evidentemente prebendas destinadas ao sustento de pessoas beneficiadas a título de guerreiros, de onde a determinação de que o respectivo tinha de retirar-se da vida ativa aos 60 anos (como é o caso do inkyo japonês). Tais feudos militares – escalonados segundo as categorias de guerreiros – ocorrem de modo particular a partir do século I d.C. e no período que vai do século VII ao IX, tendo mantido sua importância até à Dinastia Ming. Somente os manchus permitiram a decadência destes feudos militares ou, melhor dito, substituíram esses feudos por seus próprios. Também existiu nas mais diversas épocas um sistema de terra de serviço para servidores públicos (ao invés de outros honorários em bens naturais, sobretudo na ausência do sistema de armazenagem, que era a base dos honorários em bens naturais). Tratava-se, em parte, de pequenos feudos plebeus onerados com contribuições compulsórias de toda espécie (trabalhos forçados em obras aquáticas, rodoviárias ou construções de pontes, exatamente como na Antiguidade, p. ex., segundo a lei agrária de 111 e vários outros exemplos na Idade Média). Ainda no século XVIII foram criados tais tipos de posses[175].

De resto, pode-se constatar, após a introdução da "propriedade privada" (Schi Hoang Ti), as mais variadas transformações na distribuição de terra. Conforme exposto, tempos de fortes tumultos internos presenciavam o surgimento de grandes dominações fundiárias na esteira de comendas voluntárias, ações violentas e compra total das posses de camponeses empobrecidos e desvalidos. A ideia do limite máximo de propriedade frequentemente acarretou, evidentemente, o autoaprisionamento do camponês ao seu pedaço

---

175. Onerados com trabalhos forçados no Canal do Imperador, os moradores ribeirinhos desempenharam um importante papel ainda na rebelião de Taiping.

de terra ou, melhor dito, às associações de responsabilidade. Formalmente, estas intervenções essencialmente ligadas aos trabalhos forçados de cunho fiscal levaram, sob a dinastia oriental Tsin no século IV, à proclamação do sistema estatal de *regalia fundiária*. Conforme se depreende claramente dos registros, a intenção decisiva neste contexto era de possibilitar a regulamentação universal dos trabalhos forçados. A referida ideia de uma parcela igual para cada "alma" (ou seja, para cada pessoa na idade dos 15 aos 60 anos) – teoricamente – com redistribuição surgiu em 485 d.C. em algumas partes do reino do século III, uma vez constatados os efeitos insatisfatórios do sistema bastante grosseiro que combinava o imposto por cabeça (i. é, de cada alma *ting*) e imposto por posse fundiária (de início, simplesmente de cada propriedade agrícola), e novamente sob os Tang (século VII), passando (teoricamente) por diversas alterações de "política social" (assistência a idosos morando separadamente, feridos de guerra e categorias similares de pessoas). Neste contexto, havia a possibilidade de combinar diversas formas: posses herdadas com posses variáveis a exemplo das lavouras coletivas da Badênia ou com posses condicionadas pela posição social. Em 624, por exemplo, foi admitida no Estado Tang, para cada propriedade agrícola, uma determinada medida básica como posse hereditária, sendo-lhe também permitido um acréscimo de terra conforme o número de almas. E sobre a assim formada unidade fiscal incidiam, de modo ora cumulativo ora alternado, tributos em forma de cereais e trabalhos forçados. No início do século XI, a posse fundiária permitida passou a ser classificada de acordo com a posição social. Havendo carência de terras, era permitido o reassentamento, pois existia muita terra colonizável no norte, fato que provavelmente explica a respectiva exequibilidade pelo menos durante certo tempo. No caso de reassentamento ou de excedentes de terra acima da norma devia permitir-se a venda em leilão, que de outra forma ficava reservada, após prévia oferta ao clã, a casos de "verdadeira necessidade" (ausência de meios para o sepultamento). Na prática, porém, logo houve na realidade um comércio muito livre de terras e fracassou a tentativa de estabelecer a igualdade de posses fundiárias, particularmente após o novo enfraquecimento do sistema fiscal de 780, ocorrido em virtude do interesse da administração pública por capacidade militar e aptidão para trabalho forçado. É que todas estas medidas estavam em estreita conexão com as necessidades fiscais e militares, conforme vimos. Após o fracasso da equalização de posses fundiárias, a administração contentou-se com intervenções para a formação de receitas com arrendamento no interesse da proteção dos camponeses. Foi também várias vezes necessário (no século X) tornar cada vez mais rigorosa a proibição de aproveitar prebendas, sobretudo serviços de correio e vassalagem, para fins privados. Os servidores públicos isentos da obrigação de realizar trabalhos forçados haviam aproveitado esta possibilidade para enriquecer-se e acumular terras e foi por este motivo que, em 1022, lhes foi especialmente estabelecido um limite máximo para posse de terras. Segundo a Analística, a extraordinária precariedade da posse fundiária ante todas estas ingerências, assim como o ônus preexistente com contribuições compulsórias, constituíram forte empecilho para qualquer melhoramento do solo. O Estado baseado nessas dádivas estava repetidamente sob a ameaça de colapso financeiro e militar. Foram estas dificuldades que criaram o ensejo e os interesses orientadores para as numerosas tentativas de reforma agrária. Exemplo disso foi o célebre experimento de reforma agrária de Wang An Schi no século XI, um experimento de orientação primariamente militar e fiscal. Consideremos agora brevemente o seu condicionamento.

O desarmamento do país sob o governo de Schi Hoang Ti (a tradição afirma que as armas recolhidas pelos servidores públicos em 36 circunscrições expressamente criadas tenham sido fundidas e transformadas em sinos) devia propiciar uma pacificação duradoura (conforme declarara frequentemente o imperador em seus editos). Mas era preciso equipar as fortalezas nas fronteiras e, por conseguinte, a população tinha de ser obrigada a prestar serviços alternadamente nos assentamentos fronteiriços e nos trabalhos forçados para as construções imperiais (respectivamente, um ano de cada). É bem verdade que esta medida não passou de teoria pura e simples. Mas a criação do império unido, conforme referido, foi concomitante, para a população civil, a uma enorme intensificação do ônus de trabalhos forçados em construções. Mesmo assim, neste contexto, o exército permaneceu essencialmente um exército profissional. Este exército de pretorianos acarretou guerra civil crônica. Eis por que, sob os Han, se procurou substituir (ou também complementar) este exército profissional permanente por forças armadas recrutadas compulsoriamente. Cada jovem de 23 anos era obrigado a servir no exército permanente (Wei Schi, "rebanho") durante um ano e a prosseguir mais dois anos na milícia (zai huang schi); exercícios de arco e flecha, montaria, condução de carros estavam previstos até à idade de 55 anos. Devia-se prestar trabalho forçado durante um mês por ano. Era permitido alugar um representante. Não se sabe ao certo até que ponto estes planos voltados à formação de uma gigantesca força armada chegaram a concretizar-se algum dia. Em todo caso, no século VI d.C., o trabalho forçado estava fortemente estabelecido, estendendo-se teoricamente, conforme a safra, por uma a três dezenas de dias por ano para um trabalhador por família. Acresciam exercícios militares e serviços fronteiriços no extremo Ocidente, que dividiam as famílias durante vários anos, serviços estes muito gravemente lamentados também pela poesia chinesa. E houve também uma intensificação dos trabalhos forçados. No caso da acima referida "reforma" fundiária dos Tang, estes foram ampliados para até cinco décadas no caso de não contribuintes fiscais. Para a construção das grandes obras fluviais, calcula-se em mais de um milhão o número de pessoas ocupadas ao mesmo tempo. Entretanto, o serviço militar geral, formalmente obrigatório (dever de servir na milícia), permaneceu letra morta e foi unicamente um empecilho à formação de um exército tecnicamente aproveitável. Sob a Dinastia San, a "guarda" estava constituída como tropa permanente, além de duas formações de tropas e milícias locais, que se amalgamaram e decaíram. Os recrutas da "guarda" eram convocados naquele tempo compulsoriamente e (pelo menos em algumas províncias) estigmatizados ao modo da Ásia Menor (em 1042). Mas frequentemente o cerne do exército era formado, conforme se depreende de todas as informações acessíveis, apenas por mercenários cuja confiabilidade sempre tem sido duvidosa e sobretudo dependente do pagamento regular do soldo. A ausência crônica de recursos financeiros obrigou em 1049 à diminuição do exército numa época de contínuas ameaças de assalto por parte dos bárbaros noroestinos. Nesta situação, Wang An Schi procurou, por meio de uma reforma racional, criar recursos para a formação de uma armada nacional suficiente e capaz. Usar a expressão "socialismo de Estado" para esta tentativa de reforma só se justifica (mas não da mesma forma) no sentido muito limitado usado, por exemplo, para designar a política monopolística bancária e de armazenagem de cereais dos ptolomaicos, a qual se fundava em um pilar muito desenvolvido de economia monetizada.

Em verdade[176], tratava-se de uma tentativa de criar receitas em *dinheiro* mediante o planejamento do apoio e regulação do cultivo de cereais e a ordenação planejada de sua venda nas mãos do governo central, simultaneamente substituindo a prestação de trabalhos forçados e tributos em bens naturais por impostos em dinheiro (sistema tsian-schu-fa). Deste modo se conseguiriam os recursos para criar um grande exército nacional disciplinado e instruído, incondicionalmente à disposição do imperador. Teoricamente deveria ser recrutado para o exército um dentre cada dois adultos, e para este fim foram prescritas listas populares, tendo-se renovado juntamente o sistema dos conjuntos decenários (bao tsja fa) entre os anciãos *eleitos*, incluindo o dever de reclamação e a realização de vigilância noturna em turnos. Também deviam ser distribuídas pelo Estado armas (arco e flecha) às pessoas respectivamente recrutadas para a milícia local. Cavalos deviam ser comprados pelo Estado e entregues para uso e trato aos enquadrados no serviço de montaria, devendo serem estes examinados anualmente sob a responsabilidade da pessoa que os assumiu e, eventualmente, para o pagamento de prêmios. A administração estatal de armazenagem – até então alimentada por fornecimentos em bens naturais e provida com contribuições compulsórias das pessoas detentoras de haveres materiais (um ônus ruinoso para estas últimas, que dava ensejo a todo tipo de chantagem) – devia passar para as mãos de servidores públicos remunerados e basear-se na economia monetizada. A administração concedia antecipações de sementes (Kin Miau, "semente verde") e empréstimos em bens naturais ou dinheiro, com juros de

---

176. Cf. o memorando de Wang An Schi. In: Iwanoff, p. 51s.

20%. A posse fundiária devia ser reavaliada e em seguida fixada de acordo com categoria, imposto, trabalho forçado (Mo zi) e parcela individual. O que se pretendia com as receitas advindas de impostos em dinheiro era contratar operários para serviços remunerados em lugar de trabalhos forçados resgatáveis em dinheiro. A par da implantação de tributos em dinheiro, o ponto central que desde então sempre reaparecia sob diversas formas nas propostas de reforma era a monopolização do comércio de cereais. Na época de baixos preços (safra), o governo devia efetuar as compras e armazenagem, e com base nestes estoques conceder os referidos empréstimos, realizando inclusive lucros especulativos. Tecnicamente, a reforma devia ser viabilizada com a criação de um funcionalismo *especializado* e particularmente de *juristas* formados; e economicamente, mediante a elaboração e apresentação anual de orçamentos por parte de todas as repartições oficiais locais.

Os adversários (confucianos) de Wang An Schi apresentavam como objeções, além do (1) caráter militar do sistema como tal, também (2) o armamento da população a ameaçar a autoridade dos servidores públicos devido ao estímulo daí proveniente para rebeliões, (3) a exclusão do comércio, negativa para a saúde fiscal, e sobretudo (4) a "usura dos grãos" do imperador, ou seja, dos empréstimos de sementes a juros e as experiências com o tributo em dinheiro[177]. A reforma de Wang An Schi fracassou totalmente quanto ao ponto decisivo, a saber, a estrutura militar, e isto sem dúvida, em qualquer hipótese, porque lhe faltou o quadro administrativo indispensável para tanto e também porque não foi possível arrecadar prontamente os impostos em dinheiro, dada a situação econômica do país. Já no século XII foram novamente suspensas tanto a sua canonização, promovida após sua morte (em 1086), como a realização de sacrifícios. Já no final do século XI o cerne do exército estava novamente constituído por tropas remuneradas com soldo. Com interesses que funcionavam como a força decisiva na luta pela reforma, os letrados souberam boicotar a criação do funcionalismo especializado que ameaçava suas prebendas. E também as imperatrizes, cujos eunucos se viam

---

177. Cf. ambos os relatórios de Su Schi contra Wang An Schi. In: Iwanoff. Op. cit., p. 167s., 190s. e as objeções de outros adversários, entre os quais Se Ma Huang. Op. cit., p. 196.

ameaçados em seus interesses de poder por tal reorganização, se haviam posicionado contrariamente, desde o início[178].

Se a reforma de Wang An Schi fracassou neste ponto decisivo, ela evidentemente também deixou por outro lado, como será discutido mais adiante, profundas marcas no "sistema chinês de autoadministração", cujas características ainda hoje denotam a influência duradoura *desta* racionalização das associações decenares e centenares já várias vezes referidas.

Profundas incursões do governo na distribuição fundiária ocorreram também em épocas posteriores repetidamente. Em 1263, no combate aos mongóis, o governo desapropriou toda e qualquer posse fundiária que superasse um determinado limite ("100 mou") contra títulos da dívida pública, para assim arrecadar recursos. E por vezes as épocas seguintes também contribuíram fortemente através de confiscos para uma forte ampliação das posses diretas do Estado (em Tsche-kiang, no início da Dinastia Ming, apenas 1/15 da terra era propriedade inteiramente privada). Em si, o sistema de armazenagem do Estado (tsiun-schu) era antigo[179] e já tinha importância antes dos planos de Wang An Schi. Desde o século XV, ele assumiu a forma que permaneceu a partir de então: a aquisição no outono e no inverno e a venda na primavera e no verão converteram-se em medida regulatória de preços, tomada cada vez mais no interesse da preservação da tranquilidade interna. Originariamente, a aquisição não era um ato facultativo, mas sim compulsório: o quociente de safra a ser fornecido oscilava em torno de 1/2 e era computado no cálculo fiscal. Seu montante variava muito. Entre 1/15 e 1/10 do rendimento, portanto uma quota muito baixa constituía a percentagem normal sob os Han, mas é preciso ter sempre em mente que a isso acresciam os trabalhos forçados. A evolução das percentagens em seus pormenores não é de interesse neste contexto, por não contribuir para se obter uma ideia clara do ônus real.

---

178. Voltaremos mais adiante a estes pontos relacionados com a estrutura da administração interna.

179. No século VIII presume-se terem existido depósitos também para seda e linho.

A proteção fiscal aos camponeses e seus resultados para a estrutura agrária

Em todos os casos, há dois pontos a serem considerados como resultado das várias tentativas de reforma fundiária de caráter fiscal: o *não* surgimento de grandes empresas agrícolas racionais e a aversão profunda e desconfiada de toda a população contra todo tipo de intervenção governamental na posse fundiária e sistema de produção: as teorias de *laissez-faire* seguidas por numerosos cameralistas chineses gozavam de crescente popularidade entre a população do campo. Por inevitáveis, foram naturalmente preservadas medidas regulatórias da política de consumo e alta de preços. De resto, o que realmente tinha o apoio da população era a política governamental de *proteção* ao campesinato, por ser contrária à acumulação capitalista, ao transformar em patrimônio do país toda posse acumulada no âmbito de ofícios públicos, comércio, arrecadação fiscal por arrendamento. Esta legislação, parcialmente comentada anteriormente, só se tornou possível graças a este ambiente propício, e permitiu-se operar até mesmo profundíssimas intervenções em posses adquiridas de pessoas com grandes fortunas. Surgida a partir da luta do governo autocrático contra os vassalos e os clãs ilustres, originariamente os únicos militarmente capazes, ela teve de, posteriormente, voltar a investir repetidamente contra a reconstituição de domínios fundiários promovida pelo condicionamento capitalista.

O tipo de intervenção tem sofrido fortes variações, conforme demonstrou a exposição feita até aqui. Nos Anais encontra-se a respeito do governo de Hiao Kong (361-338 a.C.), no Estado de Tsin[180], do qual se originou o "primeiro imperador" Schi Hoang Ti, a notícia de que o letrado Wei Yang, seu ministro, lhe tenha ensinado como "suprema sabedoria" a arte de "como tornar-se senhor de seus vassalos". Em primeiro plano estão, a par de uma reforma da estrutura fiscal – aqui sobretudo a substituição dos trabalhos forçados na lavoura por um tributo básico geral –, medidas como a desmem-

---

180. Cf. extratos dos Anais. In: P. Alb. Tschepe, S.J. Histoire du Royaume de Tsin, 777-207 (Variétés Sinol. 27, esp. p. 118s.).

bração da posse fundiária, a saber, divisão compulsória das uniões familiares, prêmios fiscais para a constituição de uma família, isenção de trabalhos forçados em caso de produção intensiva, cadastro familiar e eliminação da vingança privada – tudo isso representando recursos típicos da luta contra o surgimento e a manutenção de domínios fundiários e simultaneamente expressão do típico fiscalismo de cunho populacionista. Como vimos, a legislação tem variado muito: ora o governo restringia a liberdade de ir e vir dos camponeses, deixando-os assim à mercê dos latifundiários, ora permitia que o laço comendatício do camponês ocorresse em forma de servidão e depois os libertava novamente, mas de um modo geral predominou a tendência de proteção ao camponês. Em 485 d.C. (sob a Dinastia Wei), claramente por razões populacionistas, o governo permitiu a venda de terra supérflua. A proibição do comércio de terra e notadamente de sua compra por detentores de fortunas, exarada em 653 d.C., tinha por objetivo a proteção do camponês, bem assim, em 1205, a proibição de vender sua terra e permanecer na mesma como servo do comprador[181]. As duas últimas determinações fazem ver com toda a certeza que, ao tempo de sua promulgação e também muito antes, como mostram outras notícias, já havia de fato propriedade fundiária privada passível de venda. Pois o que se tinha de evitar era o ocorrido em numerosos lugares do mundo inteiro, e particularmente na *polis* da Grécia antiga, por exemplo, em Atenas. O fato de que patrimônio em dinheiro acumulado no comércio ou proveniente de fontes políticas procura investimento em posses fundiárias, comprando-as de camponeses endividados e empregando os mesmos nas parcelas assim juntadas, como servos endividados ou arrendatários servis. Mas chega de repetições monótonas que, no final das contas, não conseguem apresentar uma verdadeira "história da economia", pois para tanto ainda faltam os dados decisivos (preços, salários etc.). O que se conclui de tudo isso é, por um lado, a extrema precariedade que, há muitos séculos ou mesmo um milênio e meio, caracteriza a apropriação de terras e, por outro, a ampla irracionalidade do direito fundiário, uma irracionalidade

---

181. Esta proibição parece ter realmente inibido o desenvolvimento do colonato, pois ainda hoje não é muito comum o arrendamento de pequenas parcelas de terra.

político-fiscal oscilando entre intervenção arbitrária e total permissividade. Uma *codificação* jurídica foi recusada pelos letrados com a típica justificativa de que, *ao conhecer* seu direito, o povo iria desprezar as classes dirigentes. A única saída nestas circunstâncias era a conservação do *clã* como *associação de autoajuda.*

Daí o direito imobiliário *atual* na China apresentar, a par de traços aparentemente modernos, vestígios da mais antiga estrutura[182]. O cadastramento de todas as terras e a prescrição fiscal de que cada documento de venda exigia o lacre da repartição estatal competente (shoei ki) e de que a posse deste título de compra, de extratos cadastrais e de quitação fiscal valia como comprovante de propriedade foram medidas que, sem dúvida, facilitaram a transmissão de terras (por simples documentação); mencione-se, porém, que a referida prescrição fiscal continuamente fracassava ante a obstrução da população. Tornou-se hoje uma fórmula vazia a cláusula contida em cada documento de venda (Mai Ki) no sentido de que a posse "seja vendida em decorrência de uma real necessidade de dinheiro". Mas ela permite deduzir com segurança – juntamente com a resolução expressa de 485 d.C. – que originariamente a venda só era permitida em caso de "real necessidade", tanto assim que a oferta prévia a parentes, hoje igualmente desprovida de sentido, mas em épocas passadas certamente obrigatória, constava da mesma cláusula, também corroborada pelo costume – ainda hoje existente como "mau hábito" do vendedor e, em certas circunstâncias, de seus descendentes – de, em caso de necessidade aguda, exigir do comprador, mediante tan ki (*"billet de géminance"*)[183], um ou dois pagamentos adicionais como "esmola"[184]. Tan-

---

182. Com razão ficam aqui desconsiderados os feudos com direito a bandeira das guarnições manchurianas, assim como as prebendas fundiárias hereditárias das tropas de fronteira obrigadas à prestação de contribuições compulsórias leitúrgicas, os moradores contíguos aos canais, os habitantes de beira de estradas etc.

183. Segundo a tradução de P. Pierre *Hoang*. Notion technique sur la propriété en Chine. Schanghai, 1897 (Variétés Sino. 11), § 20.

184. E isso, perante os tribunais! O juiz, certamente, tinha de rejeitar o pleito, mas sem deixar de "admoestar" o comprador a não ser duro de coração e a realizar o pagamento solicitado. Somente pessoas influentes estavam em condições de subtrair-se à admoestação (Hoang. Op. cit.). Cf. o texto mais adiante.

to aqui como na antiga *polis* do Ocidente, o típico comprador de terras era o dono de patrimônio em dinheiro e credor, mas posse fundiária era originariamente ligada ao clã por direitos de preempção. A forma propriamente nacional de transferência de posse não era, por conseguinte, a venda incondicional para sempre, mas sim, em parte, a venda por necessidade com cláusula de recompra (hsiao mai), o arrendamento hereditário (pois a posição de arrendatário por herança cabia evidentemente ao tien-mien, ou seja, ao proprietário da superfície, e não ao tien ti, proprietário do solo) e, em parte, a anticrese (tien-tang) em caso de imóveis rurais (a hipoteca, ti-ya, somente era usual em caso de solo urbano).

Todas as demais formas de estrutura agrária apontam na mesma direção: luta entre a antiga ligação do solo ao clã e o poder pecuniário dos compradores de terra, bem como a intervenção moderadora, mas de interesse essencialmente fiscal, do poder político patrimonial. Já a terminologia oficial do Schi-king e dos Anais da Dinastia Han distingue, tanto quanto o direito romano, apenas entre propriedade privada e propriedade pública: arrendadores estatais em terras do rei, contribuintes fiscais em terras privadas ("terra do povo", mien ti). Destas, permaneciam propriedade da família as terras indivisíveis e intransferíveis dos ancestrais (os jazigos e a terra para o sustento das vítimas imoladas)[185]; o filho primogênito da principal esposa e seus descendentes sucediam ao testador em sua colocação de prioridade; desde a vitória do patrimonialismo, pelo contrário, o patrimônio, inclusive terra, ficou sujeito juridicamente à repartição natural entre todos os filhos, e as disposições testamentárias eram consideradas apenas eticamente vinculantes (como "fideicomissos", neste sentido próprio do conceito). Como formas de arrendamento, constatavam-se ultimamente o arrendamento parcial, o arrendamento em bens naturais e o arrendamento em dinheiro, e o arrendatário obtinha a perpetuidade contratual mediante pagamento de uma "caução". Os esquemas comuns de contratos de arrendamento de terras na área rural,

---

185. A terra dos ancestrais é mencionada com frequência na *Peking Gazette*.

porém[186], mostram de maneira clarissimamente que o arrendador devia ser concebido como um "colono" no sentido das estruturas de arrendamento de parcelas na Antiguidade e na Europa Meridional e, portanto, como um colono obrigado a cultivar o solo e que, via de regra, ficava em posição de devedor perante o arrendador. Por outro lado, do arrendador típico tinha-se o conceito, bem conforme ao que se disse anteriormente, de um magnata de terras voltado a valorizar por arrendamento as propriedades fragmentadas. Este era o caso, evidentemente, das uniões de famílias de um clã que havia herdado ou comprado numerosas parcelas de terra e que guardava registrados em arquivos especiais e livros de inventário os títulos de posse deste domínio de terras fragmentadas[187], assinalando-os com um nome especial para a união familiar[188] como estando todas as parcelas sob uma só firma[189]: era o mesmo nome que estava inscrito em placa no jazigo da família. Através de seu primogênito, a comunidade dirigia os colonos à semelhança de padrões

---

186. Cf. Hoang. Op. cit., p. ex., apêndice XXIII, p. 119. Já se observou que o arrendamento não era muito frequente. Fator decisivo para este fato era, além da proibição geral do colonato em 1205, a dificuldade de *cobrar* o arrendamento.

187. Hoang. Op. cit., p. 12, n. 31, p. 152, 157s.

188. P. ex., "Família da Paz Eterna".

189. O esquema deste sistema de cadastro e registro fundiário foi esclarecido neste contexto, pela primeira vez, por uma nota (de Bumbaillif) publicada na China Review 1890/1 (Land Tenure in China). A unidade cadastral consistia numa posse do clã denominada segundo o antepassado de um clã que exercia a função de chefe ao tempo da implantação do cadastro (ou, caso àquela altura já se tenha procedido à divisão das posses fundiárias, a tal unidade consistia nas posses de parcelas então existentes). Este número cadastral original, bem como sua denominação, permaneciam iguais mesmo após a divisão ou alteração de posse, sendo anotado apenas de quem (de qual família) se deveria, a partir de então, cobrar o imposto e qual imposto. 10 chefes de clãs (ou algo em torno deste número) conformavam uma comunidade decenária de clãs que, pelo direito antigo, assumia solidariamente a responsabilidade fiscal, sendo-lhe imposta a caução preventiva. Esta comunidade decenária também possuía terra coletiva que era cultivada (ou arrendada) alternadamente pelos chefes. Cada chefe de clã arrecadava os impostos de seu clã. Quem não conseguisse apresentar sua quitação fiscal até 16 de novembro poderia ter sua posse fundiária apreendida pela comunidade. Se os domicílios de um clã não conseguissem pagar o imposto, lançava-se mão da terra do ancestral clânico. As comunidades decenárias eram variáveis em sua composição. A nota citada relata a solicitação de um chefe de clã (ou chefe de parte do clã) apresentada juntamente com outros nove chefes no sentido de serem reunidos em uma nova comunidade decenária. A extensão das posses de um clã variava muito. Um número variável de comunidades decenárias conformava uma comunidade centenária de modo a atender determinados ônus que, originariamente, eram militares e referentes a contribuições compulsórias leitúrgicas. Sobre os clãs, cf. mais informações no texto.

patrimoniais, mesmo sob o aspecto do tom, como um senhor fundiário da Antiguidade ou da Europa Meridional ou um *squire* inglês. Tanto quanto os arrivistas que haviam enriquecido com ganhos no comércio ou na política, também aqui como em qualquer lugar, as grandes famílias antigas conservavam seu patrimônio firmemente em comunhão mútua para assim preservarem por hereditariedade sua posição de poder. É claro que isto representa um sucedâneo econômico para a quebra causada pelo patrimonialismo às prerrogativas estamentais da nobreza antiga.

Conservado até o presente em medida, por vezes, notável (mas infelizmente não captada pelas estatísticas até o momento[190]), o sistema fundiário de magnatas tem, portanto, apenas parcialmente uma longa data, tendo-se constituído em larga escala evidentemente por posses fragmentadas. Mas ele persistiu até o presente e no passado em grau ainda mais elevado, e com ele também o colonato, típico de países patrimoniais, mas duas circunstâncias especificamente chinesas contribuíram fortemente para mitigar o poder dos senhores fundiários: por um lado, o poder dos clãs, a ser comentado mais detidamente logo adiante, e, por outro lado, o caráter extensivo e a debilidade da administração e da justiça estatais. Perante uma justiça alerta, um senhor fundiário que pretendesse, sem qualquer outra consideração, fazer uso de seu poder teria poucas chances de impor seu direito formal, a menos que dispusesse de relacionamento pessoal ou que mobilizasse para si os recursos de poder da administração, trilhando o caminho reconhecidamente custoso da corrupção. Mas mesmo assim, tratando-se de uma tentativa de chantagear receitas fundiárias para o dono da terra ou de surripiar impostos para si próprio, quem tinha de levar em conta as "outras considerações" era o funcionário estatal. Qualquer desordem suscitava, como sintoma e ameaça de infortúnios mágicos, a preocupação do governo central, podendo assim

---

190. Afirma-se ter havido posses mais ou menos interligadas de 300ha (no original, certamente com erro tipográfico: *vcn 3co ha*), não sendo frequentes, porém, os casos isolados de proprietários de áreas consideravelmente maiores. Recém-chegada a minhas mãos no último instante, a tese de doutorado (em Frankfurt) de Wen Hsian Liu (Die Vorteile des ländlichen Grund und Bodens und seine Bewirtschaftung in China (*As vantagens da posse da terra e o seu cultivo na China*). Berlim, 1920) tampouco apresenta dados quantitativos.

custar-lhe o cargo. Hábitos extremamente característicos de arrendadores e alugadores deixam claro que este fato os impedia de passar a explorar intensamente seus colonos. A enorme intensidade de trabalho[191] das pequenas empresas e sua superioridade econômica patenteavam-se concretamente nos enormes preços da terra[192] e na taxa relativamente baixa de juros para crédito agrícola[193]. Nesta ampla parcelização fundiária, ficavam quase totalmente excluídos ulteriores melhoramentos técnicos. Dominava a tradição, apesar da ampla monetização da economia.

Portanto, também aqui a tendência de nivelamento social foi correspondente à burocratização patrimonial. Tratando-se do setor agrícola, a produção permaneceu quase exclusivamente nas mãos de pequenos camponeses, obedecendo à lógica da técnica intensiva em trabalho na rizicultura, e no setor de comércio e manufatura os moldes de produção permaneceram artesanais. A divisão natural por hereditariedade acabou por democratizar fortemente a posse da terra, embora a comunidade herdeira, em alguns casos, tenha retardado o processo. A posse de alguns hectares era considerada relevante e a de quantidade inferior a um hectare (15 mou = 85 ares) passava por suficiente, desde que não se tratasse de horticultura para cinco pessoas. Pelo menos sob o aspecto do direito, os elementos feudais da estrutura social haviam sido despojados de seu caráter estamental. Relatórios oficiais ainda falavam, nos decênios mais recentes, de "notáveis" do campo como a camada social decisiva. Mas esta camada "gentry" dos notáveis do campo (cf. abaixo) não tinha uma posição garantida pelo Estado perante as camadas inferiores. Pelo direito, era o mecanismo burocrático-patrimonial que se situava imediatamente acima do pequeno cidadão e do pequeno camponês. O que fal-

---

191. Pois inexistia qualquer tipo de "descanso dominical", excetuados aproximadamente 15 feriados oficiais.

192. Há cerca de um decênio e meio, o preço do hectare nas planícies dedicadas à horticultura era de 3 a 4.000 M./ha (mas leve-se em conta o poder aquisitivo num valor igual ao múltiplo do observado no Ocidente). A rentabilidade, no caso, era de aproximadamente 7-9% (ou dito mais corretamente: a "rentabilidade do trabalho", pois, segundo as informações disponíveis, a percentagem desta "renda" caía na proporção em que aumentava a qualidade do solo).

193. 8-9%, contra 12-30% no caso do crédito a pequenas e médias empresas do comércio e indústria.

tava, sob o aspecto jurídico e essencialmente também de fato, era a camada média feudal do Ocidente medieval.

Por outro lado, apenas tempos recentes trouxeram, sob influência europeia, formas típicas de relações de dependência capitalistas de caráter ocidental. Por quê?

IV
FUNDAMENTOS SOCIOLÓGICOS: D) AUTOADMINISTRAÇÃO, DIREITO E CAPITALISMO

A ausência de relações de dependência capitalistas

Organização do clã

Autoadministração da aldeia

Relações econômicas e sua vinculação ao clã

Estrutura patrimonial do direito

A ausência de relações de dependência capitalistas

Comum em estados patrimoniais, o capitalismo politicamente condicionado dos financiadores e fornecedores de príncipes, em tempos de disputa entre cada um dos estados pelo poder político, parece ter desfrutado considerável importância aqui como em qualquer lugar em iguais condições, além de ter funcionado com elevadas taxas de lucro. A par disso, a extração mineral e o comércio também são mencionados como fontes de acumulação de patrimônio. Ao que parece, tomando-se por base o valor em cobre, havia multimilionários na Dinastia Han. Aqui, entretanto, a unificação política num império mundial teve por consequência evidente, como no *orbis terrarum* unificado no Império Romano, um retrocesso para este capitalismo essencialmente ancorado no Estado e para sua concorrência com outros estados. Por outro lado, o desenvolvimento deste capitalismo orientado unicamente para o mercado e livre intercâmbio permaneceu limitado a características meramente germinais. No âmbito dos ofícios, era naturalmente bem visível, em toda parte, a superioridade do comerciante sobre o técnico, inclusive nas formas empresariais de natureza cooperativa comentadas mais adiante, aqui como naturalmente em qualquer lugar. Tal superioridade se manifestava já nos costumeiros esquemas de distribuição do lucro em associações. E também os ofícios interlocais propiciavam frequentemente um lucro especulativo considerável. Daí o antigo elevado apreço clássico conferido à lavoura como profissão sagrada propriamente dita não ter impedido, já no século I a.C. (de modo análogo ao do Talmude), que as chances de lucro de ofícios manufatureiros e artesanais fossem consideradas mais altas do que as da agricultura e que as do comércio fossem tidas como as mais altas de todas.

Mas isto não significava haver um início de desenvolvimento para o capitalismo moderno. Aqui, ou ficaram ausentes totalmente, até os dias atuais, justamente as instituições características que a burguesia emergente nas cidades medievais do Ocidente havia desenvolvido, ou apresentavam uma fisiognomia muito caracteristicamente diversa. Inexistiam na China as formas jurídicas e fases sociológicas do "funcionamento" capitalista com sua objetivação racional da economia, como as existentes desde cedo, de forma incoativa, mas inconfundível, no direito comercial das cidades italianas. O que lá, em tempos remotos, se encontrava bastante atrasado como início de evolução para o desenvolvimento do crédito individual, ou seja, a responsabilização do clã para seus membros, ficou preservado apenas no direito fiscal e no direito penal político. Faltou evoluir para graus superiores de desenvolvimento. Por certo, a associação de herdeiros em comunidades de fins lucrativos baseadas na comunidade domiciliar desempenhou, justamente no caso de camadas abastadas, um papel semelhante ao das associações domiciliares ocidentais, das quais se originou posteriormente (pelo menos na Itália) nossa "sociedade comercial aberta". No entanto, seu sentido econômico era caracteristicamente diverso. Como sempre no Estado patrimonial, quem tinha as melhores chances de acumulação de patrimônio[194] era aqui também

---

194. O "Hoppo" (supervisor e arrendatário alfandegário) de Kanton foi célebre por suas gigantescas chances de acumulação: as receitas do primeiro ano (200.000 Taéis) eram dinheiro para a compra do cargo, as do segundo, para "presentes" e as do terceiro, ele as guardava para si (cálculo do "North China Herald").

o *servidor público* enquanto tal e enquanto arrendatário de encargos fiscais, o que os servidores públicos eram, pela natureza das coisas. Servidores públicos demitidos aplicavam na compra de terras seu patrimônio mais ou menos legalmente adquirido. Para fins de manutenção do poder patrimonial, filhos masculinos permaneciam na comunidade hereditária como co-herdeiros e juntavam os recursos para novamente mandar estudar alguns dentre os familiares e assim dar-lhes a possibilidade de aceder a cargos rendosos, de modo a enriquecerem, por sua vez, a sua comunidade hereditária e obterem cargos públicos para os demais membros do clã, o que era amplamente visto como natural. Desenvolveram-se assim, embora de modo instável, na base desta acumulação política de posses, um patriciado e um sistema de magnatas fundiários com arrendamento de parcelas sem características feudais nem burguesas, mas que especulava em busca de chances para a exploração puramente política de cargos públicos. Portanto, como era típico para estados patrimoniais, não se tratava de aquisição predominantemente racional e econômica, mas sim – a par do comércio, que também investia seus lucros pecuniários na compra de terras –, principalmente, de um capitalismo predatório condicionado pela política interna a dominar a acumulação de patrimônio e particularmente também a de terras. Pois, como vimos, os servidores públicos acumulavam seu patrimônio, entre outras coisas, mediante agiotagem fiscal, ou seja, fixação arbitrária da taxa de câmbio para o cálculo da obrigação fiscal em moeda corrente. E os exames davam direito à candidatura para tomar parte no desfrute desta manjedoura. Daí os exames terem sido continuamente repartidos entre as províncias, salvo casos excepcionais em que foram limitados por contingentes fixos. O cancelamento dos exames numa circunscrição constituía uma pena economicamente muito severa para as famílias participantes de notáveis. É claro que esta espécie de comunidade familiar com fins lucrativos estava na contramão do desenvolvimento de comunidades empresariais econômico-racionais. E, além disso, ela estava antes de tudo rigorosamente ligada ao clã. E agora chegamos ao momento de expor em todo o seu contexto a importância, já várias vezes mencionada, das associações de clãs.

Praticamente desaparecida na Idade Média ocidental, a importância do *clã*, na China, tanto para a administração local das unidades menores como para o tipo de associação econômica permaneceu inteiramente preservada e chegou mesmo a desenvolver-se em proporções de grandeza desconhecida em outros lugares, como por exemplo na Índia. O governo patrimonial exercido de cima para baixo chocava-se frontalmente com as organizações de clãs firmemente configuradas de baixo para cima. Até os dias atuais uma fração muito importante de todas as "sociedades secretas" politicamente perigosas compunha-se de clãs[195]. As aldeias tinham seu nome determinado pelo do clã[196] que nela morava sozinho ou com presença predominante. Também podiam constituir confederações de clãs. Os antigos marcos fronteiriços evidenciam que a terra não era atribuída a cada indivíduo, mas sim aos clãs, e que as comunidades de clãs preservavam amplamente esta situação. A direção (frequentemente remunerada) da aldeia era eleita dentre os membros do clã mais poderoso. Os "anciãos" (dos clãs) assessoravam a direção e chamavam a si o direito de deposição. Mas cada um dos clãs, e disto se tratará nas passagens seguintes, reivindicava e também impunha, de modo autônomo, o poder de penalizar um membro seu, embora o poder estatal moderno não o tenha reconhecido oficialmente[197].

A coesão do clã e sua preservação – *apesar* das intervenções brutais da administração patrimonial com sua iniciativa de associações de responsabilidade construídas mecanicamente, com seus reassentamentos, redistribuições de terras e classificação da população segundo ting, ou seja, *indivíduos* idôneos para o trabalho – baseavam-se, sem dúvida, inteiramente na significação do *culto aos ancestrais* como único "culto do povo" indubitavelmente clássico e antiquíssimo que não era exercido por um governo cesaropapista e respectivos servidores, mas sim pelo chefe de família como sacerdote domi-

---

195. Assim era o núcleo dos "Rebeldes" de Taiping (1850-1864). Ainda em 1895, o clã do fundador da religião Taiping, Hang Yi Tang, foi perseguido por constituir uma sociedade secreta (*Peking Gazette*).

196. P. ex. (Conrady. Op. cit.), Tschang hia tsung = "Aldeia da família Tschang".

197. Só permaneceram reconhecidos oficialmente o tribunal do clã imperial sobre os seus próprios membros e o pátrio poder [Hausgewalt].

ciliar com a assistência de sua família. Os espíritos dos ancestrais haviam tido aparentemente certa importância já na "casa dos homens" da primitiva época militar, o que aliás, dito de passagem, parece dificilmente compatível com um genuíno totemismo, mas poderia indicar o caráter de *adesão leal* e, a partir deste, o carisma *hereditário* do príncipe e de seus sequazes sob a *forma* da casa dos homens enquanto formação organizacional que provavelmente se poderá conceber como sendo a mais antiga[198]. Seja como for, o que constituiu na história a crença fundamental pura e simples do povo chinês foi a crença no poder dos espíritos dos ancestrais, não apenas dos próprios[199], mas sobretudo dos próprios, a crença no seu papel de *intermediários* – testemunhado tanto nos ritos como na literatura – para as aspirações dos descendentes junto ao espírito celeste ou deus celeste[200], a crença na absoluta necessidade de dar-lhes satisfação e aplacá-los mediante a imolação de vítimas. Os espíritos dos ancestrais dos imperadores constituíam o séquito fiel do espírito celeste, quase igualando-se a ele na posição hierárquica[201]. Um chinês sem

---

198. Talvez ambas as formas – casa "cooperativa" de homens e casa "senhoril" de homens – tenham coexistido em nível regional, pois de outro lado também é correto afirmar que, *em seu conjunto*, as notas aferidas por Quistrop (op. cit.) dão mais razão à primeira. Entretanto, por outro lado, o lendário Imperador Yau entregou o governo ao seu sucessor Schun no *templo dos ancestrais*. Um imperador ameaça seus vassalos com a ira dos espíritos de seus *antepassados*. Estes exemplos, recolhidos por Hirth (Anc. Hist. of China), mas também o aparecimento de um *espírito dos ancestrais* do imperador reclamando prestação de contas devido a um mau governo e o discurso do Imperador Pang-kong no Schu-king (Legge, p. 238) dão mais razão à segunda forma mencionada. Resíduos de totemismo foram reunidos por Conrady. Op. cit. (na verdade, não totalmente convincentes, embora importantes).

199. O fato, já mencionado, de que o último descendente de uma dinastia derrubada tenha sido poupado deve-se à preocupação de evitar a inquietação dos espíritos de seus antepassados – de fato poderosos, enquanto ex-imperadores (cf. ainda na *Peking Gazette* de 13/04/1883 e 31/07/1883: Queixa do Tschang Tuan, representante da Dinastia Ming, referente a uma construção na terra de antepassados dos Ming). Da mesma forma os sacrifícios mencionados anteriormente para os espíritos de falecidos sem descendentes e, conforme se verá logo adiante, também as adoções.

200. Cf. a alocução do príncipe de Tschou no Schu-king (Legge, p. 175) e a *oração* do imperador doente aos *antepassados* (e não aos céus). Ibid., p. 391s.

201. O fato de o espírito celeste ser tratado como "*primus inter pares*" depreende-se com muita nitidez dos comprovantes expressamente apresentados por de Groot (universismo). Segundo edito publicado pela *Peking Gazette* de 29/09/1898, foram os "espíritos dos antepassados" que condenaram as tentativas (então) frustradas de reforma do imperador de Kang Yu Wei. O céu leva em conta, além do mérito *próprio*, também o dos *antepassados* (de Groot. The Rel. of the Chin. Nova York, 1910, p. 27, 28). Daí deriva provavelmente o ensino confuciano de que, durante certo tempo, o céu tolere os pecados de uma dinastia para só intervir em caso de total degeneração. Isto era naturalmente uma "teodiceia" um tanto cômoda.

descendentes masculinos tinha absolutamente de recorrer à adoção e, caso se omitisse quanto a isso, a família se encarregava, em seu lugar, de uma adoção póstuma fictícia[202] – não tanto no interesse do mesmo, mas sim no da família, para assim ficar em paz com seu espírito. É evidente o efeito social destas ideias que tudo dominavam. Em primeiro lugar, o enorme fortalecimento do poder patriarcal[203]. Em seguida, a coesão do clã como tal. No Egito, onde o culto *mortuário*, e não o dos *ancestrais*, era totalmente dominante, a coesão do clã desfez-se sob a influência da burocratização e do fiscalismo, tal qual na Mesopotâmia, embora muito mais cedo. Mas na China esta coesão manteve-se e fortaleceu-se, alcançando mesmo dimensões que lhe deram poder equiparado aos poderes políticos dos senhores.

Organização do clã

Em princípio, cada clã tinha seu próprio pavilhão de antepassados[204] na aldeia (inclusive até a atualidade). Além dos paramentos litúrgicos, o pavilhão também continha frequentemente uma tábua com as "leis morais" acatadas pelo clã. Pois, de fato, nunca foi posto em dúvida o direito do clã de se dar estatutos próprios e seu efeito não era apenas "praeter legem", mas também sob certas circunstâncias – até mesmo em assuntos rituais – "contra legem"[205]. O clã mantinha-se coeso solidariamente ante o ambiente externo. Embora, como mencionado, inexistisse a responsabilidade solidária, exceto no direito

---

202. Há casos de adoção anulada por estarem em perigo as oferendas fúnebres do pai natural (*Peking Gazette* de 26/04/1878).

203. O "assassínio do pai" era considerado um acontecimento tão terrível (e digno de pena de "morte lenta"), que até o governador da respectiva província foi deposto como se tivesse ocorrido uma catástrofe natural (*Peking Gazette* de 07/08/1894). Em 1895 (*Peking Gazette* de 12/07/1895), o assassínio do avô, golpeado pelo neto embriagado, acarretou inclusive o castigo do pai, que não educou o filho de modo a que "este tolerasse até os castigos mais duros do idoso".

204. Eventualmente, subclãs também tinham seus "subpavilhões de antepassados".

205. Segundo o ritual clássico, a adoção só podia realizar-se no interior do clã. Os estatutos familiares, todavia, continham a respeito – mesmo dentro da mesma aldeia – disposições totalmente divergentes. Algumas do ritual antigo foram aceitas de maneira quase geral, de modo que então a nora tinha de ficar de luto não *apenas* pela morte do sogro e da sogra – como previsto oficialmente –, mas também pela dos seus próprios pais. Assim também o motivo para o luto "profundo" estendia-se agora igualmente à morte da mãe e não apenas à do pai.

penal, o clã procurava mesmo assim, na medida do possível, pôr em ordem as dívidas de um membro seu. Ele também deliberava, sob a presidência do mais idoso, sobre punições não somente por bastonadas e excomunhão – equivalente à morte civil –, mas também por exílio penal, como o *mir* russo. A necessidade, muitas vezes premente, de crédito para consumo também era satisfeita fundamentalmente dentro do clã, onde o auxílio emergencial era tido como dever moral dos membros abastados. Por certo, a um não membro que apresentasse suficientes provas de profundo respeito também se devia conceder empréstimo, pois não se devia arriscar contra si a vingança do espírito do desesperado se este, porventura, tivesse praticado o suicídio[206]. E ao que parece nunca ninguém realizou sem mais nem menos voluntariamente uma amortização, muito menos quando sabia ter o respaldo do clã. Mas primariamente só dentro do clã havia um dever claramente regulamentado de ajuda emergencial e de ajuda por empréstimo. O clã, se necessário, enfrentava contendas também fora do clã[207]. Neste caso, a bravura sem compromisso demonstrada ao tratar-se de interesses pessoais e de vinculação pessoal estava em visibilíssimo contraste com a "covardia" tão frequentemente lembrada em relação aos recrutas convocados compulsoriamente ou aos exércitos governamentais compostos por mercenários. O clã providenciava, sempre que necessário, medicamentos, médico e sepultamento, bem como sustentava os idosos, as viúvas e sobretudo as escolas. O clã possuía propriedades e, em primeira linha, propriedades fundiárias ("terra dos antepassados", ou seja, schi tien[208]), e no caso de clãs ricos, frequentemente também amplas propriedades

---

206. É por esta razão que há muita probabilidade em favor da interpretação de A. Merx, ao escrever μηδένα ἀπελπίξοντες em vez de μηδὲν ἀπελπίξοντες; pois também aqui existe o medo perante o "brado" dirigido a deus e, no caso do suicídio, perante o "espírito" do desesperado.

207. O ensejo para tanto provinha não só de rateios fiscais e de vingança venal, mas também dos conflitos provocados entre vizinhos pelo Fung Schul (erro tipográfico no original, em vez de Fung Schui, como até agora no texto!), ou seja, pela geomântica. Mais adiante se observará que cada prédio e sobretudo cada sepultura nova podia causar danos aos espíritos dos antepassados de sepulturas já existentes ou também excitar os espíritos das rochas, dos riachos, das colinas etc. Estas contendas eram então quase irreconciliáveis devido aos interesses geomânticos em jogo entre *ambas* as partes.

208. A *Peking Gazette* de 14/12/1883 relata, p. ex., a compra de 2.000 Mou (cada qual com 5,62 ares) por 17.000 Taéis. Menciona-se aí expressamente, a par das imolações, o uso das receitas para 1°) o apoio à pessoa enviuvada e aos órfãos e 2°) para a manutenção de escolas.

recebidas como legado. O respectivo aproveitamento econômico procurado pelos clãs se dava através de arrendamento (na maioria das vezes mediante leilão, pelo período de três anos), sendo que a venda só era permitida com maioria de três quartos. A receita era dividida entre os pais de família. Todos os homens e todas as viúvas recebiam tipicamente uma unidade, duas unidades a partir dos 59 anos de idade e três unidades a partir dos 69. Dentro do clã havia uma combinação de princípios carismático-hereditários com princípios democráticos. Todos os homens casados tinham igual direito a voto, os solteiros apenas votos consultivos e as mulheres ficavam excluídas tanto da herança (elas só tinham direito a participação no enxoval) como das deliberações do clã. Os idosos exerciam a função de comissão administrativa de acordo com as *tribos* hereditárias, mas escolhidos anualmente por todos os membros do clã enquanto eleitores; e eles tinham de arrecadar as receitas, fazer render a posse e distribuir a renda, sobretudo providenciando oferendas para sacrifícios aos antepassados e mantendo em ordem os pavilhões de antepassados e as escolas. A proposta de eleição era apresentada em ordem de idade por quem terminava o mandato; caso rejeitada, nova apresentação era feita para o seguinte na ordem etária.

Foi comum até aos dias atuais a aquisição coletiva de terra por compra ou arrendamento, bem como sua distribuição entre os pais de família. Mandarins, comerciantes e outras pessoas que deixavam o campo recebiam indenização e um extrato do livro genealógico como documento de identidade, ficando sujeitos à jurisdição do clã, mas podendo recomprar o seu direito à respectiva parte. Onde predominassem as condições antigas, raramente a terra hereditária passava às mãos de forasteiros. Os ofícios caseiros de fiação, tecelagem e costura das mulheres permitiam apenas moderadamente o desenvolvimento de um ramo têxtil autônomo, ainda mais que as mulheres trabalhavam também para vender[209]. O vestuário para os pés e a cabeça também constituíam na maioria dos casos produtos domésticos. E visto que 1°) o clã também era responsável pelas festas mais importantes para o indivíduo

---

209. Cf. a respeito: Eug. *Simon*. La cité chinoise (Paris, 1885) e *Leong* e *Tao*. Village and Town Life in China. Londres, 1915.

(geralmente duas por ano em honra aos ancestrais), além de ser também objeto da história familiar a ser escrita pelos pais de família; 2°) visto que, até o presente, constituía assunto do clã conceder empréstimo a baixos juros ao aprendiz e assalariado desprovido de recursos a fim de permitir-lhes galgar a posição de artesão "independente"; 3°) e visto que, como já foi dito acima, os membros mais idosos do clã escolhiam os jovens que julgavam qualificados para estudos e arcavam com os respectivos custos de preparação, exame e compra do encargo – por todas estas razões, a associação de famílias, além de representar um forte fundamento econômico para o abastecimento autárquico doméstico e, portanto, também para um desenvolvimento restrito do mercado, também tinha uma significação *social* por constituir-se o pressuposto básico absoluto da própria existência de seus membros, *também* dos que viviam fora, e particularmente dos que viviam na cidade[210].

A "cidade" nunca foi, portanto, para a maioria de seus habitantes, a "terra natal", como já mencionado de modo geral anteriormente, mas sim tipicamente "o estrangeiro" propriamente dito. E isto, tanto mais no caso em que o estrangeiro se distinguisse da *aldeia* pela já referida *ausência* de *autoadministração* organizada. É disso que trataremos a partir de agora. É possível dizer sem grande exagero que a história administrativa chinesa está impregnada da pretensão continuamente renovada da administração imperial de fazer-se valer também *fora* do perímetro urbano. Contudo, excetuados os compromissos relativos à prestação do dever fiscal, ela só conseguiu este intento em curtos períodos e era mesmo impossível, dado seu caráter extensivo, obtê-lo por períodos mais prolongados. Este caráter extensivo, ou seja, o escasso número de autênticos servidores públicos, era condicionado pelas finanças (e estas, por sua vez, também estavam condicionadas pela referida escassez de pessoal). A administração imperial oficial permaneceu, substancialmente, uma administração de distritos urbanos e suburbanos. Nestes, as maciças associações por laços sanguíneos dos clãs não se encontravam em confronto

---

210. Ainda em 1899 (*Peking Gazette* de 12/10/1899) foi refeita a clara advertência de que pessoas que se mudam para o estrangeiro e continuam partícipes da terra dos antepassados *não* devem ser tratadas (pela polícia) como "forasteiros desconhecidos".

com ela como ocorria fora deles, e assim a administração podia agir com eficiência, *desde que* se comportasse de modo compatível com os grêmios e corporações. Fora dos muros da cidade, seu poder de agir com verdadeira eficácia esvaía-se com grande rapidez, pois aqui, a par da força já em si considerável dos clãs, ela ainda tinha de defrontar-se com a autoadministração organizada da *aldeia*. Tendo em vista o fato de que nas cidades também moravam camponeses, transformando-as assim em "cidades de cidadãos lavradores", impôs-se uma distinção de ordem técnico-administrativa entre "cidade", entendida como sede dos mandarins sem autoadministração, e "aldeia" como localidade com autoadministração sem mandarins!

Autoadministração da aldeia

Na China, o assentamento em forma de aldeia[211] enquanto tal baseava-se na necessidade de segurança, necessidade que a extensiva administração imperial jamais pôde suprir por não dispor de nenhuma ideia do tipo "polícia". Na maioria dos casos, as aldeias eram bem fortificadas originalmente e, ao que parece, muitas vezes ainda hoje, com paliçadas, como as antigas cidades, e frequentemente também amuralhadas. Para atender ao dever de vigilância em toda a circunferência (cf. mais adiante), foram contratados vigilantes remunerados com soldo. A aldeia, que por vezes contava muitos milhares de habitantes, distinguia-se da cidade justamente pelo fato de que *ela mesma* se desincumbia desta função e, ao contrário da cidade[212], também tinha um órgão para este fim. E este órgão, dada a evidente ausência absoluta do conceito de "corporação" no direito chinês tanto quanto nos hábitos mentais dos camponeses, era o *templo da aldeia*[213], que na Época Moderna geralmente, ao que parece, costumava ser dedicado indiferentemente

---

211. Com posse das propriedades individuais frequentemente fragmentadas em 5 a 15 parcelas devido a partilhas de heranças.

212. Na cidade, os grêmios frequentemente haviam usurpado amplíssimas funções da autoadministração, como vimos.

213. Também a este respeito, consultar o já citado trabalho de ambos os bacharéis chineses (de qualidade *incomparavelmente* melhor na parte referente à *aldeia*; afinal, há pouco a dizer sobre a "cidade" enquanto formação social!). Existem analogias no direito germânico!

a qualquer um dentre os deuses populares, a saber, por exemplo, o General Kwan Ti (deus da guerra), o Pah Ti (deus do comércio), o Wan Tschang (deus das escolas), o Lang Wang (deus da chuva), o Tuti (um deus não clássico, ao qual se devia notificar cada caso de óbito tendo em vista a *conduta* do finado no além), e assim por diante. Aparentemente era bastante indiferente o deus ao qual se dedicava o templo. Pois, como na Antiguidade ocidental clássica, o significado "religioso" do templo[214] restringia-se a poucas manipulações rituais e orações ocasionais de algumas pessoas; aliás, ele só tinha seu significado em processos sociais e jurídicos profanos.

Como o pavilhão dos ancestrais, o templo também possuía propriedade, sobretudo fundiária[215], mas muito frequentemente também propriedade pecuniária que ele aplicava em créditos, nem sempre a juros baixos[216]. A posse pecuniária provinha principalmente de tradicionais taxas incidentes sobre o mercado: os estandes do mercado, como em quase toda parte do mundo, estavam sob a proteção do deus local. A terra do templo, assim como a dos antepassados, era arrendada, e isto preferencialmente aos despossuídos da aldeia; a renda daí proveniente e em geral todas as receitas do templo eram também concedidas anualmente a arrendatários e a renda líquida obtida após subtração dos custos era distribuída. Os postos administrativos do templo eram parte do dever de dádiva dos pais de família da aldeia, que andavam de casa em casa, após a aldeia ter sido subdividida para este fim em distritos de 100 a 500 habitantes. Mas ao lado destes administradores encontravam-se os "notáveis" da aldeia – os anciãos do clã e os letrados – que eram – nominalmente – remunerados. Exclusivamente *eles* eram reconhecidos como representantes da aldeia pelo governo político, avesso a toda legalização de corporações e respectivos sucedâneos. Eles, por sua vez, agiam

---

214. Os templos das aldeias não eram tidos como lugares cultuais "taoistas" (cf. mais adiante, cap. VII).

215. De modo particular para o sacerdote do templo. Caso o templo tenha sido uma doação de benfeitores, estes foram agraciados com títulos honoríficos (schan tschu, mestre da juventude). Os sacerdotes viviam de espórtulas por cultos de passagem e fornecimentos de cereais; por conseguinte, quanto mais templos havia, tanto mais pobre era a aldeia. Mas apenas um dos templos era o "templo da aldeia".

216. Era tido como meritório tomar emprestado dinheiro do templo. Cf. a respeito: Doolittle, Social Life of the Chinese. Londres, 1866.

em nome "do templo". Através deles o "templo" celebrava contratos para a aldeia. O "templo" tinha jurisdição para assuntos de bagatela e usurpava-a com grande frequência para assuntos de toda espécie, sem que o governo interviesse, a não ser em assuntos de interesse do Estado. Este tribunal, e não o do governo, gozava da confiança da população. Sempre que os clãs não podiam ou não queriam assumir atividades como cuidar de estradas, canais, defesa, segurança policial (mediante vigilância obrigatória por turnos, que na realidade geralmente era delegada a terceiros), defesa contra ladrões ou aldeias vizinhas, escolas, médico, remédios, sepultamento etc., o "templo" as assumia. O templo da aldeia continha o arsenal de armas da aldeia. Com o templo, a aldeia ficava idônea para agir de direito e de fato como um organismo comunal; e nesta função ele *fazia falta* na "cidade". E antes de tudo era a *aldeia* e não a *cidade* que se constituía numa associação de fato *apta a defender-se com armas*.

Nem sempre o governo assumiu uma posição liberal de *laissez-faire* ante esta autoadministração inoficial, como foi o caso nos últimos tempos do antigo regime. Sob os Han, por exemplo, ela buscou desmontar o absolutismo patrimonial puro de Schi Hoang Ti, cooptando ordenadamente os anciãos da comuna para cargos na autoadministração (san lao) a fim de regulamentar e legalizar a autoadministração primitiva[217]. O chefe da aldeia (Schou saih yen) devia ser eleito e confirmado em sua boa conduta com a garantia dos proprietários de terra, mas na realidade isto só ocorria vez ou outra. E o governo continuamente ignorava a aldeia como unidade. É que os

---

217. A par dos anciãos do *clã*, sobre cuja existência aparentemente há dados disponíveis em todas as épocas, havia na época subdivisões formadas alternadamente com seus servidores públicos, os quais, via de regra, eram *eleitos* (sob os Han: dentre os quinquagenários) e aos quais se atribuíam as funções de polícia de segurança, caução solidária com dever de repreensão, supervisão dos sacrifícios, rateio do trabalho forçado, arrecadação fiscal e portanto responsabilização fiscal, sob certas circunstâncias jurisdição de paz e tratamento da educação popular, mas também ocasionalmente a convocação e realização de exercícios da milícia. De acordo com a reorganização feita sob os Han naquele tempo, um conjunto de 9 x 8 famílias conformava oficialmente um "Li", ro [*sic*, provavelmente um erro tipográfico] Li um "Tin" sob um ancião eleito, 10 Tin formavam um "San" sob um San-lao eleito, cuja atribuição era principalmente a educação popular. Acresciam as funções do Se fu, a saber, as de controlador fiscal e de juiz de paz, e a do ju tsi, como comissário de polícia. O objetivo principal era militar. Cf. a respeito: A.J. Iwanoff. Wang-An-Schi i jewo reformy. S. Petersburgo, 1906.

189

interesses puramente fiscais quase sempre prevaleciam. Wang An Schi, como já referido em outro contexto, racionalizou o sistema sobretudo sob este aspecto. Formalmente, cada grupo de 10 famílias reunidas em "pai" tinha um mediador de confiança e cada grupo de 100 famílias ("chia") um chefe, po chia, habitualmente chamado "tipao". Tanto na aldeia como na cidade cada casa devia ter uma placa (que só era realmente afixada quando a tradição se mantinha viva) indicando o número da casa, o grupo familiar de 100 (chia), o de 10 (pai), o proprietário, nome do chefe de família, lugar de nascimento da família (direito de assistência ligado à terra natal [*Heimatsrecht*]), seus membros e inquilinos com respectivas profissões, membros ausentes (desde quando?), a taxa de arrendamento, o dever fiscal, o número de cômodos habitados e alugados. A pessoa oficialmente responsável para fins de polícia, vigilância de criminosos e clubes secretos era oficialmente o po chia (chefe do grupo de 100 famílias). Entre suas tarefas, não de somenos importância, estava a responsabilidade pelo funcionamento da polícia imperial *religiosa*, à qual voltaremos mais adiante. Este servidor público da autoadministração (tipao) tinha por dever realizar a ligação entre o regime das autoridades e o da autoadministração. Onde o sistema funcionava e na medida em que funcionava ele costumava expressamente passar algum tempo no escritório do magistrado distrital (hsien), a fim de informá-lo. Mas recentemente tudo isto se tornou essencialmente formal e o cargo do "tipao" se transformou sob múltiplos aspectos – e, segundo autores chineses, aparentemente por via de regra – num posto estatal não clássico e, portanto, de menor avaliação. As forças que o aparelho estatal, na verdade, tinha de levar em conta eram os anciãos do clã, agindo em respaldo da administração da aldeia e perigosos em caso de conflitos, eventualmente como tribunal secreto (Veme).

Ao que tudo indica, não se deve, de forma alguma, considerar a vida do camponês numa aldeia chinesa como um idílio de harmonia patriarcal. O indivíduo encontrava-se com relativa frequência sob a ameaça não somente de combates contra agentes externos. Não: o poder do clã e também a administração do templo da aldeia muito frequentemente agiam de forma absolutamente insuficiente para proteger a propriedade, especificamente a propriedade *mais saliente*. Os camponeses por assim dizer "efetivos" (chamados "lao schih") simplesmente ficavam muito tipicamente à mercê da arbitrariedade dos "Kung kun", ou seja, "Kulaki" ("punhos"), como se diria na terminologia camponesa russa. E isto, não como na Rússia, onde eles ficavam entregues à dominação de uma "burguesia aldeã" de usurários e pessoas de interesses similares (como eram os "Kulaki" de lá); contra isso, como vimos, facilmente se teria encontrado ajuda divina e humana. Mas sim, ao contrário, eles ficavam indefesos ante os *desapossados*[218] organizados por aquele Kung kun, portanto, ante a "bjednata" ("pobreza aldeã") no sentido terminológico do bolchevismo que poderia ver *nisto* o motivo de sua atratividade para a China. Contra esta organização, cada qual dos donos fundiários de maior porte (ou também um grupo de donos individuais) se achava desprotegido e desvalido[219]. E se, nos séculos recentes, propriedades fundiárias de maior porte passaram a fazer parte das exceções, o que seguramente também deu sua contribuição para isto foi *esta* circunstância: a de um "bolchevismo camponês" ingênuo e fortemente moderado pela ética e pelo poder do clã, bolchevismo este que foi simplesmente uma sequela da falta, para as posses fundiárias, de garantias que devia ter sido oferecidas pelo Estado com seu poder coercitivo. Abaixo do distrito hsien, correspondente ao tamanho aproximado de um *county* inglês, existiam somente estas instâncias de autoadministração, cujo funcionamento era autóctone e operado oficialmente por voluntários, mas na realidade com frequência por "Kulaki". Mas *ao lado* da administração distrital oficial também existia, até o nível de províncias, uma grande multiplicidade de grêmios de pessoas contratadas por três anos por "delegação" retratável a qualquer momento – de fato porém, por carisma, fosse ele reco-

---

218. Várias informações a respeito in: *A.H. Smith*. Village life in China. Edimburgo, 1899.

219. O Kung kun treinava ginástica com regularidade e, de modo similar a um membro da Camorra ou da máfia, buscava manter relações inoficiais com o Yamen (comitê) do servidor público do Hsien (distrito), o qual nada podia ante ele. Qualquer empregado aldeão – fosse ele membro da diretoria ou árbitro, ou, pelo contrário, um mendigo – podia desenvolver-se até tornar-se um Kung kun; e a situação ficava desesperadora para os demais aldeães quando ele fosse instruído em letras e ainda por cima, porventura, parente de um servidor público.

nhecido ou usurpado – e que "assessoravam" os servidores públicos[220]. Sua estrutura não nos deve interessar aqui.

Relações econômicas e sua vinculação ao clã

Sempre que se tentasse, por exemplo, aumentar as taxas tradicionais ou fazer uma outra alteração de qualquer espécie, era necessário, para conseguir impor fosse lá o que fosse, pactuar com aquele grêmio constituído por uma camada firmemente coesa de notáveis da aldeia, a qual se contrapunha ao funcionário público. Pois de outra forma o servidor público devia contar com uma renitência tenaz, exatamente como sucedia, em iguais casos, com o senhor fundiário, o locador, o empregador e em geral qualquer "superior" fora do clã. O clã de uma pessoa que se sentisse desfavorecida unia-se em sua defesa como se fosse um único indivíduo[221], e sua resistência cerrada era de um efeito naturalmente muito mais duradouro do que, em nosso país, a greve de um sindicato livre. Já por isso ficaram impedidas toda e qualquer "disciplina do trabalho", a livre seleção do operariado no mercado livre, própria das grandes empresas modernas, assim como toda e qualquer administração racional de tipo ocidental. Portanto, confrontada com o funcionalismo público letrado, a *ancianidade* iletrada era, como tal, o contrapoder mais forte. Tratando-se de assuntos do clã regulamentados pela tradição, mesmo o servidor público que havia passado por tantos exames tinha de curvar-se incondicionalmente ao ancião mais idoso do seu clã, uma pessoa absolutamente sem instrução.

De um lado por parte dos clãs e, do outro, por parte destas organizações da pobreza, uma parcela praticamente considerável de autoadministração usurpada e concessionada defrontava-se com a burocracia patrimonial, cujo racionalismo se encontrava ante uma potência decididamente tradicional que, por manter-se ativa com persistência e apoio na mais estreita associação

---

220. São *estes* os grêmios a que se referem os decretos publicados na *Peking Gazette* usando as expressões "Gentry and notables" para designar a instância junto à qual se devia buscar um laudo.

221. Cf. o relatório sobre como duas associações de clã libertaram uma pessoa que havia sido detida por um coletor de impostos in: *Peking Gazette*, 14/04/1895.

pessoal, lhe era ampla e duradouramente muito superior. Toda inovação de qualquer espécie poderia, além disso, provocar um feitiço desfavorável; e, suspeita principalmente de fiscalismo, defrontava-se com forte resistência. Camponês nenhum acreditaria em motivos "objetivos" neste contexto, exatamente como no caso dos camponeses russos na obra *Ressurreição*, de Tolstoi. Os anciãos do clã – o que aqui mais nos interessa – exerciam na maioria das vezes decisiva influência na aceitação ou rejeição de inovações religiosas, influência que quase sem exceção fazia a balança pender para o lado da tradição, sobretudo quando vislumbravam uma ameaça contra a piedade filial para com os antepassados. Este ingente poder dos clãs, guiados por padrões rigorosamente patriarcais, constituía, na verdade, o suporte daquela tão falada "democracia" na China que, por outro lado, apenas tornava manifestos 1°) o término da formação estamental feudal, 2°) o caráter extensivo da administração burocrático-patrimonial e 3°) a robustez e universalidade da força dos clãs patriarcais e que, portanto, *absolutamente nada* tinha em comum com a "moderna" democracia.

A base de quase todas as formas econômicas de organização que transbordavam os limites da economia individual estava na pertença real ou imitada da pessoa ao clã. Em primeiro lugar, a comunidade Tsung-tse. Este clã assim organizado possuía, além do pavilhão dos ancestrais e do prédio escolar, também casas do clã destinadas a estoques e aparelhos para o processamento do arroz, preparo de conservas, tecelagem e outras produções caseiras, eventualmente dotadas de um administrador expressamente contratado; além disso, em situação de emergência, este clã prestava apoio a seus membros através de auxílio mútuo e gratuito ou por meio de crédito barato. Ele tinha, portanto, o significado de uma comunidade de clãs e domicílios cumulativa e expandida ao ponto de assumir o caráter de cooperativa de produção. Por outro lado, a par das empresas individuais de mestres artesanais, também existiam nas cidades comunidades empresariais de pequeno porte especificamente capitalistas (com caráter de cooperativa) reunidas em oficinas de trabalho chamadas *ergasterias*, muitas vezes com divisão amplamente manual do trabalho, frequentemente dotadas de especialização já concluída em gestão empresarial técnica e administrativa; e também com distribuição do lucro, em parte, segundo a participação no capital e, em parte, segundo o desempenho específico (p. ex., empresarial ou técnico). Coisa semelhante se conhecia também na Antiguidade helênica e na Idade Média islâmica. Aparentemente, na China estas *ergasterias*, particularmente no caso de empresas sazonais, decidiam juntar-se para sobreviver na temporada sem vendas e, de resto, naturalmente para facilitar a obtenção de crédito e a produção pautada pela divisão funcional do trabalho. Todas estas formas voltadas a criar unidades econômicas de maior porte tinham, sob o ponto de vista social, um caráter especificamente "democrático". Elas davam suporte ao indivíduo contra o perigo de proletarização e de subjugação capitalista. No entanto, sob o aspecto puramente econômico, esta última podia infiltrar-se tanto através de elevadas cotas-partes para capitalistas não trabalhadores como mediante a predominância de poder e as altas participações no lucro por parte dos vendedores empregados. O sistema de distribuição, pelo contrário, que entre nós introduziu a subjugação capitalista, ficou estagnado, sob o aspecto organizacional, aparentemente até a atualidade – quando se apresenta quantitativamente importante sobretudo nos ramos do comércio remoto – nas diversas formas de dependência fática do artesão em relação ao comerciante, tendo progredido apenas em alguns ramos inclusive do trabalho caseiro entremeado de oficinas de mestres e escritório central de vendas. Como vimos, o fator decisivo para tanto foi a chance extraordinariamente reduzida de *forçar* o desempenho de dependentes de modo geral e, de modo particular, na qualidade, quantidade e prazo requeridos. Ao que parece, a existência de manufaturas capitalistas de grande porte é de difícil comprovação histórica, e a de artigos de consumo em massa também é improvável, pois inexistia um mercado permanente. Dificilmente a indústria têxtil conseguia impor-se perante ofícios e artes domésticos; somente a seda tinha seu mercado, inclusive, remoto, mas este último estava tomado pelas caravanas de seda da corte imperial. A indústria metalúrgica, dada a baixa produtividade das minas, não passou de dimensões modestas. Esta baixa produtividade, por sua vez, resultara de causas gerais, em parte já comentadas e, em parte, a serem comentadas. Sobre o processamento do chá existem exposições ilustradas de grandes oficinas com divisão funcional do trabalho, comparáveis às do Egito antigo. As manufaturas estatais produziam (normalmente) artigos de luxo (como no Egito islâmico); a ampliação da indústria metalúrgica promovida por fatores cambiais foi passageira. As já comentadas corporações, por certo, regulavam o sistema de aprendizado, mas nada ouvimos sobre associações específicas de técnicos artesanais. Os operários só se organizavam em casos isolados para uma greve contra o mestre, mas de resto, ao que parece, apresentavam pouquíssimos processos incoativos de evolução rumo a uma classe própria. E as razões são semelhantes às da Rússia até trinta anos atrás. Ao que se sabe, eles pertenciam às corporações com iguais direitos. Dito com maior correção: o fato de que a corporação geralmente não se fechou de modo monopólico às novas gerações estava em consonância com o caráter pequeno-empresarial das artes e ofícios, que geralmente nem mesmo chegara a ser pequeno-capitalista. Este efeito teria sido possível com o fechamento de profissões que poderiam ter levado à formação de castas, mas nem isto se conseguiu, apesar da intenção repetidamente formulada e aparentemente concretizada em certos períodos em favor do sistema de contribuições compulsórias. A Analística refere expressamente uma vã tentativa empreendida neste sentido no final do século VI, quando ainda persistia um resto de tribos e profissões consideradas "impuras" sob o aspecto mágico. Costuma-se[222] distinguir nove espécies de "castas" degradadas: em parte, determinados tipos de escravos; em parte, determinados descendentes de escravos e colonos; em parte, castas de mendigos; em parte, descendentes de ex-insurgentes; em parte, descendentes de bárbaros imigrantes (tribos--hóspedes); em parte, músicos e determinados atores que participavam de cerimônias familiares, e, além disso, atores de teatro e saltimbancos – como na Idade Média ocidental. À semelhança da situação na Índia, havia para as profissões impuras clientelas fixas, hereditárias e vendíveis. Para todas as castas degradadas ficavam proibidos o conúbio, a comensalidade e o acesso

---

222. Cf. *S. Hoang.* Mélanges sur l'admin. (Var. Sinolog. 21, Schanghai, 1902, p. 120s.)

a graus superiores. Mas, por força de decretos imperiais, era permitida a reabilitação judicial para quem abandonasse a profissão impura (ainda em 1894, p. ex., foi determinada a reabilitação para algumas destas castas). A escravidão surgiu desde o fim das guerras de conquista, quando a pessoa se rendia ou era vendida pelos pais ou (a título de punição) pelo governo. O escravo liberto ficava devendo ao patrão obediência, como no Ocidente, e não era idôneo para graus superiores. Os trabalhadores contratuais (Ku kong) deviam prestar obediência durante o serviço e ficavam privados da comensalidade com os senhores[223].

O que restara destes fenômenos referentes ou semelhantes a castas até à atualidade constituía apenas um leve resquício da antiga estruturação estamental, cuja consequência prática consistia principalmente na isenção dos estamentos privilegiados de trabalho forçado obrigatório e da punição por bastonadas (transmudada para eles em dinheiro e prisão). (Os estamentos privilegiados compunham-se de "grandes famílias", camada referida com a expressão "as cem famílias" usada para designar "o reino", nela incluindo também os letrados.) Havia a possibilidade de um membro estamental ser degradado para "plebeu". A antiga estruturação estamental por critérios de carisma hereditário foi já desde cedo rompida pela estruturação segundo classes de *posse*, continuamente refeita para fins fiscais.

Na China moderna (e em relação ao passado, nada de seguro foi possível descobrir para uma pessoa profana no assunto[224]) também florescia – a par de clãs, grêmios e corporações – em todas as áreas, inclusive econômicas e de cooperativas de crédito, um tipo de associação em forma de clube, hwui[225]. Detalhes a respeito não nos interessam neste momento. Em tempos

---

223. Os colonos e trabalhadores rurais – antigamente, escravos da camada senhoril – não pertenciam a esta categoria.

224. Algumas boas teses de doutorado permaneceram-me inacessíveis.

225. Especialmente também nas formas que recordam os ἔρανοι gregos, na forma de sociedades que a) voluntariamente acumulavam capital pecuniário por meio de uma cooperativa de crédito (shê) e em seguida leiloavam ou rifavam seu uso (Smith. Village Life in China. Edimburgo, 1859), ou também b) sociedades nas quais o devedor de um crédito tomado de amigos se tornasse presidente do clube e, como tal, pela honra do clube, se obrigasse a saldar em prestações sua dívida contraída perante os membros da

modernos, pertencer a um clube respeitado era em todo caso um objetivo e estímulo para esta ambição e também legitimação social para quem a alcançasse, tanto na sociedade nivelada chinesa como na democracia americana. Exatamente do mesmo modo que o diploma de ingresso na corporação chinesa, afixado à parede da loja, garantia ao comprador a qualidade da mercadoria[226]. O caráter extensivo da administração burocrático-patrimonial, em combinação com a ausência de estrutura estamental juridicamente assegurada, acarretou também estes fenômenos.

Nos tempos modernos, como vimos, já não existiam entre os chineses diferenças estamentais de nascença, exceção feita à concessão de nobreza titular e à rigorosa separação das famílias registradas na conclamação para o exército manchu, expressão do domínio estrangeiro vigente desde o século XVII. E depois que as camadas "burguesas" conseguiram, primeiramente no século VIII, relaxar fortemente os laços atados pelo Estado policial, já existia no século XIX evidentemente há muito tempo a liberdade de ir e vir, apesar de esta não ter sido ainda reconhecida em editos oficiais. A admissão para o assentamento e a posse fundiária em outro lugar que não o da comunidade natal foi sem dúvida imposta à força somente no âmbito do fiscalismo, como no Ocidente. Desde 1794 obtinha-se a pertença local mediante aquisição de terra e pagamento de impostos por um período de 20 anos, perdendo-se assim a pertença à comunidade natal[227]. Também existia desde muito tempo – por mais que o "Edito sagrado" (de 1671) recomendasse conservar a pertença à comunidade natal – a livre-escolha da profissão. Na Época Moderna não havia nem obrigação de passaporte nem de frequência escolar ou serviço

---

cooperativa (seus credores). *Doolittle* (Social Life of the Chinese. Londres, 1866) apresenta exemplos de clubes como estes na p. 147s. do citado livro. Trata-se de um sucedâneo para o antigo crédito de vizinhos e também para o administrador de *falência*.

226. Um aviso afixado à parede anunciando o princípio básico de "preços fixos" ("one price", "truly one price", segundo Doolittle, op. cit.), mas, em contraste com os puritanos, sem qualquer garantia de verdadeira observância desta norma fundamental.

227. Esta questão era de interesse para o Estado no âmbito das inscrições para o exame, já que o número de prebendas era repartido entre as províncias. Nas listas oficiais do exército já do tempo dos Han, p. ex., acrescentam-se sempre ao nome o lugar e o distrito ao qual se pertence (na época indubitavelmente determinados pela terra natal do clã).

militar. Tampouco existiam leis que restringissem transações usurárias ou regulassem o transporte de bens. Ante estes fatos, é preciso acentuar repetidamente: Esta situação aparentemente muitíssimo propícia para a livre-expansão da atividade empresarial burguesa não fez surgir, de forma alguma, o desenvolvimento de uma burguesia de cunho ocidental. Como vimos, nem mesmo as formas de ganho capitalistas já conhecidas pelo Ocidente na Idade Média chegaram ao pleno desenvolvimento na China. Mas, sob o aspecto econômico, poder-se-ia ter muito bem desenvolvido – *novamente*, a velha questão! – um capitalismo puramente empresarial burguês a partir dos mencionados processos incoativos de pequeno capitalismo. Já ficamos conhecendo boa parte das razões. Quase todas diziam respeito à *estrutura* do Estado.

Estrutura patrimonial do direito

Sob o aspecto político, a forma patrimonial do Estado, e particularmente o caráter patrimonial da administração e jurisprudência, com suas típicas consequências – tais como, por exemplo, a existência lado a lado de um reino da inabalável tradição sagrada e de um reino de arbítrio e graça absolutamente livres – constituíram um empecilho aqui como em qualquer outra parte para o desenvolvimento até mesmo de um capitalismo *pequeno-empresarial*, muito sensível pelo menos ao seguinte aspecto: fazia falta o funcionamento *calculável* da administração e jurisprudência, necessário para empresas artesanais e de pequena indústria em vias de desenvolvimento rumo a uma empresa racional. Na China como na Índia, na área jurídica do islame e em toda parte em que ainda não imperava uma legislação e jurisprudência racionais, valia a máxima: "Arbítrio prevalece sobre direito". Esta máxima não pôde, como o fez na Idade Média ocidental, dar lugar ao desenvolvimento de instituições jurídicas capitalistas porque faltavam, de um lado, a autonomia corporativa das cidades enquanto unidades políticas e, de outro, o estabelecimento, firme e garantido por privilégios, das instituições jurídicas decisivas – ambos os fatores que na Idade Média, justamente com auxílio destes princípios, criaram formas jurídicas conformes ao capitalismo. Por certo, uma parte ampla do direito já havia deixado de ser uma norma vigente há toda uma eternidade e que só necessitava "ser encontrada" – por meios mágicos – corretamente. A administração imperial havia sido muito fecunda na criação de um volumoso direito estatutário. Suas disposições, ao contrário dos ensinamentos e admoestações patriarcais de monarcas budistas da Índia, com os quais as ordens *éticas* ou administrativas tinham alguma semelhança, caracterizam-se ao menos na área *jurídica* propriamente dita por uma forma relativamente breve e atinente ao assunto, bem como, por exemplo, em boa medida na área do direito penal, por uma sublimação dos fatos jurídicos (consideração do aspecto "convicção"), conforme particularmente sublinhado por J. Kohler. Os estatutos também estão colecionados sistematicamente (no Ta Tsing Liu Li), mas percebe-se a falta quase total de disposições do direito privado (aparecendo apenas indiretamente aqui e acolá) justamente sobre objetos que, a nosso ver, são importantíssimos para a circulação. "Direitos da liberdade" individual verdadeiramente garantidos faltam, no fundo, totalmente. O racionalismo do funcionalismo de letrados nos estados divididos em concorrência mútua havia iniciado, num caso isolado (em 536 d.C. no Estado de Tsheng), a codificação do direito (em tábuas de metal). Mas na discussão deste quesito pelo círculo de letrados fez-se valer com sucesso (por um ministro do Estado de Tsin), segundo a Analística[228], a seguinte máxima: "Ao saber ler, o povo passará a desdenhar seus superiores". O carisma da burocracia patrimonial erudita parecia estar correndo o perigo de perder prestígio, e estes interesses de poder fizeram com que tal pensamento nunca mais assomasse desde então. Administração e jurisprudência estavam, por certo, formalmente separadas pelo dualismo de secretários fiscais e secretários de justiça, mas não estavam realmente separadas no modo como eram exercidas suas funções; assim também ocorria com os servidores domésticos do funcionário público, por este engajados por sua própria conta e risco, os quais também funcionavam como policiais e subalternos administrativos. Este traço básico patriarcal e antiformalista nunca era negado em parte alguma: uma conduta escandalosa era punida mesmo sem determi-

---

228. Cf. E.H. Parker. Ancient China Simplified. Londres, 1908, p. 112s.

nação expressa. O aspecto decisivo era o caráter interno da jurisprudência. Aqui, como em toda parte, o patrimonialismo orientado por princípios éticos tinha, como aspirava, não um direito formal, mas sim a justiça material. Em consequência, devido à rejeição do caráter formalista do direito e principalmente pela inexistência de um tribunal central, como o que existia na Inglaterra, ficava faltando uma coleção *oficial* de juízos precedentes, apesar de todo o tradicionalismo. O "pastor" local dos servidores públicos conhecia os juízos precedentes. Quando se recomendava aos servidores públicos que procedessem pelos padrões habituais, isto correspondia externamente ao costume de trabalhar por "similia", como no caso de nossos assessores jurídicos. Mas o que aqui é fraqueza, lá era suprema virtude. Os editos do imperador, mesmo sobre medidas administrativas, tinham, na maioria dos casos, aquela forma docente própria das bulas papais da Idade Média, só que sem o conteúdo jurídico preciso em geral presente nestas últimas. Os mais conhecidos dentre eles expunham codificações de normas éticas, mas não jurídicas, e destacavam-se por sua erudição literária. O penúltimo imperador, por exemplo, ainda tornou público, na *Peking Gazette*, ter reencontrado um decreto exarado por ancestral remoto e afirmou que iria publicá-lo como uma norma vital. A inteira administração imperial, na medida em que se orientava pela ortodoxia, estava sob a influência de uma repartição pública de letrados que, em sua essência teocrática, mais se assemelhava a uma congregação da Cúria papal: a chamada "academia" (Han-lin-yuan), guardiã da ortodoxia pura (confuciana), que já se nos deparou várias vezes.

Deste modo, a justiça permaneceu amplamente uma justiça de "juízes" e, eventualmente, de "gabinete"[229]. Este era o caso também da justiça pautada por juízes de paz na Inglaterra, por exemplo, sempre que se tratava das

---

229. Ainda nos decênios mais recentes, os decretos imperiais tinham de ocupar-se com o fato de que os juízes decidiam os processos com base em cartas privadas de personalidades influentes (*Peking Gazette* de 10/03/1894). A duração interminável dos processos era tal que os decretos imperiais a faziam responsável pelo mau tempo, pelas secas e pela ineficácia das preces (*Peking Gazette* de 09/03/1899). Faltavam totalmente garantias jurídicas seguras. Os decretos imperiais (*Peking Gazette* de 04/03/1895) deixavam ver nas entrelinhas a quais intrigas partidárias antagônicas dentro do funcionalismo ficava exposta a fundação de uma fábrica.

classes baixas. Mas lá existia, para as transações patrimoniais (importantes para o capitalismo), o direito baseado nos juízos precedentes com a correspondente jurisprudência cautelar, um direito criado sob a constante influência dos interessados, garantido já pelo próprio recrutamento dos juízes no âmbito dos advogados; este direito, por certo, não era racional, mas *calculável*, dando amplo espaço para a autonomia contratual. Na justiça patriarcal chinesa, pelo contrário, não havia lugar para advogados no sentido ocidental da palavra. Para os membros do clã, a função de advogado era exercida por aquele que dentre eles porventura gozasse de formação literária; de resto, os arrazoados eram produzidos por rábulas. Tratava-se, com efeito, justamente de um fenômeno que se repetia em todos os estados especificamente patrimoniais, mas com maior frequência nos teocráticos e ético-rituais de cunho oriental: o fenômeno de que, ao lado da fonte principal, mas não capitalista, de acumulação de capital – as prebendas puramente políticas ligadas a cargos públicos e impostos –, também o capitalismo: o capitalismo dos fornecedores do Estado e dos arrendatários fiscais e, portanto, o capitalismo político, florescia e chegava mesmo, sob certas circunstâncias, a celebrar verdadeiras orgias; e também conseguiu desenvolver-se o capitalismo puramente econômico, quer dizer, o capitalismo dos comerciantes, que vivia do "mercado", ao contrário do capitalismo racional pequeno-industrial, que constituía a especificidade do desenvolvimento moderno e que, sob este regime, em lugar nenhum medrou. Pois o investimento de capital numa "empresa" pequeno-industrial é por demais sensível às irracionalidades destas formas de governo e também demasiado dependente da possibilidade de incluir nos cálculos o funcionamento regular racional do aparelho estatal ao modo de máquina, para poder formar-se sob uma administração do tipo chinês. Porém, por que esta administração e esta justiça *permaneceram* tão irracionais (do ponto de vista capitalista)? *Esta* é a questão decisiva. Já conhecemos alguns dos interesses em jogo, mas é preciso tratá-los com maior profundidade.

Além de uma justiça que fosse independente de individualização material e de arbitrariedade, também faltavam as precondições políticas para o capitalismo. Disputa, por certo, não faltava. Muito pelo contrário, a história da China está toda repleta de grandes e pequenos combates até às massivas lutas de associações de aldeias e clãs. Mas o que faltou desde a pacificação do império mundial foram a *guerra* racional e, ainda mais importante, a paz que a foi preparando constantemente, uma paz armada de vários estados independentes *em concorrência mútua,* assim como fenômenos capitalistas de várias espécies daí derivados, tais como títulos de dívida para guerra e fornecimentos bélicos para o Estado. No Ocidente, tanto na Antiguidade (antes do império mundial) como na Idade Média e na Época Moderna, os poderes estatais particulares tinham de *concorrer* entre si em busca do capital de livre-circulação. Mas, como no Império Romano, isto inexistia também no Império Chinês unido[230]. A este também faltavam as relações ultramarinas e coloniais. Isto obstaculizou a expansão também de todas aquelas espécies de capitalismo que no Ocidente tanto a Antiguidade como a Idade Média tinham *em comum* com a Época Moderna: aquelas espécies degradadas de capitalismo predador, como o capitalismo mediterrâneo, com seu comércio ultramarino associado à pirataria, e o capitalismo colonialista. Este fato tinha a ver, em parte, com as condições geográficas de um grande império interior. Mas vice-versa, os limites à expansão ultramarina também foram, em parte, *sequelas* do caráter político-econômico geral da sociedade chinesa.

Além de empecilhos como a ausência de um direito formalmente garantido e a falta de administração e jurisprudência racionais, o capitalismo empresarial racional, cujo nascedouro específico no Ocidente foi a pequena indústria, também sofreu, devido às sequelas da prebendalização, o obstáculo da ausência de fundamentos relativos à *mentalidade,* e principalmente daquela tomada de posição básica sediada no *ethos* chinês e cujo suporte social era constituído pela camada de servidores públicos e de candidatos a cargos públicos. Este é o nosso tema propriamente dito, ao qual agora, finalmente, chegamos.

---

230. *Esta* importante razão para a queda do capitalismo (orientado politicamente) foi mencionada, ao que eu saiba, até agora unicamente por *J. Plenge* com base em raciocínios próprios e diversas vezes (de momento me é impossível encontrar a fonte exata) de tal forma que fica evidente o fato de ele ter amplamente reconhecido a significação da mesma.

V
O ESTAMENTO DOS LETRADOS

O humanismo chinês, seu caráter ritualista e de orientação técnico-administrativa: a virada para o pacifismo

Confúcio

Desenvolvimento do sistema de exames

Posição da educação confuciana no âmbito dos tipos sociológicos de educação

Caráter estamental da camada de letrados: a honra de nobres feudais e escolares

O ideal do *gentleman*

Prestígio dos servidores públicos

Opiniões de política econômica

Adversários políticos do estamento de letrados: o sultanismo e os eunucos

O humanismo chinês, seu caráter ritualista e de orientação técnico-administrativa: a virada para o pacifismo

Mais do que pela posse, a posição social na China tem sido determinada há doze séculos pela *formação cultural* e, particularmente, pela qualificação para ofícios públicos, constatada por exame. A China era o país que fazia da formação literária o critério mais exclusivo da posição social, até muito mais exclusivo do que na Europa durante a época humanista ou, ultimamente, na Alemanha. Já no período dos estados divididos, a camada dos candidatos a um cargo público, já previamente instruída em letras – o que inicialmente significava apenas o conhecimento da *escrita* –, estava presente em todos os territórios divididos como portadora do progresso através de todas as instâncias parciais no sentido de uma administração racional e como portadora de toda e qualquer "inteligência", constituindo – como a camada dos brâmanes na Índia – a expressão decisiva da unidade cultural chinesa. As áreas (e também enclaves) que não eram administradas segundo o padrão do conceito estatal ortodoxo de servidores públicos formados literariamente eram tidas pela teoria do Estado como heterodoxas e bárbaras, exatamente como o eram, para o hinduísmo, os territórios de tribos não regidos por brâmanes na área de sua vigência ou como, para os helênicos, as áreas não organizadas na *polis*. Esta estrutura cada vez mais burocratizada das instituições políticas e de seus portadores também marcou o caráter de toda uma tradição literária.

Os *letrados* constituem e constituíram, definitivamente há mais de dois mil anos, a camada dominante na China, embora com interrupções e frequentes lutas violentas, mas sempre retornando e sempre em proporções crescentes. A eles e somente a eles dirigiu-se o imperador, segundo a Analística, pela primeira vez em 1496 com a expressão "Meus senhores"[231]. Pois bem, foi de incomensurável importância para o tipo de desenvolvimento seguido pela cultura chinesa o fato de esta camada dominante de intelectuais nunca ter assumido o caráter clerical como no cristianismo ou no islame, nem tampouco o de rabinos judeus, brâmanes indianos, sacerdotes do antigo Egito ou escritores egípcios e indianos. É verdade que ela se desenvolveu a partir de uma instrução ritual, mas com uma formação distintamente *laica*. Os "letrados" da época feudal, então chamados oficialmente puo tsche, "bibliotecas vivas", eram certamente, antes de mais nada, conhecedores do ritual. Mas, ao contrário da Índia, eles não se originaram de estirpes sacerdotais nobres (como os clãs Rischi do Rigveda) nem de um grêmio de magos (como provavelmente os brâmanes do Atharva-Veda), mas sim, pelo menos prioritariamente, descendiam – na maioria dos casos provavelmente enquanto

---

231. Yu tsiuan tung kian kang mu. Gesch. der Ming von Kaiser Khian Lung, h. a., p. 417.

filhos mais jovens – de famílias feudais que haviam recebido uma formação literária, principalmente escritural, e cuja posição social se baseava nesta escritura e nas letras. Quanto à escritura, até um plebeu podia aprendê-la, apesar da grande dificuldade do sistema chinês de escrita. E neste caso ele partilhava o prestígio dos eruditos da escrita. Já no feudalismo, a camada de letrados não constituía um estamento hereditário nem exclusivo, ao contrário dos brâmanes. O caráter escritural dos livros rituais, do calendário e da Analística na China, remonta a tempos pré-históricos[232], contrastando assim com a formação dos vedas, baseada desde os mais remotos tempos na tradição oral em que se repudiava violentamente a fixação da tradição por escrito, como, aliás, é o caso de qualquer arte de magos profissionais organizados em corporações. Os antigos escritos já eram considerados pela mais antiga tradição como objetos mágicos[233] e os letrados, como portadores do carisma mágico. E isto assim ficou, como logo veremos. Mas não era o carisma da força mágica que justificava o prestígio e, sim, o conhecimento da escrita e da literatura como tais e, além disso, talvez originariamente também conhecimentos de astrologia. Não lhes competia, como aos magos, auxiliar pessoas particulares, como, por exemplo, curando doentes. Para isso existiam pro-

---

232. Isto é contestado por uma autoridade tão importante como a de v. Rosthorn, The Burning of the Books. Journal of the Peking Oriental Society. Vol. IV. Peking, 1898, p. 1s.). Ele acredita que, até o tempo dos Han, a tradição dos textos sagrados tenha sido oral e, portanto, como na Índia mais antiga, onde de fato imperou de forma exclusiva. A um não especialista não cabe julgar, mas talvez possa dizer que pelo menos a Analística não pode basear-se em tradição oral, e sua origem remonta ao segundo milênio, conforme resulta do cálculo feito em cima dos eclipses solares. E mais: *caso* se estendesse esta opinião do excelente conhecedor da matéria *para além* da literatura ritual (e provavelmente transposta para a forma poética), ficaria incompatível com isso muita coisa relatada (confiavelmente, segundo a habitual pressuposição) sobre os arquivos dos príncipes e a significação da escritura, bem como da correspondência escrita dos letrados. Contudo, naturalmente a última palavra deverá ficar aqui com os sinólogos especializados e seria fruto de presunção a "crítica" por parte de um não especialista. O princípio da tradição rigorosamente *oral* tem sido válido quase em toda parte apenas para a revelação carismática e para os respectivos comentários carismáticos, mas não para a poesia e a didática. A extrema antiguidade da escritura patenteia-se não apenas em sua forma plástica, mas também na sua ordem gráfica: as colunas verticais separadas por linhas são, até períodos muito posteriores, indicativas de sua origem a partir de discos entalhados de varas de *bambu*, e dispostos paralelamente. Os "contratos" mais antigos eram de madeira entalhada de bambu ou fios enozados; a confecção de *cada* contrato e de todas as atas em dois exemplares é tida com razão como um resquício disso (Conrady).

233. Isto explica também a estereotipização da escritura já num estágio considerado muito primitivo na perspectiva da história do desenvolvimento, cuja influência perdura ainda hoje.

fissões específicas, como se mencionará mais adiante. Aqui, como em toda parte, por certo, a significação da magia constituía uma precondição evidente. Mas na medida em que se tocasse o interesse da comunidade, cabia aos representantes da comunidade influenciar os espíritos: ao imperador como sumo pontífice em favor da comunidade política; e aos príncipes, em favor da família do chefe do clã e do pai de família. O ato de influenciar o destino da comunidade e, principalmente, da safra era praticado desde tempos muito antigos por meios racionais: regulação hídrica, por exemplo. Por isso a "ordem" correta da administração constituía desde sempre o instrumento fundamental para influenciar o mundo dos espíritos. Além da escritura como meio para conhecer a tradição, era necessário saber a doutrina do calendário e das estrelas para aferir a vontade do céu e, sobretudo, os *dies fasti* e os *dies nefasti*; e aparentemente a posição dos letrados, em todo caso, deriva *também* da dignidade dos astrólogos da corte[234]. O que os letrados, e *somente* eles, podiam era *reconhecer* esta ordem importante sob o aspecto ritual (e originariamente também na perspectiva do horoscópio) e consequentemente *aconselhar* os poderes políticos constituídos. Uma anedota relatada nos Anais[235] ilustra de maneira plástica as respectivas consequências. No estado feudal dos Wei, concorriam para a posição de primeiro-ministro um comprovado general (U Ki, presumido autor do guia da estratégia ritualmente correta, até hoje de determinante significação) e um letrado. Nomeado este último, começa uma violenta disputa entre os dois. O letrado admite prontamente nunca ter comandado guerras nem ser capaz de cumprir tarefas políticas como o general, que consequentemente se declara melhor qualificado; mas então o letrado observa que a dinastia está sob ameaça de uma revolução, ao que o general sem mais nem menos retruca que a pessoa mais apropriada para a sua prevenção não era ele próprio, mas sim o letrado. É que, para a correta

---

234. Chavannes. Journ. Of the Peking Or. Soc. III, 1, 1890, p. IV, traduz Tai sche ling por "grande astrólogo", ao invés de "analista da corte", como na maioria dos casos. Entretanto, épocas posteriores, e particularmente as mais recentes, reconhecem os representantes das pessoas com formação de letrado como fortes adversários dos astrólogos. Cf. mais adiante.

235. Cf. Tschepe. Hist. du R. de Han; Var. Sinol. 31. Schanghai, 1910, p. 48.

ordem *interna* da administração e para a *conduta de vida* carismaticamente correta do príncipe, tanto sob o aspecto ritual como político, a única pessoa competente era justamente o conhecedor da antiga tradição, formado em escritura. Em forte contraste com os profetas judeus, substancialmente interessados em política exterior, a orientação primária dos políticos letrados chineses instruídos no ritual visava os problemas da administração interna, por mais que esta, como vimos anteriormente, estivesse, sob o ponto de vista do príncipe, a serviço da política de poder, e por mais que o próprio letrado político, na qualidade de chanceler e escrivão da correspondência principesca, estivesse profundamente implicado na condução da diplomacia.

Esta permanente orientação para os problemas da administração estatal "correta" condicionou o surgimento de abrangente racionalismo prático-político na camada de intelectuais da época feudal. Ao contrário do estrito tradicionalismo de épocas posteriores, os Anais nos apresentam os letrados, por vezes, como audazes inovadores políticos[236]. Era sem limites o orgulho que tinham quanto à sua formação[237] e também era bastante grande a deferência dos príncipes[238], ao menos segundo o exposto na Analística. O aspecto decisivo para a qualidade característica da camada de letrados era seu íntimo

---

236. Quando, no século IV d.C., representantes da ordem feudal, e em primeiro lugar os clãs principescos interessados na mesma, objetam contra a pretendida burocratização no Estado Tsin que "os antepassados aperfeiçoaram o povo pela educação e não por mudanças administrativas" (objeção plenamente conforme às posteriores teorias da ortodoxia confuciana), o ministro letrado Yang retruca de maneira extremamente não confuciana: "O homem comum *vive* segundo a tradição, ao passo que os espíritos superiores a *criam*, e para o extracotidiano, os ritos não têm indicação; o bem-estar do povo é a lei suprema". E o príncipe lhe dá apoio (cf. Tschepe. Hist. du R. de Tsin. Op. cit., p. 118). É bastante provável que, ao imprimir e limpar a Analística, a ortodoxia confuciana tenha retocado e mesmo censurado fortissimamente estes trechos em benefício do tradicionalismo posteriormente considerado como correto. Por outro lado, não se deve tomar candidamente como de todo verídicos os relatórios apresentados em seguida sobre o surpreendente respeito devido para com os antigos letrados!

237. Ao descer do carro, o príncipe herdeiro de Wei não recebeu do letrado da corte do rei, um arrivista, nenhuma retribuição à saudação que este lhe dirigira várias vezes; e perguntou-lhe então quem teria o direito de orgulhar-se: Os ricos ou os pobres? Ao que o letrado responde: "Os pobres". E apresenta como justificativa que a qualquer dia ele poderia encontrar colocação em outra corte (Tschepe. Hist. du R. de Han. Op. cit., p. 43). Um letrado, ao ficar sabendo ter sido preterido para o cargo de ministro em favor de um irmão do príncipe, fica sumamente irado (ibid.).

238. O príncipe de Wei escuta a apresentação de um letrado da corte, discípulo de Confúcio, exclusivamente de pé (op. cit., anotação anterior).

relacionamento com o serviço dedicado a príncipes patrimoniais. Tal relacionamento existia desde que temos conhecimento do assunto. A origem da camada de letrados nos é desconhecida. Aparentemente eram eles os *áugures* chineses e o ponto decisivo para sua posição social foi o caráter pontifical cesaropapista do poder imperial e, daí resultante, o caráter da literatura: anais oficiais, cânticos de guerra e de oferendas magicamente comprovados, calendários e livros de rituais e cerimônias. Com sua ciência, eles davam respaldo ao caráter institucional do Estado e o tomavam como pressuposto dado. Em sua literatura criaram o conceito de "cargo público" e sobretudo a ética do "dever de ofício" e do "bem público"[239]. Admitindo-se alguma confiabilidade à Analística, pode-se afirmar que eles foram desde o início adversários do feudalismo e adeptos da organização institucional oficial do Estado. Totalmente compreensível, pois desde o ponto de vista de seus interesses somente a pessoa qualificada (por formação literária) deveria administrar[240]. Por outro lado, reivindicavam *para si* o mérito de ter indicado ao príncipe como chegar à autonomia militar, a saber, com a fabricação própria de armamentos e a construção de fortalezas vistas como instrumentos para chegar a ser "senhor de suas terras"[241].

Surgido na luta do príncipe contra os poderes feudais, este relacionamento sólido dos letrados com o serviço principesco leva a considerar a camada de letrados chineses como diferente tanto da helenística antiga como da de formação laica (Kschatriya) indiana, aproximando-se da dos brâmanes, dos quais, porém, fortemente se diferencia, de um lado, por sua subordinação ritual ao pontífice cesaropapista e, do outro, pela ausência da estrutura de castas, uma ausência compreensível neste contexto de subordinação cesaropapista e de formação na escritura. Contudo, o tipo de relacionamento

---

239. Cf. as declarações feitas em Tschepe. H. du R. de Tsin, p. 77.

240. A hereditariedade da dignidade ministerial é tida pelos letrados como ritualmente abominável (Tschepe. Op. cit., p. 77). Um letrado, encarregado pelo príncipe de Tschao com a procura de terra apropriada para um feudo destinado a letrados merecedores, responde três vezes a três admoestações que ainda não havia encontrado nenhuma terra à altura da dignidade devida a eles. Aí o príncipe finalmente compreende e os promove a servidores públicos (Tschepe. H. du R. de Han, p. 54-55).

241. Cf. a respeito da pergunta do rei de U in: Tschepe. Hist. du R. de U, Var. Sinol., 10. Shanghai, 1891.

para com o *cargo público* propriamente dito sofreu variações. No tempo dos estados feudais, as diferentes cortes disputavam entre si os serviços dos letrados e procuravam a ocasião para buscar poder e, não se pode esquecer, fontes de renda[242] lá onde fosse mais propício. Formou-se assim toda uma camada de "sofistas" (tsche-sche) perambulantes, comparáveis aos cavaleiros e eruditos viajantes da Idade Média no Ocidente. E, como veremos, também havia letrados que ficavam *por princípio livres* de cargos públicos. Este estamento de letrados circulando livremente era na época o portador de fundações de escolas e controvérsias filosóficas, como na Índia, na Antiguidade helenística e no caso de monges e eruditos da Idade Média. Mesmo assim, o *estamento* dos letrados percebia-se enquanto tal como uma unidade, tanto em sua dignidade estamental[243] como em sua condição de único portador da cultura homogênea chinesa. E para o estamento em sua totalidade, o relacionamento com o serviço principesco como fonte de receitas normal ou, pelo menos, normalmente pretendida e como oportunidade para atuação continuou constituindo a sua diferença específica frente aos filósofos da Antiguidade e, no mínimo, frente à formação laica da Índia (cuja prioridade não consistia em cargos públicos). Confúcio e também Lao-tse eram servidores públicos antes de passarem a viver como professores e escritores sem cargos públicos, e mais adiante veremos que este relacionamento com o cargo público estatal (eclesiástico-estatal) permaneceu de fundamental importância para o tipo de espiritualidade desta camada – e sobretudo para que esta orientação se *tornasse* cada vez mais importante e exclusiva. No estado unificado desapareceram as chances da concorrência entre os príncipes na busca de letrados. Agora passou a ocorrer o contrário, pois estes passaram a disputar os cargos públicos disponíveis simultaneamente com seus alunos, e assim não pôde deixar de surgir em consequência o desenvolvimento de uma doutrina homogênea e ortodoxa, adaptada a esta situação. E esta tornou-se o *confucionismo*. E com a crescente prebendalização do sistema estatal chinês também

---

242. Conforme deixam claro os Anais, era de si evidente que este também constituía um dos objetivos.

243. Certa feita, a concubina de um príncipe riu-se de um letrado. Como reação, todos os letrados entraram em greve até ela ser executada (Tschepe. Hist. du R. de Han, p. 128).

desapareceu a movimentação espiritual – inicialmente tão livre – da camada de letrados. Esta evolução já estava em andamento naquele tempo, quando surgiram a Analística e a maior parte dos escritos sistemáticos dos letrados e quando foram "reencontrados"[244] os livros sagrados destruídos por Schi Hoang Ti que, uma vez revisados, retocados e comentados pelos letrados, passaram imediatamente a ter vigência canônica.

A Analística faz ver claramente que todo este desenvolvimento teve lugar, ou melhor, foi levado às suas últimas consequências com a *pacificação* do reino. Em toda parte a *guerra* tem sido assunto da *juventude* e a expressão latina "*sexagenarios de ponte*" ("lancem-se da ponte os sexagenários") era um grito *de guerreiros* contra o "senado". Ora, os letrados eram os anciãos ou os representavam. Ao confessar ter pecado por dar ouvido aos "jovens" (os guerreiros) e não aos "anciãos", que não têm força, mas sim experiência, o Príncipe Mu Kong (de Tsin) proferiu uma confissão pública paradigmática, com registro na Analística[245]. E, de fato, foi *este* o ponto decisivo para a virada rumo ao pacifismo e, por este caminho, para o tradicionalismo; a tradição tomara o lugar do carisma.

Confúcio

Em seus trechos mais antigos, os escritos clássicos atribuídos a Kung tse (Confúcio) como redator, falecido em 478 a.C., ainda deixavam transparecer a situação vigente sob os reis guerreiros carismáticos. Os cânticos aos heróis do livro de hinos (Schi-king) soam como epopeias helenísticas e indianas de reis combatendo em carros de guerra. Mas em seu caráter geral, já não são como as epopeias homéricas ou germânicas, pois não preconizam o heroísmo individual ou puramente humano em geral. Já na época da redação atual do Schi-king, o exército dos reis não tinha mais nada do romantismo de fiéis seguidores ou de aventuras homéricas, mas sim o caráter de uma armada bu-

---

244. Este acontecimento lembra o "achamento", entre os judeus, da lei sagrada sob Josias. O grande analista Se Ma Tsien, contemporâneo deste evento, não o menciona.

245. Tschepe, S.J. Hist. du R. de Tsin, Var. Sinol., 27, p. 53.

rocrática disciplinada e, sobretudo, equipada com "oficiais". E o que é decisivo para a compreensão: os reis, já no Schi-king, não vencem guerras por serem os maiores heróis, mas sim por estarem moralmente conformes ao direito perante o espírito celeste, e porque suas virtudes carismáticas eram superiores, ao passo que os inimigos eram criminosos sem deus, que pecaram contra o bem de seus súditos por opressão e violação dos antigos costumes, perdendo assim seu carisma. A este respeito, a vitória constitui ocasião para considerações moralizantes mais do que para heroica alegria pela vitória conseguida. O que chama a atenção, ao contrário dos escritos sagrados de quase todas as demais éticas, é a ausência de qualquer expressão de alguma forma "escandalosa" ou de qualquer imagem porventura imaginável como "indecente". Aqui teve lugar evidentemente uma limpeza inteiramente sistemática e este parece ter sido o mérito específico de Confúcio. Esta recaracterização pragmática da antiga tradição na Analística, na forma em que a historiografia oficial e os letrados a haviam produzido, foi mais além da paradigmática sacerdotal realizada no Antigo Testamento, por exemplo no "Livro dos Juízes". A crônica, cuja autoria é expressamente atribuída ao próprio Confúcio, contém a mais sóbria e objetiva enumeração de campanhas de guerra e punições de rebeldes que se possa imaginar, assemelhando-se neste particular, por exemplo, aos protocolos assírios em escrita cuneiforme. Se Confúcio tiver realmente proferido a opinião de que se poderia depreender desta obra a essência dele próprio, conforme afirma a tradição, então seria necessário concordar com a posição dos eruditos (chineses e europeus), que entendem esta assertiva da seguinte maneira: o aspecto característico foi justamente ter corrigido os fatos de maneira sistemática e pragmática sob o ponto de vista do "decoro" que ela (a crônica) deve ter apresentado (para os contemporâneos, pois para nós o sentido pragmático permanece geralmente obscuro[246]). Príncipes e ministros dos Clássicos agem e falam como paradigmas de governantes

---

246. É certo e seguro que alguns fatos foram silenciados (como, p. ex., o ataque do Estado U contra seu próprio Estado Lu). Mas de resto, dada a pobreza de informações, teve cabimento a pergunta lançada seriamente sobre se não será muito mais provável que o grande *Comentário* fortemente moralizante sobre aqueles Anais tenha sido obra de sua autoria.

cuja conduta é recompensada pelos céus. O funcionalismo público e sua promoção por mérito são submetidos à transfiguração. Ainda está vigente a hereditariedade dos principados e, em parte, também dos cargos públicos locais enquanto benefícios feudais, mas pelo menos quanto a estes últimos o sistema foi considerado com ceticismo pelos Clássicos e no final das contas julgado ser apenas provisório. E nisto inclui-se teoricamente também a hereditariedade da dignidade imperial. Os lendários imperadores ideais (Yau e Schun) designam seus sucessores (Schun e Yü) sem levar em conta se sua origem estava no círculo de seus ministros e, deixando de lado seus próprios filhos, fazem sua escolha apenas pelo critério do carisma pessoal atestado pelos mais altos servidores da corte, assim procedendo também para com todos os seus ministros. Somente o terceiro dentre eles, Yü, designa seu filho (Ki), e não o primeiro de seus ministros (Y).

Uma mentalidade heroica propriamente dita em vão se há de procurar na maior parte dos escritos clássicos (bem ao contrário dos genuínos documentos e monumentos antigos). A tradicional visão confuciana sugere que a prudência é a melhor parte da valentia e que não convém ao sábio empenhar sua vida descabidamente. A profunda pacificação do país, sobretudo desde a dominação mongólica, incrementou fortemente esta mentalidade. A partir de então o reino tornou-se um reino de paz. Segundo Mêncio, não havia, absolutamente, guerra "justa" dentro dos seus limites, pois nele era vigente a unidade. Comparadas com o seu tamanho, as forças armadas reduziram-se a um mínimo. Após separarem a formação de letrados da de cavaleiros, os imperadores mantiveram para a obtenção de diplomas militares, a par dos exames estatais de letrados, também os certames esportivos e literários[247], cuja obtenção, aliás, de há muito quase nada mais tinha a ver com a verdadeira carreira militar[248]. Tudo isto, porém, em nada alterou o fato de que o es-

---

247. Ainda em 1900, a imperatriz-regente julgou de modo muito rígido o requerimento de abolição apresentado por um censor. Cf. os decretos sobre as "forças armadas ortodoxas" (*Peking Gazette* de 10/01/1899), sobre a "visitação" durante a guerra do Japão (*Peking Gazette* de 21/12/1894) e sobre a importância dos graus militares (*Peking Gazette* de 01 e 10/11/1898 e, para um período anterior, p. ex., *Peking Gazette* de 23/05/1878).

248. Sobre a situação na prática, cf. Etienne. *Zi* S.J. Pratique des examens militaires em Chine (Variétés Sinologiques, caderno 9). A matéria das provas compreendia arco e flecha, certas provas de ginásticas

tamento militar permaneceu menosprezado, como na Inglaterra dois séculos antes; e tampouco foi alterado o fato de que um erudito formado em Letras nunca tratava oficiais militares em pé de igualdade[249].

Desenvolvimento do sistema de exames

O estamento dos mandarins, do qual se recrutavam todas as classes de servidores públicos civis chineses, constituía, ao tempo da monarquia unida, uma camada de pretendentes a prebendas que possuíam diplomas e cujo grau e qualificação para o cargo público eram determinados pelo número de exames bem-sucedidos. Estes exames estavam subdivididos em três graus principais[250], mas que, devido a exames intermediários, de segunda época ou preliminares, assim como em virtude de numerosas condições especiais, acabavam por multiplicar-se várias vezes: somente para o primeiro grau havia 10 tipos de examinandos. "Em quantos exames ele passou?" Esta era a pergunta habitualmente dirigida a um desconhecido para saber sua posição social. Não era, portanto, o número de antepassados que, apesar do culto aos ancestrais, determinava a posição social. Muito pelo contrário, dependia da posição social de uma pessoa se lhe seria *permitido* erigir aos antepassados

---

de força e em tempos mais antigos a elaboração de uma tese de doutorado, mas a partir de 1807 a tarefa de escrever um trecho com 100 letras do U-King (Teoria da Guerra), supostamente do tempo da Dinastia Tschou. Numerosos oficiais não obtinham grau nenhum e os manchus foram dispensados disso.

249. Um decreto imperial (*Peking Gazette* de 17/09/1894) faz referência a uma queixa contra um Taotai (prefeito) que, por méritos militares, fora dispensado do estamento de oficial militar para ser incluído na carreira civil. A queixa havia sido apresentada apesar de a conduta do acusado ter sido objetivamente irrepreensível, mas sustentava ter ele demonstrado em seu comportamento as "maneiras grosseiras de um soldado", "obrigando-nos a interrogar-nos se ele possui *os modos cultivados* que necessariamente se afiguram indispensáveis para alguém de seu grau e posição". Por este motivo, recomenda-se que ele queira regressar a um posto militar. A abolição da antiquíssima arte de arco e flecha e outros tipos de esporte muito antigos como elementos da formação militar tinha-se tornado quase impossível devido ao fato de que o ritual, a princípio, provavelmente ainda estava ligado à "casa dos homens". É a isto que se refere a imperatriz ao negar os requerimentos de reforma.

250. Autores franceses geralmente traduzem seng yuen, siu tsai por "bacharelado", kiu jin por "licença" e tien se por "doutorado". No grau mais baixo, somente o *melhor* examinando tinha direito a uma bolsa de estudos. Estes bacharéis bolsistas eram chamados de lin scheng ("prebendários de armazém"), os que eram escolhidos pelo diretor e enviados a Pequim recebiam a denominação de pao kong e os que, dentre eles, eram admitidos a um estabelecimento de estudos chamavam-se yu kong, ficando a denominação de kien scheng para os que obtinham o grau de bacharel mediante *compra*.

um templo (ou apenas uma placa, no caso de não letrados) e quantos ancestrais poderiam ser aí mencionados[251]. Mesmo a posição de um deus da cidade no panteão dependia da respectiva posição do mandarim da cidade.

A era confuciana (séculos VI e V a.C.) ainda desconhecia esta possibilidade de ascensão a posições de servidores públicos, como também totalmente o sistema de exames. Nos estados feudais, pelo menos na maioria dos casos, eram as "grandes famílias" que, ao que parece, detinham o poder. Somente a Dinastia Han, mesmo tendo sido fundada por um arrivista, veio a implantar o princípio da concessão de cargos por qualificação. E o regulamento para os exames dos graus superiores só foi introduzido pela Dinastia Tang (em 690 d.C.). Conforme já exposto, pode-se dar por muitíssimo provável que a formação em letras, talvez excetuados alguns casos, tenha sido monopólio das "grandes famílias", primeiro de fato e talvez também de direito, tal como a formação dos vedas na Índia. Resquícios disso perduraram até recentemente. O clã imperial não estava dispensado de todos os exames, mas sim provavelmente dos de primeiro grau. E os avalistas a serem apresentados pelo examinando, até recentemente, tinham de comprovar sua descendência de "boa família" (o que na Época Moderna significava apenas a exclusão de descendentes de barbeiros, esbirros, músicos, serviçais domésticos etc.), mas a par disso também havia o instituto dos "candidatos ao mandarinato". Descendentes de mandarins gozavam de uma posição especial e preferencial no contingenciamento do número máximo de examinandos das províncias. As listas promocionais tinham necessariamente de usar a fórmula: "De uma família de mandarins e do povo". Os filhos de servidores públicos beneméritos portavam um título honorífico de grau inferior. Tudo isso representa resquícios de situações antigas.

Realmente implementado em sua totalidade desde fins do século VII, o sistema de exames foi um dos meios pelos quais os dominadores patrimo-

---

251. As qualidades carismáticas dos descendentes constituíam justamente um comprovante para as de seu clã, portanto dos seus antepassados. Schi Hoang Ti, no seu tempo, acabou com este hábito pela razão de que o filho não deveria julgar o pai. Mas, desde então, quase todos os fundadores de uma nova dinastia conferiram posições graduadas a seus ancestrais.

niais souberam impedir a formação, diante de si, de um estamento compacto que tivesse podido monopolizar o direito às prebendas de cargos públicos ao modo dos senhores feudais e ministeriais. *Aparentemente*, seus primeiros vestígios se encontram por volta do tempo de Confúcio (e de Huang Kong) no Estado dividido de Tsin, que mais tarde se tornou autocrático: aqui a seleção se dava essencialmente por critérios de habilidade *militar*. Contudo, já o Li Ki e Tschou Li[252] exigem de modo totalmente racional que os chefes distritais examinem periodicamente seus servidores públicos subalternos no tocante à moral, a fim de propô-los ao imperador para promoção. No Estado unificado dos Han teve início a seleção orientada para o pacifismo. O estamento dos letrados consolidou fortemente seu poder desde que conseguiu (no ano 21 d.C.) colocar e manter no trono a pessoa correta Kuang wu contra o popular "usurpador" Wang mang, unindo-se como estamento durante as severas disputas por prebendas nos períodos seguintes, como veremos adiante.

Ainda hoje aclamada como fundadora da grandeza e cultura da China, a Dinastia Tang instituiu a primeira regulamentação dos letrados e fundou colégios de formação (século VII), inclusive o Han lin yüan – a chamada "Academia", cuja tarefa foi primeiramente a de redigir os Anais para a coleta de casos precedentes e, com seu auxílio, para o controle relativo ao comportamento correto do imperador. Posteriormente (no século XIV), após os assaltos mongóis, a Dinastia Ming promulgou os estatutos, em sua essência, definitivos[253]. Em cada aldeia devia-se fundar uma escola para cada 25 famílias. No entanto, por não haver subsídio para este fim, o decreto permaneceu letra morta, ou melhor, nós vimos acima quais poderes tomaram conta da escola. Os servidores públicos escolhiam os melhores alunos e admitiam um certo número dos mesmos nos colégios, cuja maioria se encontrava decadente e só pequena parte havia sido reconstruída. Em 1382 estes "estudantes" receberam como prebendas as receitas do arroz e seu *número* foi fixado no ano

---

252. Dito de passagem, um sintoma bastante seguro de sua *jovem idade*.

253. Cf. a respeito: *Biot*. Essai sur l'histoire de l'instruction publique en Chine et de la corporation des Lettrés. Paris, 1847 (obra útil ainda hoje).

de 1393. Desde 1370 *somente* quem tinha passado nas provas tinha direito a candidatar-se a um cargo público. Imediatamente teve início a luta entre as regiões, particularmente as do norte e do sul. Graças ao seu ambiente mais aberto, já naquele tempo o sul fornecia os examinandos melhor instruídos, ao passo que o norte foi a pedra angular do reino sob o ponto de vista militar. Por este motivo, o imperador interveio e *puniu* (!) os examinadores que colocassem um sulino como o primeiro aluno da classe. Surgiram listas específicas para o sul e para o norte. E também começou imediatamente a luta pela *patronagem* de cargos públicos. Já em 1387 foram aprovados exames especiais para filhos de oficiais militares, mas tanto os oficiais militares como os servidores civis foram adiante e passaram a exigir o direito à designação do sucessor (e, portanto, à refeudalização). Este lhes foi concedido em 1393, mas no final das contas apenas de forma que os respectivos candidatos obtivessem preferência na admissão para os colégios e lhes fossem reservadas prebendas: em 1465 para três filhos, em 1482 para *um* filho. No século XV introduziu-se a compra da admissão para os colégios (em 1453) e de cargos públicos (em 1454), como sempre ocorria quando havia necessidade financeira para fins militares, mas foi abolida em 1492 e reintroduzida em 1529. Também havia luta entre os *departamentos*. O departamento dos ritos era encarregado dos exames (desde 736), mas o dos cargos públicos realizava a contratação. Não raro ocorria um boicote dos examinados por parte deste último, ao que o primeiro reagia com greves de exames. Ultimamente, o homem mais poderoso na China era, sob o aspecto formal, o ministro dos ritos, mas, do ponto de vista material, o dos cargos públicos (chefe domiciliar da corte). Comerciantes passaram a afluir para os cargos públicos e deles esperava-se – naturalmente, sem razão – que fossem menos "avaros"[254]. Os manchus favoreciam as antigas tradições e, com isso, também os letrados, bem como – na medida do possível – a "limpidez" no preenchimento de cargos. Contudo, persistia a coexistência de três caminhos paralelos: 1°) para os filhos das famílias de "príncipes", a graça imperial (privilégios nos exames); 2°) para servidores

---

254. Cf. queixas in: Ma Tuan Lin. Traduzido por Biot, p. 481.

públicos de *escalões inferiores*, exame fácil (oficialmente, em intervalos de 3 a 6 anos) supervisionado pelos de escalões superiores com patronagem por parte destes últimos e sempre seguido inevitavelmente de ascensão *também aos* escalões superiores; 3°) como único caminho legal, a qualificação efetivamente limpa por exame.

O sistema de exames desempenhou realmente, quanto ao aspecto principal, as funções que lhe foram atribuídas pelo imperador. A ele, por vezes, foi sugerido (em 1372) – pode-se imaginar por quem – que, como consequência do carisma virtuoso ortodoxo, se *abolisse* o exame, visto que *somente* a virtude era o fator legitimador e qualificador. Mas esta sugestão foi logo descartada. Totalmente compreensível. *Ambas* as partes – imperador e graduados – constataram no final das contas as respectivas vantagens, ou pelo menos acreditaram na existência das mesmas. Sob o ponto de vista do imperador, o exame correspondia perfeitamente ao papel desempenhado pelo Mjestnitschestwo do despotismo russo – recurso, aliás, tecnicamente heterogêneo – para a nobreza russa. O exame realmente atingiu sua finalidade ao instaurar a disputa pela obtenção dos cargos públicos entre os pretendentes às prebendas, pois tal disputa impediu toda e qualquer aliança de tipo feudal de nobreza nos serviços públicos, e também permitiu a admissão à candidatura para prebendas a qualquer pessoa comprovadamente qualificada por formação.

Interessa-nos agora a posição deste sistema de formação no conjunto dos grandes tipos de educação. Uma tipologia sociológica dos objetivos e recursos pedagógicos não poderá ser exposta aqui, simplesmente, de passagem. Mas poderão ser oportunas algumas observações a respeito.

Os dois polos historicamente opostos quanto aos *objetivos* educacionais consistem em, por um lado, suscitar o carisma (qualidades de herói ou dons mágicos) e, por outro, em propiciar uma instrução técnica especializada. O primeiro tipo corresponde à estrutura carismática da dominação e o segundo à estrutura racional-burocrática (moderna) da dominação. Ambos os tipos não se encontram estanques um diante do outro, sem qualquer inter-relacionamento e transição de um para outro. Tanto o herói guerreiro como o mago tinham necessidade de instrução técnica. E o servidor público especializado não é instruído apenas com a transmissão de saber, mas trata-se de polos contrários. Entre um e outro destes contrastes radicais encontram-se todos os tipos de educação que procuram *inculcar* no educando um determinado modo de *conduta na vida*, quer fosse este secular ou clerical, mas, em todo caso, estamental.

Posição da educação confuciana no contexto dos tipos sociológicos de educação

A disciplina carismática da antiga ascese mágica e as provas heroicas executadas por magos e heróis guerreiros com jovens mancebos tinham por finalidade ajudar o noviço a adquirir uma "nova alma" em sentido animista, um renascer ou, dito em nossa linguagem, ajudá-lo a apenas *despertar* e exercitar uma aptidão que era vista como dom puramente pessoal da graça, pois um carisma não pode ser ensinado nem transmitido por educação. Está contido em germe na pessoa ou é nela incutido por um milagre mágico de renascimento, sendo inalcançável de outra forma. A educação técnica procura treinar o educando a fim de torná-lo *útil* na prática para objetivos administrativos, por exemplo, no funcionamento de uma repartição pública, de um escritório, de uma oficina, de um laboratório científico ou industrial, de um exército disciplinado. Isto é possível, em princípio, com qualquer pessoa, se bem que em diferente medida. Por fim, a pedagogia do cultivo tem por finalidade *educar*, de forma variável segundo o ideal cultural da camada social determinante, uma "pessoa de cultura", o que aqui significa formar uma pessoa com determinada conduta de vida interior e exterior. Também isto se pode obter com qualquer pessoa, em princípio. Apenas o objetivo é diferente. Quando o estamento determinante é de guerreiros estamentalmente diferenciados, como no Japão, a educação procurará fazer do educando um cavaleiro de estilo cortesão que desprezará atividades de escrevinhação, como o fazia o samurai japonês, e sua marca será muito diferenciada, conforme o caso: se for a camada clerical, o objetivo será o de um escriba ou pelo menos um intelectual e, de qualquer modo, também com um caráter bem diverso. Não é possível descrever aqui as numerosas combinações e formas intermediárias destes dois tipos, que na realidade nunca ocorrem em sua pureza ideal. O que interessa aqui é a posição da educação chinesa no conjunto destas formas. Os resquícios da educação para o renascimento primitivamente carismático; o nome do nascituro, a iniciação ritual do jovem (acima exposta brevemente), a mudança de nome do noivo e assim por diante já há muito tempo se haviam tornado puramente formais (à semelhança da confirmação entre nós (evangélicos)), tendo em vista o monopólio do poder político sobre o exame referente à qualificação da formação. Considerando-se os recursos desta formação, porém, ela era uma qualificação "cultural" no sentido de uma formação geral, semelhante à tradicional qualificação proporcionada pela formação humanística ocidental que, até há pouco tempo, quase exclusivamente intermediava o ingresso à carreira nos cargos públicos dotados de poder de mando na administração civil e militar e simultaneamente carimbava os educandos assim instruídos como *socialmente* pertencentes ao estamento dos "instruídos". Só que entre nós – e aqui está a diferença muito importante do Ocidente em relação à China – o treinamento racional *técnico* veio assomar ao lado e, em parte, no lugar desta qualificação de formação estamental.

Os exames chineses não fixavam a qualificação especializada ao modo dos regulamentos e ordens modernos e racionalmente burocráticos para os exames para nossos juristas, médicos, técnicos etc. Por outro lado, tampouco determinaram especificamente a posse de um carisma, como as provas típicas de magos e associações de homens. Em breve veremos, porém, quantas restrições devem ser feitas a esta assertiva, que entretanto continua válida no mínimo para a técnica dos exames. Estes detectavam a conclusão do cultivo literário e o *modo de pensar* daí resultante, conveniente ao homem distinto. Era este o caso em medida bem mais específica do que em nossos ginásios humanísticos, cuja finalidade hoje se justifica geralmente de modo prático por uma instrução formal sobre Antiguidade. Pelo que se pode deduzir das tarefas colocadas aos alunos nos exames, as questões tinham, nos graus inferiores[255], mais ou menos a característica de temas para redação no oitavo e nono anos do

---

255. Os temas destas estão arrolados in: Williams. Cf. Zi. Op. cit.

liceu alemão ou, talvez com maior propriedade, do grau superior de um liceu feminino alemão. Todos os graus deviam conter, sim, provas de grafologia, estilística, domínio dos escritos clássicos[256], mas também, finalmente – como no ensino alemão de religião, história e língua vernácula –, provas de mentalidade de alguma forma condizente com as regras[257]. O ponto decisivo, no contexto de nossa exposição, refere-se ao caráter desta formação, por um lado, puramente secular e, por outro, preso à norma fixa dos clássicos interpretados ortodoxamente, livresco e literário da mais alta exclusividade.

Na Índia, no judaísmo, cristianismo e islame, o caráter literário da formação foi uma consequência de ela ter caído totalmente nas mãos de brâmanes e rabinos, clérigos e monges das religiões baseadas em escrituras sacras, todos eles formados literariamente. Um helênico distinto e instruído, pelo contrário, era e permanecia, antes de tudo, um efebo (jovem) e um hoplita (soldado) na medida em que a formação fosse helênica e não "helenística". Para Platão, numa conversação mantida no *Symposion*, o fato de que Sócrates, no campo de batalha, nunca "negou fogo", como se diz hoje em nossa terminologia estudantil, é evidente e sobejamente tão importante quanto qualquer outra coisa que ele põe nos lábios de Alcibíades. Na Idade Média, a formação de salão, primeiramente cavalheiresca e militar, mais tarde vazada em moldes renascentistas refinados, representava o correspondente contrapeso, embora com características sociais diferentes, à formação livresca ministrada por sacerdotes e monges, ao passo que um tal contrapeso era, por vezes, totalmente inexistente e, outras vezes, quase totalmente ausente no judaísmo e na China. Hinos, contos épicos, casuística ritual e cerimonial constituíam o conteúdo material dos ambientes literários de formação na Índia e na China. Mas na Índia este tinha por substrato as especulações cosmogônicas e atinentes à

---

256. Isto, especificamente, para as provas de grau médio ("licença"), nas quais o tema da dissertação frequentemente (cf. ex. in: Zi. Op. cit., p. 144) exigia uma análise erudita, histórico-literária e filológica do respectivo texto clássico.

257. Isto, especificamente, para o grau mais alto ("doutorado"), em que o próprio imperador pessoalmente marcava os temas e fazia a classificação dos concluintes. Questões de oportunidade administrativa, preferencialmente associadas a uma das "seis questões" do Imperador Tang (Biot, p. 209, nota 1), eram os temas comuns daquelas provas (cf. um destes in: Zi. Op. cit., p. 209, nota 1).

filosofia das religiões, coisa que não estava totalmente ausente nos clássicos e comentários recenseados na China, por certo, mas que evidentemente não passava de um papel muito secundário. Em vez disso, os autores chineses desenvolveram sistemas racionais socioéticos. A camada culta chinesa nunca foi um estamento autônomo de eruditos, como os brâmanes, mas sim uma camada de servidores públicos e de candidatos a cargos públicos.

A formação superior chinesa nem sempre teve o caráter que tem hoje em dia. Os estabelecimentos públicos de ensino (Pan kung) dos príncipes feudais ministravam, a par de conhecimentos sobre ritos e literatura, também a arte da dança e das armas. Somente a pacificação do reino no estado unificado patrimonial e, definitivamente, o sistema puro e simples de exames para cargos públicos fizeram com que aquela educação substancialmente mais próxima à helenística se transformasse na educação existente até o século atual.

A educação medieval, tal como reproduzida também no Siao-Hio ("Doutrina da Juventude"), ensinamento ortodoxo de influência determinante, ainda dava considerável destaque a dança e música. Aparentemente, da antiga dança guerreira só existem rudimentos na atualidade, por certo, mas de resto as crianças aprendiam determinadas danças de acordo com sua idade. E como finalidade apresenta-se o domínio das más paixões: quando uma criança não se comporta de acordo com a boa educação, que se ponha a dançar e a cantar. A música melhora o homem, ritos e música são a base do autocontrole[258]. O significado mágico da música era o aspecto primordial naquele contexto: "A música correta – ou seja, aquela praticada segundo as leis antigas e rigorosamente na medida antiga – evita que os espíritos tomem conta"[259]. Arco e flecha, bem como a condução de carros, eram considerados ainda na Idade Média como matéria geral para a formação de crianças ilustres[260]. Mas isso tudo era, no fundo, teoria. Uma consulta à Doutrina da Juventude mostra

---

258. Siao Hio. Ed. por de Harlez, V, 11, I, 29. 40. Cf. a citação extraída de Tschu Tse, p. 46. Ibid. Sobre a questão dos grupos etários: I, 13.

259. Op. cit., I, 25 e também 2. Introdução n. 5s.

260. Também para isso existiam prescrições literárias.

que, na essência, a educação doméstica – rigorosamente separada segundo o sexo a partir do 7º ano de idade – consistia em inculcar um cerimonial que sobrepujava qualquer conceito ocidental, especialmente no tocante à piedade filial e reverência para com os pais e todos os superiores e pessoas mais idosas, apresentando além disso quase unicamente regras de autocontrole.

À educação domiciliar acrescia então a escolar, para a qual devia existir em cada distrito Hsien uma escola popular. A formação superior supunha que se tivesse passado no primeiro exame de admissão.

Portanto, o específico desta formação (superior) chinesa se resumia em dois pontos. Primeiro, que ela também era totalmente não militar e puramente literária, tal como em outros lugares o era a formação ministrada por sacerdotes. Segundo, que o caráter literário e, no caso, *escrito* foi aqui extremamente intensificado. Isto parece ser consequência da especificidade da grafia chinesa e da arte literária que dela surgiu[261]. Dado que a escrita ficou estancada no seu caráter ideográfico e não se racionalizou no sentido de assumir a forma de letras, como fizeram os povos comerciantes do Mediterrâneo, o produto literário dirigiu-se ao olho e ao ouvido simultaneamente, mas ao primeiro substancialmente mais do que ao segundo. Cada "leitura em voz alta" dos escritos clássicos já era uma tradução da escrita ideográfica para a palavra (não escrita), pois o caráter visual da antiga escrita ficava, por sua própria essência, muito distante do que fora pronunciado. Ao requerer não só o som, mas também o tom, a língua monossilábica, com sua sobriedade e escassez assim como com sua obrigação de lógica sintática, coloca-se em extremo contraste com aquele aspecto puramente visual da grafia. Mas apesar ou mesmo – como expõe Grube de modo muito inteligente – por causa de suas qualidades fortemente racionais em sua estrutura, ela não conseguiu prestar ao pensamento sistemático e à expansão da retórica os serviços que a construção linguística do grego, latim, francês, alemão ou russo, cada qual de modo diferente, ofereceu. O tesouro de símbolos ideográficos permaneceu

---

261. Quase nem é necessário notar que o referido sobre língua e grafia só reproduz o que sinólogos proeminentes como especificamente o falecido W. Grube ensinam aos desconhecedores da matéria; portanto, não resulta de estudos próprios.

muito mais rico do que o tesouro silábico das palavras, inevitavelmente fixado em estreitos limites. Deste modo, toda fantasia e todo ímpeto abandonaram este último, com sua adequação ao entendimento pautada por fórmulas precárias, e refugiaram-se na tranquila beleza do primeiro. Em comparação com a grafia, a *fala* habitual da literatura era considerada subalterna; não era o falar que se considerava como verdadeiro valor artístico estimado e digno de pessoa distinta, mas sim o escrever e o exercício da leitura, que possibilitava a assimilação dos produtos artísticos da escrita. O falar ficava, na verdade, como assunto da populaça. Na China, as mais finas flores da cultura literária, e justamente as que se julgavam superiores inclusive à dramaturgia caracteristicamente viçosa precisamente no tempo dos mongóis, ficaram estagnadas de certa maneira surdo-muda em sua glória sedosa, formando assim o mais forte contraste com o helenismo, para o qual a conversação era tudo e a transposição ao estilo dialógico era vista como a moldagem adequada de tudo o que era vivenciado e contemplado. Dentre os filósofos sociais famosos, Meng Tse (Mêncio) serviu-se sistematicamente do estilo dialógico. Justamente por isso ele facilmente se nos afigura como o único representante do confucionismo que conseguiu total "clareza". A fortíssima influência que os "Analectos Confucianos" (assim chamados por Legge) exercem sobre nós está baseada igualmente no fato de que, aqui (como por vezes também em outros lugares), a doutrina foi vazada em forma de respostas sentenciosas do Mestre (em parte, provavelmente autênticas) às perguntas dos discípulos e, portanto, transposta para nós à forma *falada*. De resto, a literatura épica contém os discursos ao exército proferidos pelos antigos reis guerreiros, muitas vezes extremamente impressionantes em sua veemência lapidar. E parte da Analística didática compõe-se de discursos com características que mais se parecem com "alocuções" pontifícias. Senão, o discurso não tem nenhuma importância na literatura oficial e assim permaneceu em estado incoativo, por razões de ordem social e política entre outras, como veremos logo adiante. Deste modo, por um lado, apesar das qualidades lógicas da língua, o pensar deteve-se mais intensamente no visual, impedindo que se desvelasse ao chinês a veemência do *logos*, do definir e raciocinar. Por outro lado, esta formação puramente em grafia fez com que o pensamento se desligasse do gesto, do movimento expressivo de modo *ainda* mais drástico do que o habitualmente provocado pelo simples caráter literário da formação. Durante dois anos o aluno aprendia simplesmente a pintar cerca de 2.000 símbolos ideográficos *antes* de se instruir no seu significado. Além disso, o que estava no centro da atenção eram o estilo, a arte dos versos, a firmeza nas escrituras dos clássicos e, finalmente, a mentalidade expressa pelo examinando.

Também dá na vista, no contexto da formação chinesa, a ausência de instrução em *aritmética*. E isto, apesar de que, no século VI a.C. – período dos estados divididos –, o *pensamento* posicional já estava desenvolvido[262], a "calculabilidade" no comércio já havia penetrado em todas as camadas populacionais e os acertos de contas das instâncias administrativas já eram tão minuciosos quanto desordenados (por motivos já expostos). A doutrina medieval para a juventude (Siao Hio I, 29) arrola a aritmética entre as seis "artes" e, ao tempo dos estados divididos, também havia uma espécie de matemática que presumivelmente incluía, além da regra de três e do cálculo contábil, também a trigonometria. Supõe-se que esta literatura se tenha perdido com a queima de livros operada por Schi Hoang Ti, restando apenas entulhos[263]. Em todo caso, na doutrina educacional não há mais nenhuma menção relativa à aritmética[264].

Na educação do mandarinato ilustre, a instrução em aritmética foi ficando cada vez mais para trás e acabou por desaparecer totalmente; os comerciantes instruídos só foram aprendê-la no próprio escritório. Desde a unificação do reino e o esmorecimento da tendência de racionalização na administração estatal, o mandarim tornara-se um letrado distinto, mas não uma pessoa que se ocupasse da "σχολή" aritmética.

---

262. J. Edkins. Local Value in Chines. Arithmetical Notation, Journ. Of the Peking Oriental Society, I, n. 4, p. 161s. O ábaco chinês utilizava o valor posicional (decimal). O antigo sistema posicional, desaparecido, era aparentemente de origem babilônica.

263. De Harlez. Siao Hio, p. 42, nota 3.

264. Este ponto também é realçado por *Timkovski*, Reise durch China (1820/1821), tradução alemã de Schmid (Leipzig, 1825).

O caráter secular desta formação contrastava com sistemas educacionais de cunho literário que, sob outros aspectos, eram-lhes semelhantes. Os exames literários eram assunto puramente político. O ensino era dado ou individualmente por instrutor particular ou em colégios conventuais por todo o corpo docente, mas nenhum sacerdote fazia parte do ensino. As universidades cristãs da Idade Média surgiram no momento em que houve demanda por uma doutrina jurídica racional, tanto secular como eclesiástica, e por uma teologia racional (dialética) para fins práticos e ideais. As universidades islâmicas seguiram o padrão das escolas jurídicas do Império Romano tardio e da teologia cristã e ensinavam a casuística do direito sagrado e da doutrina da fé, ao passo que os rabinos se dedicavam ao ensino da interpretação da lei e as escolas filosóficas dos brâmanes, ao de filosofia especulativa, ritual e direito sagrado. Os clérigos do estamento ou também teólogos compunham sozinhos o corpo docente em sua totalidade ou pelo menos na sua base, à qual se juntavam professores seculares, em cujas mãos se encontravam as demais disciplinas. No cristianismo, islamismo e hinduísmo, o que se pretendia com esta patente educacional era a obtenção de prebendas. E também, naturalmente, as qualificações para atividades rituais ou de cura de almas. Mas no caso dos antigos professores judeus que trabalhavam "grátis" (enquanto predecessores dos rabinos), o *único* objetivo era a qualificação para a instrução, religiosamente indispensável, de leigos na lei.

No entanto, a formação sempre ficava ligada a escritos sagrados e cultuais. Apenas as escolas filosóficas helênicas costumavam manter uma formação puramente laica, sem nenhuma ligação a escrituras, sem qualquer interesse direto em prebendas e apenas no interesse da educação de *gentlemen* helênicos (kaloikagathoi (= belos e bons)): A formação chinesa servia a interesses prebendais e estava presa a escrituras, mas também era uma formação de caráter puramente laico, em parte cerimonial e ritual, em parte ético-tradicionalista. A escola não incluía em seu currículo nem Matemática nem Ciências Naturais, Geografia ou Línguas. A própria filosofia não tinha um caráter sistemático-especulativo, como a helênica ou, parcialmente e em outro sentido, também a indiana e a ocidental teológica, nem um caráter formalista-racional como a ocidental jurídica, nem casuístico-empirista como a rabínica, a islâmica e parcialmente também a indiana. Ela não deu origem a uma escolástica porque, à diferença do Ocidente e Oriente da Ásia Menor, ela não ensinava a *lógica* como disciplina. Este conceito até permaneceu simplesmente estranho à filosofia chinesa, uma filosofia ligada a escrituras, não dialética e orientada, como sempre esteve, unicamente para problemas práticos e interesses estamentais da burocracia patrimonial. Deste modo, todo um conjunto de problemas centrais para toda filosofia ocidental ficou desconhecido da filosofia chinesa, e a significação deste fato evidencia-se com extraordinária clareza na forma de pensar dos filósofos chineses, e em primeiro lugar na de Confúcio. Com esta máxima sobriedade prática, os instrumentos mentais de expressão ficavam como que congelados em um molde tão parabólico que – justamente em muitas sentenças de fato engenhosas atribuídas a Confúcio – eles mais se parecem com recursos comunicativos de caciques indígenas do que com uma argumentação racional. Nisto se torna perceptível a consequência do não uso da fala como meio racional para a obtenção de efeitos políticos e forenses, um uso historicamente cultivado em primeiro lugar na *polis* helênica, mas que não teve como desenvolver-se num Estado patrimonial burocrático com justiça não formalizada. A justiça chinesa permaneceu, em parte, uma justiça sumária de gabinete (dos funcionários públicos de escalões superiores) e, em parte, justiça baseada em atas. Não havia arrazoado oral, mas apenas declarações por escrito e interrogatório oral dos participantes. Também apontava na mesma direção a influência preponderante exercida pela vinculação aos convencionais interesses de decoro da burocracia, que rejeitava a discussão de problemas especulativos "últimos" como infecundos na prática, inconvenientes e perigosos para a própria posição devido à ameaça de inovações.

Se, portanto, a técnica e o conteúdo objetivo dos exames tinham um caráter puramente secular, representando uma espécie de "exame sobre a cultura de letrados", não deixa de ser verdade que, na visão popular, eles possuíam um sentido bem diverso, um sentido mágico-carismático. Na perspectiva das massas, o candidato e funcionário público bem-sucedido nos exames não era absolutamente apenas um candidato a cargos públicos qualificado por seus conhecimentos, mas sim comprovado portador de qualidades mágicas as quais, como logo veremos, também estão associadas ao mandarim diplomado, ao sacerdote ordenado de uma instituição eclesiástica portadora de graças divinas ou ao mago comprovado por sua corporação. E também a posição social do candidato e servidor público bem-sucedido nas provas correspondia, em vários aspectos importantes, à de um presbítero capelão católico. A conclusão do curso e o sucesso nas provas não significavam o fim da menoridade do educando. O "bacharel" recém-examinado ficava sujeito à disciplina do diretor escolar e dos examinadores. Em caso de má conduta era cortado das listas e, conforme as circunstâncias, recebia palmadas nas mãos. E continuava a vida inteira sob controle da escola, mesmo após ter felizmente passado nas rigorosas provas finais para escalões superiores – nas celas reservadas para a realização de provas nos locais dos exames não eram raros os casos de graves enfermidades e de suicídio; ante a avaliação carismática do exame como ato de "comprovação" mágica, tais casos eram considerados como prova da conduta pecaminosa na vida do examinando – e após ter sido consequentemente escalado para um cargo público no escalão correspondente à prova e de acordo com a patronagem que ele possuía. Ele não ficava apenas sob o poder de seus superiores, mas também sob a constante vigilância e crítica dos censores: a repreensão por eles proferida podia referir-se também à correção ritual do próprio Filho do Céu (= imperador). De modo semelhante à confissão dos pecados no catolicismo, a autoacusação do funcionário público constituía desde sempre uma prescrição e era vista como um mérito[265]. Além disso, era obrigatória a publicação periódica no órgão oficial do reino (como diríamos), via de regra a cada três anos[266], de uma lista com seus méritos e falhas, retratando a conduta constatada por levantamentos oficiais realizados pelos seus censores e superiores; e, conforme o resultado destes diversos modos de comportamento, ele podia permanecer no cargo

---

265. A respeito da autoacusação de um oficial de fronteira distraído (no período dos Han e, portanto, bem antes da introdução dos exames), cf. n. 567 dos documentos de Aurel Stein, editados por E. de Chavannes.

266. Os primórdios do atual jornal *Peking Gazette* remontam ao segundo regente da Dinastia Tang (618 a 907).

ou ser promovido para cima ou para baixo[267]. É um assunto à parte o fato de que, regularmente, o resultado destas avaliações de conduta era decidido por considerações outras que as puramente objetivas. O que conta aqui é o "espírito", e este era o de uma dependência vitalícia do ex-aluno em relação aos superiores, promovida oficialmente [*Pennalismus von Amts wegen*].

Caráter estamental da camada de letrados: a honra de nobres feudais e escolares

Todos os letrados não contratados, mesmo os que só passaram no exame, eram privilegiados de modo estamental. Mas, logo após serem consolidados em sua posição, eles passavam a gozar de privilégios *estamentais* específicos. Os principais eram: 1°) isenção dos "múnus sórdidos" (*trabalhos forçados*); 2°) isenção de penas físicas; 3°) prebendas (bolsas). Este último privilégio há muito tempo teve seu alcance consideravelmente reduzido por causa da situação financeira. Na verdade, existiam, segundo Seng, bolsas de estudo para o "bacharelado" (10$ por ano) condicionadas à realização de uma prova de "licença" (Kiu jie) a cada 3 a 6 anos. Mas isto naturalmente não significava nada de determinante. O ônus da formação *e também* dos anos de carência recaíam de fato sobre o *clã*, como vimos; *este* nutria a esperança de ser ressarcido por seus custos a partir do momento em que seu membro, finalmente, atracasse no porto de um cargo público. Até recentemente, ambos os outros privilégios, sim, eram importantes, pois trabalhos forçados ainda ocorriam, embora com frequência decrescente, mas penas físicas persistiram como forma nacional de punição. Estas, por sua vez, tiveram sua origem na terrí-

---

267. E de fato são encontrados na *Peking Gazette* com grande frequência particularmente nos finais de ano, mas também massivamente em outras datas, relatórios de censores e superiores contendo elogios e promoções (ou respectivas promessas), para funcionários públicos merecedores, degradações para servidores insuficientemente qualificados para seus cargos ("para que possam fazer mais experiências", em *Peking Gazette*, 31/12/1897 e frequentes datas mais), e finalmente suspensões, remoções para disponibilidade, expulsão de servidores totalmente inaproveitáveis e também a constatação de que os atos meritórios de desempenho do funcionário foram compensados por erros a serem corrigidos antes de ulterior promoção. E quase sempre havia também minuciosa justificação. E mesmo decretos *póstumos* de punição para pessoas degradadas (claramente) após *a morte*. (*Peking Gazette* de 26/05/1895).

vel pedagogia de punição física praticada pela escola popular chinesa, cuja especificidade, ao que consta[268], pode-se descrever com os seguintes traços que lembram nossa Idade Média, mas que não deixam de ser evidentemente *ainda mais* extremos: os pais (dos clãs ou aldeias) preenchiam o "cartão vermelho" (lista de alunos, Kuan tan); contratavam por determinado tempo o mestre escolar escolhido dentre um número *sempre* superabundante de letrados ainda sem cargo público; o templo dos ancestrais (ou outros recintos desocupados) era o prédio escolar preferido; desde cedo até tarde ressoava o ruído uníssono das "linhas" escritas; o aluno encontrava-se durante todo o dia num estado de "bestialização" (cujo símbolo ideográfico – meng – representava um porco no meio de ervas). O estudante de curso superior e o graduado levavam palmadas (na mão, e não "naquele lugarzinho escolhido por deus", como diziam as mães alemãs de hábitos tradicionais), ao passo que os de graus mais elevados ficavam inteiramente livres delas. A isenção de trabalhos forçados estava, por completo, firmemente estabelecida na Idade Média. Mesmo assim, apesar (e também por causa) destes privilégios – aliás, precários, como se disse, por *caducarem* imediatamente após uma degradação, que não era rara –, era impossível vingarem, neste terreno, os conceitos *feudais* de honra, um terreno caracterizado por diplomação mediante provas como qualificação estamental, pela possibilidade de degradação e pela punição física possível tanto na juventude como, no caso de degradados, também na velhice. E estes traços dominaram a vida *de outrora* com enorme intensidade.

A antiga Analística celebrava a "franqueza" e a "lealdade" como virtudes cardeais[269]. "Morrer honrosamente", rezava o antigo mote. "É covarde ser infeliz e não saber morrer." Assim era, particularmente, o oficial militar que não combatesse "até à morte"[270]. Suicidar-se após perder uma batalha era, para um general, um *privilégio*, pois a *permissão* para este ato significava re-

---

268. Cf. a respeito: A.H. Smith. Village Life in China. Edimburgo, 1989, p. 66s.

269. Cf. a respeito: Kun Yu. Discours des royaumes, Ann. Nat. des états chin. de X au V s. Ed. de Harlez. Londres, 1895, p. 54, 75, 89, 159, 189 e passim.

270. Tschepe. Var. Sinol. 27, p. 38. Ele *pede* para ser punido. De modo semelhante nos documentos de A. Stein (já várias vezes citado, editado por Chavannes), n. 567.

núncia ao direito de puni-lo; por este motivo, não se considerava reprovável este ato[271]. A concepção patriarcal de Hiao trouxe uma alteração nestes conceitos feudais. Deve-se aturar calúnias e ir à morte suportando suas consequências, se tal for útil à honra do senhor; pode-se (e deve-se) compensar com um serviço *fiel* de um modo geral *todos os* erros do senhor, *isto* é que era hiao. Inclinar-se perante o pai, o irmão mais velho, credores, funcionários públicos, imperador não era, por certo, uma manifestação de honra *feudal*, mas ajoelhar-se perante a *mulher amada* era para um chinês correto algo de totalmente abominável. Tudo ao inverso do que sucedia com cavalheiros e cortesãos no Ocidente.

A honra do servidor público, mesmo quando bem-sucedido nas mais altas provas, conservou em grande medida a marca de uma honra de um discípulo escolar regulada pelo desempenho nos exames e pelas notas dadas e publicadas pelos superiores. Novamente, ao menos em certo sentido, isto era totalmente diverso do que valia em certo sentido para qualquer burocracia (pelo menos nos escalões inferiores, e em Württemberg também nos superiores, com seu célebre "Pescador da Nota 1" (a nota mais alta no sistema alemão).

O ideal do *gentleman*

O espírito próprio do escolar, tal como criado pelo sistema de provas, está estreitamente ligado às condições básicas tomadas como ponto de partida pela doutrina ortodoxa chinesa (e mesmo, de resto, também por quase toda e qualquer doutrina heterodoxa). Existente até no íntimo da alma de cada pessoa, o dualismo dos Schen e Kwei, dos espíritos bons e maus, do Yang celeste frente a frente com a substância terrena do Yin fazia com que houvesse uma única tarefa para a educação, inclusive a autoeducação: a de expandir a substância celeste do Yan dentro da alma das pessoas[272]. Pois o

---

271. Cf., porém, o edito na *Peking Gazette* de 10/04/1895, pelo qual foi concedida uma promoção póstuma a oficiais que se suicidaram após a entrega de Wei hai wei (evidentemente por assumirem *para si* a culpa, evitando assim comprometer o carisma do imperador pela vergonha sofrida).

272. Entretanto, também havia, em pelo menos um distrito, um templo dedicado a Tai Ki, a matéria primitiva (o caos), da qual se teriam desenvolvido ambas as substâncias por divisão (Shih Luh Kuoh Kiang Yuh Tschi. Traduzido por Michels, p. 39). Cf. tb. supra.

homem no qual o Yan conquistou uma total predominância sobre os poderes demoníacos (do Kwei), que nele repousam, possui poder – um poder mágico, segundo a antiga concepção – sobre os espíritos. Os bons espíritos, porém, são os que protegem a ordem e a beleza, a harmonia do mundo. Por isso, o autoaperfeiçoamento buscado até a transformação do ser numa cópia desta harmonia é o caminho supremo e único para alcançar aquele poder. O "Kiün-tse", o "homem-príncipe", o "herói" de outrora, era na época dos letrados a pessoa que chegara à autorrealização integral, uma "obra de arte" no sentido de um cânon clássico e perenemente válido de beleza da alma, como aquele implantado pela literatura tradicional na alma do discípulo. Por outro lado, no mais tardar desde os tempos dos Han[273], rezava a crença firmemente estabelecida entre os letrados que os espíritos recompensam a "bondade" no sentido da retidão ético-social. Por conseguinte, a bondade temperada com a beleza clássica (= canônica) era o objetivo do autoaperfeiçoamento. E, assim, realizações belas efetivadas com perfeição canônica eram, como padrão supremo da mais alta qualificação por exames, a ambição de todo aluno. Tornar-se um letrado perfeito, isto é, um "poeta coroado" (pela obtenção dos graus mais altos) foi a aspiração da juventude de Li Hung Tschang[274]. E seu orgulho consistia em ser um calígrafo de grande mestria, em saber recitar oralmente os clássicos e sobretudo a obra "Primavera e Outono" de Confúcio (trata-se dos Anais anteriormente citados, infinitamente precários, segundo nossos critérios); e seu tio, ao comprovar estes fatos, viu neles motivo para perdoar-lhe as travessuras da juventude e obter-lhe um cargo público. Para ele, todos os demais conhecimentos (álgebra, astronomia) eram meios indispensáveis para "tornar-se um grande poeta". A perfeição clássica do poema que, em nome da viúva imperatriz, ele havia composto como prece no templo da deusa protetora da sericicultura, lhe valeu a graça da soberana. Jogos de palavras, estilo afetado ao modo de eufuísmo, alusões a citações clássicas e uma fina espirituosidade

---

273. Segundo de Groot.

274. Cf. os excertos traduzidos das memórias da Condessa Hagen. Berlim, 1915, p. 27, 29, 33.

literária eram vistos como ideal de conversação entre homens distintos, daí excluindo-se totalmente a atualidade política[275]. Poderá nos parecer estranho que esta formação sublimada de "salão", fixada nos clássicos, pudesse habilitar à administração de grandes regiões. E, de fato, nem na China se administrava com mera poesia. Mas o prebendário chinês preservava sua qualificação estamental, seu carisma, pela retidão canônica de suas formas literariamente adequadas, às quais consequentemente era dada grande importância na correspondência oficial. Numerosas declarações importantes do imperador enquanto sumo sacerdote da arte literária eram expressas em forma de poemas didáticos. E, por outro lado, o servidor público tinha de comprovar seu carisma com o fato de que sua administração se desenrolava de forma "harmônica", ou seja, sem perturbações provocadas por espíritos inquietos da natureza ou dos homens, mesmo que o verdadeiro "trabalho" recaísse sobre os ombros de subalternos. Acima dele só se encontravam, como vimos, o imperador pontífice, sua academia de letrados e seu colégio de censores, todos eles a remunerar, punir, repreender, admoestar, estimular, louvar – e sempre, perante o público em geral.

Devido à referida publicação dos "arquivos pessoais", bem como à de todos os relatórios, requerimentos e pareceres, a administração inteira e todo o andamento da carreira dos funcionários com suas (supostas) razões ocorriam com a mais ampla publicidade, muito maior do que a observada em qualquer administração controlada pelo parlamento em nosso meio, onde se dá à observação do "segredo de ofício" a mais decidida importância. Pelo menos segundo a ficção dominante, o diário oficial constituía uma espécie de prestação continuada de contas pelo imperador perante o céu e os súditos, ou seja, a clássica expressão daquele tipo especial de responsabilidade derivada da sua qualificação carismática. Por mais que se possa duvidar da veracidade da justificativa oficial e da integralidade da reprodução – o que afinal tam-

---

275. Cf. as anotações elegantes e inteligentes, embora bastante superficiais, escritas para europeus por Tscheng Ki Tong (China und die Chinesen. Trad. para o alemão por A. Schultze. Dresden e Leipzig, 1896, p. 158). Cf. tb. observações, muitas delas consoantes ao recém-dito, sobre a conversação chinesa no diário de viagem "Reisetagebuch eines Philosophen" do Conde Keyserling.

bém se poderá dizer provavelmente da mesma forma sobre os comunicados de nossa burocracia aos nossos parlamentos –, certamente este procedimento era apropriado como uma válvula de escape relativamente segura e frequentemente até bastante eficaz ante a pressão da opinião pública a respeito da conduta oficial dos servidores públicos.

Prestígio dos servidores públicos

Na China, como em toda parte, era contra os escalões mais baixos do funcionalismo, ou seja, os que estavam praticamente em contato mais estreito com a população, que se dirigiam tanto o ódio dos governados, comum no patrimonialismo de qualquer tipo, com sua desconfiança e atitude apolítica de evitar todo e qualquer contato com o "Estado" além do absolutamente necessário, atitude igualmente típica em todo lugar. Mas este aspecto apolítico em nada prejudicou a significação da formação oficial para a moldagem do caráter popular.

Os que não podiam viver do patrimônio próprio, do emprestado ou economizado pela família na forma anteriormente descrita, eram obrigados a abandonar a formação antes de concluí-la e a abraçar profissões práticas de toda espécie, desde comerciante até doutor em magia, e isto devido às fortes exigências do tempo de formação – com a especificidade da escrita chinesa e a matéria de aprendizado – e ao tempo de espera frequentemente muito longo. Deste modo, eles não chegavam até os clássicos propriamente ditos, mas apenas até o estudo do último manual de ensino (o sexto), dedicado à "Doutrina da Juventude" (Siao Hioh)[276], de venerável idade, contendo essencialmente extratos de clássicos. Estes círculos diferenciavam-se da burocracia unicamente pelo *nível* de formação, mas não por seu *tipo*, pois não havia outro tipo de formação fora da clássica. A percentagem de candidatos que rodavam nas provas era extraordinariamente elevada. Apesar disso, a

---

276. Siao Hioh (traduzido por de Harlez. Annales du Musée Guimet XV, 1889) é a obra de Tschu Hi (século XII d.C.), cuja realização principal foi a canonização definitiva do confucionismo na forma por ele sistematizada. (Sobre ele: *Gall*. Le Philosophe Tchou Hi, sa doctrine etc. Variétés sinologiques, 6. Schanghai, 1894.) Trata-se de um comentário popular sobre Li ki, com base em exemplos históricos, bem conhecido de cada aluno de escola popular.

fração percentual dos diplomados de graus superiores – pequena em virtude do contingenciamento fixo[277] – era sempre em número múltiplo do de prebendas de cargos públicos disponíveis. Estas eram objeto de disputa através de patronagem pessoal[278] ou mediante dinheiro próprio ou emprestado para a compra: tanto aqui como na Europa, a venda de prebendas tinha a função de arrecadar capital para fins estatais, substituindo[279] com grande frequência a qualificação por exames. Conforme comprovam diversas publicações da *Peking Gazette*, os protestos de reformistas contra a venda de cargos públicos persistiram até os últimos dias do antigo sistema.

A brevidade do cargo público para cada servidor (três anos) – exatamente como em instituições islâmicas – só permitia que, apesar de seu poder teoricamente universal, a administração pública como tal tivesse uma influência econômica apenas de natureza descontínua e aos solavancos. É surpreendente o fato de que a administração julgasse suficiente um número tão reduzido de servidores permanentes. As cifras, por si sós, já revelam a evidência de que, via de regra, se deixava que os acontecimentos seguissem seu próprio rumo, desde que não tangessem interesses fiscais ou atinentes ao

---

277. O número dos "licenciados" era distribuído entre as províncias. Quando um título emergencial de empréstimo era emitido, acontecia por vezes – ainda após a rebelião de Taiping – que se prometesse às províncias a concessão de cotas maiores, caso arrecadassem determinadas somas mínimas. Em cada rodada de exames apenas dez "doutorandos" passavam com sucesso e os três melhores gozavam de particular estima.

278. A posição dominante desta patronagem fica bem-ilustrada mediante uma comparação entre a proveniência dos três mais altos graduados e a dos mais altos mandarins segundo Zi. Op. cit., anexo II, p. 221, nota 1. Deixando de lado o fato de que, entre 1646 e 1914, das 748 posições mais altas do funcionalismo 398 foram preenchidas por manchus, apesar de apenas três deles (os três *Tien sche*, classificados pelo imperador como primeiros colocados) terem constado entre os melhores graduados, a Província Honan contratou 58 (= 1/6) de todos os *servidores públicos* do mais alto escalão simplesmente por força da posição de poder da família Tseng, ao passo que dentre os mais altos *graduados* quase 2/3 eram provenientes de províncias que, juntas, tinham uma participação de apenas 30% nestes cargos públicos.

279. Primeiramente praticada de modo sistemático pelo Imperador Ming em 1453 (mas também já sob Schi Hoang Ti como medida financeira). O grau mais baixo custava originariamente 108 piastras, equivalente ao valor capitalizado das prebendas de estudo – naquele tempo, 60 taéis; após uma inundação do Hoangho, este preço foi reduzido para 20-30 taéis a fim de expandir o mercado através de abundante provimento de dinheiro. A partir de 1693, os compradores do "bacharelado" também foram admitidos a exames de graus superiores. Uma posição como *Taotai* custava 40.000 taéis, incluindo todas as despesas colaterais.

poder do Estado e contanto que os clãs, as aldeias, grêmios artesanais e outras associações profissionais continuassem sendo os sustentáculos normais da ordem pública. Mesmo assim, e apesar da já referida atitude apolítica das massas, era muito significativa a influência que as opiniões da camada de pretendentes a cargos públicos tinham sobre o tipo de conduta das camadas médias. E isto, em primeiro lugar e principalmente devido à concepção popular *mágico*-carismática da qualificação obtida por exames em vista do cargo público. O examinado havia comprovado com seu sucesso na prova ser portador do "schen" em eminente proporção. Mandarins de alto escalão eram vistos como qualificados em magia. Eles próprios podiam, desde que o carisma se tivesse "consolidado", tornar-se objeto de culto após a morte e mesmo já em vida. Encontrado em estado original por toda parte, a significação mágica da escrita e do documento conferia relevância apotropeica e terapêutica aos seus selos e à sua letra manuscrita, podendo estender-se até ao aparato examinador dos candidatos. Um examinado do mais alto grau que tivesse recebido do imperador o primeiro lugar era considerado uma honra e vantagem da província de que era proveniente[280], e qualquer um dos examinados que tivesse seu nome publicado após uma prova bem-sucedida era alguém que "tinha um nome na aldeia". Todas as corporações e demais grêmios com alguma importância precisavam ter um letrado como secretário, e cargos como estes estavam abertos para o promovido que não tivesse encontrado uma prebenda de cargo público disponível. Em virtude de seu carisma mágico e de seu relacionamento com a patronagem, os portadores de um cargo público e os pretendentes já examinados para cargo público eram para os seus clãs, justamente na medida em que provinham de círculos pequeno-burgueses, os "confessores" e conselheiros naturais em todos os assuntos importantes, um papel que na Índia era atribuído aos brâmanes ("gurus"). Como já vimos, o portador de cargo público era, a par do fornecedor do Estado e dos grandes comerciantes, a personalidade com o máximo número de

---

280. E por este motivo, ao proceder à distribuição dos lugares, os imperadores ponderavam em determinadas circunstâncias se o candidato pertencia a uma província que ainda não tinha nenhum colocado em primeiro lugar.

chances para acumular posses. Sob o aspecto econômico como também pessoal, a influência desta camada sobre a população em geral também fora de seu clã – em cujo interior, como se acentuou acima, a autoridade do idoso lhe representava forte contrapeso – era aproximadamente igual à do conjunto de escrivães e sacerdotes no Egito antigo. Independente do grau de "dignidade" em que, muitas vezes, o servidor *individualmente* era objeto de zombaria nos dramas populares, o prestígio da formação literária *como tal* foi de uma solidez inabalada até o momento em que foi suplantado por modernos membros do seu próprio estamento que receberam sua formação no Ocidente.

Opiniões de política econômica

O caráter social da camada culta determinava então também seu posicionamento em relação à política econômica. Como tantos outros traços típicos de formações burocrático-patrimoniais com cunho teocrático, o sistema estatal também apresentou, durante milênios, o caráter de um Estado de bem-estar utilitarístico-religioso bem de acordo com seu rótulo. No entanto, na China como no antigo Oriente, a política estatal realmente exercida, pelas razões já citadas, repetidas vezes deixava o comportamento econômico a seu bel-prazer, pelo menos na medida em que se tratava de produção e renda, e isso, no essencial, há já muito tempo, a não ser que estivessem em jogo reassentamentos, melhoramentos (por irrigação) e interesses fiscais ou militares. Somente os interesses militares e fiscais-militares têm sempre provocado, como vimos, regulamentações ora de cunho mercantilista, ora estamental mediante intervenções frequentemente bastante profundas na vida econômica, de caráter monopolístico, fiscal ou de contribuição leitúrgica. Com o fim do militarismo nacional, cessou qualquer "política econômica" planejadora deste tipo. Consciente da debilidade de seu aparelho administrativo, o governo contentava-se em cuidar de canais de derivação e da manutenção de hidrovias indispensáveis para o abastecimento de arroz para as províncias líderes, aliás mediante a típica política patrimonial de controle do consumo pela elevação do preço. Ele não dispunha de uma política comercial[281] em sentido moderno: as taxas alfandegárias instituídas pelos mandarins junto às hidrovias tinham, ao que se sabe, apenas um caráter financeiro e nunca político-econômico. Ao todo, também nos demais setores o governo dificilmente perseguia interesses outros que fiscais, policiais e de política econômica, a não ser em tempos emergenciais, sempre perigosos sob o ponto de vista político para uma dominação de caráter carismático. Constituindo, ao que se sabe, a mais generosa tentativa de organização consistente da economia que foi a introdução do monopólio estatal do comércio da safra total, como planejado por Wang An Schi no século XI, tinha em vista, a par de ganhos fiscais, em primeira linha, servir à compensação de preços, em conexão com uma reforma do imposto fundiário. A tentativa frustrou-se. E como a economia, em consequência, foi deixada entregue a si mesma, ficou duradouramente estabelecida uma atitude fundamental de repulsa à "intervenção estatal" em questões econômicas, particularmente de repulsa aos privilégios monopolísticos[282] habitualmente instaurados no âmbito do patrimonialismo como medida fiscal. Mas esta atitude fundamental era apenas *uma* entre outras concepções totalmente diversas, derivadas da convicção de que todo bem-estar dos súditos dependia do carisma do soberano, concepções estas que coexistiam quase sem intermediação com a primeira, levando por ve-

---

281. Um exemplo muito bom da cameralística chinesa é o tratado sobre o balanço comercial (ping schoan) de Se Ma Tsien (n. 8, cap. XXX, vol. III da edição de Chavannes), simultaneamente o mais antigo documento conservado sobre a economia nacional chinesa. O objeto do tratado se compõe dos seguintes tópicos: Grandes lucros de comerciantes ao tempo dos estados divididos ["Teil**sa**atenzeit" no original é sem dúvida erro tipográfico; grafia correta, pelo contexto: "Teil**sta**atenzeit"], degradação dos comerciantes no reino unificado, exclusão de cargos públicos, fixação de ordenados e *só então* fixação do imposto fundiário, impostos sobre o comércio, bosques, água (apropriada pelos grandes), questão referente à cunhagem privada de moedas, perigo de enriquecimento excessivo de pessoas privadas (no entanto, em caso de riqueza prevalece, no sentido estritamente confuciano, a *virtude*), custos de transporte, compra de títulos, monopólio de sal e ferro, *cadastro* de comerciante, taxas alfandegárias internas, política de estabilização de preços, combate à submissão perante fornecedores do Estado (submissão direta à artesãos) – todo um elenco de temas referentes à ordem *interna* obtida através de estabilidade e que portanto, em nossa concepção, não cabem num "balanço comercial": Comércio exterior é justamente um assunto cameralístico, financeiro e político.

282. Existente até 1892, o monopólio dos comerciantes de Ko Hong no único porto de Kanton aberto a estrangeiros havia sido estabelecido com a finalidade de coibir qualquer comércio dos bárbaros com os chineses; os enormes lucros assim hauridos levaram os prebendários de cargos públicos a rejeitarem qualquer mudança voluntária desta situação.

zes repetidamente à proliferação de governos locais [*Vielregiererei*] típica do patrimonialismo, pelo menos como ocorrência ocasional. Além disso, elas também coexistiam com a evidente salvaguarda relativa à regulamentação do consumo pela política de alimentos e elevação dos preços, como a conhece a teoria confuciana em numerosas normas especiais sobre despesas de toda espécie. Mas sobretudo coexistiam também com a repulsa naturalmente constatada em qualquer burocracia a uma diferenciação demasiado drástica ocorrida sob condições puramente econômicas de livre-comércio. Após tornar-se economicamente autárquico quanto ao essencial e socialmente estruturado da forma homogênea, o império gozou de crescente estabilidade na situação econômica, o que evitou problemas econômicos como os discutidos pela literatura econômica do século XVII. Faltava totalmente aquela camada burguesa consciente de si e impossível de ser ignorada politicamente pelo governo, uma burguesia a cujos interesses se dirigiam em primeira linha os "panfletos" daquele tempo na Inglaterra. "Estático" apenas no que se relacionava à preservação da tradição e de seus próprios privilégios particulares, o posicionamento das corporações comerciais representava para a administração um fator a ser seriamente levado em conta, como aliás ocorre em todo regime burocrático-patrimonial. Mas ele não tinha importância sob o aspecto dinâmico, pois não (*já* não) havia interesses capitalistas expansionistas com força suficiente para obrigar a administração estatal a servir seus interesses como na Inglaterra.

Adversários políticos do estamento de letrados: o sultanismo e os eunucos

A posição global *política* dos letrados só se torna compreensível quando se tem presente o tipo de poderes contra os quais ela tinha de lutar. Deixemos de lado, por enquanto, as heterodoxias de que se falará mais adiante (cap. VII) (em vez de IV, como no original). Seus principais adversários eram, no início da época, as "grandes famílias" do feudalismo que não queriam deixar-se remover de suas posições monopolísticas na ocupação de cargos públicos. Tiveram que conformar-se com as necessidades do patrimonialismo e da superioridade concedida à grafologia, mas encontraram meios e caminhos para, com a graça imperial, aplainar para seus filhos o acesso àqueles cargos. Em seguida, os compradores capitalistas de cargos públicos – consequência natural do nivelamento estamental e da economia monetizada na área financeira. Neste contexto, a luta não podia ter sucesso *duradouro* e absoluto, mas apenas relativo porque, para as necessidades de guerra, o *único* recurso financeiro que restava à administração central depauperada era a venda desbaratada de *prebendas*, e isto, até os tempos mais recentes. Depois, os interesses *racionalistas* da administração relativamente ao funcionalismo *especializado*. Já surgidos em 601 sob Wen ti, estes interesses celebraram em 1068 sob Wang An Schi, na situação emergencial das guerras defensivas, um triunfo completo, mas de breve duração. Novamente a tradição venceu e, desta vez, definitivamente. Restou apenas *um* principal inimigo duradouro: o *sultanismo* e a economia dos *eunucos*[283], seu sustentáculo graças à influência do harém, tratado pelos confucianos justamente por esta razão com a mais profunda desconfiança. Sem entender esta luta, permanecem incompreensíveis muitos aspectos da história chinesa.

Esta disputa de dois milênios teve início já sob Schi Hoang Ti, prosseguindo sob todas as dinastias. Naturalmente, soberanos enérgicos continuamente procuravam, com o auxílio dos eunucos e de arrivistas plebeus, romper os laços com a camada estamental culta e distinta dos letrados. Numerosos letrados que se insurgiam contra esta forma de absolutismo pagaram com sua vida este engajamento em prol do poder de seu estamento, mas a longo prazo os letrados sempre voltaram a triunfar[284]. Cada seca, inunda-

---

283. Estão repletas de indicações a respeito não apenas as histórias oficiais dos Ming (cf. próxima anotação), mas também o Tschi li kuo kiang yu tschi (Hist. géogr. des XVI royaumes. Paris: Michels, 1891). Assim, na p. 7 encontra-se para 1368 a exclusão do harém de negócios estatais (por requerimento da Academia Hanlin); para 1498, a declaração dos Hanlin por ocasião do incêndio do palácio e da reivindicação (típica em caso de acidentes) de "fala livre" levantada contra os eunucos favoritos (cf. próxima anotação).

284. Numerosos exemplos destas disputas encontram-se, entre outras fontes, no Yu tsiuan tung kian kang mu (Ming-Geschichte des Kaisers Kian Lung, editado por Delamarre). Tomemos o século XV, p. 155. Em 1404, um eunuco encontra-se no cargo mais alto do exército (e a partir de então, com certa frequência, como p. ex. em 1428, p. 223); em consequência disso, em 1409 (p. 168) também: invasão da adminis-

ção, eclipse solar, derrota ou qualquer outra ocorrência ameaçadora lhes trazia de volta o poder por serem consideradas consequência da quebra da tradição e do abandono da conduta de vida segundo os padrões clássicos, cujos protetores eram justamente os letrados, aqui representados pelos censores e pela "Academia Hanlin". Em todos estes casos, permitia-se a "discussão livre", solicitava-se o assessoramento para o trono e o êxito assim obtido sempre consistia em acabar com a forma não clássica de governo, matar ou exilar os eunucos, reorientar a conduta de vida pelos esquemas clássicos e, em poucas palavras, adaptar-se às exigências dos letrados. O perigo do regime de harém era bastante grande devido à forma de sucessão ao trono, pois durante algum tempo tornou-se até mesmo regra que o imperador de menor idade ficasse sob a tutela de mulheres. A última imperatriz regente, Tsu hsi, procurou governar com eunucos[285]. Não é o caso de discutir aqui, por enquanto, o papel desempenhado por taoistas e budistas nestas lutas que se estenderam por toda a história da China, ou seja, por qual razão e até que ponto eles eram aliados naturais dos eunucos e até que ponto o eram em virtude de constelações específicas. Diga-se de passagem que também a astrologia era vista, no mínimo, pelo confucionismo moderno como superstição não clássica[286] e concorrência contra a *exclusividade* do carisma Tao na determinação do curso do governo, o que originalmente não era o caso. Aqui houve certamente uma contribuição decisiva da concorrência entre departamentos, no caso a

---

tração por servidores palacianos. Em 1443 (p. 254), um doutor da Academia Hanlin exige a extinção do governo de gabinete e a desoneração dos trabalhos forçados, assim como sobretudo o assessoramento do imperador pelos letrados; um eunuco mata-o. Em 1449 (p. 273), o eunuco favorito é morto por exigência dos letrados, mas em 1457 lhe são erigidos *templos*. Em 1471 (p. 374), os assessores têm de passar pelo eunuco para aceder ao imperador. (Exatamente o mesmo relata-se sobre Hiao Kong, 361-328 a.C.). Em 1472 (p. 273), eunucos na função de polícia secreta, *abolida* em 1481 por exigência dos censores (p. 289). Em 1488, elaboração do antigo ritual. (Assim também em numerosas épocas.) Em 1418, a destituição de um eunuco teve um efeito desagradável para os letrados, pois junto com ele se encontrou uma lista de letrados que o *corrompiam*. Estes foram, por imposição, segregados e encontrou-se um outro pretexto para depô-los (p. 422).

285. Cf. Bland and Backhouse. China unter der Kaiserin-Witwe. Trad. para o alemão: Rauch. Berlim, 1812, e contrariamente a este, o célebre memorando de Tao Mo, de 1901.

286. Em 1441, o Departamento dos Ritos congratulou-se pela *não* ocorrência de um eclipse solar anunciado pelos astrólogos, mas o imperador não aceitou.

da Academia Hanlin contra o colégio de astrólogos[287]; talvez também tenha contribuído o fato de os instrumentos astronômicos de medição serem de proveniência jesuítica.

Segundo a convicção dos confucianos, foi a confiança depositada na magia pelos eunucos que provocou todos os desastres. Em seu memorando de 1901, Tao Mo acusa a imperatriz de que em 1875, por sua culpa, se tenha eliminado o verdadeiro sucessor ao trono e desdenhado os protestos dos censores, o que inclusive levou o censor Wu Ko Tu a revidar, suicidando-se. Este memorando póstumo à imperatriz-regente e a carta ao filho distinguem-se por sua varonil beleza[288]. Não resta a menor dúvida quanto à convicção pura e profunda. E também a fé da imperatriz e de numerosos príncipes nos dotes mágicos dos boxers – uma fé que sozinha explica toda a sua política – deve seguramente ser atribuída à influência dos eunucos[289]. Seja como for, esta imponente mulher deixou como herança, inscritos em seu leito *mortuário*, os dizeres: 1º) que nunca mais se deixasse uma *mulher* governar na China e 2º) que se abolisse para sempre o regime de *eunucos*[290]. Ao contrário do que ela pensava – caso esteja certo o relato –, foi o que realmente se verificou. Mas não se deve ter dúvida alguma de que, para o autêntico confuciano, tudo o que desde então aconteceu e, sobretudo, a "revolução" e queda da dinastia *somente* podem significar uma confirmação do acerto da fé na significação do carisma inerente à virtude clássica da dinastia e de que assim seria valorizado no caso (improvável, mas possível) de uma restauração confuciana.

Pacifista em última instância e orientado para o bem-estar em política interna, o estamento confuciano dos letrados tinha naturalmente uma posição de rejeição ou incompreensão perante os poderes *militares*. Já se falou sobre o relacionamento com os oficiais. Toda a Analística está paradigmaticamente

---

287. Cf. o memorando (anteriormente citado) da Academia Hanlin às regentes de 1878.

288. Ibid., cap. IX, p. 130s.

289. Cf. o decreto da imperatriz, de fevereiro de 1901.

290. Ibid., p. 457.

repleta de menções a este respeito, como vimos. Também nela se encontram[291] protestos contra a nomeação de "pretorianos" para *censores* (e servidores públicos). Era natural que se chegasse a esta inimizade contra o exército puramente patrimonial-sultanista, particularmente devido à preferência que se dava aos eunucos enquanto generais favoritos, como foi o caso de Narses. Os letrados vangloriam-se por terem deposto o popular usurpador militar Wang Man, pois ditadores sempre se encontravam justamente muito próximos ao perigo de governar com *plebeus*, mas esta é a única tentativa conhecida. Mas quanto ao poder *de fato*, mesmo que obtido unicamente por usurpação (como os Han) ou conquista (mongóis, manchus), aí, muito pelo contrário, eles se acomodaram, mesmo com sacrifícios – os manchus se apoderaram, sem qualquer qualificação educacional, de 50% dos cargos públicos –, *desde que* o soberano, por sua vez, se adaptasse a suas exigências rituais e cerimoniais; *neste caso* eles colocavam, dito modernamente, "os pés na realidade".

"Constitucionalmente", segundo a teoria dos confucianos, o imperador *somente* podia governar com letrados diplomados na função de servidores públicos que fossem, mas "classicamente", só com servidores *confucianos ortodoxos*. Qualquer desvio desta norma podia causar desgraça e, em caso de persistência, a queda do imperador e o declínio da dinastia.

Agora, qual foi o conteúdo *material* da ética ortodoxa deste estamento decisivo para o espírito da administração estatal e das camadas dominantes?

---

291. P. ex., no Yu tsiuan tung kian kang mu do Imperador Kian Lung (p. 167 e 223) em 1409 e 1428. Também houve, já em 1388, uma semelhante proibição a militares de intrometerem-se na administração. Ibid.

VI
A ORIENTAÇÃO CONFUCIANA DA VIDA

Burocracia e hierocracia

Ausência de direito natural e de lógica formal jurídica

Ausência de raciocínio nos moldes das ciências naturais

Essência do confucionismo

Liberdade da metafísica e caráter intramundano do confucionismo

Conceito central de "decoro"

Piedade filial (Hiao)

Mentalidade econômica e rejeição do humanismo técnico--especialista

O ideal do *gentleman*

Significação dos clássicos

Evolução histórica da ortodoxia

O pateticismo do confucionismo mais antigo

Caráter pacifista do confucionismo

Burocracia e hierocracia

A burocracia patrimonial ficou preservada tanto do poder feudal – um sistema progressivamente expropriado – quanto do poder de uma burguesia que nunca se desenvolveu, e também da concorrência de uma *hierocracia* independente. Não há a menor informação sobre uma *profecia* socialmente poderosa, fosse ela semelhante à da Ásia Menor, do Irã ou da Índia[292]. Nunca foram proferidas por profetas *"exigências"* éticas de um deus supramundano. Pelo contrário, o caráter da religiosidade persistentemente inquebrantável até exclui a sua existência: o poder pontifical, cesaropapista, não teve que lutar seriamente contra profetas, mas sim contra feudais. Este poder eliminava violenta e sistematicamente como heresia heterodoxa até mesmo qualquer movimento que apenas lembrasse estes últimos. *Nunca* uma alma chinesa foi revolucionada por algum profeta[293]. Inexistiam "preces" de pessoas privadas. Quem cuidava de tudo era o *portador* ritual, letrado *do cargo público* e, antes de mais nada, o imperador. *Somente* eles *podiam* isso.

Até onde alcança o conhecimento histórico, e feitas as devidas ressalvas para o taoismo, consta não ter existido um estamento sacerdotal podero-so. Sobretudo não houve uma doutrina própria de redenção nem uma ética própria nem uma *educação* própria ministrada por potências religiosas autô-nomas. O racionalismo intelectualista do estamento burocrático tinha uma livre vida própria e *desprezava* as religiões, aqui como em toda parte, no seu âmago mais íntimo – sempre que não as necessitasse para fins de domes-ticação –, deixando, porém, a seus portadores profissionais apenas aquela medida de reconhecimento oficial que fosse indispensável para aqueles fins de domesticação e suficientemente resistente ao forte poder das tradições das associações clânicas locais. Qualquer evolução ulterior, fosse ela externa ou interna, era cortada pela raiz. Os cultos das grandes divindades celestes ou terrenas, juntamente com alguns heróis e espíritos especiais[294] constituíam assunto de Estado. Eles eram exercidos não por sacerdotes, mas sim pelos portadores do próprio poder político. A "religião leiga" prescrita pelo Esta-do era tão somente a fé no poder dos espíritos dos ancestrais e o seu culto. Toda outra religiosidade popular – como ainda veremos – permanecia por princípio um convoluto de cultos especiais de cunho mágico e heroico, sem

---

292. A respeito dos anacoretas do tempo mais antigo, cf. cap. VII.

293. Sobre o budismo, cf. mais adiante (cap. VII e o vol. II desta coletânea de artigos).

294. Cf. acima, cap. I.

nenhum caráter sistemático. O patrimonialismo burocrático, longe de tentar sistematizar esse estado caótico, por ele abominado intimamente, aceitou-o totalmente. Pois, por um lado, também sob o ponto de vista da razão de Estado confuciana, "a religião precisava ser preservada para o povo": Segundo uma palavra do Mestre, sem fé o mundo não podia manter-se em ordem e, por isso, a preservação da fé era politicamente ainda mais importante do que a provisão de alimentos. Por outro lado, o poder imperial era ele mesmo a instituição religiosa consagrada suprema. Em certo sentido, ficava acima da barafunda das divindades populares. É bem verdade, como vimos, que a posição pessoal do imperador repousava exclusivamente sobre seu carisma como portador da procuração ("filho") do céu, onde residiam seus antepassados. No entanto, conforme também já tomamos conhecimento, a veneração e a significação de cada uma das divindades, tanto quanto por exemplo a do santo de um carroceiro ou barqueiro napolitano, ficavam sujeitas totalmente ao princípio carismático da comprovação. Justamente este caráter carismático da religiosidade correspondia ao interesse de autoconservação da burocracia estatal, pois qualquer desgraça que assolasse o país desacreditava não o estamento burocrático como tal, mas sim, no máximo, um burocrata em particular ou um determinado imperador, cuja legitimação divina então cessava, *ou também*: um deus em especial. Obtinha-se assim, graças a esta forma especial de ancoragem irracional das ordens terrenas, o grau ótimo de união da legitimidade do poder do funcionalismo público com o mínimo absoluto de poder supramundano independente e respectivos representantes terrenos a concorrerem, como bem se pode imaginar, com aquele funcionalismo. Qualquer racionalização da fé popular que a elevasse ao grau de religião independente orientada para o supramundano iria inescapavelmente constituir, pelo contrário, um poder independente contraposto ao dos funcionários públicos. E este "pragma" fazia-se valer continuamente, na forma de firme resistência, toda vez que se tentasse retirar uma única pedra desta complexa construção histórica. A língua não tem uma palavra específica para "religião". O que havia era 1º) "doutrina" (de uma escola de letrados) e 2°) "ritos" de caráter indistintamente religioso ou convencional. O termo chinês oficial para o confucionismo era: "Doutrina dos letrados" (ju kiao).

A relação para com o fenômeno religioso em si, quer de cunho mágico quer cultual, em seu sentido próprio, manteve-se orientada para este mundo, e isto com muito mais força e mais profundamente do que a regra geral observada também em outros lugares. Justamente nos cultos mais favorecidos, ao lado do culto estatal propriamente dito dos grandes espíritos, o papel principal era o da esperança de um prolongamento da vida, e é mesmo possível que, na China, o sentido original de toda e qualquer concepção de "deus" propriamente dito se baseasse na crença de que as pessoas mais perfeitas conseguiriam subtrair-se à morte e viver eternamente no reino bem--aventurado[295]. Em todo caso vale a frase: O chinês que fosse confuciano ortodoxo (à diferença do budista) realizava seus ritos por causa de sua sina *neste* mundo: para ter uma vida longa, filhos e riqueza; em grau muito baixo, para o bem-estar dos próprios ancestrais, mas não em vista do seu próprio destino no "além"; no que ele se situa em forte contraste com o culto mortuário egípcio, inteiramente voltado para a própria sina no além. A opinião dominante, embora não oficial, de um confuciano esclarecido sustentava já há muito tempo que após a morte a alma se dilui, espalha-se pelos ares ou dissipa-se de qualquer outra forma. Esta doutrina recebeu o apoio de uma autoridade como Wang Tschung, cuja concepção de deus, como dito, era contraditória: Não se deve conceber deus de modo antropomórfico, mas sim, apesar disso, como "corpo" (um fluido amorfo) no qual, após a morte – que para o indivíduo é um "apagar-se" –, o espírito humano, cuja essência é semelhante à do corpo, se reabsorve. O completo desaparecimento da ideia de imortalidade – alcançado no século XII pelo materialista e ateísta Tschu Fu Tse – não impediu que existissem posteriormente filósofos ortodoxos que acreditavam num deus pessoal. Mas o confucionismo oficial, conforme apresentado pelo edito sagrado do Imperador Kang Hi (século XVII), mantém o ponto de vista mencionado anteriormente.

---

295. Segundo Chavannes, prefácio de sua edição dos tratados de Se Ma Tsien sobre os sacrifícios de Fong e Schang (Journ. of the Peking Oriental Society, III, 1, 1890).

No mínimo dominava nele, desde muito tempo, um ambiente agnóstico essencialmente negativo em relação às esperanças no além. Mas mesmo onde esta posição não havia penetrado ou onde havia sido suplantada por influências taoistas e budistas, o interesse pelo destino próprio no além ficou totalmente subordinado ao interesse por uma possível influência dos espíritos sobre a vida neste mundo.

Por certo existe na China[296] – como aliás em quase todas as associações patrimoniais – a esperança "messiânica" num imperador-salvador deste mundo, mas *não* em forma de esperança numa *utopia* absoluta, como em Israel.

Dada a ausência de qualquer outro tipo de escatologia e doutrina redencionista, ou de qualquer busca de valores e sinas transcendentes, a política religiosa do Estado manteve sua configuração muito simples. Ela consistia, por um lado, na estatização do funcionamento cultual e, por outro, na tolerância ao sacerdócio mágico tradicional exercido por profissionais privados e indispensável para pessoas privadas.

O culto estatal era propositadamente sóbrio e simples: sacrifício, oração ritual, música e dança rítmica. Todos os elementos orgiásticos foram rigorosamente extirpados, inclusive, de modo evidentemente intencional, da música oficial pentatônica. Quase todo tipo de êxtase e ascese e, no culto oficial, também a contemplação eram inexistentes[297], por serem consideradas como elementos de uma desordem e excitação irracional insuportáveis para o racionalismo do funcionalismo estatal e necessariamente vistas pelo mesmo como perigosas, à semelhança do que a nobreza romana julgava do culto dionisíaco. Ao confucionismo oficial faltava a prece individual no sentido ocidental da palavra. Ele conhecia apenas fórmulas rituais. O próprio Mestre teria rejeitado que, em caso de enfermidade, se rezasse por ele, pois ele próprio teria confessado não o ter feito já há muitos anos. Pelo contrário, desde muito e até a atualidade preces de príncipes e altos servidores públicos para o bem da união política têm sido estimadas como eficazes.

---

296. Também na obra poética Kiu Yung, do século III. Cf. a respeito: Conrady, "Hochschulvortr. f. jedermann", XIX, XX. Leipzig, 1903.

297. Quanto aos passos iniciais nesta direção, cf. cap. VII.

Por estas razões também faltava necessariamente ao confucionismo a experiência da *qualificação desigual* (religiosa) das pessoas (qualificação esta, aliás, de todo indiferente para ele) e, por conseguinte, também lhe era ausente qualquer entendimento da diferenciação religiosa no sentido de um "estado de graça". Este mesmo conceito ficou-lhe mesmo necessariamente desconhecido por muito tempo.

Havia por conseguinte, na doutrina clássica confucionista, inclusive no campo ético, o pressuposto da *igualdade* fundamental dos seres humanos, correspondendo nesta área à oposição política da burocracia patrimonial contra o feudalismo e toda estratificação baseada na genealogia. Esta concepção, como vimos, não era nada de original. A era do feudalismo baseava-se na concepção de uma diferença carismática entre os clãs dos "nobres" e o povo. E a dominação dos letrados criou o profundo abismo entre os cultos e os incultos, o "povo ignorante" (yun min), como era chamado pelo fundador da Dinastia Ming (século XIV). Contudo, a teoria oficial passou a ater-se ao princípio de que o que decide não é a nascença, mas sim a formação acessível a todos. A "igualdade" significa naturalmente, também agora, não uma igualdade incondicional de toda e qualquer qualidade dada pela natureza. Uma pessoa tinha certamente, por natureza, uma habilidade que de outra pessoa exigia esforço para obtê-la. Mas pelo menos era possível a cada pessoa alcançar o que a razão burocrática de Estado e a ética social do confucionismo exigiam, sem aliás jamais esperarem que se tocasse com as mãos uma estrela do céu. E de resto, pressupondo-se uma boa administração estatal, cada qual tinha de procurar em si mesmo a razão para seus sucessos ou insucessos exteriores ou interiores. O ser humano era, por si, bom e o que havia de mau vinha de fora para dentro, passando pelos sentidos. As diferenças de qualidade eram diferenças do desenvolvimento harmônico de cada indivíduo, consequência característica da ausência de um deus ético supramundano e, a par disso, também reflexo da estrutura estamental no Estado patrimonial. É claro que a pessoa distinta queria ter seu nome honrado após sua morte, mas isto, exclusivamente, em virtude de sua própria destreza.

Em princípio, apenas a situação de vida diferenciava as pessoas. Igual situação econômica e igual situação educacional tornavam-nas essencialmente iguais quanto ao caráter. E neste sentido, como já observado anteriormente, contrastando, da maneira mais fortemente imaginável, com a concepção unânime de todas as confissões cristãs, o bem-estar *material* não era, sob o ponto de vista ético, em primeira linha uma fonte de tentações (embora reconhecidamente existentes), mas sim, muito mais, um meio para progredir moralmente. E isto por razões que iremos conhecer mais adiante. Por outro lado, era inexistente toda e qualquer sanção contra a esfera de liberdade pessoal de cada indivíduo. Até mesmo a palavra "liberdade" era estranha à língua. Este ponto pode-se perfeitamente explicar a partir da especificidade do Estado patrimonial e das reminiscências históricas. Após longos períodos de negação da esfera privada devido à obrigação de contribuições compulsórias leitúrgicas, o único instituto resguardado dentro de limites seguros, embora nem tanto (pois *destituídos* de garantias no sentido ocidental, como vimos), era o da posse privada de bens materiais. De outra forma não havia direitos de liberdade garantidos por lei. E esta "propriedade privada" somente fática de bens materiais também estava relativamente assegurada com o nimbo daquela santidade encontrada, por exemplo, nas declarações de Cromwell aos *Levellers*[298]. Por certo, em sua essência, já não passava de meramente cerimonial a significação que ainda tinha a teoria patrimonial de que o imperador nunca podia ser hóspede de alguém, nem o funcionário estatal superior podia ser hóspede de um subalterno, visto que, por direito, toda a posse do inferior pertencia ao superior. Porém, as intervenções do poder público no modo de operar econômico e na distribuição fundiária tinham conservado vivo durante todos os séculos o nimbo do semifabuloso sistema Tsing tien, com sua regulamentação patrimonial do "direito à posse fundiária". Nestes ideais reflete-se a preferência, típica da política de alimentos, pela maior igualdade possível na distribuição

---

298. Declarações conhecidas graças aos estenogramas de acampamento no Clerk papus, ao ensejo da discussão mantida no contexto do direito natural sobre o *direito eleitoral* igual (*a primeira* no mundo).

da propriedade, tendo em vista a manutenção da tranquilidade social; e a esta preferência vinha juntar-se a política estatal de armazenamento segundo moldes egípcios, a qual por sua vez servia aos interesses da política de elevação dos preços. Também nesta área, o ideal do patrimonialismo era a justiça material e não o direito formal. Por isso, propriedade e renda continuavam sendo consideradas como problemas, por um lado, de conveniência teleológica prática e, por outro, de previdência ético-social para a alimentação das massas, mas não, como problemas atinentes a uma ética social individualista na perspectiva do direito natural, como a que surgira na Época Moderna ocidental a partir justamente da *tensão* entre o direito formal e a justiça material. Os estamentos cultos e governantes tinham de ser, em sua própria opinião, conceptual e propriamente falando, as pessoas de maiores posses. Mas o fim último era o da distribuição das posses na escala mais universal possível, a bem da satisfação universal.

Ausência de direito natural e de lógica formal jurídica

Um direito natural divino imutável só existia na forma do cerimonial sagrado de há muito comprovado por seus efeitos mágicos e na forma dos deveres sagrados para com os espíritos dos ancestrais. Para que ocorresse uma evolução no sentido do direito natural moderno de cunho ocidental, seriam necessários vários pressupostos, entre os quais o de uma racionalização do direito positivo vigente, como a do Ocidente com seu direito romano. Esta, porém, seria produto, em primeiro lugar, da operação autônoma de negócios na área urbana, que por sua vez obrigou a introdução de esquemas fixos para queixas; produto, em segundo lugar, da racionalização operada pela doutrina específica do estrato de juristas exímios em direito romano; e, finalmente, produto da burocracia romana oriental. Na China não houve um estrato de juristas porque faltava para tanto a advocacia em sentido ocidental. E esta inexistia porque faltou ao patrimonialismo do Estado de bem-estar social chinês, com seu fraco poder burocrático, o sentido da evolução *formal* do direito secular. Ao já dito acrescente-se: Não era apenas por força da máxima "Arbítrio quebra direito local" que a proveniência local prevalecia *contra legem*. Mas também e principalmente porque o juiz chinês, enquanto juiz tipicamente patrimonial, tomava suas decisões de modo inteiramente patriarcal, ou seja – na medida em que a tradição sagrada lhe deixava espaço para tanto –, *negando* expressamente as regras formais que exigiam decidir "sem consideração da pessoa". O que valia muito mais era justamente o contrário: julgar segundo a qualidade concreta da pessoa e conforme a situação concreta, de acordo com a equidade e conveniência do resultado concreto. A esta jurisprudência "salomônica" também faltava um código sagrado no sentido islâmico. A coletânea imperial sistemática de leis só era considerada como inviolável na medida em que tivesse a seu favor uma imperiosa tradição mágica. Nestas condições, faltava inteiramente também a tensão existente no Ocidente, no islame e até certo ponto também na Índia entre o direito sagrado e o direito profano. Uma doutrina do direito natural no sentido da Antiguidade (particularmente no estoicismo) e da Idade Média teria como premissas justamente aquela tensão de postulados filosóficos ou religiosos perante o "mundo" e uma doutrina daí resultante sobre o "estado primitivo", mas para tais premissas, evidentemente, não havia possibilidade alguma no confucionismo, pois lhe eram estranhos todos os conceitos éticos centrais exigidos para tanto. Mais adiante se tratará disso.

Nossa racionalização ocidental *moderna* do direito foi produto de duas forças atuantes paralelamente: por uma, a do interesse capitalista por um direito e sobretudo por um processo jurídico estritamente formais e, portanto, na medida do possível, *calculáveis* em seu funcionamento como no de uma maquinaria; por outra, a força do racionalismo dos servidores dos poderes estatais absolutistas, com seu interesse pela sistematização e uniformidade codificadas do direito a ser manejado por uma burocracia formada racionalmente e interessada em aproveitar chances de promoção iguais em nível interlocal. Onde quer que tenha faltado mesmo *uma* única de ambas as forças não chegou a medrar nenhum sistema jurídico moderno. É que, como o demonstra o sistema de *common law* anglo-saxão, o capitalismo moderno soube viver com base num direito assistemático e desprovido de uma rigorosa estruturação lógico-jurídica, mas este direito era um direito formal, com um modo de pensar instruído jurídico pelo direito romano e direito canônico e assim – enquanto produto de uma classe de *advogados* – garantidor da autonomia dos economicamente poderosos. Por outro lado, a burocracia racionalista, sob o aspecto formal, dava muito valor a resumos em compêndios e, já em bem da ubiquidade de seu uso pelo servidor público, também à uniformidade do direito e sobretudo à supremacia da resolução tomada pela *autoridade pública* em comparação com a inalterabilidade [*Unverbrüchlichkeit*] da origem: com a arbitrariedade própria da diferenciação local e social autônoma do direito. Quanto ao conteúdo material, porém, onde pudesse pôr e dispor como bem entendesse, ela não se preocupava tanto com o acabamento formal jurídico das normas do direito, como com sua "justiça" *material*, a única a corresponder à sua mentalidade ética imanente. Sempre que, contrapondo-se a ela, não havia interesses capitalistas economicamente poderosos ou um estrato jurídico socialmente poderoso, ela racionalizava e sistematizava o direito na perspectiva material, mas destruía a técnica jurística formal, indiferente perante a "justiça" material. A partir da unidade do império, o patrimonialismo chinês não teve mais de levar em conta poderosos interesses capitalistas, para ele difíceis de serem controlados, ou um estrato independente de juristas, mas sim a sacralidade da tradição, a única a garantir-lhe sua própria legitimidade. E também teve de levar em conta os limites de intensidade de sua organização administrativa. Foi por isso que não só não se desenvolveu uma jurisprudência formal, mas também nunca se tentou uma consequente racionalização sistemática *material* do direito. Por isso a jurisprudência manteve em geral aquele caráter habitualmente próprio da justiça *teocrática* de bem-estar.

Deste modo, ficou faltando, além de uma evolução filosófica e teológica, também o desenvolvimento de uma "lógica" jurística. E tampouco evoluiu o pensamento sistemático naturalístico. A ciência natural ocidental, com sua infraestrutura matemática, resulta da combinação de maneiras de pensar racionais desenvolvidas em cima do fundamento da filosofia antiga com o experimento técnico, primeiramente realizado a partir da Renascença não na área científica, mas sim no da *arte*. É este o elemento especificamente moderno de todas as disciplinas naturalísticas. A arte "experimentadora" de alto nível da Renascença foi o resultado da singular junção de dois elementos: um foi a capacidade empírica amadurecida em bases artesanais dos artistas ocidentais e o outro foi sua ambição absolutamente racionalista, condicionada socialmente e pela história cultural, de obterem significação eterna para sua arte e reconhecimento social para si mesmos, como resultado do seu empenho para elevá-la ao mesmo nível de uma "ciência". Este último aspecto foi justamente o especificamente ocidental. Aqui estava a mais forte mola propulsora do "retorno" à Antiguidade no sentido em que era compreendida. A par do tipo representado por Leonardo, a música foi, sobretudo no século XVI, com seus teclados experimentais (Zarlino), um ponto central desta violenta disputa travada com o característico conceito artístico de "natureza" da Renascença. Também atuavam neste contexto, como na Antiguidade, condições sociais específicas incentivando a forma altamente concorrencial do exercício artístico. Interesses econômicos e técnicos da economia da Europa Setentrional, e sobretudo as necessidades da mineração, contribuíram para que as forças da história intelectual introduzissem o experimento na ciência natural. Pormenores não vêm ao caso, em nosso contexto. A arte chinesa, virtuosisticamente refinada, carecia de qualquer um dentre estes elementos propulsores da ambição racionalista (no sentido da Renascença Ocidental), e, nos quadros e condições reinantes na burocracia patrimonial, a concorrência no estamento dominante desembocou totalmente numa disputa por prebendas e entre letrados graduados em proporções tais que acabaram por abafar todo o resto. O desenvolvimento relativamente muito modesto do capitalismo pequeno-industrial não permitiu, além disso, que se introduzissem os prêmios econômicos necessários para uma transição da *técnica* empírica para uma técnica racional[299]. Tudo permaneceu então no pé de um empirismo sublimado.

---

299. Além das invenções do compasso (utilizado na navegação de cabotagem e para a orientação dos mensageiros nos caminhos do interior da Ásia), da imprensa de livros (para fins da administração e em consequência da lentidão da reprodução escrita), do papel, da porcelana, da seda, da alquimia e da astronomia (utilizada para fins estatais astrológicos), também a invenção da pólvora ocorreu na China e seu uso deu-se provavelmente no século XII, mas seguramente no século XIII, portanto em todo caso um século antes de sua aplicação nas guerras dos florentinos, mas com técnica extremamente primitiva. A pacificação do reino não estimulou o seu aperfeiçoamento. (Sobre as invenções, cf. *W.A.P. Martin*. Chinese discoveries in art and science, Journ. of the Peking Or. Soc., vol. IV, p. 19s.) Os canhões do Ocidente

Ausência de raciocínio nos moldes das ciências naturais

Como resultado temos que o funcionalismo público, com o qual nada – ciência racional, exercício racional da arte, teologia racional, jurisprudência, medicina, ciência natural e técnica, autoridade divina ou autoridade humana em pé de igualdade – competia, teve toda a possibilidade de, conforme seu posicionamento interior perante a vida, expandir-se totalmente segundo os moldes de um racionalismo prático especificamente *seu e* instituir a ética que lhe convinha, apenas limitada pela consideração a ser dedicada às forças da tradição imperantes nos clãs e na crença dos espíritos. Nenhum dos demais elementos do racionalismo especificamente *moderno*, de significação constitutiva para a cultura ocidental, lá estava presente como concorrente nem como suporte. O estamento manteve-se como um enxerto num substrato que, no Ocidente, já havia sido superado quanto ao essencial desde o desenvolvimento da antiga *polis*. Por conseguinte, pode-se considerar a cultura de que ele era portador, aproximativamente, como um experimento sobre qual efeito tem, por si só, o racionalismo *prático* da dominação por um estamento de prebendários públicos. E o resultado desta situação foi o confucionismo ortodoxo. A dominação da ortodoxia foi um produto da união do império teocrático com a respectiva regulamentação da doutrina pela autoridade pública [*obrigkeitliche Reglementierung*]. No tempo das lutas desordenadas entre os estados divididos, presenciamos a luta e a mobilidade das tendências ideais, exatamente como na cultura da *polis* da Antiguidade Ocidental. A filosofia chinesa foi desenvolvida, com todos os seus contrastes, mais ou menos em igual período da Antiguidade. Não apareceu mais nenhum pensador independente, desde a consolidação da unidade, aproximadamente no início da era cristã. E apenas persistiram as disputas dos confucianos, taoistas e budistas, bem como, no interior da doutrina confuciana reconhecida e admitida, as controvérsias de escolas filosóficas e político-administrativas conexas, até que a dominação manchu viesse a canonizar definitivamente a ortodoxia confuciana.

---

eram temidos, ao que parece, inicialmente sobretudo por seu efeito pretensamente *mágico*, e por isso tentou-se importá-los.

Essência do confucionismo

O confucionismo, como o budismo, foi apenas uma ética ("Tao", correspondente, neste aspecto[300], ao "Dhamma" indiano). Mas, em contraste extremamente drástico com o budismo, ele era uma ética *laica* exclusivamente intramundana. E em contraste ainda mais forte, ele era acomodação ao mundo, à sua ordem e às suas convenções, e no final das contas, na verdade, unicamente um enorme código de máximas políticas e regras de decoro social para homens cosmopolitas cultos, pois as ordens cósmicas do mundo eram fixas e inalteráveis, e as ordens da sociedade eram apenas um caso especial das mesmas. As ordens cósmicas dos grandes espíritos queriam, evidentemente, a felicidade do mundo e particularmente dos seres humanos. Do mesmo modo, as ordens da sociedade. Portanto, a "feliz" tranquilidade do reino e o equilíbrio da alma deviam e podiam alcançar-se somente mediante a inserção naquele cosmos em si mesmo harmônico. Em caso de não consecução deste objetivo, a culpa era da insensatez humana e sobretudo da condução do Estado e da sociedade em desobediência àquelas ordens. Neste sentido, um edito (do século XIX) explicava a predominância de ventos desfavoráveis pelo fato de a população ter descumprido determinados deveres policiais (a entrega de suspeitos) e assim ter inquietado os espíritos, ou também pelo fato de processos terem sido retardados. A concepção carismática do poder imperial e da identidade entre ordem cósmica e ordem social constituía o condicionamento deste pressuposto básico. Tudo, por conseguinte, dependia do comportamento das pessoas responsáveis pela condução da sociedade concebida como uma grande comunidade governada patrimonialmente, ou seja, tudo dependia do comportamento dos servidores do Estado. O monarca tinha de tratar a massa inculta do povo como crianças. Entre seus deveres primordiais, pelo contrário, estavam a solicitude material e ideal, bem como o relacionamento bondoso e respeitoso para com a burocracia estatal. A pessoa privada, por sua vez, servia ao céu da melhor maneira, desenvolvendo sua verdadeira natureza própria, que infalivelmente iria fazer

---

300. Esta expressão é ambivalente, como veremos.

aflorar em cada ser humano o bem nele escondido. Portanto, tudo era um problema de educação com o objetivo de autodesenvolvimento a partir da inclinação própria. Não havia o "radicalmente mau" – é preciso regressar ao século III a.C. para encontrar um filósofo que defendesse a perversidade original do ser humano[301] –, mas sim apenas erros, e estes, decorrentes da falta de formação. Nem o mundo, particularmente o mundo social, tal como existia, era perfeito nem tampouco os seres humanos o eram; certamente existiam os demônios maus a par dos bons espíritos, mas o mundo era tão bom quanto podia ser no respectivo estágio de formação dos seres humanos e conforme a qualidade carismática dos soberanos. Suas ordens eram produto do desenvolvimento puramente natural das necessidades culturais, da inevitável divisão social do trabalho e das colisões de interesses daí resultantes. Interesses econômicos e sexuais eram as molas mestras propulsoras do agir humano, segundo a avaliação realista do Mestre. Neste contexto, nem a perversidade da criatura nem o "estado pecaminoso" eram razões para a necessidade de poder coercitivo e sujeição social, uma necessidade aceita simplesmente como dada. A razão era – de modo muito realista – um simples fato econômico: a escassez dos meios de subsistência disponíveis em comparação com as necessidades em contínua expansão, donde resultaria, caso não houvesse o poder coercitivo, a guerra de todos contra todos. Por conseguinte, a ordem coercitiva como tal, a diferenciação de posses e as lutas por interesses econômicos não constituíam, por princípio, absolutamente nenhum problema.

---

301. E esta, com a consequência extremamente não cristã de que o bem no ser humano seja um produto artificial da cultura, chegando-se assim ao resultado de afirmar o "mundo" da "cultura", e aqui sobretudo a significação da educação, com ênfase muito maior do que o fazia a própria doutrina ortodoxa.
Pelo menos pode-se, ao que parece, indicar algumas colocações metafísicas (cf. F. Farjenel. Journ. Asiat. G. Soc. 20, 1902, p. 113s.). Assim, desde o século XI a eternidade da matéria – cujo princípio espiritual (ai-ki), concebido panteisticamente como princípio do bem, produz o mundo – vem sendo defendida, sem muita consequência sob o ponto de vista lógico, por uma escola ortodoxa de comentadores. De resto, supõe-se que já Confúcio tenha acreditado na cosmogonia de fundamento astrológico, mais tarde defendida por Se Ma Tsien (com os cinco elementos sucedendo-se sob a forma de antigos soberanos) (segundo *Chavannes*, prefácio ao vol. I de suas edições de Se Ma Tsien. Paris, 1895, p. CXLIII). Mais adiante voltaremos ao assunto.

Muito embora a escola tenha desenvolvido uma cosmogonia, o confucionismo, em si, era em altíssimo grau isento de interesse metafísico. E o nível de aspirações *científicas* da escola (confuciana) não era menos modesto. O desenvolvimento da matemática, que outrora já havia atingido o nível de conhecimentos trigonométricos[302], logo feneceu por ausência de fomento[303]. E é claro que o próprio Confúcio nada sabia a respeito da precessão dos equinócios[304], há muito conhecida na Ásia Menor. O cargo público de astrônomo da corte enquanto portador de saber sigiloso (ou seja, do encarregado de manter em dia o calendário, e, portanto, um cargo diferente do de *astrólogo da corte*, que era ao mesmo tempo influente e oficial da Analística) passou a ser transmitido por hereditariedade; mas dificilmente terá sido possível o desenvolvimento de algum saber digno de consideração, como o prova o grande sucesso obtido pelos jesuítas com seus instrumentos europeus. As ciências naturais, em seu conjunto, mantiveram-se meramente empíricas. Da antiga obra botânica (= farmacológica), presumivelmente de um imperador, parece ter-se conservado apenas citações. As disciplinas históricas tiraram proveito da importância do tempo antigo. As conquistas arqueológicas nos séculos X e XII aparentemente estiveram em seu zênite, o que também ocorreu logo após com a arte da Analística. Wang An Schi procurou em vão criar um estrato especializado de *juristas* para preencher os cargos públicos. Em todo caso, justamente o confucionismo ortodoxo não se interessou por objetos outros que os meramente antiquários ou práticos. (Uma ressalva a esta afirmação encontra-se no capítulo VII.)

---

302. Permanece problemática, na aritmética chinesa, a significação dos números, pretensamente já conhecida no século VI (cf. *J. Edkins*. Local value. In: Chin. Arithm. Not., Journ. of the Peking Or. Soc. I, n. 4, p. 161s., reportando seu conhecimento à Babilônia – ? –). Como já se disse, no século XIX usava-se o ábaco com o valor das *esferas* conforme sua posição.

303. Mesmo assim, entre as nove matérias exigidas para o exame adicional facultativo encontrava-se também a Matemática; prestava-se tal exame quando se desejava uma promoção preferencial ou prevenir-se contra uma possível degradação.

304. De acordo com *Eitel*. China Review XVIII, p. 266. A origem babilônica da cultura chinesa também é sustentada por *T. de Lacouperie* (Western Origin of the ancient Chin. Civil. Londres, 1894).

Liberdade da metafísica e caráter intramundano do confucionismo

Portanto, a sua atitude *fundamental* perante a magia foi a de não ter *posto em dúvida* a realidade da magia, exatamente como os judeus, cristãos e puritanos tampouco dela duvidaram (bruxas foram postas na fogueira também na Nova Inglaterra). Mas a magia não tem um significado *de salvação*: este é o ponto decisivo. Como para os rabinos valia o dito "para Israel nenhum planeta conta", ou seja, o determinismo astrológico *não tem nenhum poder* contra a vontade de Javé para com os piedosos, assim também para o confucionismo a magia não tinha nenhum poder contra a *virtude*: a pessoa que vive segundo os clássicos não tem por que *temer* os espíritos, somente o mau costume (de pessoas em posição conspícua) lhes dá poder.

A contemplação ao modo dos santos budistas e de seus imitadores taoistas lhe era totalmente indiferente. Não sem uma pontada polêmica contra o taoismo místico, a tradição atribui ao Mestre a rejeição "de levar uma vida escondida e realizar milagres com vistas à fama póstuma junto às gerações vindouras". Mas, neste contexto, o posicionamento em relação a alguns dos grandes sábios do passado que se haviam retirado à solidão teve, por certo, de passar por alguns retoques: seria permitido retirar-se de um Estado somente quando fosse malgovernado. De resto, o Mestre promete, por vezes, a título de remuneração pela perfeição na virtude – e esta será aparentemente a única interpretação a apontar para bases místicas –, o dom de conhecer o futuro. Olhando mais de perto, vê-se que se trata apenas da aptidão de interpretar corretamente presságios e, portanto, de não ficar perdendo espaço para os sacerdotes da adivinhação. A já referida esperança única "messiânica" num futuro imperador-modelo (que seria precedido por uma fênix, segundo a interpretação aceita desta figura de fábulas)[305], já difundida pelo mundo inteiro, era de origem popular e não foi rejeitada nem alterada pelo confucionismo, pois este se interessava apenas pelas coisas deste mundo, tal como ele era.

---

305. Cf. o Schih Luh Kuoh Kiang Yu Tschi. Traduzido por Michels, p. XXI das "Notes" relativas ao comentário.

Conceito central de "decoro"

A pessoa culta convencional acompanhará as antigas cerimônias com a conveniente decência edificante, regulará todas as suas ações, inclusive gestos e movimentos físicos, segundo os costumes estamentais e os preceitos do "decoro" – um conceito fundamental do confucionismo! – com delicadeza e elegância. As fontes demoram-se prazerosamente na descrição de como o Mestre, nas situações mais complicadas no tocante à etiqueta, sabia cumprimentar cortesmente todos os participantes, de acordo com seu nível social, e movimentar-se com perfeita elegância. A "pessoa" afinada harmonicamente consigo mesma e em seu relacionamento com a sociedade, "de posição alta" ("principesca", "distinta") – mais uma vez, aquele conceito central que sempre vem à baila em muitas declarações tradicionalmente referidas do Mestre – comporta-se em qualquer situação social, seja esta de alto ou baixo nível, de acordo com a mesma e sem prejuízo para sua dignidade. É próprio desta pessoa manter a tranquilidade e a compostura, elegância e dignidade no sentido de um salão nobre arrumado para uma cerimônia, e, portanto, em contraste com a paixão e a ostentação do guerreiro feudal no antigo islame, o autocontrole vigilante e a observação atenta de si mesmo, assim como a reserva, mas principalmente a repressão de toda emocionalidade em qualquer de suas formas, também na de alegria, pois esta perturba o equilíbrio e a harmonia psíquica, raiz de todo bem. Portanto, o abandono não de tudo, como no budismo, mas sim de qualquer anseio irracional e não, como no budismo, para redimir-se do mundo, mas sim para nele inserir-se. Evidentemente, o pensamento de uma redenção faltava completamente na ética confuciana. O confuciano almejava ser "remido" não da metempsicose nem das penas no além (ambas desconhecidas do confucionismo), nem da vida (perante a qual nutria uma atitude positiva), nem do mundo social dado (cujas chances ele procurava sabiamente aproveitar mediante autocontrole), nem do mal em si ou de um pecado original (do qual ele nada sabia), nem de qualquer outra coisa, mas sim da barbárie indigna que é a impolidez social. E para ele somente podia constituir pecado a violação do único dever social fundamental: *a piedade familiar.* Pois do mesmo modo que o feudalismo se baseava na honra, o patrimonialismo tinha por fundamento a piedade filial como virtude cardeal. A honra era o alicerce sobre o qual se erguia a confiabilidade do respeito vassalar do homem feudal; na piedade filial radicava a subordinação do servo e do funcionário público ao governante. A diferença entre um e outro não era contraditória, mas antes uma mudança na acentuação. Também o vassalo ocidental "recomendava-se" e também tinha seus deveres de piedade familiar, como o homem feudal japonês. E o funcionário livre também tem sua honra estamental, considerada como motivação de seu agir tanto na China como no Ocidente, mas em contraste com o Oriente da Ásia Menor e do Egito, onde ocorria a ascensão social de funcionários públicos a partir do estamento escravo. O relacionamento do oficial militar e do servidor público com o monarca conserva sempre e em toda parte certos traços feudais. Ainda hoje eles têm sua marca característica no juramento por eles prestado pessoalmente. São estes elementos do relacionamento oficial que monarcas e funcionários públicos costumam acentuar – os primeiros, por interesses dinásticos, e os segundos por interesses estamentais. A ética estamental chinesa ainda lembrava o feudalismo de modo bastante vivo.

Piedade filial (Hiao)

A piedade filial (Hiao) para com os senhores feudais era enumerada lado a lado com a piedade filial para com pais, mestres, superiores na hierarquia oficial e funcionários estatais em geral, pois perante todos eles a piedade filial era por princípio de igual natureza. Substancialmente, a fidelidade feudal fora estendida à relação de patronagem no interior do funcionalismo público. E o caráter fundamental da fidelidade era patriarcal, e não feudal. A virtude absolutamente primordial entre todas era a piedade filial ilimitada dos filhos para com os pais[306], conforme sempre tem sido inculcado. Em caso

---

306. Também para com a mãe. Um filho embriagado agrediu (em 1882) fisicamente sua mãe, ao ser repreendido por ela. Esta contrata alguns homens e manda-os atar o filho e *enterrá-lo vivo*, apesar dos insistentes pedidos de todos os participantes. Todos os coatuantes foram punidos por incorreção, mas logo agraciados. Nem se pensou em punir a mãe (Edito na *Peking Gazette* de 13/03/1882).

de dúvida, ela prevalecia sobre as demais[307]. Em uma declaração do Mestre encontra-se uma menção honrosa de um alto funcionário público que, por motivos de piedade familiar e para não desacreditar seu pai, tolerou os indubitáveis abusos que este, como funcionário em igual posição, havia tolerado. Em contraste com isso, porém, há uma passagem no Schu-king, na qual o imperador transmite a um filho o cargo de seu pai para que reparasse os erros do pai[308]. Para o Mestre, nenhum modo de agir de uma pessoa podia considerar-se comprovado até que se visse de que modo ela observava o luto pela morte dos pais. É muito compreensível que, em um Estado patrimonial, a piedade filial, por ser aplicada a todas as relações de subordinação, fosse considerada por um funcionário público – e Confúcio foi ministro de Estado durante um certo tempo – como a virtude da qual derivam todas as demais e cuja posse significa prova e garantia de cumprimento do mais importante dever estamental da burocracia: a disciplina incondicional. A transformação do exército sociologicamente fundamental, pela qual o exército se converteu de (indivíduos empenhados na) luta heroica em tropa disciplinada, ocorreu na China em tempo pré-histórico. A crença na onipotência da disciplina em todas as áreas pode ser encontrada em anedotas antiquíssimas e estava total e firmemente estabelecida já entre os contemporâneos de Confúcio. "Insubordinação é pior do que mentalidade baixa"; por isso, "extravagância" – no sentido de luxo ostensivo – é pior do que parcimônia. Mas – vice-versa – a parcimônia leva por sua vez à mentalidade baixa, ou seja, plebeia e incongruente com o estamento de uma pessoa culta, não devendo, portanto, ser estimada positivamente. Vê-se assim aqui, como em qualquer ética estamental, que a

---

307. Também em caso de conflito com a obediência ao príncipe. Por ordem do príncipe, um servidor público devia prender por felonia o próprio filho e entregá-lo à prisão. O servidor se nega a tanto, e assim também procede o funcionário que devia prender o pai por esta desobediência. O pai suicida-se por isto e a tradição põe a culpa no príncipe pelo pecado assim cometido (Tschepe. Op. cit., p. 217).

308. Cf. o relato publicado na *Peking Gazette* de 08/06/1896 sobre um pedido do filho de um comandante de Niutschwang degradado na guerra contra o Japão por motivo de covardia e enviado para trabalhos forçados nos caminhos postais no oeste do país; ele solicitou permissão para assumir a punição no lugar do pai, que adoecera em razão do estresse sofrido, ou, pelo menos, para resgatá-lo com o pagamento de 4.000 taéis. O relato foi repassado ao imperador com destaque para o louvável ato de piedade filial demonstrado pelo requerente.

atitude perante a economia é um problema do consumo e não do trabalho. Para a pessoa de grau "mais alto" não vale a pena aprender a agir economicamente. E mesmo não seria um comportamento decoroso, como lhe conviria. Não por uma rejeição fundamental da riqueza como riqueza. Pelo contrário, um Estado bem administrado é aquele em que as pessoas *se envergonham* de sua pobreza (e de sua riqueza no caso de um Estado mal-administrado, onde, por via das dúvidas, terá sido acumulada desonestamente no exercício do cargo público). As ressalvas eram feitas contra a *solicitude* pela *aquisição* de riqueza. A literatura econômica era literatura de mandarins. Como toda moral do funcionalismo público, também a do confucionismo rejeitava naturalmente a participação do servidor público em atividades lucrativas diretas ou indiretas, por serem eticamente duvidosas e incompatíveis com o estamento. Esta rejeição era tanto mais imperiosa quanto mais o servidor se visse impelido a explorar sua posição no cargo público, cuja remuneração em si não era alta e, além disso, na Antiguidade, consistia predominantemente no pagamento em bens naturais. Esta ética utilitarista, de orientação nem feudal nem ascética, não desenvolveu nenhuma teoria que fosse por princípio anticrematística. Pelo contrário. O confucionismo produziu teorias que soam muito modernas no que se refere a oferta e demanda, especulação e lucro. Ao contrário do Ocidente, a rentabilidade do dinheiro é vista como naturalmente compreensível (em chinês a palavra usada para juro é igual à do grego, significando "filho" do capital) e aparentemente a teoria também desconhece qualquer restrição aos juros (ao passo que estatutos imperiais condenavam determinadas espécies de "usura"). Só que o capitalista, enquanto interessado particular, não tinha direito a tornar-se funcionário público. A pessoa de formação literária devia ficar longe do crematismo. Onde quer que aparecessem reservas contra a busca de lucro, eram reservas essencialmente de ordem política.

Mentalidade econômica e rejeição do humanismo técnico-especialista

A ganância era tida pelo Mestre como fonte de agitação social. Ele tinha claramente em vista a ocorrência de conflitos em classes pré-capitalistas entre os interesses dos atacadistas e monopolistas, por um lado, e os dos consumidores, por outro. Naturalmente, o confucionismo pendia mais para a política favorável aos consumidores, mas ficava longe de inimizar-se com o lucro econômico. E a concepção popular não era diferente. Funcionários públicos chantagistas e injustos, particularmente os do fisco e os subalternos, eram objeto de amargos açoites verbais em peças dramatúrgicas. Mas, ao que parece, houve (relativamente) poucas queixas ou zombarias contra comerciantes e usurários. A irada inimizade do confucionismo contra o sistema de mosteiros budistas, que levou à campanha exterminadora do Imperador Wu-Tsung em 844, teve por justificativa a alegação de que os mosteiros desviavam o povo do trabalho útil (de fato, como vimos, a "política monetária" foi um fator influente). Em toda a literatura ortodoxa ressalta-se a estima da atividade econômica. Também Confúcio aspiraria a obter riqueza, "mesmo como um servo com o açoite na mão", contanto que o *sucesso* desta aspiração estivesse de alguma forma garantido. Mas não é *este* o caso e é *daí* que provém a única ressalva contra o lucro econômico: o equilíbrio e a harmonia da alma ficam abalados pelos riscos da busca do lucro. O ponto de vista do *prebendário* de cargo público assoma aqui numa transfiguração ética. A posição na burocracia pública é a única digna de um homem de grau mais alto porque somente ela possibilita a plena realização da personalidade. Segundo Mêncio, sem uma renda permanente a pessoa culta dificilmente terá uma convicção firme e o povo não a terá de modo algum. Uma busca de lucro por atividade econômica, médica, sacerdotal é o "pequeno caminho". Pois ele leva à especialização técnica – e este é um ponto extremamente importante em estreita conexão com o acima exposto. O homem distinto, porém, aspira a uma perfeição sob todos os aspectos, a qual só lhe é propiciada pela formação (em sentido confuciano) e que é exigida do homem justamente pelo cargo público – uma característica que revela a ausência de especialização técnica racional no Estado patrimonial. Contudo, também se encontram na literatura, como aliás politicamente na tentativa de reforma empreendida por Wang An Schi, alusões que recomendam a formação de competências técnicas para os servidores públicos no estilo da burocracia moderna, ao invés da tradicio-

263

nal universalidade de aspectos dos assuntos públicos, impossível de ser trabalhada por um só indivíduo. Mas era justamente a isto que se contrapunha drasticamente o ideal de formação dos chineses: a estas exigências objetivas, e, portanto, à implementação de uma objetivação racional da administração ao modo de nossos mecanismos europeus. Devia ser quase impossível a um candidato culto, confuciano e ligado à antiga tradição aspirando um cargo público, ver numa formação técnica de cunho europeu algo de diferente do que a mais sórdida vulgaridade[309]. Nisto consiste, sem dúvida alguma, parte das principais objeções contra qualquer "reforma" em sentido ocidental.

O ideal do *gentleman*

A afirmação fundamental de que "uma pessoa distinta não é um instrumento" significava que esta pessoa era um fim em si mesma, e não, como instrumento, meramente um meio para algum uso útil específico. Aqui, portanto, há um contraste direto entre o ideal estamental de distinção própria do *gentleman* confuciano de formação universal ("homem-príncipe", na tradução de Dvořak para a expressão Kiün tse), por um lado, e, por outro, o ideal platônico de orientação social que, com base na *polis*, partia da convicção de que o ser humano somente chegará à sua destinação realizando algo de apreciável dentro de *um* assunto; e esta tensão é muito mais forte em relação ao conceito de profissão do protestantismo asceta. Esta "virtude" baseada na abrangência universal, quer dizer, a autorrealização, era mais do que a riqueza a ser obtida através de uma unilateralização. No mundo, nada se poderia conseguir, nem mesmo na mais influente posição, sem a virtude originada na formação. Mas também, vice-versa, nada se conseguiria tampouco com a maior virtude sem uma posição influente. Eis por que era esta a finalidade perseguida pela pessoa de "grau mais alto", e não a obtenção de lucro.

---

309. O memorando que serviu de base para o edito de 02/09/1905 sobre a extinção dos antigos exames "culturais" é de pouco conteúdo substancial e apenas acentua no fundo que o entusiasmo na busca de uma formação popular (de nível médio) é inibido pelo fato de que cada um confiaria no exame como título de acesso para uma prebenda pública.

Estas são, resumidamente, as teses fundamentais geralmente atribuídas ao próprio Mestre sobre a vida profissional e a posse, teses opostas tanto ao prazer feudal pelo luxo ostensivo como, por exemplo, já no antigo islame em declarações do próprio Profeta, à rejeição budista de todo apego aos bens mundanos, à ética profissional hinduísta rigorosamente tradicionalista e à transfiguração puritana do trabalho ascético intramundano lucrativo numa profissão racionalmente especializada. Se porventura se abstraísse desta oposição fundamental, poderia até constatar-se um certo parentesco em alguns aspectos. A pessoa "principesca" evita as tentações da beleza. Pois, como diz o Mestre corretamente: "Ninguém ama a virtude como se ama uma mulher linda"[310]. Segundo a tradição, o príncipe ciumento vizinho do Mestre removeu-o do cargo que ocupava junto ao príncipe de Lu presenteando seu senhor com uma coleção de lindas donzelas, pelas quais o príncipe, mal aconselhado moralmente, sentiu mais gosto do que pelos ensinamentos de seu confessor político. Em todo caso, este último mo pessoalmente achava a mulher um ser totalmente irracional e de trato tão difícil quanto o trato de empregados domésticos[311]. O rebaixamento faz com que tanto um como a outra percam o distanciamento recíproco, e um tratamento rigoroso as torna mal-humoradas. Condicionada por sua fuga ao mundo, a timidez do budismo em relação às mulheres reencontrou-se espelhada no confucionismo em forma de desatenção para com a mulher, uma atitude sugerida pela sobriedade racional confuciana. É claro que, tendo em vista o interesse de procriação, nunca no confucionismo se pensou em desprezar as concubinas; estas foram admitidas como necessárias, ao lado da legítima esposa: o cartel dos príncipes feudais, já várias vezes referido, apenas voltava-se contra a equiparação de direitos hereditários para filhos de concubinas, e a luta contra as influências ilegítimas

---

310. Biografia de Confúcio escrita por Se Ma Tsien. Edição de Chavannes, p. 336.

311. A "sensualidade", enquanto inimiga de todas as virtudes, é considerada pela antiga Analística como *incurável* (Kun Yu, Discours des Royaume, p. 163; trata-se do pronunciamento de um médico particular sobre um príncipe adoentado). O conflito entre amor e razão de Estado é resolvido claramente desta (a razão de Estado). Na poesia, pelo menos *uma* vez, encontra-se mencionado o "lado trágico" desta situação.

do harém tomou a forma de um combate contra a iminente preponderância da substância Yin (feminina) sobre a Yang (masculina). Fidelidade entre amigos é aclamada com grande louvor. As pessoas precisam de amigos, mas deve-se escolhê-los entre os pares. Em relação a pessoas de nível inferior, é preciso ter amigável benevolência. De resto, porém, toda ética partia, também neste contexto, do primitivo princípio de intercâmbio seguido pela associação camponesa de vizinhança: "Como tu te comportas comigo, eu me comporto contigo". É o princípio da "reciprocidade", colocado pelo Mestre em certa ocasião, em resposta a uma interpelação, como fundamento de toda ética social. O amor ao inimigo dos místicos radicais (Lao-tse, Mo Ti), porém, foi decididamente repelido por contrariar um princípio ligado à razão de Estado, a da retribuição justa: *Justiça* para inimigos, amor para amigos. O que sobraria para *estes*, se aos inimigos se oferecesse *amor*? A pessoa distinta do confucionismo era, tudo considerado, uma pessoa que unia "benevolência" a "energia" e que alia "saber" a "franqueza". Tudo, porém, dentro dos limites da "prudência", cuja ausência obstruiria para o homem comum o caminho do "meio certo entre dois extremos". E que principalmente obstruiria aquilo que dava a esta ética seu cunho específico, ou seja, a qualidade de ficar dentro dos limites do decoro social. Pois somente o senso de decoro é que faz do homem-príncipe uma "personalidade" no sentido confuciano. Em consequência disso, também a virtude cardeal da franqueza tem seu limite nos preceitos do decoro. Portanto, segundo a práxis do próprio Mestre transmitida pela tradição, no caso do (conflito com o) dever de franqueza, não apenas os deveres de piedade filial (mentira emergencial por motivo de piedade filial) preponderam incondicionalmente, mas também os deveres sociais de decoro quando em conflito com a franqueza. "Onde quer que estejamos reunidos em um grupo de três, lá encontro meu Mestre", teria dito Confúcio. Isto quer dizer: eu me curvo à *maioria*. Este "decoro" também foi o critério por ele adotado para fazer uma seleção de escritos clássicos. Presume-se que Se Ma Tsien tenha tido notícia de 3.000 (?) odes de Schi-King, dentre as quais Confúcio teria escolhido 306.

Mas de modo nenhum se poderia alcançar a perfeição sem um aprender interminável, ou seja, sem o estudo literário. A pessoa "principesca" reflete sobre todas as coisas e "estuda" sem parar e sempre de novo. E, de fato, diz-se que não era absolutamente uma raridade candidatos com noventa anos de idade apresentarem-se para as provas estatais oficiais. Mas este estudo continuado constituía apenas uma apropriação de pensamentos já existentes. O Mestre, segundo comunicação a ele atribuída, buscava, até mesmo na velhice, ser criativo por próprio empenho e progredir mediante mero pensar, mas em vão; e por isso jogava-se novamente à leitura, sem a qual o espírito, a seu ver, trabalhava por assim dizer "em ponto morto". No lugar da frase "Conceitos sem observação são conceitos vazios" entrou então esta outra: "O pensar sem frutos advindos da leitura é estéril". Pois sem estudo, diz-se, a sede de saber desperdiça a mente, a benevolência nos torna parvos, a franqueza nos torna irrefletidos, a energia nos embrutece, a audácia nos leva à insubordinação e a firmeza de caráter a extravagâncias. Neste caso, errou-se o alvo na busca do caminho do "meio certo" que constituía o bem supremo desta ética de adaptação social, dentro da qual existia apenas *um só* dever realmente absoluto: a piedade filial enquanto mãe da disciplina; e *um só* meio universal para chegar à perfeição: a formação literária. Mas o que valia como sabedoria *governamental* do príncipe era a escolha dos *ministros* "certos" (em sentido clássico), como teria dito Confúcio ao duque de Ngai.

Significação dos clássicos

Esta formação, porém, só era transmitida pelo estudo dos antigos clássicos, cuja validade canônica pura e simples se tornara evidente por si mesma na forma purificada pela ortodoxia. É verdade que, às vezes, se encontra referência à comunicação de que alguém, ao interrogar a Antiguidade sobre problemas da atualidade, pudesse com isso facilmente provocar uma desgraça. Só isto já pode ser interpretado como rejeição da antiga situação feudal, mas quase certamente não, como o supõe Legge, em sentido antitradicionalista. Pois todo o confucionismo se transformou numa rigorosa canonização do transmitido tradicionalmente. O que, sim, foi antitradicionalista foi a célebre relação ministerial de Li-Se, redigida expressamente *contra* o confucionismo e que provocou a grande catástrofe da queima de livros após ter-se instaurado o Estado único burocrático (em 213 a.C.). A corporação dos letrados, segundo a referida relação, louva a Antiguidade em detrimento do presente e, por conseguinte, incita ao desprezo das leis do imperador, que eles criticam baseados no critério de suas próprias autoridades livrescas. E afirma, numa característica inversão dos valores confucianos, que só seriam úteis os livros sobre economia, medicina e vaticínio. Vê-se por aí que, em benefício da própria posição de poder, o racionalismo totalmente utilitarista do exterminador do sistema feudal acabou com todo e qualquer vínculo com a tradição, a qual constituía em toda parte o limite a ser respeitado pelo racionalismo confuciano. Mas ele também pôs em xeque aquele sábio compromisso entre, por um lado, os interesses do *poder* e, por outro, o interesse pela *legitimidade* do estamento dominante, um compromisso no qual se baseava a razão de Estado deste sistema. E sem dúvida foram motivos atinentes à segurança própria que logo após levaram a Dinastia Han a recorrer formalmente ao confucionismo. E, de fato, um estamento burocrático patrimonial, que se encontrava em posição de poder absoluto e simultaneamente monopolizava a função sacerdotal oficial, não podia deixar de abraçar a mentalidade tradicionalista em relação a uma literatura cuja sacralidade era a única instância a garantir a legitimidade da ordem sustentadora de sua posição. Ele tinha de colocar limites ao seu racionalismo quanto a este ponto e também no tocante ao relacionamento com a crença religiosa do povo, crença esta cuja existência garantia tanto a domesticação das massas como, já o vimos, os limites da crítica permitida ao sistema de governo. Um governante poderia, individualmente, ser mau, ou seja, destituído de carisma. E neste caso não seria querido por deus e deveria consequentemente ser deposto como um burocrata imprestável. O sistema, como tal, porém, precisava ter por fundamento a piedade filial, a qual, a qualquer abalo da tradição, caía em perigo.

Evolução histórica da ortodoxia

O confucionismo, por razões que já conhecemos, não empreendeu nem a mínima tentativa para racionalizar eticamente a crença religiosa realmente dada. Ele pressupunha, como elemento da ordem mundana dada, tanto o culto oficial celebrado pelo imperador e pelos funcionários estatais como o culto aos ancestrais celebrado pelo chefe domiciliar. O monarca do Schu-King toma suas resoluções após consultar não apenas os grandes do reino e do "povo", quer dizer, na época, sem dúvida, os grandes do exército, mas também dois meios tradicionais de vaticínio, discutindo-se de modo meramente casuístico como comportar-se em caso de divergência entre estas fontes de conhecimento. Em consequência sobretudo daquela atitude do estamento culto, as demandas de conselho pastoral e orientação religiosa advindas da vida privada ficaram estagnadas ao nível do animismo mágico e da veneração dos deuses funcionais, exatamente como em toda parte antes da intervenção das profecias, que aliás não se estabeleceram na China.

Este animismo mágico, por sua vez, foi elevado pelo pensamento chinês em nível de sistema, denominado "universismo" por de Groot. Mas o confucionismo *não* foi o único participante na sua construção e, visto deste ângulo, precisamos contemplar também as forças heterodoxas que contribuíram neste contexto. Em primeiro lugar, porém, precisamos ter claro na mente o fato de que o confucionismo, dentre todas as doutrinas dos letrados, foi a única a ser aceita definitivamente, mas *nem sempre* foi a única a ser admitida.

O confucionismo não foi sempre, absolutamente, a única filosofia da China aprovada pelo Estado, sendo hung fan (= grande plano) a expressão técnica correspondente. E quanto mais se recua no tempo tanto menos o estamento dos letrados se identifica com a ortodoxia confuciana. O período dos estados divididos já conhecia a concorrência entre as escolas filosóficas, mas esta de modo algum desapareceu no Estado unificado, e o confucionismo se tornava particularmente pronunciado quando o poder do imperador se encontrava em seu nível mais baixo. A vitória do confucionismo só ficou decidida no século VIII de nossa era. Não se trata aqui, nem de longe, de recapitular a história da filosofia chinesa, mas pelo menos fique ilustrada a evolução rumo à ortodoxia com auxílio das seguintes datas:

Deixamos de lado, por enquanto, a posição de Lao-tse e de sua escola, uma posição absolutamente marginal (cf. cap. VII). *Após* Confúcio, ainda se encontram filósofos como Yang tschu, um fatalista epicureu que, contrastando com os confucianos, descartava a importância da *educação* por considerar que o modo próprio de cada pessoa era seu "destino" inevitável; ou também filósofos como Mo Ti, amplamente alheio à tradição. Antes e durante a época de Mêncio (século IV a.C., com o poder do imperador em seu período mais fraco), Sun Kung, funcionário ativo num Estado dividido, posicionava-se conforme o princípio da perversidade da natureza humana, um princípio basicamente anticonfuciano; os dialéticos, os ascetas (Tschöu Tschang), os fisiocratas puros (Hu Hing) enfrentavam-se mutuamente com programas de política *econômica* acentuadamente diferentes, e ainda no século II d.C. o Tschung Lun de Tsui Schi colocava-se numa atitude estritamente antipacifista, pois para ele, no decurso de períodos prolongados de *paz*, os costumes ficam cada vez mais depravados, levando à devassidão e voluptuosidade[312].

Tudo isso constituía heresias não clássicas. Mêncio combatia as do seu próprio tempo. Mas, contrastando com ele, encontravam-se marginalizados seu contemporâneo Hsün Tse, que considerava a bondade humana (de modo confuciano) como um produto de arte, mas não divino e, sim, do *próprio* ser humano, o que, dito politicamente, significava que "deus é *expressão* do coração do povo"; e também o pessimista absoluto Yang Tschu, que considerava suma sabedoria *suportar* a vida e superar o *temor* da morte. Frequentemente se considerava a "inconstância" da vontade divina como a causa do sofrimento dos piedosos. Uma exposição sistemática das escolas antagonistas de letrados do seu tempo encontra-se em Se Ma Tsien, cujo pai parece ter sido taoista[313]. Distinguiam-se seis escolas: 1ª) Metafísicos: a especulação de Yin e Yang, baseada na astronomia. 2ª) Mi Tse (Micius e sua escola):

---

312. Cf. *Kuhn*. Abh. der Berl. Ak., 1914, 4.

313. Cf. Chavannes. Prefácio à sua edição, p. XIII.

com influência mística, defendiam a simplicidade absoluta para a conduta de vida, inclusive do imperador, também para sepultamentos. 3ª) A escola dos filólogos: com interpretação literal e realismo conceitual (relativamente apolíticos, na tradição do tempo dos sofistas). 4ª) A escola legista: representantes da teoria da dissuasão (também defendida mais tarde por Tsui Schui, cf. acima). 5ª) Os taoistas (dos quais trataremos mais adiante). 6ª) A "escola dos letrados": confucianos, aos quais Se Ma Tsien se declara pertencer. Pelo menos, ele também ainda defende a posição confuciana, mesmo que posteriormente tenha sido considerada não clássica sob muitos aspectos. Ele tinha consideração pelo conhecido Imperador Hoang Ti (reminiscências taoistas[314]), que se havia tornado anacoreta. Sua cosmogonia (doutrina dos cinco elementos) tem origem claramente astrológica. Confucianos ortodoxos sem dúvida compartilhariam sua estima pela riqueza, como também a sua justificativa de que apenas uma pessoa rica segue corretamente os *ritos*. Mas a sua recomendação, inclusive do comércio como instrumento de lucro, lhes era chocante[315]. Muitos dentre eles haveriam de tolerar a dúvida quanto a uma "Providência" absolutamente determinante, pois era sabido que pessoas virtuosas também morriam de fome. Expressões semelhantes encontraram-se também nos monumentos do período de Han[316]. Contudo, não se trata aqui de algo insuspeito. A afirmação de que o heroísmo fosse "inú-

---

314. *Edkins*. The place of Hwang Ti in early Taoism. China Rev. XV, p. 233s.

315. Contrário a isso: Pen Piao, no ap. II de Chavannes. Op. cit., passagem impressa.

316. Epitáfio do tempo dos Han (cerca de 25 a.C.). In: Journ. As., X Ser. 14, 1909. Editado por Chavannes, p. 33: Inscrição de luto pelo passamento prematuro de um varão: "Sempre houve, desde a Antiguidade, pessoas de conduta irrepreensível *sem* terem sido recompensadas por isso" (exemplo). "Sua *lembrança* continua" (cf. Se Ma Tsien). "Ele irá enobrecer seus descendentes" (expressão que reproduz a *antiga* concepção de carisma hereditário, à diferença da nova, conforme referido). "Ele partiu para um reino de sombras e frio".

Epitáfio de 405 d.C.: "Todo ser vivo tem de morrer". O ser humano perfeito não tem características *individuais* (está unificado com o Tao, cf. cap. VII; influência de Tschang tse?).

É louvada a atitude *impassível* perante a promoção ou a perda de um cargo público (p. 36). Uma promoção é justificada por "retidão", "piedade filial infantil", "piedade filial para com os mortos".

Mas no conjunto: "O céu não tem dó, ele adoeceu e morreu". Um "deus" *nunca* é mencionado. Toda a mentalidade e todo o estado de ânimo mostram afinidade com Se Ma Tsien. Não há o *otimismo* violento das épocas posteriores.

til" correspondia a uma doutrina do período posterior, atribuída ao Mestre. Mas, por outra, dificilmente se julgariam clássicas afirmações de que tudo se resumisse no *nome* celebrado – como ensinava o *castrado* Se Ma Tsien –, ou de que a virtude fosse apresentada como "fim em si mesma" e que, por outro lado, se pretendessem para príncipes efeitos diretamente *didáticos*. Contrariamente a tudo isso, o *tom* absolutamente impassível da Analística, atitude praticada com virtuosismo por Se Ma Tsien, estava em perfeita harmonia com a prática própria de Confúcio.

O pateticismo do confucionismo mais antigo

A ortodoxia confuciana transparece claramente em seu mais alto grau numa carta escrita por Se Ma Tsien – que, por ser politicamente suspeito, foi *castrado*[317], mas em seguida contratado – ao amigo Jen Ngan, o qual, por estar aprisionado, havia-lhe (em vão) solicitado ajuda[318]: Ele (Se Ma Tsien) não pode (ou não quer) ajudá-lo *realmente* (para não correr risco ele próprio). Mas a alma daquele *"que iniciou o longo caminho"*[319] poderia manter-se encolerada contra ele (Se Ma Tsien, e assim prejudicá-lo), e por isso deseja expor-lhe os motivos. "A pessoa de valor empenha-se por quem sabe valorizá-la" (posição genuinamente confuciana). Mas ao invés de ocupar-se com a sina do desgraçado, ele expõe apenas sua *própria* desventura: a castração. De que forma o autor da carta encontrou ajuda nesta situação? Os principais pontos, prossegue a carta, são quatro: 1°) Não desonrar os *antepassados*. 2°) Não rebaixar-se a si *próprio*. 3°) Não ofender nem a razão nem a dignidade, e, por último, 4°) Não violar as "regras válidas para todos". Ele, o autor da carta, irá lavar com *seu livro* sua mancha vergonhosa.

É possível que, na íntegra, esta carta nos recorde as de Abelardo a Heloísa, tão ofensivas pela frieza de suas lições (dadas presumivelmente por razões semelhantes!), mas esta *fria* moderação no relacionamento de uma pessoa

---

317. Uma desgraça terrível para chineses, tendo em vista o culto dos *ancestrais*!

318. Cf. a carta. In: Chavannes. Vol. I, ap. I, p. CCXXVIs.

319. Uma crença na imortalidade seria não clássica. Trata-se apenas de crença em *espíritos*.

com a outra é genuinamente confuciana. E, visto que nosso sentimento se acha contrariado em alguns aspectos, não vamos esquecer que também são de espírito confuciano os documentos magníficos e orgulhosos citados no final do capítulo *anterior*. O epitáfio de Schi Hoang Ti reproduzido por Se Ma Tsien[320], caracterizando como reprovável um agir contrário à "razão", seria por ele (e por confucianos) interpretado da seguinte maneira: a instrução sobre como agir racionalmente *somente* se pode obter mediante o estudo[321] e o *saber*. O "saber" – entendido como o conhecimento da tradição e da norma clássica obtido por estudos literários – constituía no confucionismo a última palavra, e *por esta característica* distinguia-se de outros sistemas chineses relativos à atitude perante o mundo, como agora teremos de considerar.

Caráter pacifista do confucionismo

A "razão" no entender do confucionismo era um racionalismo da *ordem*: "É melhor ser um cão e viver em paz do que ser uma pessoa vivendo na anarquia", diz Tscheng Ki Tong[322].

Como nos mostra este dito, a razão confuciana era, justamente por isso, de cunho essencialmente *pacifista*[323]. Esta especificidade incrementou-se continuamente na história até o momento em que o Imperador Khian Lung pôde escrever sobre a história da Dinastia Ming a frase[324]: "Somente quem *não* tencione derramar sangue humano é que poderá manter unido o reino". Pois "os caminhos do céu são mutáveis e unicamente a *razão* nos serve de auxílio". *Isto* é que foi o produto final da evolução do Estado unido, muito embora Confúcio ainda houvesse reivindicado a *vingança* como dever varonil em resposta ao assassínio de pais, irmãos mais velhos e amigos. Esta

---

320. Cf. sua biografia de Schi Hoang Ti. Edição de Chavannes, p. 166.

321. Elogiado nas inscrições do tempo dos Han, acima citadas.

322. China und die Chinesen. Trad. para o alemão por A. Schultze, 1896, p. 222.

323. O próprio Confúcio teria dito sobre si mesmo ser incompetente em assuntos militares.

324. Cf. Yu tsiuan tung kian kang mu. Trad. por Delamarre. Paris, 1865, p. 20. Seria possível reunir numerosos ditos parecidos.

ética manteve, portanto, sua orientação pacifista, orientada para este mundo e pelo temor dos *espíritos*.

É verdade que não faltava uma qualificação ética dos espíritos. Pelo contrário, na China e no Egito, como vimos, a justiça irracional baseava-se na crença surgida, no mais tardar, sob a Dinastia Han a partir de uma projeção idealizada para o céu da burocracia e do direito de queixa: que o grito do oprimido infalivelmente provocaria a vingança dos espíritos sobretudo contra qualquer pessoa cuja vítima tenha morrido por suicídio, sofrimento, desespero. E que na mesma crença se baseava, com muito mais forte razão, o grande poder das massas a chorarem em cortejo (acompanhando o oprimido, fosse este real ou apenas pretenso), dado o perigo de suicídios possivelmente provocados pelas histéricas emoções das massas. A massa *impôs à força* (em 1882)[325] uma sentença de morte contra um mandarim que havia maltratado até à morte seu auxiliar de cozinha: a crença nos espíritos constituiu, nesta função, a única Magna Carta das massas na China – única, mas *muito* eficaz. Os espíritos também exerciam vigilância sobre contratos de toda espécie. Em caso de contratos forçados ou imorais, eles negavam sua proteção[326]. Portanto, a *legalidade* foi mantida concretamente como virtude de maneira animista, e não apenas como hábito geral. Mas o que *faltou* foi o poder de uma religião de redenção, um poder central e metodicamente *orientador da vida*. Logo conheceremos o efeito do fato de isto ter faltado.

---

325. Cf. *Giles*. China and the Chinese. Nova York, 1912, p. 105.

326. "Contratos forçados não têm efeito, pois os espíritos não lhes concedem proteção", máxima válida já nos tempos mais antigos. Cf. *E.H. Parker*. Ancient China simplified. Londres, 1908, p. 99.

VII
ORTODOXIA E HETERODOXIA (TAOISMO)[327]

Doutrina e ritual na China

O anacoretismo e Lao-tse

Tao e mística

Consequências práticas da mística

Oposição entre escola ortodoxa e escola heterodoxa

A macrobiótica taoista

A hierocracia taoista

A posição geral do budismo na China

A sistematização racional da magia

Ética do taoismo

O caráter tradicionalista da ética chinesa ortodoxa e heterodoxa

Seitas e perseguição dos hereges na China

A rebelião de Taiping

O resultado da evolução

Doutrina e ritual na China

Como em toda parte, o culto oficial do Estado da China servia unicamente a interesses da comunidade, e o culto dos antepassados, a interesses do

---

327. Cf. sobre o taoismo as fontes referidas por *de Harlez* e *Legge*. E em geral também o já citado escrito póstumo de *W. Grube*. Religion und Kultus der Chinesen. E agora, principalmente: de Groot, "Universismus".

clã. Em ambos os casos ficavam excluídos interesses meramente individuais. A crescente despersonalização dos grandes espíritos da natureza, a redução de seu culto ao ritual oficial, o esvaziamento deste ritual de qualquer elemento emocional e por fim sua equiparação a meras convenções sociais – tudo isso, obra do estrato intelectual de formação ilustre – deixaram totalmente de lado as necessidades religiosas típicas das massas. A orgulhosa renúncia ao além[328] e às garantias religiosas de salvação individual neste mundo era exequível unicamente no âmbito distinto do estrato de intelectuais. Impingido igualmente aos não mandarins por influência da doutrina clássica enquanto única fonte de ensino, este posicionamento não pôde cobrir a referida lacuna. Não é concebível que apenas no período imediatamente posterior à morte de Confúcio, durante o qual surgiram subitamente pela primeira vez na literatura deuses funcionais de todo tipo e heróis divinizados, também se tenha iniciado pela primeira vez o processo que levou à formação de tais figuras divinas. Com efeito, em qualquer outro lugar tais formações são próprias de estágios mais antigos, como é o caso de certos deuses funcionais típicos ("senhores") das religiões do campesinato como os do trovão, dos ventos etc., assim como de heróis divinizados na época das lutas feudais de heróis, uma época já superada na China de então. A forte especialização e fixação dos deuses funcionais, neles incluindo-se até uma deusa da latrina, só poderão ter sido produtos do crescente convencionalismo cultural ocorrido sob o domínio da burocracia na China, à semelhança do que ocorreu com a especialização das divindades em Roma. E o primeiro exemplo seguro exclusivamente para a fixação de uma personalidade como ser histórico e objeto de culto é a canonização de Confúcio[329]. Tanto nesta terminologia oficial am-

---

328. Cf. tb. a literatura, além dos já citados documentos monumentais. Assim, p. ex., na Doutrina da Juventude (Siao Hio, trad. por Harlez. Op. cit., livro V, n. 86) há uma advertência sobre os embustes dos sacerdotes budistas, que pretendem conseguir para os mortos a salvação no além. De acordo com o texto, não se pode ajudar os mortos nem prejudicá-los, pois uma vez decomposto o corpo, o espírito também desaparece.

329. Aqui, como na Igreja Católica, o que faz a diferença é a instituição patrimonial da graça: a pessoa canonizada só deve ser "venerada", segundo a terminologia católica, e não, como os grandes espíritos, "adorada". Naturalmente, neste caso e em casos similares, para as massas esta era uma distinção apenas formal.

bivalente como, muito mais, em expressões figurativas, pode-se depreender de numerosos traços a concepção do deus celeste como um ser originariamente pessoal. Já vimos que somente no século XII de nossa era o processo de despersonalização (influenciado pelo materialismo) chegou ao fim. No entanto, para as massas excluídas do acesso direto à oração e ao sacrifício dirigido ao ser supremo despersonalizado do culto estatal, parece ter subsistido o original "senhor dos céus" – posteriormente adornado com lendas sobre nascimento, governo, anacoretismo e ascensão aos céus –, continuando a ser venerado no culto doméstico, mas naturalmente ignorado por parte dos protagonistas do culto oficial aos céus. Outras divindades populares conhecidas na Idade Moderna, ignoradas pelo culto oficial e vistas pelo confucionismo como pertencentes à multidão dos "espíritos", são seguramente na verdade deuses funcionais antiquíssimos. Mas somente um especialista poderia abordar o difícil problema da relação entre o caráter original destas divindades e o seu caráter posterior (questão referente à posição do "animismo"), assim como o problema atinente ao modo de conceber a miraculosidade de certos objetos naturais e artefatos (questão relativa à posição do "fetichismo"). Mas isto não vem ao caso neste contexto. Interessa-nos aqui muito mais a discrepância entre o posicionamento da Igreja oficial e o da religião popular não clássica quanto à seguinte questão: se porventura esta última podia tornar-se e tornou-se fonte de uma metodologia de vida com orientação divergente. Aparentemente, assim poderia ter sido, pois os cultos da maioria das divindades populares, desde que não fossem de origem budista, eram vistos continuamente como assunto de uma linha considerada pelo confucionismo e pela instituição salvífica sob seu domínio como uma heterodoxia que, justamente como a própria instituição salvífica confucionista, também era por um lado práxis cultual (e mágica) e, por outro, igualmente *doutrina*. Logo voltaremos ao assunto. Por enquanto parece útil esclarecer um pouco mais qual a relação fundamental dos antigos deuses populares para com a doutrina ética do confucionismo.

Tomemos para tanto o exemplo mais sugestivo: o relacionamento da ética social helênica, formulada por escolas filosóficas, com os antigos deuses populares helênicos. Pois bem, aqui também se pode observar a situação de *perplexidade* própria, por princípio, a todo estrato intelectual ilustre de qualquer época ante a maciça crença popular historicamente dada. O Estado helênico deixou espaço livre para especulações metafísicas e ético-sociais, apenas exigindo o cumprimento dos deveres cultuais tradicionais, cuja negligência podia acarretar desgraças para a *polis* como tal. De acordo com seus principais representantes na era clássica, as escolas filosóficas gregas que, por sua orientação especificamente ético-social, correspondiam ao confucionismo deixavam substancialmente aberta a questão dos deuses, do mesmo modo como o faziam os intelectuais chineses da escola confuciana, acompanhando os ritos tradicionais já existentes, de modo globalmente semelhante ao dos círculos intelectuais distintos na China e em geral também em nosso meio. Mas em um ponto havia uma significativa diferença. A redação confuciana da literatura clássica – e é este quem sabe, como já se aludiu, o principal feito de Confúcio – conseguira eliminar pedagogicamente da literatura canonizada não somente estas divindades, mas também tudo o que era considerado inconveniente para o seu próprio convencionalismo ético. Basta ler a célebre disputa de Platão com Homero na Politeia para constatar *com que prazer* a filosofia helênica clássica teria feito o mesmo. Nem para Homero havia espaço no Estado eticamente racional. Mas Homero era uma força enorme e reconhecidamente clássica na educação tradicional dos cavalheiros. Não havia absolutamente chance alguma, na *polis* guerreira, para a tentativa de desmerecê-lo e a seus deuses heroicos, rebaixando-os a um papel menosprezado no âmbito oficial e educacional, nem tampouco para a tentativa de erigir um domínio meramente de letrados com base numa literatura (e música) eticamente purificada, como o impusera o patrimonialismo na China em bem de seu interesse político. Além disso, ao tempo em que a domesticação da *polis* no império mundial unido e pacificado havia eliminado as respectivas inibições puramente políticas, nenhuma das escolas filosóficas existentes paralelamente conseguiu conquistar sozinha a validação canônica, como o confucionismo havia conseguido na China. Pois a analogia então existente consistia na respectiva admissão como única *filosofia* de Estado correta, ou seja, como se os césares tivessem tolerado apenas o estoicismo e chamado para cargos públicos exclusivamente os estoicos. No Ocidente, isto foi impossível porque nenhuma escola filosófica reclamava nem podia reclamar para si aquela *legitimidade* do tradicionalismo absoluto, como Confúcio o fez para a sua doutrina, pois estava em condições para tanto, e o fez de modo extremamente intencional. Por este motivo não lhes foi possível prestar a um dominador do mundo e a seus funcionários o mesmo serviço da doutrina confuciana. Todas estas escolas estavam, por sua especificidade intrínseca, orientadas para os problemas da *polis* livre: deveres de "cidadãos", não de "súditos", constituíam seu tema fundamental. Faltava-lhes a ligação íntima com deveres religiosos e sagrados de piedade filial consoante a antigas tradições, de forma a poderem ser postos a serviço do interesse de legitimidade de um dominador patrimonial. E a atitude emocional justamente das pessoas politicamente influentes dentre elas estava longe tanto daquela absoluta adaptação ao mundo como daquela rejeição a duvidosas especulações metafísicas que necessariamente tornaram o confucionismo tão urgentemente recomendável para os detentores do poder na China. Até o tempo dos antoninos, o estoicismo manteve-se como a doutrina da oposição antioportunista e só seu desaparecimento permitiu, segundo Tácito, sua aceitação por estes imperadores. Sob o aspecto da *história das ideias*, foi esta a consequência mais importante da peculiaridade da antiga *polis*.

E assim persistiu tenso, no Ocidente pré-cristão, o relacionamento entre, por um lado, a doutrina filosófica e, por outro, a ética social e o culto popular: a instituição *oficial* era o culto (devidamente desenvolvido em épocas posteriores) dos antigos deuses heroicos e populares de Homero, ao passo que a doutrina dos filósofos constituía assunto *privado* e facultativo – exatamente o oposto do que sucedia na China, onde a *doutrina* canônica e os *ritos* religiosos por ela canonizados continuaram a coexistir com deuses cujo culto, como veremos, permanecia assunto *privado*, em parte cultivado oficiosamente, em parte tolerado e em parte observado com desconfiança. Evidentemente, também no antigo Ocidente estes cultos não reconhecidos oficialmente e, em parte, suspeitos coexistiam com o culto oficial dos deuses, parte do qual até se caracterizava por possuir uma doutrina salvacionista própria e uma ética daí derivada, como foi o caso do pitagorismo e dos cultos redencionistas do tempo dos imperadores. O mesmo ocorria com alguns dos ritos não oficiais na China. Mas enquanto no Ocidente a evolução levou àquela aliança de significação histórica mundial entre comunidades soteriológicas – da Cristandade – e o poder oficial, de consequências até hoje atuantes, na China verificou-se uma evolução diferente. Como será melhor especificado mais adiante, durante algum tempo teve-se a impressão de que, lá, o budismo iria desempenhar um papel semelhante, após sua recepção extremamente formal pelos imperadores. No entanto, devido aos já aludidos interesses e fatores – resistência da burocracia confuciana, interesses mercantilistas e cambiais, bem como, por fim, violenta catástrofe – ele de fato ficou restrito à posição de culto tolerado (embora influente) funcionando entre outros. E sobretudo quanto ao ponto que aqui mais nos interessa – a mentalidade econômica –, sua influência foi relativamente exígua, como veremos mais adiante. A maioria das antigas divindades populares, acrescidas de uma multidão de novas criações, caiu na China sob a patronagem de um estamento presbiteral *tolerado* que afirmava originar-se, por direito, de uma figura filosófica e de uma doutrina cujo sentido inicialmente não era, *por princípio*, desviante, mas acabou caindo em oposição ao do confucionismo e tornando-se meramente heterodoxo. Não podemos deixar de dar uma olhada nesta heterodoxia.

O anacoretismo e Lao-tse

A procura individual mística ou ascética da salvação – tal como, na Índia, a que se desenvolveu a partir dos estamentos leigos não vinculados ao sacerdócio e particularmente a partir dos estratos nobres instruídos nos Vedas ou pelo menos semicultos – constituía para o (*clássico*) confucionismo um interesse totalmente estranho. No racionalismo burocrático chinês não havia espaço para ela, como também jamais houve harmonia entre ela e a conduta na vida de toda e qualquer burocracia.

Desde a Antiguidade, sempre houve na China *anacoretas*[330], conforme consta não só de Tschung-tse[331], mas também segundo as obras ilustradas conservadas[332] e até uma confissão dos próprios confucianos. Também se encontram anotações das quais se pode depreender que, originariamente, os heróis e letrados teriam passado a viver, quando velhos, na solidão da floresta. Numa sociedade exclusivamente guerreira, o "idoso", visto como sem valor, era de fato entregue ao abandono e é bem possível que, por esta razão, estes "grupos etários" de anacoretas se tenham recrutado dentre os idosos. Mas trata-se de hipóteses inseguras. Nunca na história a existência de idosos na condição de vanaprastas (= eremitas na floresta) foi considerada normal, como o foi na Índia. Afinal, somente retirando-se do "mundo" consegue-se tempo e força para o *pensar* tanto quanto para o *sentir* místico; Confúcio e seu contraente, Lao-tse, viviam sozinhos e sem cargo público.

Tao e mística

A única diferença era de que os místicos – Lao-tse e Tschung-tse – *recusavam* o cargo público em bem da própria salvação, ao passo que Confúcio simplesmente o dispensava. Também para letrados *sem êxito* político o anacoretismo representava uma saída normal para deixar a política, ao invés do suicídio ou requerimento de punição[333]. O irmão de um subpríncipe [Teilfürstenbruder], Tschon yong no Estado de U, opta pela eremitagem[334].

---

330. Schi (= santos), tun, jih, jin (= separados), Sien (com o símbolo composto por "montanha" e "ser humano" = anacoretas).

331. Cf. a apresentação de de Groot (Universismus) e Conrady (op. cit.), assim como as observações nos Anais de Se Ma Tsien (Edição de Chavannes).

332. Quadros de pinturas, que habitualmente representavam os *rischis* como plebeus desguedelhados.

333. Um paradigma da Analística é o Ministro Fan ti, no Estado de Youe. Seu rei, ao perder uma cidade, declara dever suicidar-se, em consonância com antigas normas, mas não chega às vias de fato. Aparentemente graças a uma bem-sucedida guerra contra Tsi, ele multiplica sua enorme fortuna acumulada desde seus tempos de ministro, mas a distribui entre amigos e torna-se anacoreta, exatamente como o fazem ainda hoje alguns ministros indianos (cf. *Tschepe*. Hist. du R. de Ou., Var. Sinol. 10, Schanghai, 1891, p. 157, 1° apêndice).

334. Tschepe. Op. cit. (século VI a.C.).

Tschung também relata o caso de um imperador exitoso, Hoang-ti, que abdicou e se tornou anacoreta. Deve-se conceber o "objetivo salvacionista" dos antigos anacoretas unicamente como 1°) macrobiótico e 2°) de orientação mágica: o objetivo dos mestres e dos – poucos – discípulos que com eles viviam e os serviam era o de conseguir longa vida e forças mágicas. Mas nesta base podiam formar-se uma atitude "mística" perante o mundo e uma filosofia em cima desta, e foi o que ocorreu. O Imperador Hoang-ti recebeu como resposta a afirmação de que o sábio *somente* pode ensinar alguma coisa a anacoretas que deixaram o mundo e de modo especial as dignidades mundanas e seus *cargos públicos*. Eles são os "eruditos, cujo assento está em casa", ou seja, que não aceitaram *cargos públicos*: aqui já transparece a oposição surgida mais tarde contra confucianos que pretendiam *cargos públicos*. A "filosofia" da eremitagem ultrapassava de muito este nível. Como para qualquer mística genuína, a absoluta *indiferença* perante o mundo era o objetivo natural *e também* – não se deve esquecer – o objetivo *macrobioticamente* importante. E o prolongamento da vida era, como se disse, *uma* das tendências do anacoretismo. O que parecia relevante neste aspecto era, segundo a "metafísica" primitiva, sobretudo o trato parcimonioso e racional (o "administrar economicamente", poder-se-ia dizer) do portador natural da vida – que é o ato de respirar. O fato constatável fisiologicamente de que é possível fomentar, com a regulação respiratória, o surgimento de determinados estados cerebrais foi um passo adiante. O "santo" não deve estar "nem morto nem vivo" e comportar-se como se não vivesse: "eu sou uma pessoa *tola*" (portanto, que se livrou da sabedoria mundana), disse Lao-tse a respeito da confirmação de sua santidade. E Tschuang Tse não quis que lhe "colocassem um cabresto" (através de um cargo público), mas preferiu "existir como um porco numa vala cheia de lama". O objetivo passou a ser um "tornar-se igual ao éter", "despojar-se do corpo". Os especialistas divergem sobre a questão relativa à influência indiana no surgimento deste fenômeno bastante antigo[335]. Mas parece *não* ter ficado totalmente sem deixar vestígios no caso mais célebre dentre os anacoretas

---

335. Ultimamente, de Groot *com posição contrária* quanto ao tempo antigo.

que escaparam de seus cargos públicos, o de Lao-tse, o mais idoso dentre os contemporâneos de Confúcio, caso a tradição esteja certa[336].

Ele *não* nos interessa aqui como filósofo[337], mas sim em sua posição sociológica e sua influência.

Consequências práticas da mística

A oposição ao confucionismo já aflora na terminologia. Tse tse, neto de Confúcio, denomina no Tschung yung, como "estado de equilíbrio", o estado harmônico próprio do imperador carismático. Nos escritos influenciados por Lao-tse ou, pelo menos, que a ele se reportam expressamente, esse estado harmônico é chamado de *vazio* (hu) ou nada ser (wu), a ser alcançado mediante "Wu wei" (nada *fazer*) e puh yen (nada *dizer*) – categorias, como se vê, tipicamente místicas e de modo algum somente chinesas. De acordo com a doutrina confuciana, o Li – regras cerimoniais e ritos constituem o meio de gerar o Tschung (equilíbrio)[338]; para os místicos, essas regras e mitos eram completamente sem valor. Comportar-se como se não se tivesse alma *nenhuma* e assim libertá-la dos sentidos – eis a atitude interna que, só ela, pode levar ao poder do Tao-schi (em certo sentido: do doutor Tao). A vida é igual à posse do "schen", portanto, a macrobiótica é igual ao cultivo do "schen" – é o que ensina o Tao te king (atribuído a Lao-tse)[339], em total concordância com os confucianos. Apenas os meios é que eram diferentes, mas o ponto de partida macrobiótico era igual.

A categoria básica que temos encontrado repetidamente – o "Tao", que posteriormente levou à cisão da heterodoxia "taoista" contra os con-

---

336. *A favor* desta interpretação, mais recentemente, de Groot.

337. Pode-se certamente dizer hoje em dia que ele era um filósofo *da moda*. Não nos interessa aqui que L. seja uma figura semimística, nem que o Tao-te-king seja fortemente suspeito de massiva interpolação e tampouco que sua existência só tenha sido comprovada tardiamente. Mesmo tendo ele sido uma figura inventada, ficaria válido como fato o contraste entre as várias orientações, que é o que aqui nos interessa unicamente.

338. Tshung [*sic*] = equilíbrio (em inglês; "weak"), um conceito básico confuciano; no taoismo foi reinterpretado no sentido de "vazio".

339. § 30. Cf. de Groot. Religion in China. Londres, 1912.

fucianos – tinha sido sempre comum a *ambas* as escolas e mesmo a *todo e qualquer* pensamento chinês. E assim também todos os deuses *antigos*. Mas o "taoismo" enriqueceu o panteão com numerosas divindades tidas pela ortodoxia como não clássicas e essencialmente criadas mediante a apoteose de seres humanos, uma curvatura da macrobiótica. Também era comum a ambas a literatura clássica, só que no caso dos heterodoxos vieram *acrescer-se* os escritos Tao te king de Lao-tse e os de Tschuang, rejeitados como não clássicos pelos confucianos. Entretanto, como fortemente enfatiza de Groot, o próprio Confúcio não negou as categorias *fundamentais* dos adversários *nem* rejeitou o Wu wei (*laissez-faire*) e até simpatizou *por vezes* com o mágico carisma da pessoa que *nada* faz, totalmente realizada no Tao. Continuemos a detalhar mais um pouco este contraste.

Oposição entre escola ortodoxa e escola heterodoxa

O confucionismo havia eliminado do culto todos os resquícios extáticos e orgiásticos e, como a nobreza romana, rejeitava-os por serem indignos. Mas a *praxis* da magia havia conhecido, aqui como em toda parte, tanto êxtase como orgasmo. Os Wu (homens ou mulheres) e Hih (homens), os antigos curandeiros e xamãs trazedores de chuvas existem até a atualidade e encontram menção na literatura de todos os tempos. Em festas do templo, eles atuavam até ultimamente de modo *extático*; originariamente eles se imbuíam de "força" mágica, mais tarde de um "espírito" e, finalmente, de um "deus" atuando através deles. *Em época posterior*, os Wu e Hih se apresentavam como "taoistas" (e assim são considerados até o presente). Mas no estágio inicial, o que Lao-tse e seus discípulos ilustres procuravam, como todos os intelectuais enquanto místicos, *não* era o êxtase orgiástico – por eles seguramente rejeitado como indigno –, mas sim, inversamente, o êxtase *apático*. Somente mais tarde, e veremos de que maneira, o *conjunto* dos magos concordou em considerar-se sucessor "taoista" de Lao-tse e em considerá-lo como seu patriarca, justamente porque ele havia sido *letrado* ou tido como tal. Estes místicos eram até mais radicais do que os confucianos, no que diz respeito ao seu caráter inteiramente *intramundano* e à sua macrobiótica. Mas em que consistiam as doutrinas centrais e as diferenças entre ambas as escolas?

"Tao" é, em si, um conceito ortodoxamente confuciano: a eterna ordem do cosmos e simultaneamente o próprio decorrer do mesmo – uma identificação frequente em toda metafísica configurada de maneira não dialética[340]. No caso de Lao-tse, ele é relacionado à busca de deus típica do místico. O que se procura apropriar é unicamente o imutável e, portanto, o absolutamente valioso, simultaneamente ordem e base real geradora, súmula de toda imagem original do ser, ou, dito numa só palavra: o único divino, de que só se pode participar, como em toda mística contemplativa, pelo esvaziamento absoluto do próprio eu com relação a quaisquer interesses e paixões mundanas, até chegar-se à completa inatividade (Wu-Wei). Esta posição, não somente Confúcio podia aceitá-la, como também sua escola, e foi o que fizeram. "Tao" era para ele completamente igual ao conceito de Lao-tse, conceito para ele igualmente válido. Só que eles não eram místicos. O interesse por uma situação estável dentro da própria intimidade divina, situação esta alcançada através da contemplação, teria necessariamente de levar, como geralmente na mística assim também no caso de Lao-tse, à completa desvalorização da cultura intramundana como fonte de salvação religiosa. E foi o que, até certo ponto, de fato ocorreu, pois a suprema salvação era, também para Lao-tse, um estado de alma, uma união mística, mas não um estado de graça a comprovar-se ativamente com o agir, como na ascese ocidental. Exteriormente, esta mística tinha, como toda mística, um efeito condicionado de modo não racional, mas, sim, psicológico, pois a mentalidade universal e acósmica do amor é uma sequela típica da euforia desobjetivada destes místicos no êxtase *apático*, que – talvez introduzido por Lao-tse – lhes era característico. Esta ocorrência, em si, meramente psíquica, recebeu aqui também uma interpretação racional: céu e terra, enquanto deuses supremos, estão legitimados pelo absoluto altruísmo de seus benefícios para o ser humano, por aquela incondicional bondade que é propriedade exclusiva do divino e –

---

340. Cf. a respeito de tudo o que segue, particularmente: *de Groot*, que enfatiza enormemente o caráter secundário deste cisma.

eis aqui o impacto macrobiótico da doutrina – que constitui a razão pela qual as forças naturais têm uma *duração* pelo menos aproximada àquela do Tao, o único eterno. Por este padrão se orienta o comportamento próprio do místico. Mais uma vez, a situação interna, fisiologicamente condicionada, recebe uma interpretação racional. A preservação da bondade e humildade próprias dentro do mundo a partir de uma vida intramundana escondida constitui em toda parte o conteúdo místico, aquela ruptura específica do místico em seu relacionamento com o mundo que, mesmo sem abolir absolutamente o agir, pelo menos o minimiza, a única *comprovação* possível de seu estado de graça por ser a única prova possível de que nada do mundo lhe signifique algo. Trata-se, ao mesmo tempo, em consonância com a recém-exposta teoria de Lao-tse, da melhor garantia de *duração* própria na vida terrena e mesmo, talvez, além da vida terrena. Lao-tse não desenvolveu, ele mesmo (nem seu intérprete escritural), uma teoria da imortalidade propriamente dita; esta parece ser um produto posterior. Mas é provavelmente bastante antiga a ideia do arroubo em direção ao paraíso eterno onde o Tao se realiza plenamente. Só que esta ideia não foi o único fator determinante. Muito mais do que isso, a minimização do agir mundano era, para o próprio Lao-tse, pelo menos a consequência primária direta do modo de posse mística da salvação. Certas sequelas da religiosidade mística foram apenas aludidas por Lao-tse, sem serem totalmente explicadas. O "santo", por ele considerado superior ao ideal confuciano de *gentleman*, não só não precisa da virtude do mundo; pelo contrário, esta representa para ele, no fundo, até mesmo um perigo, por desviá-lo da própria salvação. A virtude do mundo e a alta estima dele é, na terminologia paradoxal muito estimada pelos chineses, um sinal de que o mundo perdeu a qualidade de santo e se tornou ateu. E, para ele, o mundo do mais baixo nível é aquele cuja coesão íntima se assegura pela virtude cardeal confuciana do "Li", o "decoro". Entretanto, este mundo aí está e, portanto, é preciso conformar-se com ele.

Isto só é factível mediante relativizações de toda espécie, pois Lao-tse não chegou ao ponto de tirar a consequência de uma decidida renúncia ao mundo, nem principalmente a da renúncia fundamental ao ideal do *gentle-*

man culto (Kiün-tse), vivamente cultivado no estamento dos mandarins. Se o tivesse feito, nenhum vestígio de seus pensamentos teria chegado até nós. No entanto, frente à adaptação confuciana ao mundo, vista como "pequena" virtude, ele reivindicava a "grande" virtude, ou seja, a ética da perfeição absoluta em contraste com a perfeição socialmente relativizada. Só que para ele, ao fim e ao cabo, esta reivindicação não podia levar nem a consequências ascéticas nem a reivindicações positivas no campo da ética social. Em parte devido à impossibilidade de que uma contemplação mística, por si, gerasse tais reivindicações, mas também, justamente, por não se ter chegado às últimas consequências. Segundo a tradição (duvidosa, em verdade, mas ainda fielmente seguida por especialistas importantes), a oposição pessoal de Confúcio a Lao-tse estava ligada unicamente a certas conclusões da mística seguida por este último e que, já fortemente relativizadas, foram aplicadas aos ideais *políticos*. Por um lado, a tendência dos letrados racionalistas para o centralismo do Estado de bem-estar governado racionalmente por burocratas públicos; por outro lado, por parte do místico – cujo autoaperfeiçoamento de modo algum poderia ser promovido pela dinâmica política estatal civilizatória –, a pretensão da maior autonomia e autarquia possíveis para cada unidade territorial do Estado enquanto pequena comunidade apta a formar um espaço de simples virtude camponesa ou burguesa, seguindo a máxima: a *menor* burocracia possível. Por ocasião do célebre encontro entre Lao-tse e Confúcio, a tradição atribui a Lao-tse a seguinte advertência ao contraente: "O senhor que expulse de si seu espírito soberbo, seus numerosos desejos, sua natureza lisonjeira, seus planos extravagantes", advertência acompanhada da seguinte justificativa, tão evidente para o místico como inacessível para o adepto de uma ética social racionalista: "Tudo disso não é de nenhum proveito para a tua pessoa", ou seja, para alcançar a "unio mystica" com o princípio divino do "Tao". A obtenção desta iluminação mística (ming), pela qual todo o resto seria automaticamente concedido ao ser humano, representava para o fundador do confucionismo – se é que se pode concluir alguma coisa de suas declarações transmitidas pela tradição – um objetivo pessoalmente inatingível e além dos limites de seu talento. É o que demonstra a expressão admirada, a ele atribuída, com a qual caracterizou Lao-tse como um "dragão". No sistema confuciano, o conceito de santidade (*sching*), fundamental para Lao-tse, não tem nenhuma importância. Não que seja desconhecido. Mas segundo Confúcio ele nunca foi atingido, mantendo-se assim desconexadamente ao lado do ideal confuciano do Kiün-tse, o ser humano "distinto", ou numa interpretação mais fundamental, por exemplo na de Mêncio, um *gentleman* elevado ao grau da perfeição. Em contraposição, o símbolo usado por Lao-tse para designar a santidade exprime humildade e, como categoria de autossalvação estritamente individual, o conceito de santidade coloca-se, em sua última consequência, nos antípodas do ideal confuciano orientado pelos moldes de formação e adaptação ao mundo e à sociedade tais como são. Pela mesma razão que, via de regra, faz o místico ocidental rejeitar a teologia como algo que, na verdade, afasta de deus, também Lao-tse a desaprova ao rejeitar o estamento de eruditos escriturais, aqui representando a teologia. E a objeção aqui feita à ética social de Lao-tse é a mesma levantada, sob o aspecto de uma ética social de domínio e ordenação da vida real – e aqui, portanto, sob o ponto de vista confuciano –, contra qualquer outra mística salvacionista consequente: a objeção de "egoísmo". Levada às últimas consequências, ela de fato só podia buscar a salvação de si próprio, e influenciar outras pessoas *unicamente* de modo exemplar, servindo-lhes como modelo, e não por propaganda ou por um agir social. Por conseguinte, também deveria renegar totalmente a ação intramundana como algo de irrelevante para a salvação da alma. Também existem alguns pontos marcados com suficiente clareza que conduzem a uma atitude fundamentalmente apolítica. Entretanto, o sistema laoista *não* tem esta coerência, e este fato é simultaneamente seu traço característico e fonte de todos os seus paradoxos e dificuldades.

Lao-tse (ou seu intérprete) também pertencia ao mesmo estamento de Confúcio, e por conseguinte certas coisas lhe eram, de início, evidentes por si mesmas, como aliás a qualquer chinês. Em primeiro lugar, encontra-se o valor positivo dado ao governo, contrastando inevitavelmente com o objetivo de salvação própria no além-mundo. Este valor era consequência de, em toda parte, se pressupor como carismática a profissão do detentor do poder, de cujas qualidades, segundo Lao-tse, dependia, em última análise, o bem-estar das pessoas. Só que daí resultava, para o místico, que o governante devia obrigatoriamente ter, ele próprio, o carisma da pessoa unida pela mística ao Tao, de modo que esta redenção mística pudesse ser transmitida como graça ministrada a todos os súditos, por obra deste efeito carismático. Para a ética social não mística, pelo contrário, era suficiente que o governante como tal fosse aprovado pelos céus e que, do ponto de vista dos espíritos, suas virtudes fossem julgadas suficientes *sob o aspecto da ética social*. Igualmente comum a ambos (ou pelo menos a seus sucessores) era a aceitação do panteão em sua totalidade e também a crença nos espíritos (ao passo que o Tao te king, ao que parece, era amplamente isento de magia). Um chinês culto orientado para a política prática não podia negar tudo isso. Tendo em vista que um deus pessoal supramundano criador e dominador do mundo que mandasse a seu alvidre em toda criatura e para o qual toda a criação fosse algo de *não sagrado* era tão incompreensível para a formação chinesa como – quanto ao principal – para a formação indiana, consequentemente ficava obstruído o caminho para uma ética ascética orientada para a contraposição entre deus e criatura. É autoevidente que, para um místico em busca de redenção, em definitivo pouco importa a religião realmente existente, animista em sua essência. Já vimos e sempre repetiremos que o mesmo vale para o ético social formado no confucionismo. Ambos compartilhavam também a convicção de que o meio mais seguro para manter em paz os demônios é a boa ordem do regime terreno. Nesta virada carismática da crença em espíritos consiste um dos motivos que impossibilitavam também aos discípulos de Lao-tse tirar consequências radicalmente apolíticas. Por outro lado, é compreensível que, assim como para a Igreja romana de cunho episcopal a exigência de um carisma pneumático *pessoal* tenha sido totalmente inaceitável, assim também eram inaceitáveis, para o estamento intelectual de burocratas e pretendentes a cargos públicos de um Estado patrimonial, a busca individualista da salvação, a humildade abatida do místico e principalmente a exigência de qualificações carismáticas *místicas* para os detentores de poder e governantes. E com mais forte razão era evidente que o que dominava na práxis política estatal, era o poderoso Estado burocrático do racionalista. Se, por um lado, frequentemente se tem a sensação de que somente um chinês consegue compreender o confucionismo em todos os seus detalhes, por outro lado são tão verdadeiras as observações acima citadas sobre ambos os fenômenos, que até a ciência europeia alcançou certa unanimidade quanto à constatação de que, provavelmente, nenhum chinês genuíno consegue reviver hoje em dia as ideias de Lao-tse (ou de seus intérpretes) no âmago de seu primitivo contexto vivencial.

Tais como apresentadas pelos sucessores de Lao-tse ou por quem se considerava seu sucessor, as consequências éticas da mística de Lao-tse tinham de contribuir, todas elas, para que o confucionismo se tornasse preponderante. Parte desta contribuição coube à incoerência intrínseca da atitude vivida pelos místicos.

No caso de Lao-tse fica faltando, como de modo geral também no caso da mística contemplativa, uma oposição *ativa* ao mundo motivada por posições religiosas: condicionada pela contemplação, a exigência de sobriedade racional tem a justificativa de que, com ela, se prolonga a vida. Falta portanto aquela tensão do divino perante a criatura, tensão que só se poderia assegurar com a firme convicção de um criador e condutor do mundo que fosse simplesmente superior a toda criatura, extramundano e pessoal. Também para ele o ponto de partida era evidentemente a bondade da natureza humana, mas daí não se tirou como consequência a indiferença perante o mundo ou a sua rejeição, mas tão somente a minimização do agir no mundo; deste modo tornou-se possível como efeito real disto tudo, no âmbito da ética social intramundana válida para o mundo tal como ele era, o avançar do utilitarismo econômico confuciano rumo ao limite do hedonismo. O místico "desfruta" o Tao. Quem puder ou não quiser desfrutá-lo, que curta o que lhe for acessível. É neste ponto que se exprime claramente uma oposição fundamental ao confucionismo quanto à questão da qualificação ética e religiosa do ser humano. A pessoa comum, contrariamente à de nível mais elevado, era também para o confuciano a que pensava *unicamente* nas necessidades corporais; mas justamente esta situação indigna é que ele procurava ver sanada de cima para baixo com o provimento de bem-estar e educação, pois a virtude em si era acessível a qualquer um. Como vimos, para ele (o confuciano) não havia diferenças qualitativas fundamentais entre as pessoas, mas para o taoista *místico*, pelo contrário, a diferença entre a pessoa iluminada misticamente e a pessoa mundana tinha de ser uma diferença de *talento* carismático. É onde se revela o aristocratismo salvacionista imanente e o particularismo da graça próprios de toda mística: a experiência da *diversidade* de qualificação religiosa dos seres humanos. Dito em termos ocidentais, quem não teve a iluminação ficava sem a graça. Portanto, tinha de ficar como estava e podia ficar assim. "Que o soberano encha a barriga dos súditos, não seu espírito, e fortifique seus membros e não seu caráter." A esta conclusão peculiar chegou, em sua implementação prática, o aristocratismo iluminista e adverso aos letrados, segundo um escritor habitualmente considerado membro da escola de Lao-tse. Mas a posição de que o Estado faça bem em restringir-se ao provimento do mero sustento das pessoas já se encontra no próprio Lao-tse, que a justificava com a aversão ao saber literário, pois este só servia para obstacular a verdadeira iluminação. Na medida em que não conseguisse exercer uma eficácia carismática e exemplar diretamente por sua simples existência, o governante iluminado pela mística devia preferencialmente abster-se de qualquer ação. Que se deixem as pessoas e coisas andarem como puderem e quiserem. Os males perigosos propriamente ditos consistem no excesso de conhecimentos por parte dos súditos e no excesso de governo por parte do Estado. Somente a submissão absoluta às ordens imutáveis cósmicas e sociais levavam à "tranquilização", àquela domesticação das paixões que, aliás, segundo a doutrina salvacionista de Lao-tse, também era estimulada pela música, pelo exercício piedoso das cerimônias, silêncio e instrução ataráxica. Em consequência disso, já o Tao te king, atribuído a Lao-tse, opunha – com as restrições já expostas –, à tendência de tutela patriarcal dos súditos, tendência preponderante na doutrina clássica confuciana, a exigência do maior grau possível de não intervenção, pois afinal a maneira mais segura possível de estimular a felicidade do povo seria pela harmonia cósmica estabelecida pela lei natural. Conforme vimos, também havia teorias não intervencionistas que se baseavam na doutrina ortodoxa. Com extraordinária facilidade podia-se deduzi-las da concepção de uma harmonia providencial (do Tao) do mundo, uma concepção que já muito cedo havia suscitado teorias da harmonia de interesses entre as classes sociais, aproximadamente como as de Bastiat; tais teorias correspondiam à inconstância e verdadeiramente baixa intensidade com que a administração agia perante a vida econômica. O posicionamento do taoismo heterodoxo, quanto a isso, era simplesmente mais coerente. Contudo, devido à sua infraestrutura místico-contemplativa, este "manchesterianismo" chinês e particularmente taoista carecia do caráter ativo de uma "ética profissional" que só uma moral leiga orientada para o ascetismo teria podido oferecer. Por isso, mesmo a virtude taoista da parcimônia não tinha uma característica ascética, mas sim essencialmente contemplativa (e o principal objeto da controvérsia com a ortodoxia referia-se neste contexto à parcimônia ante os custos funerais).

Aliás, a expressão "sucessores" ou "discípulos" de Lao-tse, diversas vezes usada aqui, não corresponde à realidade objetiva. Lao-tse provavelmente não deixou nenhuma "escola" como legado, por mais que as aparências históricas o insinuem. Mas certamente houve, muito tempo antes de Se Ma Tsien, filósofos que a ele se reportavam, e também a mística, em tempos históricos bem posteriores, teve na China representantes significativos que, ao menos em parte, se consideravam "discípulos" de Lao-tse. Mas aqui esta história só nos interessa em alguns pontos.

A tradição (semilendária) descreve a *oposição* pessoal entre Confúcio e Lao-tse, mas não se trata ainda de uma "oposição entre escolas" e muito menos de uma oposição exclusivamente entre *estes* dois adversários, a qual os tivesse separado. O que ocorria era uma diferença, por certo grave, entre *naturezas*, conduta de vida e posicionamento sobretudo no tocante a problemas práticos do Estado (cargo público). A oposição entre *escolas* só veio a caracterizar-se nitidamente (de Groot), por um lado, através do neto de Confúcio, Tse tse, e, por outro, pela polêmica acirradíssima de Tschuang. É seguro, além de acentuado por especialistas (sobretudo de Groot), que a rejeição tipicamente mística de todo *saber* racional enquanto meio para o bem-estar (próprio ou geral) constituía a principal tese inaceitável para os confucianos e seu Mestre. Todo o resto teria sido tolerável. De Groot acentua fortemente o aspecto de que o "quietismo" (Wu Wei) não era meramente estranho para o confuciano, fato ligado à origem comum no antigo e solitário "estamento de pensadores". Porém, sob a pressão dos assuntos políticos dos "sofistas" no tempo dos estados divididos, a antiga atitude sofreu certamente drásticas alterações. Sem um conhecimento seguro dos ritos autênticos, só possível de obter-se mediante o estudo, como adaptar-se ao Tao que os "antigos" detinham como posse? Havia por detrás disso, naturalmente, a profunda oposição entre a indiferença mística ao mundo, por um lado, e a adaptação ao mundo e respectiva vontade de reforma, por outro. Tschuang formulou a objeção contra os confucianos aguçando ainda mais as expressões de Lao-tse relativamente aos seguintes pontos: 1°) O vício do "entendimento" quer dizer apego ao aspecto aparente; 2°) o vício da "razão" consiste na inclinação para sons vazios (palavras); 3°) o do "amor humano" é a perturbação do exercício virtuoso pela própria pessoa; 4°) o do "cumprimento do dever" significa revolta contra as leis naturais (onipotência do Tao); 5°) o das "Li" (regras), apego a exterioridades, 6°) o da música, tendência para a imoralidade; 7°) o da sacralidade, apego ao artificialismo; 8°) o do saber, excessivo zelo por sutilezas[341]. Os pontos 1, 2, 5 e 8 devem ter sido os que o confucionismo mais abominou, pois as quatro qualidades cardeais da pessoa confuciana eram o schen, amor ao ser humano; as li, regras da vida; I, a generosidade (deveres); e tschi, o saber. Destes, os mais importantes eram li e tschi. Tudo o que se desviasse disto era herético e não clássico (pu king), incorreto (pu tuan), moralmente duvidoso, e sinistro (falso) tao (tso Tao).

A partir dos ataques de Tse tse concretizou-se o cisma, mas somente o desenvolvimento de escolas e a concorrência por prebendas e poder tornaram acirrada a controvérsia. Pois, apesar do princípio do Wu-wei e da abominação de cargos públicos, os letrados posteriores que se sentiam "sucessores" de Lao-tse tentaram pelo menos ocasionalmente criar uma organização

---

341. Cf. de Groot. Op. cit.

semelhante à do estamento confuciano de letrados. Não de todo condenado como absolutamente herético pelos confucianos, mas por eles sempre rejeitado como não clássico (ou seja, *não* integrante dos escritos "sagrados") a par de Tschung-tse e Kuan, o Tao te king foi arrolado pelos imperadores, ao menos por breve período, entre os clássicos a serem estudados pelos candidatos a exames. Por seu lado, com a organização de gigantescas enciclopédias oficiais (Ku kin tu schu tsi tsing, publicadas em 1715), os confucianos levaram à prática sua tese relativa à importância do "saber" como virtude também do *imperador*, que pode ter um comportamento "tranquilo" *caso* for um "erudito", e *somente* neste caso. A importância decisiva do carisma imperial, já contida expressamente no Schu king, não foi questionada por nenhuma das partes, mas apenas sua *interpretação*.

A macrobiótica taoista

No entanto, uma tendência geral de todas as "avaliações" chinesas pôs-se na contramão do desenvolvimento de uma escola especial baseada na doutrina de Lao-tse: a valorização da *vida* física meramente como tal e, portanto, da vida *longa*, bem como a crença de que a morte é um mal absoluto e que, portanto, deveria ser na verdade evitável para uma pessoa *realmente* perfeita. Com efeito, uma pessoa realmente perfeita (tschen, tsing, schin) deve ter o dom da integridade física e da magia[342], pois, de outra forma, como comprovar praticamente sua excelência?[343] Este padrão taxonômico era muito antigo. Tanto a estimativa com base no agérato – cujas combinações tinham esta função valorativa nos conhecidos grupos de linhas oraculares do I li – como a tartaruga enquanto animal oracular receberam esta função por causa de sua longevidade. O exercício da virtude e particularmente os estudos tinham, na crença confuciana, um efeito macrobiótico tanto quanto o silêncio e a rejeição de esforço corporal, mas sem inatividade absoluta. Sobretudo havia sido desenvolvida, como instrumento macrobiótico, a já ci-

---

342. Cf. Wan Fei (século III d.C.). Cf. de Groot. Op. cit.

343. Cf. as inscrições acima citadas.

tada ginástica respiratória. Plantas macrobióticas tornaram-se remédios específicos e a procura do elixir da vida foi feita sistematicamente. Vimos que, justamente por isso, Schi Hoang Ti concedeu sua graça a esta escola. A tese de que a fuga às paixões constituía a *primeira* virtude cardeal macrobiótica tornou-se aparentemente inatacável desde que, segundo a experiência geral, o efeito macrobiótico, ou seja, o Wu wei dos anacoretas e místicos, é decorrente da contenção das excitações e resultado da vida tranquila. A partir daí a evolução foi progredindo sob a influência da doutrina dos demônios, comum a ambas as partes contendoras. Uma vez encetada a sistematização da macrobiótica, tornava-se sugestivo passar a racionalizar a magia apotropeica e terapêutica. E foi o que sucedeu. Os resultados *teóricos* tornaram-se, quanto ao essencial, comuns a ambas as escolas, ao passo que o aproveitamento *prático* ficou a cargo da escola não clássica. E a razão disto foi que, para o confucionismo, *qualquer* desvio do dogma da onipotência da *virtude* (orientada pelos clássicos) colocaria em perigo a unidade da ética *e também*, é impossível esquecer isso, a influência sobre o imperador, que vivia sob constante impressão mágica exercida pelo harém. Foi justamente esta interpretação *puramente* mágica da doutrina de Lao-tse sobre Tao que possibilitou e até provocou a afluência da totalidade dos antigos magos para dentro desta comunidade. Estes encontravam-se em maior número no sul, região agrícola de mais fecunda fecundidade, e foi ali também que ocorreu esta evolução.

A união do instrutor com o aluno fora das cidades, na solidão, constituiu na China, como na Índia (e em contraste com o Ocidente), o embrião dos monastérios "taoistas". Já é controversa a questão na medida em que Lao-tse se deixou impressionar por padrões indianos (por independente que tenha sido sua posição mental), mas tampouco está completamente resolvido o problema da introdução dos claustros taoistas: com suas eremitagens, o taoismo presumivelmente abriu caminho para o budismo e a concorrência budista, por sua vez, acelerou o movimento taoista claustrofilista, um movimento voltado à união organizada dos eremitas. A independência do taoismo parece ter-se comprovado da melhor maneira no fato de que nem *todos* os funcionários, ou melhor, justamente os funcionários típicos, ou seja, os magos, *não* viviam em comunidades enclausuradas[344]. É que o taoismo tivera sua origem na *fusão* da doutrina intelectual pautada pela fuga ao mundo com a *profissão* intramundana dos magos, uma profissão em si muito antiga. Os "Tao Schi", os estagiários propriamente ditos, viviam no mundo, eram casados, exerciam nesta condição sua profissão, organizavam a edificação em massa de altares para todos os santos possíveis – os quais depois de pouco tempo eram deixados de lado, por não se terem comprovado –, realizaram a grande coletânea oficial de prescrições e contribuições compulsórias no século XVI[345] e, dado o caso, também faziam política.

A hierocracia taoista

Com efeito, o taoismo nem havia sido totalmente divulgado e já contava com uma organização hierocrática fixa. Na Província Kiang si, um clã de cunho carismático hereditário havia monopolizado a fabricação do elixir da vida[346], tendo-se também apropriado da denominação Tsien Schi (mestre celeste). Na agitada época em que a Dinastia Han se achava debilitada, um descendente de Tschang ling, que, como conselheiro dos Han havia escrito um trabalho sobre a arte da respiração, fundou uma organização que, com um quadro administrativo próprio, impostos e disciplina rigorosa, fazia com sucesso concorrência ao poder político e acabou criando realmente um "Estado eclesiástico" autônomo; só que este, inicialmente, existia na forma de organização secreta semelhante à camorra: o Tai Ping Kiao (Reino da Paz, antecedente remoto da configuração moderna, de que ainda trataremos). Denunciado por um apóstata em 184, proibido e perseguido pelos Han, o Estado eclesiástico empenhou-se duradouramente, em consequência da assim chamada "Revolta dos Turbantes Amarelos" (uma iniciativa típica do sul organizada contra o norte), numa selvagem guerra religiosa (a primeira deste tipo) contra o governo até que, em 215 d.C., o hierarca hereditário achou por bem sujeitar-se como príncipe tributário ao

---

344. O que *também* vale para o budismo Mahayana, com seus bonzos enquanto clero secular. Mas, neste caso, fica evidente o caráter secundário do fenômeno e *não*, no caso do taoismo.

345. Ao que eu saiba, o Tao Tsang ainda não foi traduzido e parece ser uma raridade.

346. Cf. a respeito: de Groot, de acordo com a Hagiografia de Ko Hung.

General Wei[347], sendo confirmado e reconhecido como tal com grandes honrarias. Seu poder mundano minguou fortemente com a ajuda·extra do governo; na feliz expressão de Grube, ele se tornou oficialmente apenas o "líder da lista de conduta dos deuses" para casos de canonização – mas não o único. Pois além do culto aos antepassados, a apoteose de *pessoas humanas* também dava azo ao crescente número de deuses "não clássicos", "taoistas" ignorados pelo culto clássico, cujo deus supremo – o rei celeste Panku –, foi representado segundo uma antiga concepção do senhor celeste como um deus pessoal, sentado no trono ao lado de suas esposas no Monte Jaspis do Ocidente.

O poder sobre os *demônios* que os Tao Schi se atribuíam constituía a base de sua carreira *política* que então se iniciava, pois na luta entre os letrados e as forças adversárias encontramos os taoistas, daqui para a frente, continuamente ao lado dos opositores. A princípio "aristocráticos", eles eram usados como instrumentos pelos incultos detentores de interesses feudais que deles necessitavam. Sua oposição aos ritos e cerimônias confucianos[348], bem como contra o zelo confuciano pela ordem e educação, os habilitaram para o posicionamento: "Que o povo permaneça inculto". Na época de Se Ma Tsien, foi este seu ponto de vista, e somente em 124 os letrados conseguiram dominá-los e impor que *todas* as prebendas fossem reservadas para si e que a academia incubadora dos 70 letrados da corte fosse recrutada de todas as partes do reino[349]. Em seguida, porém, com o término do feudalismo e depois que o principal adversário dos letrados passou a ser o sultanismo apoiado em eunucos, generais e protegidos não letrados, os taoistas começaram a bater-se regularmente ao lado destes. Toda vez que ressurgia o poder dos eunucos, aumentava a influência política dos magos. Também esta luta, que sempre terminava com a vitória dos letrados, perdurou até o governo da

---

347. Lançou-se mão aqui de *de Groot* (op. cit.) e da literatura acessível. A conferência de *de Groot* publicada nas Transactions of the 2nd Intern. Congr. for the Hist. of Rel., Oxford, 1907, vol. 1, não me foi acessível na época. Tampouco: *I m* banet-Huart, La légende du premier pape taoiste et l'histoire de la famille pontificale du Tschang (Journ. As., nov.-dez./1884, p. 389).

348. Sobre esta oposição, cf. Chavannes sobre o tratado de Se Ma Tsien: "Riten", vol. III, p. 210, nota 1.

349. Cf. o prefácio de Chavannes para a publicação sobre Se Ma Tsien. Como adversário deles, este último continuamente se queixava de que eles sempre voltavam a prosperar.

viúva imperatriz, e a decisiva ocorreu sob os manchus pacifistas. Mas não devemos fazer-nos uma ideia errônea, levados por nossa concepção própria de confissão: *também* o mandarim confuciano recorria aos taoistas para *determinados* serviços[350], do mesmo modo que o heleno clássico o fazia com os "profetas" e, mais tarde, com os horoscopistas, aliás desprezados. Justamente com isso se explica o caráter inexterminável do taoismo, a saber, com o fato de que os *próprios* confucianos vitoriosos nunca se colocaram por objetivo a eliminação radical da magia em geral e particularmente a deste tipo, mas sim apenas o término da monopolização das prebendas oficiais.

Mas nem mesmo isso teve um sucesso completo. Mais tarde veremos os fatores (geomânticos) que, com grande frequência, obstaculizaram a eliminação total de edificações uma vez existentes. Mas permitindo-se a conservação de mosteiros, também se devia, bem ou mal, tolerar a existência de seus internos, o que também era válido para os budistas, como veremos. E a superstição (a *deisidemonia* dos gregos) e a magia de todos os estamentos de letrados sempre recuava ante a possibilidade de irritação dos "espíritos", mesmo dos não clássicos. Foi por isso que os taoistas mantiveram-se sempre tolerados e mesmo, em certo sentido, reconhecidos pelo Estado. A posição oficial de Tao Luh Se, subordinado a Tschang Tien Scha, o hierarca hereditário taoista, é uma evidente imitação dos superiores budistas. Em certos templos estatais existem posições estatais de sacerdotes taoistas, sendo regulares as de 1°) diretor; 2°) um hierofante; 3°) um taumaturgista (para secas e inundações); e 4°) simples presbíteros[351]. Inscrições de vários príncipes vizinhos que haviam conquistado a independência apresentam traços marcadamente taoistas[352]. Este fato em nada altera a rejeição absoluta do taoismo decretada por Kang Hi em seu edito sagrado e por todos os dominadores manchus.

---

350. Segundo Jung Lu, 1903.

351. Cf. o léxico oficial sobre prebendas do Estado chinês em W. Fr. *Mayer*. The Chinese Government. Schanghai, 1878, p. 70.

352. Como é o caso do já citado Rei Nan-Tschao. Cf. a publicação de Chavannes. Journ. Asiat., 9, série 16, p. 1900.

A posição geral do budismo na China

Antes de regressarmos à "cosmovisão" especificamente chinesa elaborada conjuntamente por ortodoxos e heterodoxos, façamos aqui, antecipadamente, um breve sumário. Importado da Índia devido ao interesse de angariar mão de obra administrativa cômoda e hábil na escrita e também por causa do interesse em obter mais um meio de domesticação das massas, o *budismo* visto sob o aspecto político tinha uma posição muito semelhante[353].

Por seu caráter não literário e de apelo específico para o lado sentimental *feminino*, o budismo reformista (Mahayana)[354] tornou-se a profissão religiosa preferida do harém. Continuamente encontramos eunucos como seus patrocinadores, exatamente como no caso do taoismo, particularmente no século XI, sob os Ming[355].

A par do mencionado interesse de política cambial e mercantilista do confucionismo (naturalmente, a par também da intensa disputa por prebendas), a sua oposição ao sultanismo, apoiado pelos budistas, também era uma das molas propulsoras de terríveis perseguições. No entanto, por severos que fossem os editos imperiais e as sociedades secretas aliadas ("loto branco"), o budismo não foi realmente "exterminado", como tampouco o taoismo. Novamente, o fator decisivo, ao lado do geomântico a ser analisado mais tarde, foi *também* a existência de cerimônias que o chinês não *queria* dispensar e que o budismo oferecia: de modo particular, missas mortuárias e a persistência, após a implantação do budismo, da crença na reencarnação como uma das concepções populares do além-mundo. Eis por que também há registros de prebendas budistas reconhecidas[356], além das taoistas, mas aqui não nos interessam, pois voltaremos agora ao taoismo.

---

353. Sobre a origem, o decorrer e a influência da recepção (discorremos) na história do *budismo*. Aqui tratamos *apenas* de alguns aspectos *formais*.

354. Mais informações a respeito, no devido lugar. Não se trata aqui do estado primitivo.

355. Cf. o registro de casos na obra do Imperador Khien Lung: Yu tsiuan thung kian kong mu. Ex.: Em 1451, foram ordenados 50.000 bonzos, apesar dos protestos confucianos (p. 288, in: Delamarre); em 1452, o principal eunuco era um adepto de Buda (p. 292, ibid.) e, portanto, inimigo "dos funcionários" (confucianos); em 1481, um bonzo teve o cargo de "Grão-distribuidor de esmolas" (p. 379), sendo destituído em 1487 (p. 385) por exigência dos funcionários após a queda de um aerólito.

356. Mayer's. Staatspfründebuch (*Livro das prebendas estatais*). Op. cit. A escolha dos Sung Luh se (= Superiores), dos quais havia dois em cada distrito, é feita pelas autoridades locais dentre os fang sheng (idosos) dos mosteiros; os superiores são responsáveis pelo bem-estar dos bonzos.

A sistematização racional da magia

O caráter não letrado e antiletrado do taoismo tardio tornou-se a razão para o seu forte (mas *não exclusivo!*) enraizamento em círculos de *comerciantes* – conformando assim um claro paradigma (do qual voltaremos frequentemente a tomar conhecimento) de que as condições *econômicas* sozinhas em lugar nenhum determinaram o tipo de religiosidade de um estrato[357]. Vice--versa, *sua* peculiaridade não podia ficar indiferente para a conduta de vida dos comerciantes, pois ela se havia convertido numa forma absolutamente antirracional de macrobiótica, de terapia e apotropia, e nisto, digamo-lo com franqueza, de maneira extremamente subalterna. Prevenir a morte precoce, por ele considerada como castigo pelos pecados[358], obter as graças do deus da riqueza (taoista e não clássico) e dos numerosos deuses glorificados, tanto funcionais como dos servidores públicos – *era isso* que ele prometia realizar. Naturalmente, o que menos se poderia encontrar nele seria qualquer coisa como uma "*ética* burguesa". Neste sentido, ele aqui simplesmente não nos interessa. Mas sim no sentido de seus efeitos indiretos, negativos.

A *tolerância*, comum à ortodoxia e à heterodoxia, e o *cultivo* da magia e de concepções animistas próprio do taoismo decidiram praticamente a persistência do enorme poder destas concepções na vida chinesa. Demos uma olhada sobre os efeitos. Dito de um modo geral: Todo tipo de *racionalização* do saber e do poder empíricos, na verdade muito antigos na China, tem-se movido na direção da *concepção* mágica *do mundo*. A astronomia tornou-se astrologia na medida em que não era ciência do calendário. Como tal, era muito antiga e inicialmente estava a serviço da ordenação dos assuntos da lavoura de acordo com as estações do ano. A técnica era primitiva e de modo algum chegava perto do grau de desempenho babilônico. Com a nova redação do calendário sob o antiletrado Schi Hoang Ti teve início a ascensão da *cronomântica*, uma distribuição dos afazeres a cada um dos meses pelo mero

---

357. Como se alegou frequentemente em artigos anteriores sobre o puritanismo.

358. Também pela ortodoxia. Cf. Se Ma Tsien, publicado por Chavannes. Tomo I, p. 196: "*Não* é o céu que determina, por si só, a morte prematura. Ele se orienta segundo o comportamento da pessoa". Entretanto, cf. tb. os documentos monumentais citados no capítulo II, no final.

critério de analogias e concepções macrocósmicas, indicando "dias fastos" e "dias nefastos" (cada qual deles com respeito a assuntos *concretos*, e não gerais). Originalmente identificados com os analistas, os "Ta Schi" ("altos escritores") enquanto instância responsável pelo calendário passaram a integrar a repartição oficial de astronomia e astrologia. O *funcionamento* cronomântico, porém, dado o grande número de *re*impressões do Schi Hien Schan (calendário, cadastro cronomântico), tornou-se uma fonte de renda para os "mestres do dia", a serem consultados sobre a escolha a fazer-se quanto ao dia.

A astro*logia*, por outro lado, situava-se no contexto da antiquíssima meteorologia. Conjunturas, visibilidade de Vênus, modalidade da luz dos astros, constatação dos ventos – originalmente condicionada pela importância dos ventos de monção, conforme supõe de Groot[359] – e mais tarde, porém, terremotos, deslizes de terra, aerólitos, partos monstruosos, mas também interpretação de palavras *fortuitas* de *crianças* (em sua qualidade de meios de comunicação particularmente imediatos) e outra "meteorologia" mágica similar de qualquer espécie fizeram com que surgisse uma enorme literatura destinada exclusivamente a examinar se os "espíritos" estão em ordem, sim ou não, cabendo o ulterior procedimento, em caso negativo, à alçada da chefia do Estado. Respectivos executores, os Wu e Hih, antiquíssimos magos meteorológicos e magos da chuva, eram considerados "taoistas"; não raro, eram mulheres histéricas ("clarividentes") que exerciam esta profissão de modo particularmente rendoso.

A *doutrina medicinal* e a farmacologia conexa, que outrora haviam apresentado consideráveis resultados empíricos, foram totalmente racionalizadas nos moldes animistas. Já se mencionou que plantas macrobióticas forneciam a base para os remédios Schen-jo; tal como as árvores da vida dos hebreus no "Paraíso do Ocidente", elas medravam em massa no bosque da Rainha Xi wang mu. Temos de deixar de lado a investigação na medida em que a expansão chinesa *também* foi codeterminada pela esperança de seu descobrimento (como a expedição marítima de Schi Hoang Ti em busca do elixir da vida).

---

359. Cf. "Universismus", p. 343. Este livro vem sendo aqui utilizado *em toda parte*, como qualquer leitor pode ver.

A situação daquele tempo antigo fica bem ilustrada com a lenda (objeto de crença absoluta) sobre o príncipe que *ouvia* (!) os espíritos da enfermidade conversarem em suas entranhas sobre como iriam arrumar-se neste ninho da melhor forma possível (sonhos febris racionalizados de maneira animista!). Mas em comparação com a racionalização posterior, isto se afigura de grau relativamente primitivo. Intempéries, estações do ano, diferentes tipos de gosto, modalidades climáticas diversas relacionam-se aos cinco (!) órgãos humanos e, com isso, mais uma vez se opera o inter-relacionamento macrocosmo-microcosmo como ponto de orientação para a terapia mágica. A par disso, também mantinham-se como terapias a antiga técnica respiratória destinada a "armazenar" no corpo a respiração na forma recomendada pelo Tao te king, e adicionalmente a ginástica. Já Tang tschuan schu (século II a.C.) rejeitava a paixão como um perigo para a eficácia *respiratória*; o Su Wen, surgido na era depois de Cristo (segundo de Groot), era considerado o manual clássico da doutrina *científica* da arte respiratória. A tudo acresciam os "Fu" (traços de pincel pintados por – carismáticos – mandarins) na função de amuletos.

Mas fiquemos por aqui, com estes pontos retirados de de Groot. Pois é muito mais importante para nós a violenta evolução por que passou a práxis da *geomântica*, do Jang Schu ou de Fung Schui ("vento e água"). Os cronomantes (Schi) indicavam o *tempo* para edificações de toda espécie, conforme já vimos (juntamente com de Groot). Mas o mais importante chegou depois disso: as *formas* e *lugares* [Oerter]. Após uma disputa entre várias escolas geomânticas no século IX, quem venceu[360] foi a escola das "formas", batendo a rival, mais propensa ao animismo *material*: As chances de espórtulas destes geomantes, *muito* maiores, devem ter contribuído decisivamente neste contexto. Pois desde então teve-se como dado que todas as *formas* de montanhas, elevações, rochas, superfícies, árvores, gramíneas, corpos aquáticos tivessem relevância geomântica, de modo que um único bloco rochoso fosse capaz de, por sua *forma*, proteger regiões inteiras contra assaltos de maus demônios.

---

360. Cf. de Groot. Op. cit., p. 373.

Portanto, nada, simplesmente *nada* de insignificante poderia existir neste terreno e assim sobretudo os túmulos, tremendamente sensíveis sob o aspecto geomântico, seriam verdadeiros focos pestíferos de influências geomânticas, devendo-se por isso realizar, indispensavelmente, para *cada* construção controles geomânticos, mesmo internamente (calhas de água nas moradias): cada óbito na casa vizinha pode ter sido causado pelo próprio prédio e, assim, significar vingança, cada nova sepultura pode perturbar todos os espíritos dos túmulos e provocar desgraça terrível. Entretanto, antes de mais nada, a forma de uma mina estava *sempre* em condições de, em caso de inovação, excitar os espíritos; instalações ferroviárias, fábricas com emissão de fumaça – o carvão de pedra era conhecido e utilizado na China já na era antes de Cristo – teriam contaminado *magicamente* regiões inteiras. A estereotipização mágica da técnica e gestão econômica, ancorada tanto nesta crença *como também* nos interesses dos geomantes por espórtulas, excluiu completamente que surgissem empresas de transporte e manufaturas de cunho *moderno* com base local firme. Foram necessários o capitalismo já consolidado e altamente desenvolvido, bem como o investimento de imensas fortunas de *mandarins* em capitais ferroviários para transpor esta enorme barreira e ir deslocando cada vez mais os cronomantes e geomantes para o canto dos "embusteiros". *Nunca* isto teria podido acontecer pelas próprias forças.

Pois não raro acontecia a necessidade de percorrer muitos quilômetros em *desvios* porque a construção de um canal, estrada ou ponte tinha sido considerada perigosa do ponto de vista geomântico. Tampouco era raro que mosteiros budistas e, portanto, heréticos só fossem permitidos *em vista do* Fung Schui, ou seja, como "melhoramento" geomântico da natureza, e que, por isso, se tenha imposto aos monges a obrigação de celebrar cerimônias importantes sob o aspecto geomântico, em troca de polpuda remuneração. Presume-se que os ganhos dos geomantes – e, em caso de conflito sobre construção, cada *parte* contratava para si um deles – tenham chegado às raias de fabulosos.

Deste modo, toda uma superestrutura de ciência *magicamente* "racional" – cronometria, cronomântica, geomântica, meteorromântica, Analística, ciência do Estado clássica e manticamente condicionada, medicina, ética – foi enxertada em cima desta simples capacidade empírica antiga, cujos resquícios encontramos por toda parte, e com base em um *talento* técnico nada desprezível, como mostram as "descobertas". Se, por um lado, predominavam a atitude popular e os interesses *rentistas* mágicos, a casta de letrados, por outro lado, também participou decisivamente desta racionalização. Com seu mágico número cinco – cinco planetas, cinco elementos, cinco órgãos etc. – a especulação cosmogônica e a correspondência entre o macrocosmo e o microcosmo (exatamente ao modo babilônico, mas com absoluta independência, como se constata em qualquer comparação[361]), toda esta filosofia e cosmogonia chinesa "universística" transformou o mundo *num jardim mágico*. Cada fábula chinesa demonstra a popularidade da magia irracional: *dei ex machina* selvagens e sem motivo algum circulam pelo mundo e são capazes de *tudo*; o único remédio contra isso: a contramagia. Nenhuma menção se faz à racionalidade ética do *milagre*.

Dizendo claro e com todas as letras: não se deixou apenas que tudo isso existisse, nem somente se tolerou isso tudo, mas o que se fez foi *expandir todo este conjunto* mediante o reconhecimento da cosmovisão mágica e ancorando-a nas inúmeras *chances lucrativas* assim abertas para os Wu, Hih e Schih de toda espécie. O taoismo não era apenas tão tradicionalista quanto o confucionismo, mas sim, devido à sua irracionalidade não literária, muito *mais* do que isso. Mas ele desconhecia totalmente um "ethos" próprio: o que decidia o destino era a magia e não a conduta de vida. *Isto* era o que, no estágio final de seu desenvolvimento, o distinguia do confucionismo que, como vimos, tinha neste ponto uma orientação exatamente oposta, ao considerar impotente a magia *contra* a virtude. Mas a sua perplexidade ante a cosmovisão mágica impediu inteiramente que o confucionismo algum dia estivesse *internamente* em condições de exterminar completamente as concepções, no fundo, exclusivamente mágicas dos taoistas, por mais que ele as desprezasse. Qualquer ataque à magia parecia-lhe um perigo para o seu próprio poder:

---

361. Ante as constatações do livro de de Groot, dificilmente se poderá manter de pé a tese "pan-babilonística".

"Quem impedirá o imperador de fazer o que bem entende, se ele deixar de acreditar nos símbolos e portentos?" – esta foi a resposta de um letrado a quem lhe propusera que se acabasse com tal absurdo. A crença na magia fazia parte *constituinte* dos fundamentos da distribuição chinesa do poder governamental.

Mas tampouco a *doutrina* taoista – que se pode distinguir tanto destas cruezas mágicas mencionadas como da teoria "universística" – surtiu um efeito mais racional nem constituiu um contrapeso. A doutrina "das ações e retribuições", um produto medieval, era tida por taoista e com este mesmo nome se denominava habitualmente, conforme vimos, aquela operação mágica exercida não por bonzos budistas, mas sim, dentro dos limites de fontes históricas seguras, por aqueles sacerdotes especiais ou, antes, pela casta de feiticeiros com caráter plebeu e também recrutados dentre plebeus. Com o confucionismo ele também tinha em comum, conforme esperado a partir do que foi dito, parte da literatura não ritual. Neste sentido, um livro "sobre a bênção secreta" foi considerado, ao que se presume, comum a ambos. O mesmo se diga dos pressupostos gerais da magia. Só que estes haviam sido desenvolvidos, como exposto, de maneira muito mais exclusiva e, além disso, ao contrário do confucionismo, em conexão com determinadas promessas positivas tanto para o mundo presente como para o além-mundo. Pois é nisto que consistia o valor, para as massas, das divindades populares desprezadas pelos estratos de intelectuais distintos. Aquilo que o confucionismo omitia, o sacerdócio plebeu do taoismo assumiu como tarefa própria: satisfazer a demanda por uma certa sistemática do panteão, de um lado, e pela canonização de comprovados benfeitores humanos ou espíritos, do outro. Deste modo, o taoismo juntou, na tríade dos "Três Puros", Lao-tse e uma terceira figura, de origem desconhecida, ao antigo deus celeste pessoal, dando-lhe o nome de Yü-hoang-schang-ti, que a doutrina oficial havia despersonalizado; também esquematizou de maneira aproximada os oito principais gênios populares venerados em toda parte (dentre os quais, algumas pessoas históricas), bem como as demais milícias celestes; confirmou o deus urbano (frequentemente, um mandarim canonizado da cidade) em sua função de líder da lista oficial de conduta dos habitantes em vista de seu destino no além e, assim, também na função de senhor do paraíso e do inferno; e, na medida em que se foi organizando duradouramente um culto para ele e demais espíritos naturais e heróis canonizados, o taoismo assumiu sua organização. Na maioria das vezes, os recursos foram arrecadados por interessados locais através de subscrição e serviço em turnos, e as missas só foram celebradas por sacerdotes nas grandes festas.

Paralelamente à criação deste culto propriamente dito inoficial, mas tolerado, havia – desde o tempo dos primeiros escritores conhecidos que se autoprofessavam "discípulos" de Lao-tse – aquele esoterismo que tratava os agraciados com a posse do Tao como portadores de forças sobre-humanas de toda espécie, atribuindo-lhes a tarefa de ministrar a salvação mágica aos necessitados.

Após tudo o que se disse, supondo-se existir historicamente de fato e com razão esta conexão do taoismo esotérico com Lao-tse, não há motivo algum para admirar-se desta ocorrência. É que, onde quer que não se tivesse encontrado o caminho que conduzia do carisma aristocrático salvacionista, próprio do agraciado, para uma ascese racional, o ulterior desenvolvimento da contemplação, já em si não clássica, e sobretudo também o da antiga eremitagem, levaram necessariamente a trilhar o caminho da união místico-panteística com a divindade diretamente para a magia sacramental, ou seja, para o exercício da influência mágica sobre o mundo dos espíritos e para a adaptação prática à regularidade mágica de sua eficácia. Conforme se expôs na introdução, dificilmente teria existido a possibilidade de outro caminho que conduzisse do aristocratismo salvacional de um partícipe da iluminação para uma religiosidade popular.

Por motivos políticos, não foram tolerados pelo governo chinês, nem em épocas passadas nem no século XIX, processos antropolátricos como os que ocorrem com a distorção ritualística feita para adaptar às necessidades da massa a redenção operada pela iluminação aristocrática, transformando o mago agraciado, portador da substância "Yang", em objeto de adoração e "messias" vivo. Existe um relato do século IV a.C.[362] sobre a veneração cultual de um carismático ainda vivo, em forma de adoração e preces para a obtenção de uma boa safra. A práxis posterior da ortodoxia, entretanto, só o admitia para falecidos, e isto apenas no caso de funcionários públicos carismaticamente comprovados, e procurava impedir toda e qualquer qualificação de pessoas vivas como profetas ou messias, sempre que esta ameaçasse ir além da mera utilização de especialistas em determinadas técnicas mágicas – utilização esta, inextirpável – e principalmente quando houvesse o perigo de que (a referida qualificação) desse origem a figuras hierocráticas.

No entanto, como vimos, o taoismo conseguiu fazer-se reconhecer repetidamente pelos imperadores. No século XI chegou-se mesmo a estabelecer, ao lado dos exames ortodoxos, um sistema taoista de provas segundo o modelo confuciano, com cinco graus. Nestes casos tratava-se, portanto, de abrir o acesso a cargos públicos e prebendas para estudantes com formação taoista; mas cada vez levantava-se o protesto da escola confuciana, que afinal acabou conseguindo excluir novamente os taoistas do gozo de prebendas. Portanto, se por um lado a controvérsia dizia respeito, sob o ponto de vista econômico e social, a quem deveria ter direito a desfrutar as receitas fiscais do reino, por outro lado também se refletia nestas lutas o efeito da profunda oposição do confucionismo a todas as formas emocionais de religiosidade e magia. Conforme vimos, o harém e os eunucos eram quase sempre tradicionais inimigos dos letrados, os quais, por sua vez, intermediavam o acesso ao palácio para magos taoistas; na tentativa empreendida em 741, um eunuco chegou a presidente da academia. E sempre o espírito confuciano – um espírito orgulhoso, masculino, racional e sóbrio, semelhante neste particular à romanidade – rejeitava que se imiscuísse na condução dos assuntos de Estado a excitação histérica das mulheres com sua respectiva susceptibilidade a superstição e milagres. A oposição continuou assim até tempos mais recentes. Ante a comoção geral suscitada pela grande seca de 1878, um relato escrito

---

362. Cf. de Groot. Religion, p. 64s. Ainda em 1883 um edito declara como passível de punição a adoração de pessoas vivas (mandarins) (*Peking Gazette* de 18/01/1883).

307

por um professor de Hanlin, já mencionado em outro contexto, recomenda expressamente a ambas as imperatrizes regentes que não será a excitação que poderá manter e restabelecer a ordem cósmica, mas sim única e exclusivamente um "espírito sereno e inabalado", a par do cumprimento correto dos deveres rituais e éticos do Estado. O requerente acrescenta, com uma nítida ponta de acinte em estilo genuinamente confuciano, não reclamar para si o poder de revelar os segredos dos demônios e espíritos, mas que eunucos e servos do ainda jovem imperador se cuidem para não caírem no palavrório supersticioso que o *perigo da heterodoxia* traz consigo. E conclui com a advertência citada anteriormente de que as imperatrizes devessem enfrentar a situação exercendo a virtude e não por qualquer outro meio. Impressionante por sua orgulhosa franqueza, este monumento da mentalidade confuciana[363] revela simultaneamente inconfundíveis ecos de antigas controvérsias.

A razão decisiva pela qual círculos da camada de comerciantes aderiram ao taoismo foi, como vimos, o fato de que seu deus especial, o da *riqueza* – ou seja, seu deus profissional –, era justamente um deus cultivado pelo taoismo. Aliás, o taoismo elevou à honra um grande número destes deuses especiais, como, por exemplo, o herói das tropas imperiais canonizado como deus da guerra, os deuses dos estudantes, os da erudição e, sobretudo, também os da longevidade. Pois é aqui que se colocava a maior ênfase, como nos mistérios eleusinos, a saber, nas promessas de saúde, riqueza e vida feliz, tanto neste mundo como no além.

Ética do taoismo

A doutrina das ações e retribuições abre para qualquer ato a perspectiva de recompensa e castigo pelos deuses, quer neste mundo quer no outro, seja para o próprio ator ou – ao contrário da doutrina da reencarnação – para os seus descendentes. Particularmente as promessas relativas ao além-mundo atraíam um grande público. Tanto os taoistas como os confucianos consideravam autoevidente a doutrina de que a "vida correta" do indivíduo fosse de-

---

363. Cf. *Peking Gazette* de 24/06/1878.

cisiva para o seu comportamento como a do príncipe para o destino do reino e para a ordem cósmica; assim sendo, o taoismo também tinha de estatuir exigências éticas. Mas estes elementos incoativos e não sistemáticos de ligação do destino no além-mundo a uma *ética* não foram adiante. O que sempre preponderou sobre todo o resto foi a magia nua e crua, que porém nunca foi combatida seriamente pelo estamento confuciano de letrados. E justamente por isso a doutrina taoista se foi tornando, na forma descrita, cada vez mais uma terapia sacramental, alquimia, macrobiótica e técnica de imortalidade. A bebida da imortalidade dos taoistas levou o autor da queima de livros e inimigo dos letrados a unir-se a eles. Consta dos Anais a sua expedição às Ilhas dos Imortais no Mar do Leste. Outros soberanos são mencionados sobretudo por suas tentativas de produzir ouro. No interior do estamento marcante para a conduta de vida das pessoas cultas – o dos funcionários públicos letrados –, a doutrina original de Lao-tse permaneceu incompreendida em seu sentido e foi rudemente rejeitada em suas consequências, mas a magia dos sacerdotes que usavam seu nome foi tratada com tolerante desdenho como alimento apropriado para as massas.

Excetuado o aspecto relativo ao grau de dependência do taoismo frente ao budismo, há geralmente unanimidade entre os sinólogos quanto ao ponto de que o taoismo, tanto em sua organização hierárquica, como na formação de um panteão (nomeadamente, a tríade dos deuses supremos) como em suas formas cultuais, imitou primeiramente o budismo, se não em seu todo, pelo menos em parte.

O caráter tradicionalista da ética chinesa ortodoxa e heterodoxa

Em seus efeitos, o taoismo foi substancialmente mais tradicionalista do que o confucionismo ortodoxo. Nem se poderia esperar menos de uma técnica salvacionista totalmente orientada para a magia e cujos magos estavam diretamente interessados, com toda a sua existência econômica, na preservação da tradição e sobretudo da deisidemonia tradicional (crença e práxis supersticiosa). Não é de se admirar, portanto, que se atribua ao taoismo a formulação explícita do princípio: "Não introduzas inovação nenhuma". Em todos os casos, este não só não é o caminho para um método racional de vida, fosse ele mundano ou extramundano; mas, pelo contrário, a magia taoista tornou-se necessariamente um dos mais sérios obstáculos para o surgimento de tal método. Os mandamentos éticos propriamente ditos do taoismo tardio tinham em seu cerne – para os leigos – o mesmo conteúdo material que os mandamentos éticos do confucionismo. Só que o taoista esperava de seu cumprimento vantagens pessoais, e o confuciano mais a consciência tranquila do *gentleman*. O confuciano agia de acordo com a oposição entre "correto" e "incorreto", ao passo que o taoista, como todo mago, mais segundo o dilema "puro"-"impuro". Apesar de seu interesse pela imortalidade e por castigos e recompensas no além, ele tinha uma orientação intramundana como a dos confucianos. Ao que se presume, o fundador da hierarquia taoista adotou expressamente um dito do filósofo Tschuang-Tse, ainda mais expressivo do que Aquiles no reino dos mortos: "A tartaruga prefere arrastar viva seu rabo sobre excrementos a ser venerada morta em um templo".

É preciso acentuar que a magia manteve seu lugar reconhecido também no confucionismo ortodoxo, continuando a exercer seus efeitos tradicionalistas. Quando, como já referido, ainda em 1883 um censor protestou contra os trabalhos nos diques por serem realizados com técnica moderna e, portanto, diferentemente do que prescreviam os clássicos, o ponto decisivo para tanto foi sem dúvida o receio de, com isso, inquietar os espíritos. O confucionismo só condenava totalmente o êxtase emocional que geralmente ocorria com os magos populares, assim como o costumeiro êxtase apático dos taoistas e em geral qualquer magia "irracional" neste sentido psicológico e toda espécie de ascese monástica.

Portanto, a religiosidade chinesa, tanto em sua vertente oficial do culto estatal quanto em sua vertente taoista, não tinha como, a partir de si própria, fornecer motivos suficientemente fortes para um método de vida individual orientado religiosamente, como por exemplo o método puritano. Em ambas as formas inexistia todo e qualquer vestígio daquele poder satânico do mal, com o qual a pessoa piedosa, em sentido chinês, fosse ela ortodoxa ou heterodoxa, teria de lutar em busca de sua salvação. A sabedoria de vida genuinamente confuciana era "burguesa" no sentido de um racionalismo burocrático esclarecido e otimista, com um sotaque supersticioso ligeiramente insinuado. Mas ela também era "estamental" no sentido de uma moral própria do estrato intelectual dos letrados: sua característica específica era o orgulho de sua formação.

Por certo, esta ordem social era a melhor possível, pois nela a desgraça e a maldade deveriam ser apenas consequências da falta de formação individual ou da insuficiência carismática do governo ou, respectivamente, de faltas relevantes sob o aspecto da magia. No entanto, nem mesmo ao mais irrestrito otimismo e convencionalismo utilitarista poderia escapar o fato de que esta ordem social, na verdade, era muitas vezes insuficiente até no tocante a aspirações moderadas, dada a real distribuição dos bens portadores de felicidade e ante a imprevisibilidade do destino da vida. Também aqui se impunha necessariamente o problema da teodiceia. Ou pelo menos ao confuciano não estavam disponíveis nem um além-mundo nem a reencarnação. Em consequência, encontra-se nos escritos clássicos, em leves traços, a alusão a uma espécie de crença esotérica na predestinação. Mas esta concepção tinha um sentido um tanto ambivalente, bem em consonância com o caráter da burocracia chinesa como um estamento de letrados, em sua essência, infenso a todo heroísmo bélico e também estamentalmente separado de tudo quanto fosse burguês. Faltava totalmente à crença popular a concepção de uma Providência. Pelo contrário, a partir desta crença desenvolveram-se formas incoativas de uma fé astrológica na dominação dos astros sobre o destino de cada pessoa. Entretanto, o esoterismo confuciano – na medida em que se possa falar de tal esoterismo – ao que parece não desconhecia totalmente a crença na Providência. Mas, conforme nomeadamente expresso em Mêncio, a Providência não se refere geralmente ao destino concreto das pessoas individuais, mas sim à harmonia e ao decurso dos destinos da sociedade em seu conjunto como tal, exatamente como nos cultos comunitários primitivos. Mas, por outro lado, não estava realmente implementada no confucionismo a concepção da predestinação enquanto fatalidade irracional como, por exemplo, a da "Moira" helênica e, portanto, como um poder impessoal próprio do destino, a determinar as grandes peripécias da vida de cada pessoa –

concepção esta específica a toda atitude heroicista puramente humana, que, soberbamente, sempre rejeitou em toda parte a crença numa Providência bondosa. Ambas as concepções persistiam paralelamente. Confúcio entendia sua própria missão e os efeitos da mesma evidentemente como algo de providencialmente ordenado em sentido positivo. Paralelamente havia também a crença na Moira irracional. E isto, numa interpretação muito característica. Somente a "pessoa superior", assim reza a concepção, é que sabe do destino. E sem a crença no destino, conforme se acrescenta, não é possível tornar-se uma pessoa distinta. A crença numa predestinação serve aqui de lastro para aquele tipo de heroísmo estoico unicamente acessível ao intelectualismo dos letrados: o da "disposição", mais ou menos no sentido de Montaigne, para aceitar com serenidade o que é inalterável e deste modo comprovar a atitude de um cavaleiro com formação distinta. A pessoa comum, ignorando o destino e temendo a fatalidade, põe-se à caça da felicidade e do bem, ou, pelo contrário, entrega-se resignadamente – e parece ter sido praticamente esta a regra, segundo os relatórios missionários – às voltas do destino, talvez não como uma fatalidade inexorável ("Kismet"), mas sim pelo menos como fado. Ao passo que o confuciano "superior", consciente da fatalidade e vendo-se interiormente à sua altura, aprendeu a viver na serenidade altiva de sua personalidade e de seu cultivo[364]. Vê-se, portanto, que aqui, como sempre, rejeitando pelo menos em relação ao indivíduo uma teodiceia intramundana inteiramente racional, a crença na irracionalidade da predestinação servia como fulcro da *distinção*, mas era ela mesma rejeitada por alguns filósofos como ameaça à ética e tinha de viver assim em contínua tensão dentro do confucionismo com os demais elementos racionalistas do sistema; deste modo, esta crença passa a integrar o conjunto de elementos irracionais, que já conhecemos, do racionalismo confuciano. E tudo isso, em sentido caracteristicamente diverso daquela crença puritana na predestinação, pautado por um

---

364. Nas conversações religiosas entre confucianos e budistas, costumava-se rejeitar com particular ênfase a teodiceia do carma budista: a situação social de uma pessoa não seria a consequência de seus atos anteriores, mas sim do destino, que sopra umas folhas de árvores para cima de tapetes e outras para cima da sujeira.

deus pessoal e por sua onipotência, a qual também nega dura e claramente a bondade da Providência, mantendo porém para si os olhos fitos no além. Mas no confucionismo nem a pessoa distinta nem a comum se importavam com o além. O único interesse da pessoa distinta relativamente ao período depois da morte era a honra de seu *nome*, pela qual ela tinha de estar disposta a sofrer o falecimento. E, de fato, dominadores e generais confucianos – *no caso de* o céu estar contra eles no elevado jogo da guerra e dos destinos humanos – orgulhosamente *souberam morrer melhor* do que o que pudemos constatar entre nós no caso dos seus colegas cristãos. Este motivo específico de honra era a característica da pessoa distinta, sem relacionar-se à sua nascença, mas sim essencialmente ao desempenho próprio, e este era o motivo mais forte que o confucionismo conhecia[365] para uma conduta de vida com alto nível de aspiração. Também quanto a este ponto a conduta na vida orientava-se por padrões estamentais e não "burgueses", como no nosso sentido ocidental.

Com isso já está dito que a significação desta ética de intelectuais para a grande massa tinha necessariamente seus limites. Em primeiro lugar, as diferenças locais e sobretudo sociais da própria formação eram enormes. A cobertura da demanda, com suas características tradicionalistas e fortemente marcadas até a Época Moderna pela economia de bens naturais, só foi possível graças a uma atitude perante a vida que excluía qualquer relacionamento interior com os ideais de *gentleman* do confucionismo; nos círculos populares mais pobres este tipo de economia foi de fato preservado graças a uma virtuosidade de poupança (palavra usada no contexto de consumo) única no mundo, beirando mesmo as raias da incredibilidade. Apenas os gestos e formas de comportamento externo do estamento dominante é que aqui como em toda parte puderam ser objeto de aceitação geral. O influxo decisivo do estamento culto sobre as *massas* verificou-se, com toda a probabilidade, principalmente na forma de efeitos negativos: a total inibição da emergência de

---

365. A parábola referida pouco acima sobre a tartaruga, cujo autor por certo não era um confuciano, mas que foi citada com grande veneração por Confúcio, mostra com que facilidade este orgulho pelo próprio nome pode, aqui também, transformar-se na pura aspiração por viver, simplesmente por viver. Mas não é isto que reflete a *genuína* atitude confuciana, mas sim as cartas de Se Ma Tsien e os memorandos dos censores à Imperatriz Tsu Hsi, já citados acima.

uma religiosidade profética, por um lado, e a abrangente extirpação de todos os elementos orgiásticos da religiosidade animista, por outro. Deve-se considerar possível que, por esta razão, tenham surgido as condições para, pelo menos, parte dos traços característicos que geralmente se designam como qualidades raciais chinesas. Outros elementos influentes foram sobretudo a *frieza* da ética social confuciana e, em seguida, sua rejeição de laços outros que os *pessoais* – familiares, escolares ou de camaradagem.

O efeito da preservação deste personalismo evidencia-se principalmente na ética social. Até à atualidade ficou faltando na China o sentimento de obrigação para com as comunidades "objetivas", quer fossem de natureza política, ideal ou de qualquer outro tipo[366]. Qualquer ética social consistia, neste contexto, na mera transposição das relações orgânicas da piedade filial para outros relacionamentos, considerados como equivalentes. Os deveres no âmbito das cinco relações sociais naturais para com o senhor, o pai, o

---

366. Quanto ao impacto (do personalismo), a "Associação Chinesa de Crédito" (que, juntamente com os devidos acréscimos nominais, também leva o nome hwui, habitual em todos os clubes) representa um bom exemplo, conforme demonstrado por uma tese de doutorado que me chegou às mãos de última hora, uma tese muito boa, de Wu *Chang* (1917), apresentada em Berlim e influenciada por Herkner, Bertkiewicz e Eberstadt, que descreve a estrutura primitiva destas socializações, já descritas anteriormente (cap. I), uma estrutura feita sob medida para a situação puramente camponesa (mais precisamente, *pequeno*-camponesa) e para o círculo de conhecidos estritamente *pessoais*. Os contribuintes associam-se segundo sua confiabilidade meramente *pessoal*. No caso mais simples – existem ao todo três tipos diferentes –, ou seja, na "primeira assembleia", o "primeiro associado" recebe de todos os demais o pagamento de contribuições *e também* de juros correntes à sua dívida, porventura surgida no meio-tempo devido ao uso do capital; na segunda assembleia, o "segundo associado", e assim por diante, até o último associado que, por conseguinte, recebe de volta apenas suas contribuições e os respectivos juros. A ordem de associados recebedores de contribuições é determinada por sorteio. Tratando-se de sanear a situação de um devedor, naturalmente será este o "primeiro associado", ao passo que, dado o caso, o "último associado" será um mecenas. E o impacto é que cada um dos colocados *antes* do último terá à sua livre-disposição, por determinado tempo, capital alheio, num montante que varia de acordo com sua colocação e que será amortizado ou economizado através de suas respectivas contribuições (e juros). Condicionada por uma certa medida de controle mútuo ou também pelo conhecimento recíproco do comportamento econômico de cada um, a associação de crédito tinha evidentemente uma certa semelhança com as caixas de empréstimo da rede (alemã) Raiffeisen, substituindo para pequenos camponeses, com os quais os bancos não faziam negócio, também o crédito hipotecário para a compra de terra e podendo também ajudar para qualquer outra finalidade imaginável. Abstraindo-se da forma, os pontos característicos aqui, em contraste com a situação exposta anteriormente sobre as seitas (segundo parágrafo acima escrito), são os seguintes: 1°) o objetivo *econômico* estava em primeiro plano, ou melhor, era o único objetivo; 2°) a confiabilidade era constatada de modo puramente *individual*, já que não havia a prova de qualificação realizada no caso da seita. Aliás, estas associações de crédito podem de fato, quanto ao essencial, servir de ilustração para o "eranos" grego.

314

esposo, o irmão mais velho (inclusive o professor) e o amigo continham o conceito envolvente global de qualquer ética incondicionalmente vinculativa. O princípio fundamental confuciano de reciprocidade, que está na base de todos os deveres objetivos naturais fora destas relações, não continha nenhum elemento patético. Sob o influxo da racionalização e convencionalização confucianas de toda a conduta de vida, todos os deveres locais baseados localmente na genuína ética social das associações de vizinhança passaram a ter um forte caráter de mera fórmula, e foi o que sucedeu, nomeadamente, com o dever de liberdade para o hóspede e de benevolência por parte dos abastados, um dever considerado em toda parte um sinal de conduta de vida distinta, decantado por todos os cantores sacros e adotado por toda ética religiosa. Assim também ocorreu com a "prática da virtude" – como geralmente se dizia, em expressão característica – na forma de hospitalidade para com os pobres no oitavo dia do décimo segundo mês. A esmola, este primitivo mandamento central de qualquer religiosidade ética, se convertera num tributo tradicional, cuja sonegação acarretava perigos. A importância cristã da esmola tivera por consequência a consideração dos "pobres" como elementos constituintes de um "estamento" ordenado por deus dentro da comunidade cristã, pois afinal sua existência era necessária para a salvação da alma dos ricos. Na China, eles se haviam reunido em corporações bem-organizadas, das quais ninguém facilmente ousava tornar-se inimigo por princípio. O normal era, provavelmente não só na China, que a disponibilidade de ajuda ao "próximo" fosse uma expectativa unicamente quando houvesse ocasião concreta pessoal ou material para tal, e só o conhecedor do país poderá julgar se, como se diz, esta disponibilidade terá sido mais marcante na China do que em outros lugares. É bem possível que disposição não se tenha propriamente desenvolvido em grandes proporções, já que, para a religiosidade popular aqui, do mesmo modo que para a religiosidade mágica primitiva em toda parte, os defeitos físicos crônicos representavam sequelas de algum pecado ritual, inexistindo o contrapeso de motivos religiosos para a compaixão, por mais que a ética (Mêncio) louvasse o valor social da misericórdia. Em todo caso, (não terá ocorrido o referido desenvolvimento) sobre o fundamento do confucionismo. Mesmo os representantes (heterodoxos) do amor ao inimigo (Mo ti, p. ex.) tinham para a compaixão uma justificativa essencialmente utilitarista.

Deste modo, os sagrados deveres pessoais da ética social podiam entrar em conflito entre si, com a consequência de se relativizarem mutuamente. Testemunhos disso são fatos como as divisões compulsórias de interesses familiares e fiscais, suicídios e recusas de pais ante ordens de aprisionamento dos filhos (por alta traição), golpes de bambu para funcionários públicos que *não* tivessem ficado de luto e, alternadamente, para os que tivessem ficado de luto *exageradamente* (por se ausentarem do serviço e assim causarem dificuldades à administração). Mas era inconcebível que ocorressem, como (ocorriam) no cristianismo, conflitos de interesses entre a salvação da própria alma e as exigências das ordens sociais naturais. Por este motivo, além dos já citados, inexistia, mesmo no mais tímido estágio incoativo, uma oposição de "deus" e "natureza" contra um "direito positivo" ou "convenção" ou quaisquer outros poderes vinculantes e, portanto, inexistia também, baseado numa infraestrutura *religiosa*, qualquer direito natural religioso ou racional vivendo em tensão ou compromisso com o mundo do pecado ou do absurdo, como se pode constatar imediatamente nos casos que os clássicos por vezes caracterizam como "naturais". Pois, nestes casos, o cosmos sempre é apontado como o cosmos da ordem harmônica da natureza e da sociedade. Por certo, ninguém alcança o grau de perfeição absoluta, mas dentro das ordens sociais, que de nenhum modo lhe são impeditivas, toda pessoa é suficientemente idônea para atingir um estágio de perfeição suficiente para si mesmo, praticando de modo mais ativo (o confuciano) ou mais contemplativo (o taoista) as virtudes sociais oficiais como: atitude amigável para com as pessoas, conformidade com o direito, sinceridade, piedade ritual e saber. Quando, apesar do cumprimento destes deveres, a ordem social não conduz à salvação nem à satisfação de todos, quem leva a culpa pessoalmente é o dominador insuficientemente qualificado em seu carisma. Por isso, não há no confucionismo um estado primitivo feliz, mas sim, pelo menos na doutrina clássica, apenas a barbárie inculta enquanto pré-estágio cultural (cujo exemplo encontrava-se muito próximo e concreto, representado pelas tribos selvagens montanhesas, sempre à espreita de oportunidades de assalto). Interrogado sobre a maneira de melhorar a pessoa humana o mais rapidamente possível, o Mestre respondeu de modo lapidar: primeiro, enriquecendo-a e, depois, educando-a. E, de fato, ao modo formal inglês de saudar ("how do you do?") corresponde a saudação igualmente formal do chinês: "Você comeu arroz?" Por considerar a pobreza e a ignorância como as duas únicas faltas com características de pecado original, e por estimar a educação e a economia como fatores onipotentes na formação da pessoa, o confucionismo tinha consequentemente de antever a possibilidade de uma época de ouro não num estado de natureza primitiva totalmente inocente, mas sim, muito mais, num nível ótimo de cultura.

Eis, porém, que se nos depara uma passagem digna de nota nos escritos clássicos, na qual se expõe uma situação em que a dignidade do poder não é hereditária, mas sim transmitida por eleição; onde os pais amam não somente seus próprios filhos como filhos seus e vice-versa; onde crianças, viúvas, idosos, pessoas sem filhos, enfermos são sustentados por recursos coletivos; onde os homens têm seu trabalho e as mulheres, seu ambiente doméstico; onde os bens são economizados, mas não acumulados para fins privados; onde o trabalho não serve para a vantagem própria; onde inexistem ladrões ou rebeldes, todas as portas ficam abertas e o Estado não é um Estado de poder. Este é o "grande caminho" e seu resultado denomina-se a "grande igualdade", em contraste com o qual a ordem empírica coercitiva gerada pelo egoísmo com direito hereditário individual, família individual, Estado de poder beligerante e dominação exclusiva dos interesses era denominada "pequeno sossego", em característica terminologia. A descrição daquela sociedade ideal anárquica permanece tão estranha à doutrina social empírica do confucionismo e tão irreconciliável com a posição de que a piedade filial da criança constitui a base de toda ética confuciana, que a ortodoxia só sabe explicá-la, em parte, como deturpação do texto e, em parte, como provável inserção da heterodoxia "taoista" (como, aliás, também o faz Legge), ao passo que atualmente a moderna escola de Kang-yu-wei, compreensivelmente, costuma citar justamente esta passagem como prova da legitimidade confuciana do ideal socialista futuro. Em verdade, esta passagem textual, como aliás algumas outras mais contidas no Li-ki, pode corresponder à opinião defendida com particular clareza por de Groot de que muitas posições doutrinárias, que posteriormente e também atualmente foram e são consideradas como heterodoxas ou não clássicas ou até como constituindo uma religião específica, originariamente estavam para a ortodoxia como a mística cristã está para a Igreja Católica e como a mística sufista, para o islame. De modo semelhante ao fato de que sempre se conseguiu conciliar apenas artificialmente a graça institucional eclesiástica com a procura individual de salvação pelo místico, apesar de que a instituição eclesiástica ela própria nunca se tenha permitido rejeitar por princípio a mística como tal, foi o que ocorreu com a consequência última do otimismo confuciano – ou seja, a esperança de alcançar a perfeição terrena inteiramente com a força ética própria dos indivíduos e pelo poder de uma administração ordenada –, entrando em tensão com a visão igualmente fundamental do confucionismo de que o bem-estar material e ético do povo e de cada um está, em última instância, condicionado somente pelas qualidades carismáticas do dominador legitimado celestialmente e pela previdência institucional do Estado prestada por seus burocratas. Mas foi justamente esta doutrina que levou o taoismo a tirar as *suas* consequências. Considerada heterodoxa, a doutrina da inatividade do governo como fonte de toda salvação foi apenas a última consequência da conversão tendencialmente mística do otimismo ortodoxamente confuciano. Somente a sua confiança acósmica na qualificação própria e a desvalorização da graça institucional daí decorrente fizeram surgir imediatamente o perigo de uma heresia. A *superação* da moral leiga intramundana pela busca de caminhos especiais de salvação constituiu, aqui como em qualquer lugar, o problema fundamental da graça institucional, exatamente como no protestantismo eclesiástico não ascético. Pois, como vimos, o Tao enquanto caminho para a virtude era naturalmente também um conceito central da ortodoxia confuciana. E assim como as mencionadas teorias mais ou menos coerentes de *laissez--faire* de alguns confucianos que reservavam a intervenção do Estado para o caso de excessos demasiadamente perigosos de diferenciação por riqueza, assim também a mística podia reportar-se ao significado da "harmonia" natural cósmica e social operada por deus, para daí concluir pelo princípio do não governar. Portanto, constatar se, do ponto de vista da Igreja medieval, um místico ainda se encontrava dentro da ortodoxia era tão difícil e duvidoso quanto para o confucionismo posicionar-se perante estas doutrinas. E assim é muito compreensível que de Groot rejeite por princípio que, como já era hábito, se trate o taoismo como uma religião especial propriamente dita, ao lado do confucionismo, não obstante os próprios editos imperiais sobre religião mencionarem várias vezes, a par do confucionismo, expressamente o taoismo como uma crença não clássica, apenas tolerada. Em contraste com estes, o *sociólogo* deve ater-se ao fato da *organização* hierocrática especial.

Em última análise, sob o ponto de vista substancial, a distinção de doutrinas e práticas ortodoxas e heterodoxas, bem como todas as peculiaridades decisivas do confucionismo, estavam condicionadas, de um lado, por seu caráter de ética estamental do estrato burocrático de letrados e, por outro, por seu apego à piedade filial e particularmente à veneração dos ancestrais como base politicamente indispensável do patrimonialismo. Somente quando estes interesses pareciam ameaçados, o instinto de autopreservação do estrato determinante reagia com o estigma da heterodoxia[367].

Seitas e perseguição dos hereges na China

Pois bem, é na importância fundamental do culto aos antepassados e da piedade filial intramundana como base da mentalidade patrimonial de subalternos que consistia o principal limite absoluto da *tolerância* prática exercida pelo Estado confuciano[368]. Esta apresentava em relação ao comportamento da Antiguidade Ocidental tanto semelhanças como diferenças características. O

---

367. Também a piedade filial podia suscitar efeitos necessariamente rejeitados pelo poder político. Contrastando com a limitação que se observava por motivos mercantilistas e estamentais quanto a despesas luxuosas, particularmente as destinadas para fins festivos, os gastos permitidos para despesas funerais, em consonância com a significação da piedade filial-parental como derradeiro padrão ético, eram e são, a nosso modo de ver, totalmente desproporcionais.

368. Cf. a respeito a animada polêmica referida por de Groot, citada no cap. I, nota n. 1.

culto estatal conhecia apenas os grandes espíritos oficiais. Mas, dado o caso, o imperador também saudava os santuários taoistas e budistas, abstendo-se porém de fazer uma inclinação profunda mesmo ante o santo Confúcio, contentando-se com uma gentil reverência. Serviços geomânticos são remunerados pelo Estado[369]. O Fung-schui gozava de reconhecimento oficial[370]. Por vezes registram-se atos repressivos contra exorcistas do Tibete, denominados "Wu" pelos antigos, conforme acrescenta o decreto[371], mas certamente por motivos de ordem policial. O mandarim da cidade participava oficialmente do culto ao deus taoista da cidade, e as canonizações feitas pelo patriarca taoista precisavam de aprovação imperial. Não havia direitos garantidos de "liberdade de consciência" nem ocorriam, por outro lado, via de regra, perseguições motivadas por opiniões religiosas, a não ser que fossem exigidas por motivos ligados à magia (de modo semelhante aos processos religiosos helênicos) ou por aspectos políticos, mas estes últimos tinham de ser bastante graves. Os editos imperiais sobre religião e até um escritor como Mêncio consideravam um *dever* a perseguição da *heresia*. Os meios e a intensidade variavam, tanto quanto o próprio conceito e extensão do "herético". Do mesmo modo que a Igreja Católica combatia a negação da graça sacramental e o reino romano a rejeição do culto imperial, assim também o Estado chinês, obedecendo a seus critérios, enfrentava as heresias como inimigas do Estado, em parte por admoestações (ainda no século XIX por um poema monitório expresso escrito por um monarca e divulgado oficialmente), em parte, porém, perseguindo-as a ferro e fogo. Contrariamente ao que reza a lenda sobre a ilimitada tolerância do Estado chinês, o século XIX ainda assistiu, quase em cada decênio, a uma perseguição de heréticos efetuada por todos os meios (inclusive tortura de testemunhas). Por outro lado, quase cada rebelião estava intimamente ligada a uma heresia. Comparado com o antigo Estado romano, o Estado chinês encontrava-se numa situação peculiar, na medida em que, a

---

369. *Peking Gazette* de 13/01/1874.

370. *Peking Gazette* de 13/04/1883 e 31/03/1883.

371. *Peking Gazette* de 02/10/1874. Cf. tb. sobre o exorcismo praticado em uma pessoa demente: *Peking Gazette* de 20/08/1878.

partir da aceitação definitiva do confucionismo, ele passou a possuir, *além* dos cultos estatais oficiais e do culto aos ancestrais, também uma *doutrina* como a única oficialmente reconhecida. Neste sentido, ele aproximou-se da característica de um Estado "confessional", contrastando assim com o antigo império pré-cristão. Por isso, o "Edito sagrado" de 1672 tornou expressamente obrigatória (na sétima de suas dezesseis sentenças) a rejeição de doutrinas falsas, muito embora a doutrina ortodoxa não constituísse uma religião dogmática, mas apenas uma filosofia e um conjunto de ensinamentos sobre a vida. A situação era de fato semelhante à de imperadores romanos do século II acatando a ética estoica oficialmente como a única ortodoxa e exigindo sua aceitação como pressuposto para a transmissão de cargos estatais.

Ante isso, o que se tornou forma popular de religiosidade *sectária* foi a administração da graça *sacramental,* como na Índia e em qualquer lugar baseado em religiosidade voltada à redenção mística. Ao transformar-se em profeta, propagandista, patriarca ou confessor, o místico tornava-se inevitavelmente um mistagogo. Mas o carisma oficial do imperador não tolerava a seu lado este tipo de poderes autônomos na concessão da *graça*, como tampouco a graça institucional da Igreja Católica podia fazê-lo. Por conseguinte, eram quase sempre iguais, nos editos imperiais contra hereges, os fatos levantados como motivos de acusação. Em primeiro lugar, naturalmente, o fato de que tenham sido venerados deuses não concessionados. Mas este ponto não era o decisivo, pois no fundo todo o panteão popular era tido como não clássico e bárbaro, na medida em que divergia do panteão cultual estatal. Os três fatos realmente determinantes eram os seguintes[372]:

1º) Alegando a finalidade de cultivar uma vida virtuosa, os hereges organizam-se em sociedades não concessionadas que realizam coletas.

2º) Eles têm líderes que, parcialmente como encarnações e parcialmente como patriarcas, pregam-lhes retribuição no além e prometem a salvação da alma no outro mundo.

---

372. Deve-se enfatizar que aqui se está *esboçando unicamente* o relacionamento do confucionismo e do poder oficial com as seitas. A estas voltaremos ao tratarmos do budismo, sob cuja influência, entre outros fatores, se encontravam todas as seitas mais significativas. (Cf. a exposição de de Groot. In: Sectarianism and relig. persecution in China. Op. cit.)

3º) Eles eliminam os quadros de ancestrais em suas casas e separam-se das famílias de seus pais para levar uma vida monacal ou de qualquer outra maneira não clássica.

O primeiro ponto era uma falta contra a polícia política, que proibia associações não concessionadas. O subalterno confuciano tinha o dever de exercitar a virtude privadamente nas cinco relações sociais clássicas. Para tanto, ele não tinha necessidade de seita nenhuma, pois já a sua mera existência violava o princípio patriarcal básico do Estado. O segundo ponto implicava claramente não apenas enganar o povo, pois não havia no além nem retribuição nem salvação específica da alma; este ponto implicava também o desprezo pelo carisma institucional (intramundano) do Estado confuciano, dentro do qual o cuidado com a salvação da alma (neste mundo) compete aos antepassados, se não exclusivamente ao imperador legitimado para este fim pelo céu e aos seus funcionários. Qualquer crença redencionista deste tipo e qualquer aspiração por uma graça sacramental ameaçava o respeito aos ancestrais tanto quanto o prestígio da administração. Pelo mesmo motivo, a terceira acusação era a mais decisiva de todas, pois a rejeição do culto aos antepassados significava um perigo para a virtude cardeal política da piedade filial, do qual dependiam a disciplina na hierarquia oficial e a obediência dos subalternos. Era, por princípio, intolerável a religiosidade que se emancipasse da crença no poder decisivo supremo do carisma imperial e da ordem perene das relações pautadas pela piedade filial.

Dependendo das circunstâncias, os editos acrescentam motivos de ordem mercantilista ou ética[373]. A vida contemplativa – tanto a individual em busca da salvação como nomeadamente a existência monástica – representava aos olhos confucianos preguiça parasitária. Ela consome a renda dos cidadãos que trabalham para ganhar dinheiro. Os homens budistas não trabalhavam na lavra da terra (por causa da proibição "Ahimsa" de pôr em perigo seres vivos, tais como vermes e insetos) e as mulheres não teciam; o monaquismo era, além disso, frequentemente pretexto para subtrair-se ao

---

373. Cf. centenas deles em de Groot. Op. cit.

trabalho forçado para o Estado. Mesmo dominadores que deviam sua ascensão ao trono aos taoistas e budistas – ao tempo em que estes detinham o poder – logo voltavam-se contra eles. O cerne propriamente dito da ascese monástica budista – a mendicância – foi repetidamente proibido ao clero, assim como a pregação redencionista fora dos mosteiros. Como veremos, os próprios monastérios sofreram forte redução numérica após a introdução do dever de concessão. A resoluta promoção temporária do budismo, contrastando com o recém-dito, explica-se provavelmente (assim como a introdução do lamaísmo sob os Kan mongóis) pela esperança de poder utilizar a doutrina da mansidão para fins de domesticação dos subalternos. Já a enorme expansão dos mosteiros, daí derivada, e a difusão do interesse redencionista provocaram em pouco tempo forte repressão, até que, no século IX, a Igreja budista tomou um golpe do qual nunca mais se restabeleceu completamente. É bem verdade que parte deles e também dos mosteiros taoistas se preservou e foi mesmo incluída no orçamento do Estado, mas isto ocorreu com a estrita obrigação, para cada monge, de obter diploma estatal, sendo exigido para isso algo como o "exame cultural" exigido na Prússia no tempo da questão religiosa ["Kulturkampf"]. E a causa decisiva desta preservação, segundo a hipótese plausível de de Groot, foi essencialmente o Fung-schui, ou seja, a impossibilidade de eliminar lugares cultuais já concessionados sem irritar perigosamente os espíritos. Assim se explica essencialmente também aquela tolerância concedida a cultos heterodoxos por razão de Estado. Esta tolerância não significava de modo algum uma valorização positiva, mas sim aquela "tolerância" desdenhosamente concedida que constitui a atitude natural de qualquer burocracia secular perante a religião, uma atitude apenas moderada pela necessidade de domesticação das massas. A pessoa "distinta" comportava-se em relação a estas entidades, bem como a todas as que não eram veneradas oficialmente pelo Estado, seguindo o princípio atribuído ao próprio Mestre: tranquilizar os espíritos através das cerimônias comprovadas, mas "manter a distância". E a atitude prática das massas para com estas religiões toleradas nada tinha a ver com nosso conceito de "pertença confessional". Do mesmo modo que, conforme a ocasião, a Antiguidade Ocidental venerava Apolo ou Dioniso e o italiano meridional reverenciava alternadamente santos e ordens em concorrência mútua, o chinês alternava sua mesmíssima consideração ou, conforme a necessidade ou respectiva eficácia comprovada, desconsideração para com as cerimônias oficiais da religiosidade imperial, as missas budistas (constantemente estimadas até aos mais altos círculos) e a adivinhação taoista. Para os ritos fúnebres empregavam-se paralelamente, segundo o costume popular de Pequim, sacramentos budistas e taoistas, enquanto o culto clássico dos ancestrais foi perdendo sua coloração fundamental. De qualquer modo, não fazia sentido, sob o ponto de vista confessional, classificar de "budistas" os chineses, como antigamente ocorria muitas vezes. Pelo nosso critério, *somente* os monges e sacerdotes registrados eram "budistas" propriamente ditos.

Mas a forma monástica da heterodoxia não foi a causa única decisiva para a oposição sofrida por parte do poder estatal. Ao contrário, quando o budismo, e também, sob sua influência, o taoismo começaram a desenvolver comunidades constituídas por *leigos* com presbíteros seculares casados, fazendo assim surgir uma espécie de religiosidade *confessional*, aí mesmo é que o governo interveio evidentemente com muita veemência, colocando aos presbíteros a obrigação de optar ou por internar-se em monastérios concessionados ou por regressar a profissões seculares; e, por fim, reprimiu sobretudo o costume, copiado do padrão indiano pelas seitas, de desenhar sinais distintivos na maquiagem e no vestuário para as cerimônias de iniciação e carreira de noviços na escala das dignidades religiosas, conforme a respectiva posição dos mistérios aos quais eram admitidos, pois aqui se evidenciava o aspecto específico de todo sectarismo: O valor e a dignidade da "personalidade" eram garantidos e legitimados pela pertença a um círculo de *camaradas* especificamente qualificados e pela respectiva autoafirmação no mesmo, mas *não* por aliança sanguínea, estamento ou diploma concedido por autoridade superior. Pois justamente esta função fundamental de toda religiosidade sectária é para qualquer instituição provedora da graça, seja ela a Igreja Católica ou o Estado cesaropapista, muito mais odiosa do que um mosteiro, facilmente controlável.

Condicionada por considerações políticas, a promoção temporária do lamaísmo teve pouca significação histórica e a sina do relativamente importante islame chinês[374], bem como a do judaísmo chinês – peculiarmente despojado de seu caráter genuíno com intensidade superior à verificada em qualquer outra parte do mundo –, não nos devem interessar neste contexto. Os senhores islamistas do Extremo Ocidente do reino foram caracteristicamente mencionados em alguns editos no contexto da seguinte função: vender criminosos que passassem a integrar suas posses como escravos.

Não carece de ulterior explicação a perseguição sofrida pela "veneração europeia do senhor do céu", como rezava a designação oficial do cristianismo, pois ela não é aqui objeto de aprofundamento. Mesmo que os missionários tivessem operado com maior tato, ela teria ocorrido inevitavelmente. Somente uma força bélica conseguiu aqui uma tolerância contratual a partir do momento em que a propaganda cristã foi reconhecida conforme seu sentido. Os antigos editos religiosos motivaram o povo a tolerar os jesuítas expressamente por seus serviços astronômicos.

O número das seitas (56, na enumeração de de Groot) não era pequeno e o de seus adeptos era grande particularmente em Honan, mas também em outras províncias, bem como nos estamentos e aqui, com particular frequência entre os servidores dos mandarins e da frota fiscal do arroz. O fato de que o confucionismo ortodoxo (tsching) tratava qualquer heterodoxia (i tuan) como tentativa de rebelião – procedimento de qualquer Estado eclesiástico – levou a maior parte das seitas a recorrer à violência. Muitas dentre elas datam de meio milênio e algumas são ainda mais antigas, apesar das perseguições.

O que impediu os chineses de criar formas religiosas peculiares ao molde ocidental não foi porventura uma "predisposição natural" insuperável, como o prova justamente o recente sucesso impressionante da profecia de

---

374. Parece um tanto exagerado afirmar, como W. Grube o faz algumas vezes, que o islame na China não tivesse sofrido nenhuma alteração. A posição peculiar dos imames desenvolvida a partir do século XVII teve sua origem seguramente sob a influência do exemplo dado pelos mistagogos da Índia e do Leste Asiático.

Hang-siu-tschuan, de Tien Wang ("rei celeste"), do *Taiping*[375]-tien-kwo ("reino celeste da paz geral", de 1850 a 1864), uma profecia iconoclasta e inimiga da magia, sucesso este que se consubstanciou na rebelião político-ética de cunho absolutamente hierocrático, de longe a mais poderosa já havida contra a administração e ética confuciana de que se tem conhecimento na China[376].

A rebelião de Taiping

O iniciador – presumivelmente[377] fundador de um clã nobre que se tornara um clã camponês, e pessoa extática acometida por grave epilepsia[378] – sofrera influência taoista, mas sua formação foi confuciana (rodou na prova estatal), e foi incentivado talvez também por missões protestantes e pela Bíblia a fundamentar, por sua vez, sua ética de caráter meio místico-extático meio ascético em radical oposição puritana a qualquer crença em espíritos e a qualquer magia e idolatria, no que se assemelhou aos iconoclastas bizantinos do

---

375. O nome é antigo. Lembramos que o Estado eclesiástico taoista também se denominava assim.

376. Os documentos do imperador de Taiping – sobretudo os seguintes: Buch der Auslegung des göttlichen Willens (*Livro da interpretação da vontade divina*), kaiserliche Erklärung des Tai-Ping (*Declaração Imperial do Tai-Ping*), Buch der religiösen Vorschriften (*Livro das prescrições religiosas*), Buch der himmlischen Dekrete (*Livro dos decretos celestes*), o assim chamado Trimetrischer Kanon (*Cânon trimétrico*), a proclamação contra os manchus de 1852, os estatutos da organização cerimonial e militar e o novo calendário – todos estes documentos foram levados primeiramente pelo navio guerreiro "Hermes" para Schanghai, onde foram publicados pelo missionário Medhurst numa revista missionária (edição especial sob o título "Pamphlets in and by the Chinese Insurgents of Nanking". Schanghai, 1853) com um comentário respectivamente ingênuo. A grande rebelião é exposta frequentemente, de modo particular nas obras sobre a China, e, em alemão (com linguagem acessível), por C. Spillmann (Halle, 1900). É lamentável que o melhor conhecedor da história das seitas chinesas, de Groot (op. cit.), tenha-se recusado a expor com mais pormenores a rebelião de Taiping, deixando igualmente em aberto os impactos cristãos, por não serem estes seguramente compreensíveis a partir dos documentos governamentais oficiais (dos manchus) que ele, prudentemente, havia escolhido como única fonte; quanto à literatura missionária, porém, ele assume uma posição depreciativa. A exposição contenta-se, portanto, com um valor apenas hipotético.

377. Não me é possível controlar a veracidade dos fatos, muito controvertidos (no original: *Tatachen*, evidentemente, erro tipográfico, em lugar do correto "Tatsachen").

378. Esta é a causa principal do fracasso no momento militarmente decisivo; sem este insucesso – após o corte dos suprimentos devido à ocupação do Canal Imperial e à conquista de Nanquim e de toda a bacia do Yangtse – teria sido selado o destino do governo de Pequim, várias vezes derrotado e quase aniquilado, e pelo menos não se poderia mais excluir um rumo totalmente diferente para a história da Ásia Oriental.

islame. Entre os livros canônicos da seita que fundara com apoio de seu clã constavam o Gênesis e o Novo Testamento. Entre os seus costumes e símbolos havia banho d'água imitando o batismo, uma espécie de eucaristia à base de chá em substituição à santa ceia devido à abstinência de álcool, um Pai-nosso modificado e o Decálogo também alterado de modo característico. Ao lado de tudo isso, ele também citava o Schi King e outras obras clássicas, numa seleção um tanto confusa de passagens apropriadas para os seus objetivos, sem deixar de recorrer naturalmente, como todos os reformadores, às sentenças e ordens do imperador da época original lendária.

E o resultado foi a seguinte mistura peculiar de formas cristãs e confucianas, recordando o ecleticismo de Maomé: o Deus Pai do cristianismo[379], tendo a seu lado Jesus[380], não de igual natureza, mas "santo", e finalmente o Profeta como seu (de Jesus) "irmão mais jovem", sobre o qual repousa o Espírito Santo[381]; profunda repugnância contra a veneração de santos e imagens, particularmente contra o culto à Mãe de Deus; preces em horários fixos; descanso sabático aos sábados com dois ofícios religiosos constituídos de leitura da Bíblia, ladainha, sermão, leitura do Decálogo, hinos; festa natalina; contrato matrimonial (indissolúvel) perante o clérigo; permissão da poligamia; proibição da prostituição sob pena de morte; estrita separação entre mulheres solteiras e homens; rigorosa abstinência de álcool, ópio e tabaco; abolição da trança no cabelo e da mutilação do pé da mulher; donativos como sacrifício junto ao túmulo do falecido[382]. Como o imperador ortodoxo, também o

---

379. Para designar Deus, encontra-se nos documentos oficiais ora o nome de Javé, ora, com mais frequência (na contagem dos missionários), o nome do popular Deus do Céu (42%), ora o nome confuciano de espírito celeste (21%, uma frequência igual à metade da anterior), ora a expressão (personalista) Thin fu ou Thin, com frequência maior (33%), ora com muito maior raridade (4%) o nome Schin (que no mais das vezes significa "espírito").

380. De Jesus pensava-se que fosse casado, como Tien Wang. O profeta tinha visto sua esposa numa aparição.

381. Para si mesmo, porém, ele recusava tanto o predicado de "Santidade" como a designação "Padre".

382. Particularmente este ponto era um escândalo para os missionários e representava de fato uma concessão bastante importante à tradição, mesmo negando-se oficialmente toda e qualquer interpretação como sacrifício para os espíritos dos ancestrais: o sacrifício era um sacrifício para deus e, como na missa fúnebre cristã, em bem das almas dos espíritos dos antepassados.

Tien Wang era o sumo pontífice; os cinco funcionários mais altos a seu lado levavam o título de "rei" (do oeste, leste, sul, norte e o quinto, como assistente); uma vez abolida a compra de cargos públicos, havia três graus de exames também no reino de Taiping; todos os funcionários eram nomeados pelo imperador; e a política de armazenagem bem como a de trabalhos forçados haviam sido adotadas a partir da antiga práxis ortodoxa, mas, por outro lado, havia importantes diferenças quanto a alguns pontos, tais como a separação entre administração "externa" e "interna" (sendo a econômica gerida com o recurso a dirigentes femininas), as políticas relativamente liberais de trânsito, construção de estradas e comércio. A oposição fundamental existente era igual à que havia entre o "Regimento dos Santos" de Cromwell – com alguns traços que recordavam o antigo islame e, em Münster, o regime dos batistas – e o Estado cesaropapista de Laud (arcebispo). O Estado, segundo a teoria, era a comunidade de uma ordem ascética guerreira: tipicamente, um comunismo militar predador e um acosmismo do amor a modo do cristianismo primitivo, misturados entre si e com repressão dos instintos nacionalistas em bem da confraternização internacional. O funcionário devia ser escolhido de acordo com o carisma religioso e a comprovação moral; os distritos administrativos eram, por um lado, distritos de recrutamento e abastecimento e, por outro, dioceses eclesiásticas com pavilhões de preces, escolas estatais, bibliotecas e clérigos nomeados por Tien Wang. A disciplina militar era de rigorismo puritano e bem assim a ordenação da vida, que incluía o confisco de todos os metais nobres e objetos preciosos para cobrir os custos da comunidade[383]. Mulheres aptas também foram incorporadas ao exército, rendas foram pagas da caixa coletiva a famílias por serviços prestados para fins da administração pública[384]. No contexto da ética, a crença con-

---

383. Cf. "Book of Celestial Decrees". Op. cit. "Quando você tem dinheiro, você tem de torná-lo público e não deve considerá-lo pertencente a uma pessoa ou a outra" (*When you have money, you must make it public and not consider it as belonging to one or another*. (E o mesmo valia para objetos valiosos.)

384. Quanto aos detalhes, existem fortes divergências nos relatórios acessíveis, ficando particularmente obscura a abrangência fática do socialismo estatal. Este deve ser interpretado evidentemente, em grande medida, como economia de *guerra*. Também é preciso ter grande prudência na recepção de informações dos missionários ingleses (rejeitados por de Groot talvez de modo demasiado dástico), aqui utilizadas por

fuciana no destino foi relacionada à virtude profissional, transposta[385] para o Novo Testamento. A "retidão" ética – ao invés da retidão cerimonial do confuciano – é o "que distingue o ser humano de um animal"[386] e é também para o príncipe o mais importante de tudo[387]. De resto, vale a "reciprocidade" confuciana, mas não se deve dizer que *não* se queira amar o inimigo. Com uma ética assim, "é fácil alcançar a felicidade", embora – em contraste com o confucionismo – a natureza humana seja incapaz de, por si só, observar realmente todos os mandamentos[388]: arrependimento e oração constituem os meios para o perdão dos pecados. A coragem militar era vista como principal virtude e também a mais agradável a deus[389]. Ao contrário da posição amigável em relação ao judaísmo e ao cristianismo protestante, rejeitam-se aqui, fortemente, tanto a magia taoista e a idolatria budista como o culto ortodoxo aos espíritos. Diferentemente dos missionários protestantes, adeptos do Dissent e da Low Church, que repetidamente celebravam cultos nas casas de oração de Taiping, a inimizade dos jesuítas, provocada pela oposição contra as imagens e pela forte rejeição do culto à Mãe de Deus, e também a inimizade da High Church, surgiram desde o início. Os exércitos de Taiping, dada a disciplina surgida em condições religiosas nesta guerra de crenças, sobrepujavam os do governo ortodoxo, tal qual o exército de Cromwell se sobrepunha ao imperial. No entanto, o governo de Lord Palmerston julgou conveniente, por motivos políticos e mercantis[390], impedir que se estabele-

---

premência da necessidade, pois seu zelo fazia-os provavelmente ver mais aspectos "cristãos" do que os realmente existentes.

385. Visto que na vida profissional o sucesso não depende da pessoa, mas sim do destino, deve-se seguir o mandamento da prática da virtude profissional sem visar o sucesso: "Dedique-se a suas próprias atividades preferidas e não se preocupe com o resto" (*Follow your proper avocations and make yourselves easy about the rest*". Cf. Imperial Declaration of the Thae-Ping. Op. cit., reportando-se a Confúcio).

386. Ibid.

387. "No comércio, observe principalmente a retidão." "No aprendizado, cuide de viver conforme a regra." (*"In trade principally regard rectitude." "In learning be careful to live by rule"* (ibid.).

388. O "Book of religious precepts" (ibid.) começa com a confissão de que ninguém no mundo viveu sem ter pecado contra as "ordens do céu".

389. Cf. "Trimetrical Canon". Op. cit.

390. A cultura e exportação de seda, porém, só recuaram no último ano de guerra. Antes disso, expandiram-se consideravelmente.

cesse este Estado eclesiástico e evitar, em todo caso, que o porto contratual de Schanghai caísse em mãos do mesmo[391]. Deste modo, com o auxílio de Gordon e da frota, rompeu-se o poder de Taiping e Tien Wang, que, após viver encerrado no palácio durante vários anos em êxtases visionários e numa existência de harém[392], deu cabo à sua vida e à do harém incendiando-se na sua residência em Nanquim. Passado um decênio[393], ainda houve prisões de líderes rebeldes, mas as perdas humanas, o debilitamento financeiro e a devastação das províncias envolvidas ficaram muito mais tempo sem compensação plena.

Conforme se disse, a ética de Taiping foi um produto misto *sui generis* de elementos quiliástico-extáticos e ascéticos; nesta mistura, porém, a influência do elemento ascético foi provavelmente tão forte como nunca antes na China e na mistura havia também e principalmente a ruptura, inédita na China, dos vínculos mágicos e idolátricos, além da assumida do deus mundano pessoal, misericordioso, universal e livre de barreiras nacionais – algo que de outra forma teria ficado totalmente estranho à religiosidade chinesa. É claro, dificilmente se poderia dizer qual rumo teria tomado o desenvolvimento em caso de vitória. Provavelmente, a inevitável manutenção dos sacrifícios junto às sepulturas dos ancestrais – como os que as missões jesuíticas haviam permitido até a intervenção da Cúria Romana, provocada por denúncia feita por ordens religiosas concorrentes –, assim como o processo incoativo de maior destaque à "retidão" como ato salvífico teriam sido possivelmente reconduzidos aos devidos trilhos rituais, e a crescente regulamentação cerimonial de toda ordem estatal[394] também teria trazido de

---

391. Só no último momento, em consequência de violentos ataques no parlamento, Palmerston deu ordem de cessar o apoio dado aos "manchus", para assim impedir também a eles que superassem a difícil situação em que se encontravam.

392. Tanto a poligamia do próprio Tien Wang como a dos oficiais existiam no sentido chinês (concubinato).

393. Cf. *Peking Gazette* de 02/10/1874.

394. A tenda de Tien Wang chamava-se "O pequeno céu". A rejeição dos predicados referentes a "Santidade" teria sido seguramente ignorada por eventuais sucessores. As prescrições cerimoniais e inclusive os títulos hierárquicos (entre os quais, p. ex., aquele previsto para altas funcionárias "Vossa Castidade"!) têm um caráter totalmente chinês.

330

volta o princípio da graça institucional [Anstaltsgnade]. De qualquer modo, o movimento trouxe em pontos importantes uma ruptura com a ortodoxia e abriu novas chances para o surgimento de uma religião intimamente mais próxima ao cristianismo do que os experimentos missionários das confissões ocidentais, desprovidos de toda esperança. Poderá ter sido este muito provavelmente o último momento para a emergência de uma religião desta espécie na China.

O conceito de "sociedade privada", já antes muito suspeito politicamente, passou por inteiro desde então a ser amplamente identificado com "alta traição". À dura luta desta "China silenciosa" contrapunha-se com êxito aparente a perseguição sem dó nem piedade por parte da burocracia, pelo menos nas cidades, e não tanto, por razões compreensíveis, no campo. Temerosa, a pessoa tranquila que vivia na retidão mantinha-se a distância de semelhantes acontecimentos. Este fato fortificou ainda mais aquele traço de "personalismo" acima exposto.

Portanto, a burocracia confuciana de letrados conseguiu, mediante a violência e o apelo à crença nos espíritos, restringir a formação de seitas a um surgimento meramente ocasional. Além disso, todas as seitas de cujas peculiaridades se tem conhecimento mais amplo eram absolutamente heterogêneas, em comparação com os movimentos sectários que deram o que fazer ao catolicismo ocidental ou ao anglicanismo. Sempre se tratava de profecia encarnacionista ou de profetas do tipo *mistagógico* que viviam no escondimento e que, frequentemente herdeiras desta dignidade durante várias gerações, prometiam aos seus adeptos vantagens neste e (parcialmente) no outro mundo, embora as condições de salvação tivessem exclusivamente um caráter mágico-sacramental ou ritualístico ou, no máximo, contemplativo-extático. Pois a pureza ritual, a piedosa repetição perpétua das mesmas fórmulas ou determinados exercícios contemplativos eram os meios soteriológicos regularmente iterativos, mas nunca, ao que se sabe, a *ascese racional*[395]. A humildade genuinamente heterodoxo-

---

395. Se não se quiser computar entre eles os feriados, a renúncia a joias, e assim por diante; mas os postulados *individuais*, estes sim, permanecem.

-taoista, ou seja, a recusa de toda ostentação feudal, tinha motivos essencialmente contemplativos, como vimos. O mesmo se diga da abstenção de certas formas de consumo luxuoso (perfumes, joias preciosas), imposta por exemplo pela seita Lung-Hua a seus fiéis além das costumeiras regras sectárias budistas. A ascese também faltava lá onde as seitas agiam na perspectiva de um combate violento contra os seus repressores, exercitando por isso sistematicamente o esporte do boxe, como ficou conhecido ultimamente[396]. A "League of righteous energy", como rezava a tradução inglesa do verdadeiro nome dos "boxeadores", aspirava à *invulnerabilidade* através de treinamento mágico[397], pois todas elas eram decorrências e fusões da doutrina da salvação heterodoxo-taoista com a doutrina da salvação budista, à qual ela não acrescentou absolutamente nenhum elemento fundamentalmente novo. Não há aparências de que as seitas tivessem uma estrutura de classes. Naturalmente, o mandarinato era do maior rigor confuciano ortodoxo. Mas taoistas heterodoxos e nomeadamente os adeptos da seita Lung-Hua, que praticava um culto doméstico substancialmente na base de orações com fórmulas feitas, aparentemente só eram bastante numerosos justamente entre as classes possuidoras, dentre as quais geralmente se recrutavam os mandarins.

De resto, as *mulheres* tinham um forte contingente aqui como em qualquer religiosidade de salvação. E muito compreensivelmente, pois a estima religiosa que lhes aportavam as seitas (heterodoxas e, portanto, apolíticas), aqui como no Ocidente, era geralmente de nível bem superior ao da estima que lhes dispensava o confucionismo.

---

396. Esta seita (I huo kuen) havia surgido já no início do século XIX (cf. de Groot. Sectarianism, p. 425).

397. A seita *acreditava* também nesta invulnerabilidade. De resto, o material disponível que examinei é insuficiente para uma apresentação. Eles foram constituídos unicamente como uma ordem, uma "ecclesia militans" (*igreja militante*), contra os bárbaros estrangeiros. Deles trata o memorando supracitado dirigido à Imperatriz Tsu Hsi a qual, como os príncipes, *acreditara* no carisma mágico deles. Da mesma forma como eles acreditavam nas qualidades *mágicas* dos canhões Krupp, conforme consta da *Peking Gazette* de 13/06/1878. Ante estes documentos chineses, provavelmente não se poderá compartilhar *neste* caso a dúvida de de Groot (In: "Sectarianism", p. 430), sobre a proteção dispensada por um governo "confuciano" a hereges tais como os Boxers.

Na vida cotidiana das massas, elementos tomados ao taoismo e ao budismo desempenhavam evidentemente um papel bastante significativo. Na introdução foi exposto de modo geral que a religiosidade messiânica e redencionista em toda parte encontra sua posição duradoura preferencialmente nas classes "burguesas", onde elas costumam substituir magia, que de saída constitui o único refúgio disponível para a necessidade e o sofrimento do indivíduo como tal; também foi exposto que, da procura individual da salvação junto ao mago, costumam brotar as comunidades puramente religiosas dos mistagogos. Na China, onde o culto estatal também ignorava a necessidade do indivíduo, a magia nunca foi desalojada por uma grande profecia redencionista ou por alguma religiosidade messiânica nativa. Somente se formou uma camada social baixa de religiosidade redencionista mais ou menos correspondente, em parte, aos mistérios helênicos e, em parte, ao orfismo helênico. Embora sendo mais forte do que lá, esta camada manteve assim mesmo seu caráter meramente mágico. O taoismo era tão somente a organização dos magos, e o budismo, na forma como foi importado, já não era a religiosidade redencionista dos primeiros tempos budistas na Índia, mas apenas práxis mágica e mistagógica de uma organização monástica. Em ambos os casos, por conseguinte, ficou faltando o ponto decisivo sob o aspecto sociológico: uma formação religiosa de *comunidade*. Em consequência, estacionadas na magia, estas religiosidades redencionistas populares eram, via de regra, totalmente não sociais. O indivíduo, enquanto indivíduo, dirigia-se ao mago taoista ou ao bonzo budista. Somente as festas budistas formavam uma comunidade ocasional, e comunidades duradouras só eram criadas pelas seitas heterodoxas que frequentemente perseguiam objetivos políticos e que, justamente por isso, eram perseguidas pelo poder político. Não somente faltava tudo aquilo que correspondesse à nossa cura de almas, mas também e sobretudo algum vestígio de "disciplina eclesiástica", ou seja, faltava todo instrumento de regulamentação religiosa da vida. Ao invés disso, ele (o taoismo) dispunha, como por exemplo nos mistérios de mitras, de escalões e graus de santificação e posição hierática.

O resultado da evolução

Vistos sob o aspecto sociológico, estes processos incoativos de religiosidade redencionista não passaram de raquíticos, mas considerados no contexto da história moral eles tiveram, mesmo assim, considerável efeito. De maneira aproximadamente semelhante ao ocorrido no Japão, foi o *budismo* que, apesar de todas as perseguições sofridas, importou praticamente tudo o que a vida popular chinesa possuía em matéria de pregação religiosa e busca individual da salvação, crença na retribuição e no além-mundo, ética religiosa e intimidade piedosa. No entanto, esta soteriologia monástica de intelectuais originária da Índia tinha de passar pelas mais profundas transformações internas imagináveis para poder tornar-se realmente uma "religião popular", por isso vamos ter de considerá-la primeiramente em seu solo natal. Depois ficará totalmente compreensível por que, a partir desta contemplação monástica, não foi possível lançar uma ponte para o agir cotidiano racional e também por que o papel que lhe foi conferido na China diverge tão acentuadamente, em que pese a aparente analogia, daquele que o cristianismo conseguiu assumir na Antiguidade tardia.

VIII
RESULTADO: CONFUCIONISMO E PURITANISMO

Para colocar no contexto de nossos pontos de vista o que foi dito até aqui, o mais conveniente talvez seja obtermos clareza sobre a relação do racionalismo confuciano – designação que ele bem merece – com o que nos é mais próximo sob o aspecto geográfico e histórico: o racionalismo do protestantismo. Para estimar o nível de racionalização apresentado por uma religião, existem duas medidas principais intimamente inter-relacionadas sob vários aspectos. Uma é o grau em que ela se separou da *magia*, e a outra o grau de coerência sistemática a que ela conduziu a relação de deus e mundo e, em conformidade com isso, a relação ética própria com o mundo.

Quanto ao primeiro aspecto, o protestantismo ascético, em suas várias versões, representa um último estágio. Suas características mais destacadas apontam para uma eliminação total da magia. Esta foi fundamentalmente extirpada também na forma sublimada dos sacramentos e símbolos, a tal ponto que o rigoroso puritano mandava enterrar os cadáveres de seus queridos sem nenhuma formalidade, para assim impedir no nascedouro qualquer suspeita de superstição, que neste contexto significa confiança em manipulações de cunho mágico. *Somente* aqui foi levado às últimas consequências o *desencantamento* total *do mundo*. Isto não significa porventura a libertação de tudo o que hoje julgamos constituir "superstição". Os processos de bruxas floresceram também na Nova Inglaterra. Mas enquanto o confucionismo deixou intacta a magia em seu significado *positivo* para a salvação, no protestantismo ascético puritano tudo o que fosse mágico se tornou *diabólico*, permanecendo valioso tudo aquilo que, pelo contrário, era racionalmente ético: o agir segundo o mandamento divino, e mesmo assim somente a partir

335

de uma atitude santificada por Deus. A partir desta exposição torna-se, por certo, inteiramente claro que uma economia e técnica racionais de cunho ocidental moderno fica simplesmente excluída deste jardim inteiramente encantado da doutrina heterodoxa (taoismo), sob o poder dos cronomantas, geomantas, hidromantas, meteoromantas, dada sua visão universista crua e abstrusa do contexto mundano, na *ausência de todo e qualquer conhecimento em ciências naturais* em parte como causa daqueles poderes elementares e em parte como seu efeito, e ante a prebendalização enquanto alicerce da tradição mágica com seu interesse pela chance de espórtulas. A *preservação* deste jardim encantado era uma das tendências mais intrínsecas da ética confuciana, mas havia também mais razões *internas* que impediram qualquer ruptura do poder confuciano.

Em fortíssimo contraste com o cândido posicionamento do confucionismo perante as coisas terrenas, a ética puritana colocou-as numa enorme e patética tensão perante o "mundo". *Qualquer* religião que se posiciona perante o mundo com exigências racionais (éticas), em algum ponto, entra num relacionamento tenso com suas irracionalidades, como logo veremos pormenorizadamente. Estas tensões começam em diferentes itens conforme a religião e consequentemente variam a espécie e o grau da tensão subsequente. Isto depende em grande medida do tipo de caminho da redenção aberto pelas promessas metafísicas de cada religião. E o principal é que, neste contexto, o grau de desvalorização religiosa do mundo não é idêntico ao grau de sua rejeição *prática*.

A ética (propositalmente) racional que reduziu a um mínimo absoluto a tensão contra o mundo, tanto na forma de sua desvalorização motivada religiosamente como na de sua rejeição na prática, foi, como vimos, o *confucionismo*. O mundo era o melhor de todos os mundos possíveis, a natureza humana era, por sua predisposição, eticamente boa e as pessoas eram, quanto a isso sob qualquer aspecto, fundamentalmente de conformação igual, embora gradualmente diversa e, em todos os casos, capazes de aperfeiçoamento sem limites e aptas a cumprirem a lei moral. O meio universal de autoaperfeiçoamento era a formação filosófico-literária com auxílio dos antigos clássicos e a única fonte de todos os vícios consistia na formação insuficiente e no principal motivo de tal ausência: o insuficiente sustento econômico. Estes vícios, por sua vez, e particularmente os do governo, eram a causa essencial de toda desgraça decorrente da inquietação dos espíritos (concebidos de maneira meramente mágica). O caminho certo para a salvação consistia na adaptação às ordens perenes supradivinas, o Tao, e portanto às exigências sociais de convivência resultantes da ordem cósmica. Antes de tudo, portanto, a sujeição respeitosa à ordem fixa dos poderes mundanos. O correspondente ideal para o indivíduo era a conformação de seu próprio eu para a consecução de uma personalidade equilibrada numa harmonia omnilateral e, neste sentido, um microcosmo. A "elegância e dignidade" do ser humano ideal para o confucionismo, o *gentleman*, expressava-se no cumprimento dos deveres transmitidos pela tradição. O bom comportamento cerimonial e ritual em qualquer situação da vida era, portanto, a virtude central e, como tal, o objetivo do autoaperfeiçoamento; e o meio apropriado para alcançá-lo era o atento autocontrole racional e a repressão de qualquer perturbação do equilíbrio por paixões irracionais de qualquer espécie. Mas o confuciano não cobiçava "redenção" de nenhuma espécie, fora esta barbárie que era a ausência de formação. O que ele esperava como recompensa para a virtude era, neste mundo, vida longa, saúde, riqueza; e para além da morte, porém, a preservação do bom-nome. Tal como no caso dos helênicos genuínos, faltavam aqui toda e qualquer ancoragem transcendental da ética, toda e qualquer tensão entre mandamentos de um deus supramundano e um mundo "de criaturas", todo e qualquer direcionamento para um objetivo no além e toda concepção de um mal radical. Quem observasse os mandamentos feitos sob medida para a capacidade média das pessoas ficaria livre de pecados. Dada a evidência destes pressupostos, em vão missionários cristãos procuraram despertar o sentimento de pecado. Um confuciano instruído recusaria decididamente ficar duradouramente onerado com "pecados", como aliás este conceito costuma ter, para qualquer estrato distinto de intelectuais, algo de penoso e indigno, sendo portanto caracterizado com circunlóquios convencionais ou feudais ou estéticos (tais como, p. ex., "indecoroso" ou "de mau gosto"). Por certo, pecados existiam, mas no campo ético consistiam em faltas contra autoridades tradicionais – pais, antepassados, superiores na hierarquia oficial –, portanto, contra poderes tradicionais; de resto, porém, também consistiam em violações graves de costumes tradicionais, do cerimonial tradicional e, por fim, das convenções sociais estabelecidas. Todas estas modalidades eram iguais quanto à sua posição relativa: no caso de violações de uma norma convencional, a expressão "pequei" correspondia a "desculpe". Ascese e contemplação, mortificação e fuga do mundo (NB: A grafia original "Weltfrucht" é certamente erro tipográfico em vez de "Weltflucht", única expressão lógica neste contexto) não são apenas desconhecidas no confucionismo; ao contrário, são mesmo desprezadas como preguiçoso parasitismo. Toda espécie de religiosidade comunitária ou redencionista era ou diretamente perseguida e extirpada, ou considerada analogamente como assunto privado, sendo assim menosprezada como o eram clérigos órficos aos olhos dos helênicos distintos da Época Clássica. Esta ética de afirmação incondicional do mundo e de adaptação também incondicional ao mundo tinha por pressuposto intrínseco a ininterrupta preservação de uma religiosidade puramente mágica, a começar pela posição do imperador, que, com sua qualificação pessoal, era responsável tanto pelo bom comportamento dos espíritos como pela precipitação pluvial e pelo bom tempo na safra, para alcançar inclusive o culto dos espíritos dos ancestrais – simplesmente fundamental para a religiosidade oficial tanto quanto para a popular –, a terapia mágica inoficial (taoista) e as demais formas ainda existentes de coerção animística dos espíritos e de crença antropolátrica e herolátrica em deuses funcionais. Diante disto, o confuciano bem-formado, tal como o helênico instruído, portava-se com um misto de ceticismo e ocasional arrebatamento por obra da *deisidemonia* (crença e práxis supersticiosa), ao passo que a massa dos chineses, embora influenciada pelo confucionismo em sua conduta de vida, mantinha-se com vigorosa credulidade no quadro destas concepções mágicas. "Tolo será quem, piscando, dirigir seus olhos para lá...", diria o confuciano juntamente com o velho Fausto, com referência ao além; mas com Fausto também deveríamos fazer a restrição "oxalá eu consiga afastar a magia do meu caminho!..." Raramente os funcionários, mesmo os de alto escalão, formados no sentido dos antigos chineses, hesitavam em venerar piamente um milagre, por estúpido que fosse. Nunca surgira uma tensão contra o "mundo", porque desde tempos imemoriais havia faltado totalmente a profecia ética de um deus supramundano a apresentar *exigências* éticas. O fato de os "espíritos" as exprimirem, exigindo antes de tudo fidelidade contratual, não era um sucedâneo equivalente. Pois isto só se referia ao dever *individual* – juramento ou o que quer que fosse – colocado sob sua proteção, e nunca a formação interior da personalidade *como tal* e da sua conduta em vida. O estrato dominante de intelectuais, composto por funcionários e candidatos a cargos públicos, havia sustentado coerentemente a manutenção da tradição mágica e especialmente da piedade filial animista para com os ancestrais como exigência absoluta para a preservação imperturbada da autoridade burocrática, reprimindo todo e qualquer abalo proveniente da religiosidade redencionista. A par da adivinhação e da graça sacramental do taoismo, a única religião redencionista permitida enquanto pacifista e, portanto, inócua foi a do monasticismo budista, cujo efeito prático na China consistiu em enriquecer com algumas nuanças de animação interior o espectro abarcado pela alma, como veremos, e que de resto operou apenas como mais uma fonte de graça sacramental mágica e de cerimônias corroboradoras da tradição.

Com isso, já está dito que a importância desta ética de intelectuais para a grande massa tinha necessariamente seus limites. Em primeiro lugar, as diferenças locais, e sobretudo sociais, da própria formação eram enormes. Somente graças a uma atitude de vida capaz de excluir todo e qualquer relacionamento íntimo com os ideais de *gentleman* do confucionismo foi possível atender a demanda preservada em suas características tradicionalistas e fortemente escambistas até a Época Moderna pelos círculos populares mais pobres com sua virtuosidade única no mundo quanto à poupança exercida no consumir em proporções quase inacreditavelmente reduzidas. Apenas os gestos e formas do comportamento externo do estamento dominante é que, aqui como em toda parte, conseguiram aceitação geral. O influxo decisivo do estamento dotado de formação sobre as *massas* verificou-se, com toda a probabilidade, principalmente na forma de efeitos negativos: foi totalmente inibida a emergência de uma religiosidade profética, por um lado, e, por outro, foram amplamente extirpados da religiosidade animística todos os seus elementos orgiásticos. Deve-se considerar possível que, por esta razão, tenham surgido as condições de existência para, pelo menos, parte dos traços característicos que geralmente se designam como qualidades raciais chinesas. Aqui como alhures, mesmo precisos conhecedores do assunto dificilmente estarão à altura de afirmar algo de exato sobre o alcance do efeito genealógico neste contexto. Importante para nós, porém, é uma observação muito fácil de se fazer e já confirmada por célebres sinólogos: a de que, quanto mais se regride na história, tanto mais os chineses e a sua cultura *se assemelham* (no que se refere aos principais aspectos neste contexto) ao que se encontra também entre nós. Tanto a crença popular, os antigos anacoretas, os mais antigos cânticos do Schi king, os antigos reis guerreiros, as controvérsias das escolas filosóficas, o feudalismo, quanto os processos incoativos de desenvolvimento capitalista na época dos estados divididos afiguram-se-nos muito mais aparentados com fenômenos ocidentais do que as propriedades consideradas típicas do caráter chinês confuciano. Portanto, deve-se contar com a possibilidade de que muitos daqueles traços ditos de nascença sejam produtos de influências culturais puramente históricas.

Com respeito a traços deste gênero, o sociólogo fica na dependência essencialmente da literatura missionária, de valor certamente diferenciado, mas que no final das contas encerra as experiências relativamente mais seguras. Eis algumas observações sempre destacadas: a notável ausência de "nervos" no sentido específico em que o europeu usa hoje esta palavra, a paciência sem limites e a cortesia controlada, a tenacidade da adesão ao habitual, a absoluta insensibilidade relativamente à monotonia e a capacidade de trabalho ininterrupto, a lentidão de reação a estímulos extraordinários, especialmente também na esfera intelectual – tudo isso parece mostrar uma unidade bem coerente e compreensível. Mas, fora disso, também parece existirem drásticos contrastes. O extraordinário receio em medida acima da média, descrito como inextirpável desconfiança sobretudo perante o desconhecido e tudo que for à primeira vista incompreensível, a rejeição do que quer que não seja sugestivo e útil de modo direto e palpável, tudo isso parece contrastar com a ingênua credulidade ilimitada concedida ao mais fantástico engodo mágico. A falta, de fato, forte ao que parece frequentemente, de um sentimento autenticamente simpatético, mesmo para com pessoas do mais próximo relacionamento, está em aparente contraste com a grande pertinácia da coesão em unidades sociais. A fria ausência (do senso) de autoridade (por parte) dos filhos não adultos (traço pretensamente típico) dificilmente se poderia conciliar, caso realmente existente, com a absoluta docilidade e cerimoniosa dos filhos adultos para com seus pais. Também a ausência de sinceridade que, como se diz, não encontra similar no mundo inteiro (p. ex., até mesmo perante o próprio advogado) dificilmente se coaduna com a confiabilidade dos comerciantes atacadistas (que parece pouco ter a ver com o varejo, onde os "preços fixos" geralmente são fictícios até para os nativos), confiabilidade esta claramente notável quando considerada relativamente em comparação com países de passado feudal, como por exemplo o Japão. A típica *desconfiança recíproca* dos chineses, confirmada por todos os observadores, contrasta enormemente com a confiança na franqueza dos correligionários nas seitas puritanas – confiança partilhada justamente a partir de *fora* da comunidade. No final das contas, há um contraste fundamental entre, por um lado, o estado habitual psicofísico em sua unidade e imperturbabilidade e, por outro, a instabilidade frequentemente relatada sobre todos os traços do modo de viver chinês não regulamentados a partir de fora por normas fixas – como é certamente o caso da maioria deles. Dito mais precisamente: o que constitui o contraste fundamental com a coesão estabelecida entre eles por inúmeras convenções é a ausência de uma conduta de vida coerente de todo regulada "a partir de dentro", ou seja, a partir de posicionamentos centrais próprios de qualquer espécie. Como explicar tudo isso?

A ausência de ascese histerizante e de formas de religiosidade afins, assim como a eliminação, não total, mas ampla, de todo culto inebriante não podiam ficar sem efeito sobre a constituição nervosa e psíquica de um grupo de pessoas. Quanto ao uso de estupefacientes, os chineses situam-se, desde a pacificação, entre os povos (relativamente) "sóbrios" (em comparação com a importância da embriaguez na antiga casa dos homens e nas cortes principescas). Todas as formas de estima para com a santidade carismática se haviam despojado da embriaguez e da "possessão" orgiástica, considerando-as unicamente como sintomas de dominação demoníaca. O confucionismo rejeitava o consumo de bebidas alcoólicas, salvo em quantidade negligenciável por ocasião de sacrifícios. De fato, a embriaguez alcoólica não era fato raro entre as camadas baixas da população, mas isto em nada alterava a importância *relativa* desta diferença. Contudo, o estupefaciente considerado especificamente chinês, o ópio, passou a ser importado somente na Época Moderna, e sua permissão foi, como é sabido, obrigada ao país por imposição de fora através de uma guerra empreendida contra fortíssima resistência por parte dos estamentos dominantes. Além disso, seus efeitos estão na linha do êxtase apático e, portanto, no prolongamento direto da linha do "Wu wei", mas não do êxtase heroico ou do desencadeamento de paixões ativas. A sofrosina (serenidade) helênica não impediu que Platão, em seu Fedro, declarasse que tudo o que é grandioso nasce de uma bela loucura. Neste ponto, o racionalismo da nobreza oficial romana, que traduzia "ekstasis" por "superstitio", e o do estamento de letrados na China tinham posições totalmente divergentes. A "força imbatida" e o que se sente como indolência têm talvez, até certo ponto, algum nexo com esta completa ausência de elementos dionisíacos na religiosidade chinesa, uma consequência da maior moderação no culto introduzida conscientemente pela burocracia. Nela nada havia nem devia haver que pudesse levar a alma a perder o equilíbrio. Toda paixão mais violenta, particularmente a ira (Tschei), provocava o feitiço negativo e, a cada sofrimento, a pessoa se perguntava a qual Tschei devia ser atribuído. A manutenção da magia animista como única forma de religiosidade popular, por certo desprezada pelos letrados, mas sustentada pelo caráter dos cultos oficiais, criou a condição para o surgimento, entre os tradicionalistas, do receio ante qualquer inovação que pudesse provocar um feitiço negativo e inquietar os espíritos. É o que explica a grande credulidade. A manutenção da crença mágica segundo a qual doenças e desgraças deviam ser consideradas como sintomas da ira divina provocada por própria culpa incentivou uma certa inibição daquelas sensações compreensivas que costumam brotar do sentimento comunitário de religiões redencionistas perante o sofrimento e que, por isso mesmo, dominavam a ética popular na Índia desde muito tempo. O resultado foi a moderação especificamente *fria* da benevolência humana chinesa e mesmo das relações entre os clãs, juntamente com a correção cerimonial e o receio egoísta perante os espíritos.

Uma fonte de achados para a pesquisa folclorística, como a que W. Grube explorou para seus trabalhos, encontra-se nos laços cerimoniais que envolviam a existência de cada chinês desde o embrião até o culto mortuário, laços quase inéditos por sua complexidade e sobretudo pela coerência e indissolubilidade de todos os pormenores. Parte deles tem sua origem na magia, nomeadamente na apotropeica. Outra parte corre por conta do taoismo e do budismo popular a ser tratado ulteriormente, os quais deixaram traços profundos na vida cotidiana das massas, mas permanece um resquício de caráter cerimonial puramente convencional muito importante. Aquilo que, por exemplo, na Espanha até o presente se conservou da antiga tradição camponesa (com influências feudais e provavelmente também islâmicas) fica bem atrás das informações contidas neste resíduo: perguntas prescritas pelo cerimonial com respostas imprescindivelmente prescritas pelo cerimonial; oferendas indispensáveis segundo o cerimonial e cuja recusa também estava regulamentada pelo cerimonial, devendo ser apresentada com agradecimento e de forma prescrita; e eventos de caráter cerimonial como visitas, presentes e expressões de estima, pêsames e congratulações. E é neste ponto, no âmbito dos *gestos* e da *"fisionomia"*, que se deve presumir como predominante sua origem confuciana, mesmo onde não for possível comprová-la. O efeito do seu ideal de decoro nem sempre se fazia notar, bem-entendido, na *forma* do hábito, mas sim no "espírito" em que foi exercido; o ideal budista do decoro era de uma frieza estética que levou todos os deveres cerimoniais tradicionais, particularmente os caritativos, a congelarem-se num cerimonial

343

simbólico. Por outro lado, com a crença nos espíritos, os companheiros do clã estreitaram ainda mais seus laços recíprocos. A tão deplorada ausência de veracidade foi certamente, em parte – como também no antigo Egito –, um produto direto do fiscalismo patrimonial, que em toda parte educou neste sentido, pois os procedimentos de arrecadação fiscal no Egito e na China eram muito semelhantes: assalto, castigo físico, ajuda por parte do clã, choro do angustiado, medo dos chantagistas e compromisso. A par disso, também foi produto do culto inteiramente exclusivo do decoro cerimonial e convencional do confucionismo. Mas, por outro lado, faltavam os vívidos instintos feudais, com os quais se estigmatizava todo comércio com a frase: "Qui trompe-t-on?" (*"Quem está sendo enganado?"*); e portanto foi possível que, partindo da pragmática ligada aos interesses do estamento distinto e culto do comércio *exterior* da corporação Ko Hang, com seu monopólio assegurado, tivesse evoluído aquela confiabilidade de negócios que era habitualmente objeto de louvor para o estamento. Se tudo isto é certo, esta confiabilidade resultaria mais do empenho externo do que do interno, como na ética puritana.

Mas isto é válido para as qualidades éticas de um modo geral.

Uma profecia autêntica cria uma orientação sistemática da conduta de vida conforme *um* critério de valor a partir de dentro, para a qual o "mundo" é um material a ser conformado eticamente de acordo com a norma. O confucionismo, pelo contrário, era uma adaptação dirigida para fora, às condições do "mundo". No entanto, uma pessoa otimamente adaptada, racionalizada em seu modo de viver *unicamente* conforme a necessidade de adaptação, não é uma unidade sistemática, mas sim uma combinação de qualidades úteis isoladas. A persistência, na religiosidade popular chinesa, de concepções animistas junto à maioria das almas individuais poderia considerar-se quase como um símbolo deste fato. Onde faltava toda e qualquer busca de algo além do mundo, também tinha de faltar um peso próprio perante ele. Deste modo, tornou-se possível que surgissem a domesticação das massas e o bom comportamento do *gentleman*. Mas o estilo que estas características conferiram à conduta de vida teve de permanecer marcado por elementos essencialmente negativos e não pôde, por conseguinte, permitir que emergisse aquela aspiração a partir de dentro, que costumamos associar com o conceito de "personalidade". A vida continuou sendo uma série de ocorrências, e não um todo colocado metodicamente sob um objetivo transcendente.

O contraste entre estes posicionamentos ético-sociais e toda ética religiosa ocidental era insuperável. Vistos de fora, vários aspectos patriarcais da ética tomística e também luterana poderiam dar a aparência de semelhanças com o confucionismo. Mas esta aparência é superficial, pois nenhuma ética cristã, nem mesmo a que se enleasse num compromisso bem estreito com as ordens terrenas, poderia, como o fez o sistema confuciano de otimismo mundano radical, eliminar em seus alicerces a tensão pessimista entre mundo e destino supramundano do indivíduo, com todas as suas consequências inevitáveis.

Faltava a esta ética toda e qualquer tensão entre natureza e divindade, exigências éticas e insuficiência humana, consciência do pecado e necessidade de redenção, ações neste mundo e retribuições no outro, dever religioso e realidades político-sociais; faltava-lhe por este motivo também qualquer viabilidade para influenciar a orientação da vida por forças interiores que não estivessem vinculadas a mera tradição ou convenção. A força mais poderosa de efeito sobre a conduta da vida era a piedade filial familiar cujo alicerce era a crença nos espíritos. Era ela que, em última análise, possibilitava e dominava a coesão, como vimos, ainda forte das associações de clãs, assim como a forma de socialização em cooperativas, anteriormente mencionada, que podem ser consideradas como empresas familiares ampliadas e dotadas de divisão funcional do trabalho. Esta sólida coesão era motivada, a seu modo, por considerações de todo religiosas, e a força das organizações econômicas genuinamente chinesas tinha aproximadamente o mesmo alcance destas associações pessoais reguladas pela piedade filial. Contrastando no mais alto grau com a ética puritana e com a sua intrínseca tendência para a objetivação das tarefas próprias de criaturas, a ética chinesa desenvolveu sua mais forte motivação nos círculos de associações *pessoais* evoluídas naturalmente (ou a eles associadas ou assemelhadas). Enquanto, por um lado, no puritanismo, o dever religioso para com o deus supramundano do além valorizava todas as relações com o próximo – também e justamente com o que lhe está mais próximo nas diversas ordens vitais naturais – unicamente como instrumento e expressão de uma convicção que transcende as relações orgânicas da vida, o dever religioso do chinês piedoso, por outro lado, tinha uma orientação inversa, ou seja, para uma atuação efetiva *dentro* das relações pessoais orgânicas. Mêncio rejeitava o "amor do ser humano" em geral com a observação de que, com isso, a piedade filial e a justiça seriam eliminadas: não ter nem pai nem irmão constitui, para ele, o modo de ser de animais. O conteúdo dos deveres de um chinês consistia, sempre e em toda parte, na piedade filial para com pessoas concretas, vivas ou mortas, próximas a ele pela ordem dada, e nunca na ordem para com um deus supramundano e, *portanto*, nunca para uma "coisa" ou "ideia" santa. Pois o Tao não era nem uma nem outra, mas simplesmente a corporificação do *ritual tradicionalista* vinculante, e seu mandamento não consistia em "ação", mas sim no "vazio". Sem dúvida alguma, a barreira personalista da objetivação teve, enquanto barreira de qualquer racionalização objetivante, considerável importância também para a mentalidade econômica, por tender incessantemente a vincular o indivíduo intrinsecamente a seus companheiros de clã, a associados com cunho similar a estes e, em todo caso, a "pessoas" e não a tarefas objetivas ("empresas"). Pois justamente ela (a piedade filial), como o demonstra toda esta exposição, estava intimamente ligada à peculiaridade da religiosidade chinesa, ou seja, àquela barreira anteposta à racionalização pela ética religiosa do estrato dominante culto, por este mantida no interesse da preservação de sua própria posição. É de importância econômica muito considerável se o fundamento de toda a *confiança*, ou seja, da base de qualquer relacionamento de negócios, tem sempre consistido no parentesco ou em relacionamento pessoal similar, como ocorreu com grande intensidade na China. O grande mérito das religiões éticas, sobretudo das seitas éticas e ascéticas do protestantismo, foi a *ruptura* dos laços com o clã, ou seja, o estabelecimento da superioridade da comunidade de fé e de conduta *ética* na vida em comparação com a comunidade baseada no *sangue* e, em boa medida, até em comparação com a família.

Formulado sob o aspecto econômico, (este mérito) consiste em fundamentar *em qualidades éticas* comprovadas no trabalho objetivo *profissional a confiança em negócios* de cada indivíduo. Devem ser estimadas – pois aqui não há métodos de medição – presumivelmente como bastante relevantes sob o ponto de vista econômico as sequelas da desconfiança universal de todos contra todos, enquanto resultado da dominação absoluta da insinceridade convencional e da importância absoluta conferida no confucionismo ao ato de salvar as aparências.

O confucionismo e a mentalidade confuciana de endeusamento da "riqueza" possibilitaram o incentivo a correspondentes medidas de *política* econômica (como vimos, foi também o que fez, no Ocidente, a Renascença aberta para o mundo). Mas exatamente neste ponto pode-se ver o *limite* da importância da *política* econômica em comparação com a *mentalidade* econômica. Nos países de alta cultura, o bem-estar material *nunca* foi, *em lugar nenhum*, colocado tão enfaticamente na qualidade de fim último[398]. As ideias de Confúcio em política econômica correspondiam aproximadamente à dos "cameralistas" entre nós. O confuciano Se Ma Tsien, que escreveu ele próprio um tratado sobre a "balança comercial" – o documento mais antigo de economia nacional chinesa[399] –, destacou a utilidade da *riqueza*, inclusive daquela obtida através do comércio. A *política* econômica era uma alternância de medidas fiscais e de *laissez-faire*, mas em todos os casos não *intencionalmente* anticrematística. Em nossa Idade Média, os comerciantes também foram objeto de "desprezo" e o *são* ainda hoje na visão dos letrados, como na China. No entanto, com *política* econômica não se cria *mentalidade* econômica. Os ganhos em dinheiro dos comerciantes no período dos estados divididos constituíam lucro *político* dos fornecedores do Estado. Os grandes trabalhos forçados nas minas destinavam-se à procura do ouro. Mas não havia elo intermediário entre, por um lado, o confucionismo e sua ética tão firmemente ancorada quanto a do cristianismo e, por outro lado, a

---

398. Cf. a respeito, além de tudo o que foi dito, ainda *de Groot*, The Rel. of the Chin. Nova York, 1910, p. 130.

399. Impresso na edição de Chavannes, vol. III, cap. XXX, p. 0.

metodologia burguesa de vida, porém tudo estava na dependência *desta última*. E esta resultou do puritanismo, embora absolutamente contra a vontade do mesmo. Eis o paradoxo do efeito ante o querer: pessoa humana e destino (destino entendido aqui como *consequência* de seu agir em contraposição à sua *intenção*) no seguinte sentido: *Eis o que* nos pode ensinar esta inversão do "natural", que somente a um primeiríssimo olhar superficial poderá parecer estranha.

O *puritanismo*, por sua vez, representa o tipo radicalmente oposto ao tratamento racional do mundo. Conforme vimos, não se trata de um conceito unívoco. A "ecclesia pura" significava na prática, em sentido próprio, antes de tudo a comunidade cristã da Santa Ceia reunida para a glória de Deus e purificada de participantes moralmente excluídos, quer se baseie em alicerces calvinistas ou batistas, quer se estruture mais em sentido sinodal ou congregacionista. Em sentido mais amplo, porém, pode-se incluir neste conceito também comunidades leigas moralmente rigoristas e ascético-cristãs em geral, inclusive comunidades batistas, menonistas, quakers, ascético-pietistas e metodistas, todas elas de origens místico-pneumáticas. O aspecto peculiar deste tipo, em comparação com o confuciano, era o de que aqui valia a racionalização do mundo, ou seja, o contrário da fuga ao mundo, apesar ou mesmo por causa de sua forma de rejeição ascética do mundo. As pessoas são todas elas igualmente condenadas, porque perante Deus não pode haver diferença quanto à perversidade da criatura, e todas elas também são absolutamente insuficientes sob o aspecto ético. O mundo é um receptáculo de pecado. Deste modo, o autoaperfeiçoamento em sentido confuciano se torna um ideal blasfêmico de endeusamento da criatura. Possuir riqueza e entregar-se ao seu gozo constituiriam a tentação específica; a insistência na filosofia humana e na formação literária seria um ato de soberba pecaminosa da criatura; toda confiança na coerção de espíritos e de Deus pela magia seria não somente desprezível superstição, mas também atrevida blasfêmia contra Deus. Eliminaram-se toda e qualquer lembrança de magias, assim como todo e qualquer resquício de ritualismo e poder sacerdotal. Teoricamente, a comunidade quaker não tinha nem mesmo um pregador encarregado, e a maioria das seitas ascéticas, pelo menos, só não tinha pregador profissional remunerado. Nas pequenas salas claras de reunião dos quakers não havia o mínimo vestígio de emblemas religiosos.

Os seres humanos eram todos, por natureza, igualmente pecadores, mas as suas chances religiosas não eram iguais e, sim, altamente desiguais, e isto não temporariamente, mas sim definitivamente – de modo direto, em virtude da predestinação gratuita (como no caso de calvinistas, batistas particulares, metodistas de Whitefield e pietistas reformados), ou em virtude de suas diferentes qualificações para os dons espirituais do pneuma, ou, finalmente, em decorrência da diversa intensidade e, portanto, do diferente êxito na aspiração do ato decisivo de conversão que, na visão dos antigos pietistas, constitui a "luta penitencial" e a "irrupção", ou seja lá como se configure o ato de renascimento. Em todas estas diferenças continuava válida a previdência divina e a graça gratuita, imerecida, "livre" de um deus supramundano. Por isso, a fé na predestinação era, por certo, apenas uma das formas dogmáticas desta religiosidade de virtuoses, mas de longe a mais coerente. Somente poucos dentre a massa da perdição eram chamados a alcançar a salvação, seja porque lhes era determinada desde toda a eternidade em virtude de predestinação ou porque, embora a todos oferecida (segundo os quakers, também aos não cristãos), só foi obtida por um pequeno número que conseguiu alcançá-la. Segundo algumas doutrinas pietistas, a salvação só foi oferecida uma única vez na vida, conforme outras (denominadas "terministas"), haverá uma última vez para esta oferta, mas sempre a pessoa devia mostrar-se em condições de apropriar-se dela. Tudo, portanto, estava orientado para a livre graça divina e para o destino no além, e a vida neste mundo era um vale de lágrimas ou apenas uma passagem. Justamente por isso recaía sobre este minúsculo período um enorme peso, mais ou menos no sentido de Carlyle: "Milênios tiveram de passar antes de chegares à vida e outros milênios esperam em silêncio aquilo que farás desta tua vida". Não porque fosse possível alcançar a salvação eterna pelo desempenho próprio. Isto era impossível. Mas sim porque a vocação de cada um para a salvação só podia ser-lhe comunicada ou reconhecida através da consciência de um coerente relacionamento central desta sua curta vida com o deus supramundano e sua vontade, na "santificação". Esta, por sua vez, como no caso de qualquer ascese ativa, só podia comprovar-se no agir segundo a vontade de Deus e, portanto, mediante um agir ético sobre o qual repousava a graça de Deus; só assim aquela relação podia dar ao indivíduo a certeza da salvação, com a segurança de que Deus fez dele seu instrumento. Deste modo, a mais forte recompensa íntima concebível foi assim colocada como uma metodologia ética racional de vida. Somente podia ser considerada querida por Deus a vida pautada por princípios firmes regulados por um centro coerente. Quando a entrega desinibida ao mundo necessariamente desviava da salvação, tanto este mundo criado como as criaturas humanas eram, ainda assim, uma criação de Deus, por Ele sujeita a determinadas exigências, criada para servir à "sua glória" (concepção calvinista) e na qual, por perversa que fosse a criatura, a sua glória se realizaria reprimindo-se o pecado como também, possivelmente, o sofrimento, e colocando-se sob a disciplina ética mediante a ordem racional. "Realizar a obra daquele que me enviou enquanto for dia" passou a ser o dever neste contexto, e estes atos não eram encargos rituais, mas sim encargos de caráter ético-racional.

O contraste com o confucionismo está claro. Ambas as éticas têm uma âncora irracional: lá a magia, aqui os desígnios definitivamente insondáveis de um deus supramundano. Mas da magia derivou-se a inviolabilidade da tradição, pois eram inalteráveis os instrumentos mágicos comprovados e, em última instância, também todas as formas transmitidas de conduta da vida para evitar a ira dos espíritos. Contrastando com isso, o que se seguia do relacionamento com um deus supramundano e com um mundo eticamente irracional pervertido era a absoluta não santidade da tradição e a tarefa absolutamente interminável de trabalho sempre renovado para a elaboração ético-racional e dominação do mundo dado – a objetividade racional do "progresso". Eis o contraste: Lá, adaptação ao mundo; aqui, a tarefa de sua transformação racional. O confucionismo exigia um constante e vigilante autodomínio no interesse da preservação da dignidade do ser humano mundano perfeito, chegado à perfeição sob todos os aspectos, ao passo que a ética puritana o exigia no interesse da coerência metódica ajustada à vontade de deus. Da maneira mais intencional possível, a ética confuciana deixava os seres humanos permanecerem nas suas relações pessoais desenvolvidas naturalmente ou formadas pelas condições sociais de supremacia e subordinação. Ela operava neste relacionamento, e somente neste, uma transfiguração ética, sem conhecer deveres sociais outros que os deveres humanos de piedade, instaurados pelas relações pessoais de indivíduo a indivíduo, de príncipe a servo, de funcionário superior a subalterno, de pai e irmão a filho e irmão, de professor a aluno, de amigo a amigo. Para a ética puritana, pelo contrário, justamente estas relações puramente pessoais eram ligeiramente suspeitas por serem voltadas a criaturas, muito embora ela evidentemente as tenha acatado desde que não se voltassem contra deus e as tivessem regulado por padrões éticos. O relacionamento com deus era preferencial em qualquer circunstância. Deviam ser evitadas relações humanas demasiado intensas que levassem ao endeusamento de criaturas. Pois a confiança nas pessoas, e justamente nas que fossem por natureza mais próximas, seria perigosa para a alma. Já vimos que a duquesa calvinista Renata von Este amaldiçoaria seus próprios parentes mais próximos se soubesse terem sido rejeitados por deus (em virtude da predestinação gratuita). Daí resultaram diferenças práticas muito importantes entre uma e outra concepção ética, embora passemos a classificar ambas como "racionalistas" em suas aplicações práticas e apesar das consequências "utilitaristas" assumidas por uma e outra. Não somente do posicionamento ético, mas também das regras autônomas da estrutura política de dominação, essencialmente, porém, *também* do posicionamento ético resultaram na China a manutenção dos laços com o clã e o caráter inteiramente vinculado ao relacionamento pessoal das formas políticas e econômicas de organização, quase todas elas destituídas de maneira (relativamente) chocante da objetivação racional e do caráter transpessoal abstrato típico das associações com fins utilitários, faltando assim desde "comunidades" propriamente ditas, sobretudo nas cidades, até formas econômicas de socialização e funcionamento de cunho meramente objetivo e vinculado a metas. Praticamente nada disto teve sua origem em raízes puramente chinesas[400]. Toda ação comunitária lá permaneceu envolvida e

---

400. A respeito da "associação de crédito" como um tímido passo inicial neste sentido, confira o que se disse acima.

condicionada por relações meramente pessoais e sobretudo de parentesco, além das de confraternizações profissionais. Ao passo que o puritanismo, pelo contrário, tudo objetivava e reduzia a "empresas" racionais e relações "de negócio" puramente objetivas, colocando o direito e o acordo racionais no lugar que ocupavam na China a tradição onipotente por princípio, os usos e costumes locais, bem como a graça concreta e pessoal concedida pelo funcionário público.

Um outro aspecto parece de importância maior ainda. Na China, o utilitarismo caracterizado por uma atitude positiva perante o mundo, assim como a convicção de que a riqueza constituísse um valor ético enquanto instrumento universal de aperfeiçoamento moral sob todos os aspectos, juntamente com a enorme densidade popular do país, fizeram com que, por certo, a "calculabilidade" [Rechenhafitgkeit] e a sobriedade se expandissem em dimensões inauditas: Entabulavam-se negociações e cálculos sobre cada centavo e o merceeiro fazia o caixa a cada dia; viajantes confiáveis relatam que o dinheiro e interesses pecuniários eram tema de conversa entre os nativos em proporções raras em outras partes. Contudo – fenômeno extremamente notável –, grandes concepções *metódicas* de cunho racional sobre negócios, como as que o capitalismo moderno pressupunha ao menos no campo econômico, não derivaram deste mecanismo econômico infinitamente intenso nem do "materialismo" grosseiro tantas vezes lamentado, permanecendo portanto estranhas à China onde quer que, no passado, não lhe tenham servido de ensinamento a influência estrangeira (p. ex. em Kanton) nem, no presente, o impressionante avanço irresistível do capitalismo ocidental. A seu tempo (aparentemente sobretudo enquanto perduraram as cisões políticas), por certo, tiveram origem autóctone as formas de capitalismo orientado politicamente e de usura creditícia oficial e emergencial, os lucros do comércio atacadista e de oficinas manufatureiras [Ergasterien] (também de grandes oficinas) semelhantes às da Antiguidade tardia, do Egito e islame, bem como recentemente também a habitual dependência para com o empresário [Verleger] e o comprador, mas todas estas formas também geralmente sem a organização rígida que caracterizava o "sistema doméstico" já na nossa Idade

Média avançada. Mas, apesar do intercâmbio comercial interno relativamente intenso (e, em proporções consideráveis ao menos durante certo tempo, também do comércio exterior), tudo isto não constituía um capitalismo burguês moderno, nem mesmo em versão medieval tardia: Não havia aquelas formas racionais típicas da "empresa" manufatureira europeia capitalista da Idade Média avançada nem, de modo algum, da empresa cientifista, nem uma formação de "capital" em moldes europeus (o capital chinês que aproveitava as chances modernas era preponderantemente capital de mandarins e, portanto, acumulado por meio de usura oficial), nem uma metodologia racional de organização empresarial ao modo europeu, nem uma organização realmente racional do serviço comercial de informações, nem um sistema pecuniário racional, nem mesmo um grau de desenvolvimento da economia monetizada equivalente ao do Egito ptolomaico; apenas processos incoativos (característicos, sim, mas essencialmente apenas em sua imperfeição técnica) de instituições jurídicas semelhantes às do nosso direito empresarial, comercial, societário, financeiro; também ocorria apenas um limitadíssimo aproveitamento das numerosas[401] invenções técnicas para fins puramente econômicos e, por fim, também faltava um sistema administrativo com pleno valor técnico para a escrita, o cálculo financeiro e a contabilidade. Portanto, trata-se, apesar da quase inexistência de escravos – consequência da pacificação do reino –, de uma situação muito semelhante à da Antiguidade mediterrânea, mas muito distante, sob vários aspectos, do "espírito" do capitalismo moderno e de suas instituições. Apesar dos processos contra hereges, havia uma tolerância religiosa bastante abrangente se comparada no mínimo com a intolerância do puritanismo calvinista, ampla liberdade de circulação de mercadorias, paz, liberdade de ir e vir, liberdade da escolha da profissão e dos métodos de produção, ausência da abominação do

---

401. Das invenções chinesas depreende-se, com claridade solar, que, por exemplo, o caráter ultrapassado da mineração (causa de catástrofes monetárias), a não utilização do carvão para a produção de ferro (*apesar* do conhecimento pretensamente disponível sobre o processo de coqueificação), a crescente limitação da navegação à cabotagem em formas e vias tradicionais não são decorrência de defeitos relativos ao talento *técnico* ou inventivo. Produtos da magia e da forma de Estado, tais como Fung Schui, mântica de toda espécie e interesses por espórtulas, é que foram decisivos.

espírito de merceeiro – mas tudo isso não trouxe à China nenhum capitalismo moderno. Justamente neste país, típico sob o aspecto da busca do lucro, é bem possível estudar o fato de que o "instinto do lucro", a alta e mesmo exclusiva estima da riqueza e o "racionalismo" utilitarista, em si e por si sós, nada têm a ver com o capitalismo *moderno*. O pequeno e médio homem de negócios chinês (o grande também, na medida em que for apegado às antigas tradições), como também o puritano, atribuíam sucesso e insucesso aos poderes divinos. Mas o chinês os atribuía ao seu deus (taoista) da riqueza, pois a seus olhos eles eram não sintomas de um estado de graça, mas sim sequelas de méritos ou violações de relevância mágica ou cerimonial a serem retribuídos com "boas obras". Faltava-lhe a metodologia de vida própria do puritano clássico, uma metodologia racional condicionada centralmente pela religião a partir de dentro; para o puritano clássico, o sucesso econômico não era o fim último nem um fim em si mesmo, mas sim um meio de comprovação. Faltava ao chinês subtrair-se conscientemente aos influxos e impressões do "mundo", que o puritano buscava dominar tanto quanto a si mesmo mediante um querer racional orientado com determinação e unilateralmente – um domínio que o incentivava a *reprimir* justamente aquela mesquinha ganância de lucros que destruía toda metodologia racional empresarial e caracterizava o agir do pequeno merceeiro chinês. Aquele estreitamento e repressão da vida instintiva natural[402], concomitantes à racionalização ética voluntária e inculcada ao puritano por sua educação, eram estranhos ao confuciano. Para este, o cerceamento da livre afirmação dos instintos primitivos tinha um outro caráter. O autodomínio vigilante do confuciano tinha por finalidade salvar a dignidade dos gestos e maneiras exteriores, ou seja, salvar a "cara". Portanto, era de um caráter estético e, neste contexto, substancialmente negativo, pois o que se estimava e almejava era a "compostura" em si, sem nenhum conteúdo determinado. O autodomínio igualmente vigilante do puritano orientava-se para algo de positivo – o agir certamente qualificado –, e, além disso, buscava algo de mais íntimo, ou seja, o domínio sistemático da própria

---

402. A este respeito, cf. as excelentes observações nos escritos de Ludwig *Klages*.

natureza interior considerada como pervertida pelo pecado, cujo inventário o pietista coerente fazia numa espécie de contabilidade, ao modo de um epígono como Benjamin Franklin, seu praticante cotidiano. Pois o deus supramundano e onisciente olhava para a atitude central interior, ao passo que o mundo ao qual o confuciano se adapta só considerava o gesto elegante. Em contraste com a desconfiança universal, inibidora de toda operação de crédito e negócios, que o *gentleman* confuciano tinha em relação aos outros e deles presumia em relação a si mesmo, e com sua exclusiva concentração na "compostura" externa, o puritano depositava a confiança – particularmente a econômica – na legalidade do coirmão na fé, uma legalidade incondicional e inabalável por seu condicionamento religioso. Esta confiança estava na exata medida para evitar que seu profundo pessimismo realista e absolutamente sem qualquer respeito em relação à perversidade da criatura mundana e humana, também e justamente em relação à das pessoas de mais alto nível, se tornasse um empecilho para operações de crédito, inevitáveis para a circulação capitalista; e confiança na medida exata para, pelo contrário, levá-lo a uma apreciação sóbria da capacidade objetiva (externa e interna) do interlocutor quanto à constância dos motivos indispensáveis para as metas objetivas dos negócios, obedecendo à máxima: "honesty is the best policy". A palavra do confuciano era um belo e gentil gesto como fim em si mesmo, ao passo que a do puritano era a comunicação objetiva, breve e absolutamente confiável sobre negócios: "Sim sim, não não, e tudo o que vai além disso não presta". A parcimônia do confuciano – aliás, estritamente limitada pelo decoro estamental no caso do *gentleman* e também combatida pela escola quando era exagerada, como no caso da humildade condicionada pela mística de Lao-tse e de vários taoistas – era, para a pequena burguesia chinesa, como amealhar tudo para formar um tesouro e encher a meia, ao modo camponês. E o motivo para tanto era o de assegurar os ritos mortuários e o bom-nome, bem como a honra e a alegria da posse como tal, como ocorria em todo lugar onde o posicionamento perante a riqueza não fora ainda rompido pela ascese. Para o puritano, contudo, à semelhança do monge, a posse representava como tal uma tentação. Sua aquisição, tal como a dos mosteiros, significava um sucesso secundário e, ao mesmo tempo, um sintoma do bom êxito de sua ascese. Não temos outra opção, dizia (como vimos) John Wesley expressamente tendo em vista o aparente paradoxo constatado há muito tempo junto aos puritanos entre a rejeição do mundo e o virtuosismo na obtenção de lucro, não temos outra opção além da de recomendar às pessoas que sejam piedosas, "*o que significa*" – como consequência inevitável – "*que enriqueçam*", apesar do evidente perigo que representa a riqueza para o indivíduo piedoso tanto quanto para os mosteiros.

Para o confuciano, conforme ensina uma declaração expressa do fundador, a riqueza é o principal meio de poder viver *virtuosamente*, quer dizer, em dignidade e dedicar-se ao aperfeiçoamento próprio. Por isso, a resposta dada à pergunta sobre quais os meios para melhorar as pessoas foi: "Enriquecei-as". Pois só assim se poderia viver de modo "condizente com o estamento". Para o puritano, o lucro não era um resultado pretendido diretamente, mas sim um importante sintoma da virtude própria; e o desperdício da riqueza para fins de consumo próprio era tido como entrega de si ao mundo, acarretando facilmente o endeusamento da criatura. Confúcio, porém, não condenaria a aquisição de riqueza como tal, mas esta lhe parecia instável, podendo por isso mesmo transtornar o nobre equilíbrio da alma; e todo trabalho profissional econômico propriamente dito era coisa de banal especialização técnica. Para o confuciano, *não* era possível, inclusive pelo seu valor social utilitarista, elevar o *técnico especializado* a uma dignidade realmente positiva. Pois – e este é o ponto decisivo – o "homem distinto" (*gentleman*) não é "nenhum instrumento", quer dizer, ele era, em seu autoaperfeiçoamento adaptado ao mundo, um fim último em si mesmo e não um meio para fins objetivos de qualquer espécie. Esta frase central da ética confuciana rejeitava tanto a especialização técnica como a burocracia moderna e a instrução especializadas, sobretudo a realizada em economia para fins de lucro. A esta máxima "endeusadora das criaturas" o puritanismo contrapunha como tarefa justamente a comprovação mediante a busca dos objetivos materiais específicos do mundo e da vida profissional. O confuciano era uma pessoa de formação literária ou, mais precisamente, de formação livresca, uma pessoa da *escrita* no mais alto grau, tão estranha à formação integral dos helenos e à respectiva alta estima pela retórica e conversação, quanto à energia do agir racional nos campos da guerra e da economia. A maioria das correntes puritanas (embora não com igual intensidade) rejeitavam a formação filosófico-literária, suprema decoração do confuciano, como vaidoso desperdício de tempo e um perigo para a religião, contrariamente à Bíblia, cujo conhecimento era visto como indispensável (sendo-lhes uma espécie de Código Civil e doutrina empresarial). A escolástica e a dialética, Aristóteles e tudo o que dele nos chegou era para eles um pavor e um perigo, ao qual Spencer, por exemplo, preferia a filosofia cartesiana, baseada no raciocínio matemático-racional. Conhecimentos reais úteis, sobretudo de ordem empírica e das ciências naturais e geográficas, clareza sóbria do pensar realista e conhecimento especializado como objetivo da educação foram cultivados de modo planejado em primeiro lugar por círculos puritanos e, especialmente na Alemanha, por círculos pietistas. Por um lado, como único caminho para conhecer a glória de Deus e da Providência na sua criação e, por outro, como meio de dominar o mundo de modo racional e cumprir seu dever para com a glória de Deus. Ambos, confucionismo e puritanismo, estavam equidistantes do helenismo e, quanto ao essencial, também da alta Renascença, cada qual, porém, em sentido diferente.

A radical concentração nos objetivos desejados por deus, o racionalismo prático e sem compromisso da ética ascética, a concepção metódica da administração objetiva de empresas, a aversão ao capitalismo político ilegal, monopolista, predador, colonialista e baseado no aliciamento das boas graças do príncipe e das pessoas, e, em oposição a tudo isto, a sóbria legalidade rígida e a energia racional moderada do funcionamento cotidiano, a valorização racionalista do melhor caminho sob o aspecto técnico, a solidez prática e a conveniente ordenação dos meios aos respectivos fins – ao invés do prazer tradicionalista junto ao velho artesão pela habilidade herdada e pela beleza do produto; todas estas qualidades "éticas" indispensáveis do empresário capitalista especificamente moderno e a disposição para o trabalho específica do operário piedoso, em suma: este utilitarismo sem compromissos, religiosamente sistematizado nos moldes próprios de toda ascese racionalista "neste" mundo e na verdade sem viver "deste" mundo, ajudou a criar aquelas aptidões racionais superiores e, com isso, aquele "espírito" de humanismo profissional que ficou obstruído no confucionismo e na sua conduta de vida adaptada ao mundo, uma conduta também racional, por certo, mas determinada de fora para dentro e não de dentro para fora, como no puritanismo. Este contraste pode ensinar-nos que mesmo a mera sobriedade e parcimônia, em combinação com o "instinto do lucro" e a valorização da riqueza, nem de longe constituíram nem puderam gerar o "espírito capitalista" no sentido do humanismo profissional econômico especificamente moderno. O confuciano típico aplicava a sua poupança e a de sua família na formação literária própria e na preparação dos exames, para assim obter o fundamento de uma existência estamental distinta. O puritano típico ganhava muito, consumia pouco e, levado pela obrigação ascética da poupança, reaplicava sua renda investindo-a na forma de capital em empresas capitalistas racionais. E o segundo ensinamento para nós é de que o espírito de ambas as éticas tinha como conteúdo o racionalismo. Mas somente a ética racional puritana orientada para o supramundano realizou o racionalismo econômico *intra*mundano em suas últimas consequências, justamente *porque* na verdade nada estava mais afastado dela do que exatamente isto, ou seja, justamente *porque* para ela o trabalho intramundano era apenas expressão da aspiração por uma finalidade transcendente. O mundo lhe foi dado, conforme a promessa divina, porque ela (sua ética puritana) "somente buscara seu deus e a justiça de deus". Pois é aqui que reside a diferença fundamental entre ambas as espécies de "racionalismo". O racionalismo confuciano significava adaptação ao mundo; o racionalismo puritano, *dominação* racional do mundo. Tanto o puritano como o confuciano eram "sóbrios". Mas a "sobriedade" racional do puritano tinha por base uma robusta emocionalidade, de todo ausente no confuciano – a mesma emocionalidade que enchia a alma do monaquismo ocidental. É que a rejeição do mundo pela ascese ocidental estava, no puritano, indissoluvelmente ligada, como reverso da medalha, à aspiração pelo domínio do mundo, pois tanto ao monge como, de forma modificada e abrandada, também ao mundo se dirigiam aquelas reivindicações éticas em nome de um deus supramundano. Nada mais repugnante para o ideal confuciano de distinção do que o conceito de "profissão". O homem "principesco" era um valor estético e por isso *não* era *também* instrumento de um *deus*. O cristão autêntico, de modo integral o asceta extramundano ou intramundano, nada mais pretendia do que precisamente isto. Pois é aqui que ele buscava sua dignidade. E porque ele queria ser assim, tornou-se um instrumento útil para transformar e dominar racionalmente o mundo.

Com toda a probabilidade, o chinês seria capaz, tanto quanto ou até mais do que o japonês, de *assimilar* o capitalismo plenamente desenvolvido técnica e economicamente no âmbito cultural moderno. Evidentemente nem de longe se poderia pensar que o chinês, por natureza, fosse desprovido de talento. Mas apesar das circunstâncias altamente multifacetadas que, em comparação com o Ocidente, favoreciam externamente o surgimento do capitalismo, ele aqui não foi *instaurado* como tampouco o foi na Antiguidade ocidental e oriental ou na China e na área do islame, muito embora também nestas áreas tivessem existido circunstâncias igualmente propícias para seu surgimento. E muitas das circunstâncias que na China puderam ou tiveram de constituir obstáculos também existiram no Ocidente, e até justamente na época da formação definitiva do capitalismo moderno: os traços patrimoniais do senhorio e da burocracia ou a confusão e rudimentariedade da economia monetária, a qual, porém, estava estabelecida no Egito ptolomaico com muito maior solidez do que na Europa dos séculos XV e XVI. Dentre as circunstâncias que costumamos divisar como empecilhos ao desenvolvimento capitalista no Ocidente, faltavam na China a vinculação feudal e fundiária (em parte também a corporativa) e, aparentemente, também os típicos monopólios de toda espécie que entravavam o transporte de bens. E dentre as circunstâncias políticas que em toda parte, desde os tempos da antiga Babilônia e da Antiguidade, fizeram surgir o capitalismo politicamente condicionado, *comum* à Idade Moderna como a toda a história passada, também foram sobejamente conhecidas na China a guerra e a preparação para a guerra entre estados concorrentes. Poderia ter-se acreditado que a posterior queda desta orientação essencialmente política de acumulação de patrimônio e de aplicação do capital iria trazer chances propícias ao capitalismo especificamente moderno, orientado para o livre intercâmbio, mais ou menos da mesma maneira que, em tempos mais recentes, a ausência quase total de organização bélica na América do Norte abriu lá o mais livre espaço para o capitalismo altamente desenvolvido. A pacificação do império mundial explica pelo menos *de modo imediato*, por certo, a falta, na China, do capitalismo orientado *politicamente*, comum tanto à Antiguidade Ocidental (até a época dos imperadores) como ao Oriente e à Idade Média, mas *não* a ausência do capitalismo orientado meramente por critérios econômicos. Será difícil refutar que as propriedades fundamentais da "mentalidade", ou seja, neste caso, da atitude prática perante o mundo, hajam tido, também em virtude dos efeitos atribuíveis a suas regularidades autônomas, forte participação naqueles empecilhos, por mais que, por seu lado, sua expansão tenha sido condicionada também por contingências do destino político e econômico.

PARTE III
RELIGIÕES MUNDIAIS

UMA CONSIDERAÇÃO INTERMEDIÁRIA: TEORIA DOS ESTÁGIOS E DIREÇÕES DA REJEIÇÃO RELIGIOSA DO MUNDO

Sentido de uma construção racional dos motivos da rejeição do mundo

Tipologia das vias de salvação: ascese e mística

Direções da rejeição do mundo
Esfera doméstica
Esfera econômica
Esfera política
Esfera estética
Esfera erótica
Esfera intelectual

Estágios da rejeição do mundo

As três formas racionais da teodiceia

O âmbito da religiosidade *indiana* que estamos prestes a adentrar foi, em forte contraste com a China, o berço daquelas formas de ética religiosa que são, dentre as que a Terra já produziu, as que mais negam o mundo teórica e praticamente. Foi também aqui na Índia que a "técnica" correspondente se desenvolveu no mais alto grau. Aqui o monacato e as manipulações típicas da ascese e da contemplação se estruturaram não só muito cedo, mas também de um modo muito coerente, e historicamente essa racionalização talvez tenha começado daqui a abrir caminho pelo mundo afora.

361

Sentido de uma construção racional dos motivos da rejeição do mundo

Antes de tratar da religiosidade indiana, convém elucidar brevemente, numa construção esquemática e teórica, os motivos dos quais se originaram as éticas religiosas de negação do mundo e as direções em que se orientaram em seu desenvolvimento, isto é, qual o seu "sentido" possível[1].

O esquema aqui construído tem a finalidade de ser tão só um *meio de orientação* típico-ideal e não propriamente a de dar lição de filosofia. Construídos conceitualmente nesse esquema, os tipos de conflito entre as "ordens de vida" querem dizer simplesmente isto: que em determinados pontos esses conflitos internos são *possíveis* e "adequados" – mas isso *não* significa dizer que não haja um ponto de vista a partir do qual se pudesse considerá-los "superados". Como se poderá notar sem dificuldade, as diferentes esferas de valor estão elaboradas individualmente com uma coerência racional tamanha que *raramente* ocorre na realidade, mas mesmo assim ela pode ocorrer e *de fato* ocorreu em formas historicamente importantes. A construção *típico- -ideal* – lá onde um fenômeno histórico se aproxime de um desses conteúdos em certos traços individuais ou mesmo em seu caráter geral – possibilita identificar por assim dizer seu lugar tipológico, ao fazer sobressair o grau de proximidade ou de distância daquele fenômeno histórico em relação ao tipo teoricamente construído. Nesse sentido, a construção *típico-ideal* representa simplesmente um recurso técnico empregado para facilitar tanto a visão de conjunto como a clareza da terminologia. No entanto poderia representar eventualmente algo mais. Também o racional [*das Rationale*], no sentido da "coerência" lógica ou teleológica de uma tomada de posição teórico-intelectual ou prático-ética, exerce (e sempre exerceu) poder sobre os humanos, por mais limitado e impermanente que este seja e tenha sido, sempre e em

---

1. Da primeira edição alemã constava logo a seguir um parágrafo que dizia: "Para que não haja má interpretação de base são necessárias algumas observações preliminares quanto ao 'sentido' de uma empreitada como essa, que poderia fazer crer que se trata de um projeto de construir racionalmente sequências históricas reais a partir de conexões puramente mentais. Não é disso que se trata, bem-entendido; isso seria obviamente impossível [NdR].

toda parte, em face dos outros poderes da vida histórica. Fortemente submetidas ao imperativo da coerência estiveram justamente as interpretações religiosas do mundo e as éticas religiosas com intuito racional criadas pelos intelectuais. Por menos que elas tenham concordado com a exigência da "não contradição" mesmo no caso isolado, e por mais que tenham podido incluir frequentemente em seus postulados éticos tomadas de posição que *não* são racionalmente dedutíveis, ainda assim, em todas elas, pode-se perceber de um modo ou de outro e não raro com bastante nitidez o efeito da *ratio*, em especial: o da dedução teleológica de postulados práticos. É também a partir desse fundamento objetivo que, ao construirmos tipos racionais convenientes, ou seja, tipos que deem a ver as formas internamente "mais coerentes" de uma conduta prática que pode ser deduzida de pressupostos claramente fixados, podemos ter esperança de facilitar a apresentação de uma variedade ilimitada de condutas práticas, o que de outra maneira seria inalcançável. Finalmente, e antes de mais nada, uma tentativa como esta em sociologia da religião deve e quer ser ao mesmo tempo uma contribuição à tipologia e sociologia do próprio racionalismo. Eis por que se parte das formas mais racionais que a realidade *pode* adotar, procurando-se investigar em que medida foram tiradas na realidade certas consequências racionais formuláveis em teoria. E eventualmente por que não.

Tipologia das vias de salvação: ascese e mística

Em nossas exposições introdutórias[2] e também em algumas posteriores já se tocou na maiúscula significação que tem para a ética religiosa a concepção de um deus criador transcendente, em especial para a direção ascético-ativa da busca da salvação, em contraste com a direção místico-con-

---

2. Weber nos remete ao ensaio que em alemão leva o título de "*Einleitung*" ("Introdução", cf. supra), com o qual ele nos prepara para a presente série de ensaios, *Ética econômica das religiões mundiais*. Os leitores brasileiros estão acostumados a vê-lo sendo referido pelo curioso título "A psicologia social das religiões mundiais", nome que recebeu primeiro em inglês na famosa coletânea de escritos weberianos organizada por H.H. Gerth e C. Wright Mills: *From Max Weber: Essays in Sociology* (Londres: Routledge & Kegan Paul, 1948), publicada no Brasil como *Max Weber: ensaios de sociologia* (1. ed. Rio de Janeiro: Zahar, 1967 [NdR].

templativa intrinsecamente conexa com a não personalização e a imanência da potência divina. Mas como não é incondicional essa mútua correspondência[3], e o deus transcendente não determinou puramente de per si a direção da ascese ocidental, cabe o seguinte raciocínio: a Trindade cristã, com seu redentor humano-divino e os santos, representou uma concepção de deus fundamentalmente menos transcendente quando comparada à concepção do Deus do judaísmo, em particular do judaísmo tardio, ou quando comparada à concepção do Alá islâmico.

E, no entanto, o judaísmo bem que desenvolveu uma mística, mas praticamente nenhuma ascese do tipo ocidental, e no antigo islã a ascese foi diretamente rejeitada, ao passo que a religiosidade dos dervixes extraía sua peculiaridade de fontes (místico-extáticas) extremamente diversas da relação com um deus criador transcendente e, já por sua própria natureza íntima, permaneceu bem distante da ascese ocidental. A concepção de um deus transcendente, por mais importante que tenha sido, apesar do seu parentesco com a profecia emissária e com a ascese da ação não agiu sozinha, evidentemente, mas sim em conjunto com outras circunstâncias, antes de mais nada: com a natureza das promessas religiosas e das vias de salvação que essas determinaram. Esse ponto será discutido mais adiante, reiteradamente e no pormenor. Por ora, para deixar mais clara a terminologia empregada, precisam ser um pouco mais especificadas, em primeiro lugar, as expressões "ascese" e "mística", que por diversas vezes já empregamos como conceitos polares.

Já nas observações introdutórias[4] os dois termos foram contrastados dentro da mesma rubrica de rejeições do mundo: de um lado, a ascese ativa: um *agir* querido por deus de um indivíduo feito ferramenta de deus; do outro lado, a *posse* contemplativa da salvação, que é própria da mística, a qual implica um "possuir", não um agir, e na qual o indivíduo não é uma ferramenta, mas um "recipiente" do divino, condição esta na qual a ação no mundo não pode aparecer senão como ameaça a um estado salvífico completamente ir-

---

3. Para a qual E. Troeltsch mais de uma vez chamou a atenção de modo enfático, com toda a razão.

4. De novo Weber nos remete à "Introdução".

racional e fora do mundo. O contraste fica radical quando, por um lado, a ascese do agir se efetiva como instância que molda racionalmente o mundo a fim de moderar-lhe a corrupção de criatura por meio do trabalho exercido numa "vocação profissional" mundana (ascese intramundana) e, por outro lado, quando a mística leva até o fim a plena coerência de uma radical fuga do mundo (fuga contemplativa do mundo). Atenua-se o contraste, porém, quando de sua parte a ascese da ação se limita a moderar e a suplantar a corrupção inerente à criatura na intimidade mesma do indivíduo e, em consequência, aumenta sua concentração em obras redentoras comprovadamente queridas por deus até o ponto de evitar por completo o agir nas ordens do mundo (fuga ascética do mundo), pelo que, nesse caso, a ascese da ação se aproxima em sua aparência exterior da fuga contemplativa do mundo. Ou o contraste se atenua também quando o místico contemplativo, de sua parte, não chega a ser coerente até o fim em sua fuga do mundo, permanecendo ancorado nas ordens do mundo tal como o asceta intramundano (mística intramundana). Em ambos os casos, o contraste pode na práxis desaparecer e dar lugar a algum tipo de combinação dos dois modos de busca da salvação, mas ele pode também ficar ali, subsistindo sob o véu de semelhanças superficiais. Para o verdadeiro místico, continua a valer o seguinte princípio: a criatura deve calar-se a fim de que deus possa falar. O místico "está" no mundo e aparentemente "se resigna" às ordens mundanas, mas assim procede apenas para obter, no confronto com o mundo, a certeza do próprio estado de graça, que resulta da resistência à tentação de levar a sério os negócios do mundo. Conforme pudemos ver em Lao-tse, a atitude típica do místico é de uma humildade especialmente embaçada, uma minimização do agir, uma espécie de *Inkognito* religioso no mundo. Sua atitude típica: pôr-se à prova *contra* o mundo, *contra* sua própria ação no mundo. Já a ascese intramundana, exatamente ao contrário, comprova-se *pela* ação. Para o asceta intramundano, o comportamento do místico não passa de uma indolente autofruição; para o místico, o comportamento do asceta (ativo no mundo) outra coisa não é que um deixar-se prender nos negócios mundanos alheios a deus acoplado a uma insolente autopresunção. Com aquele "ditoso fanatismo" que se costuma atribuir ao puritano típico, a ascese intramundana executa os decretos positivos de deus, cujo sentido último permanece oculto, porém presente nas ordens racionais dispostas pelo Criador no cosmos criado; enquanto para o místico a única coisa a ter relevância para fins de salvação consiste justamente em captar na experiência mística aquele sentido último completamente irracional. As formas de fuga do mundo próprias de ambas as modalidades de comportamento são diferenciáveis por contrastes análogos: sua discussão fica reservada para uma exposição específica.

Direções da rejeição do mundo

Voltamo-nos agora para o exame em pormenor das relações de tensão entre mundo e religião, ligando-as também às observações da "Introdução"[5] para lhes dar impostação algo diferente.

Já foi dito que aqueles modos de comportamento que, uma vez configurados numa conduta de vida metódica, continham em germe tanto a ascese quanto a mística, originaram-se antes de mais nada de pressupostos mágicos. Eram ativados para despertar qualidades carismáticas ou para conjurar encantamento maléfico. O primeiro caso foi, naturalmente, mais importante do ponto de vista histórico-desenvolvimental [*entwicklungsgeschichtlich*]. Desde o limiar de sua aparição, a ascese já fazia ver sua dupla face: de um lado, afastamento do mundo, do outro, domínio do mundo em virtude das forças mágicas obtidas nesse afastamento. Do ponto de vista histórico-desenvolvimental[6], o mago foi o precursor do profeta: tanto do profeta exemplar quanto do profeta emissário e do salvador. O profeta e o salvador legitimavam-se via de regra pela posse de um carisma mágico. Só que, para eles, tal carisma era simplesmente um meio de obter reconhecimento e respeito para a significação exemplar seja da missão recebida, seja da qualidade de salvador própria da sua personalidade. O conteúdo da profecia ou do mandamento do salva-

---

5. Cf. Parte I [NdR].

6. De novo aqui a típica expressão com que Weber declara a perspectiva crucial que adota em seu modo de fazer sociologia histórica: *entwicklungsgeschichtlich* [NdR].

dor era: orientar a conduta de vida pelo afã de alcançar um bem de salvação. Nesse sentido, portanto, tratava-se, ao menos relativamente, de uma sistematização racional da conduta de vida. Fosse apenas em alguns pontos particulares, fosse na sua totalidade. Este último caso foi a regra em todas as religiões "de salvação" propriamente ditas, quer dizer, todas aquelas que prometiam a seus adeptos a libertação [*Befreiung*] do *sofrimento* – o que tanto mais ocorria quanto mais a natureza do sofrimento fosse concebida de maneira sublimada, quanto mais internalizada e mais fundada em princípios. Pois o que importava, de fato, era colocar o adepto num estado *duradouro* que o tornasse interiormente imune ao sofrimento. Em vez de um estado *sagrado* obtido com orgia ou ascese ou contemplação de forma aguda e extracotidiana, um estado sagrado, portanto, fugaz, o que se pretendia para os salvos era um *habitus* sagrado duradouro [*heiliger Dauerhabitus*], que por ser duradouro garantisse a salvação: era este, dito abstratamente, o fim racional da religião de salvação. Quando então uma comunidade religiosa surgia na esteira de uma profecia ou da propaganda de um salvador, o cuidado em regulamentar a vida ficava inicialmente nas mãos daqueles, dentre os sucessores, alunos ou discípulos do profeta ou do salvador, que fossem carismaticamente qualificados para a incumbência. Ulteriormente, sob determinadas condições que se repetem com grande regularidade, mas das quais ainda não vamos nos ocupar aqui, esse cuidado caiu nas mãos de uma hierocracia sacerdotal hereditária ou burocrática, ao passo que o profeta ele mesmo, ou o salvador, em geral estava em oposição direta aos poderes hierocráticos tradicionais, a saber: feiticeiros e sacerdotes, a cuja dignidade consagrada pela tradição ele opunha seu carisma pessoal a fim de quebrar-lhes o poder ou coagi-los a pôr-se a seu serviço.

Tudo o que acaba de ser dito pressupõe como evidente que – na maioria dos casos e em particular nos casos que são importantes do ponto de vista histórico-desenvolvimental [*entwicklungsgeschichtlich*] – as religiões proféticas e de salvador viveram numa relação de tensão com o mundo e suas ordens, não só aguda (isso fica evidente na terminologia adotada), como também duradoura. E tanto mais quanto mais se tratasse de religiões de salvação propriamente ditas. Isso decorria do sentido dado à redenção, como também da natureza da doutrina soteriológica do profeta, tão logo ela se desenvolvesse em ética racional orientada para bens salvíficos *interiores*, concebidos como meios de redenção. Ou seja, em linguagem corrente, quanto mais ela se afastava do ritualismo para se sublimar em "religiosidade da convicção" [*Gesinnungsreligiosität*]. Quer dizer que, de sua parte, a tensão se tornava tanto mais forte quanto mais avançavam por outro lado a racionalização e a sublimação da posse exterior e interior dos bens "mundanos" (no sentido mais amplo da palavra). Com efeito, a racionalização e a sublimação[7] conscientes das relações dos humanos com as diferentes esferas da posse de bens, interiores e exteriores, religiosos e mundanos, levaram a que as *legalidades próprias* [*Eigengesetzlichkeiten*] das diferentes esferas se tornassem *conscientes* quanto à sua coerência interna, e isso fez com que se acirrassem aquelas tensões recíprocas que haviam permanecido ignoradas enquanto reinou a ingenuidade primitiva na relação com o mundo exterior. Eis aí uma consequência bastante geral – de grande importância para a história das religiões – do desenvolvimento da posse de bens (intra e extramundanos) em direção ao racional [*zum Rationalen*], à busca consciente, à sublimação[8] pelo *conhecimento*. A partir de agora, tomando por referência uma série desses bens, cumpre-nos elucidar os fenômenos típicos que de um modo ou de outro se repetem em éticas religiosas muito diversas.

Esfera doméstica

Quando a profecia de salvação criou comunidades de fundamento puramente religioso, o primeiro poder com o qual entrou em conflito foi a comunidade naturalmente dada, o clã, o qual devia temer sua desvalorização por ela. Quem não puder hostilizar os membros da casa, pai e mãe, não pode

---

7. Na primeira edição, em vez de "sublimação" constava o termo "refinamento" [NdR].

8. Como na nota anterior [NdR].

ser discípulo de Jesus: "Não vim trazer a paz, mas a espada" (Mt 10,34) está dito nesse contexto (e, notar bem: apenas nesse). Bem verdade que a maioria esmagadora das religiões também regulamentou os laços de piedade filial intramundana. Mas, quanto mais abrangente e internalizado foi ficando o escopo da redenção, tanto mais se considerou evidente que o crente deve estar mais próximo, antes de tudo, do salvador, do profeta, do sacerdote, do confessor e do irmão na fé, do que da parentela natural e da comunidade matrimonial puramente enquanto tais. Com a desvalorização, ao menos relativa, dessas relações e o rompimento do vínculo mágico e exclusivo com o clã, a profecia, sobretudo onde ela se transformou numa religiosidade congregacional [*Gemeindereligiosität*] soteriológica, criou uma nova comunidade social e então desenvolveu aí uma ética religiosa da fraternidade. Primeiramente, e na maioria das vezes, mediante a retomada pura e simples dos princípios básicos primordiais da ética social oferecida pelo "grupo de vizinhança": a comunidade da aldeia, do clã, da corporação; dos companheiros de navegação, de caça, de campanha militar. Ora, essas comunidades conheciam dois princípios elementares: 1) dualismo entre moral interna ao grupo e moral externa ao grupo; 2) para a moral interna vale a reciprocidade simples: "como fizeres a mim, assim farei a ti" [*"Wie du mir, so ich dir"*]. Corolário econômico desses princípios, o dever de assistência fraterna na necessidade, restrito unicamente à moral interna, incluía empréstimo gratuito de bens de uso, empréstimo de dinheiro sem juros, dever de hospitalidade e de assistência da parte dos proprietários e dos poderosos em favor dos despossuídos, trabalho voluntário nas terras do vizinho e do senhor a troco da simples subsistência. Tudo isso de acordo com a máxima – não racionalmente *ponderada*, mas afetivamente *sentida* – que dizia: o que hoje te falta pode faltar-me amanhã. Correspondentemente, ficava restrita à moral externa válida exclusivamente para os estranhos ao grupo a permissão do regateio (por ocasião da troca e do empréstimo) e da escravização permanente (em decorrência de dívidas, p. ex.). A religiosidade congregacional transferiu essa antiga ética econômica de vizinhança para as relações com os irmãos na fé. O dever de socorro na necessidade, que incumbia aos nobres e ricos em favor das viúvas e dos órfãos, assim como dos irmãos de fé doentes e empobrecidos, sobretudo a esmola dos ricos, da qual dependiam economicamente os cantores sacros e os magos tanto quanto os ascetas, tornaram-se mandamentos fundamentais de todas as religiões eticamente racionalizadas do mundo. Especialmente nas profecias de salvação, o *sofrimento* comum a todos os fiéis, real ou sempre iminente, exterior ou interior, passou a ser o princípio constitutivo da sua relação comunitária. Quanto mais a ideia de redenção foi concebida de modo racional e mais sublimada nos termos de uma ética da convicção, tanto mais se reforçaram externa e internamente aqueles preceitos provenientes da ética da reciprocidade própria do grupamento de vizinhança. Externamente, chegando até o comunismo do amor fraterno; internamente, até o sentimento de *caritas*, o amor ao sofredor enquanto sofredor, o amor ao próximo, o amor ao ser humano em geral, chegando até o amor ao inimigo. Ante uma concepção do mundo como lugar do sofrimento imerecido, a barreira dos vínculos religiosos e até mesmo a facticidade do ódio apareceram como consequências das mesmas imperfeições e perversões inerentes a toda e qualquer realidade empírica, as quais também são causa do sofrimento. Igualmente atuou nessa mesma direção geral, se bem que de modo puramente psicológico, aquela euforia peculiar a todas as modalidades de êxtase religioso sublimado. Da devoção sentimental ao sentimento da posse direta da comunhão com deus, as modalidades de êxtase tendiam, todas elas, a desembocar num acosmismo[9] do amor sem objeto. Eis por que nas religiões de salvação a beatitude serena e profunda de todos os heróis da bondade acósmica sempre se fundiu com o conhecimento compassivo da imperfeição natural, tanto da sua própria natureza quanto da natureza de

---

9. Se ao leitor lhe ocorrer que na palavra "*acosmismo*", forjada em língua grega, o "*a*" constitui uma partícula de teor negativo (o chamado "alfa privativo" do grego), e se além disso se lembrar de que "*kosmos*" em grego quer dizer *mundo*, terá atinado com o significado literal pretendido por Weber com esse raríssimo significante atribuído ao filósofo Hegel. A saber: "acosmismo = negação do mundo, rejeição do mundo". Uns passos a mais, e o leitor de Weber poderá dar-se conta de que essa curiosa palavra condensa à perfeição o conteúdo do subtítulo do presente ensaio, que convém repetir a esta altura: "Teoria dos estágios e direções da rejeição religiosa do mundo". Além do reiterado emprego do termo em sua sociologia histórica das religiões, devemos a Weber o haver juntado a ideia de acosmismo com a ideia do amor fraterno levado às últimas consequências *cósmico*-universalistas de uma *acósmica* doação mística de si.

todo ser humano. Escusado dizer que tanto a coloração psicológica quanto a interpretação ético-racional dessa atitude interior podiam revestir-se do caráter mais diverso. Só que a exigência ética associada a essa atitude sempre se orientava de um modo ou de outro na direção de uma fraternidade universalista que passava por cima de todas as barreiras dos grupamentos sociais, não raro até mesmo indo além da associação confessional à qual se pertencia. Quanto mais essa fraternidade religiosa era levada às suas últimas consequências lógicas, tanto mais duramente colidia com as ordens e os valores do mundo. E – é isto que importa aqui – quanto mais as ordens e os valores do mundo foram sendo de seu lado racionalizados e sublimados segundo suas legalidades próprias [*Eigengesetzlichkeiten*], tanto mais implacável tornou-se essa discórdia.

Esfera econômica

Foi na esfera *econômica* que isso se tornou mais evidente. Todos os modos primitivos de influência mágica ou mistagógica sobre os espíritos e os deuses em favor de interesses *individuais* ambicionavam obter, junto com vida longa, saúde, honra, descendência, eventualmente um destino melhor no outro mundo, além de riqueza, esta aparecendo como um objetivo autoevidente; e isso ocorria tanto nos mistérios eleusinos quanto na religião fenícia e védica, na religião popular chinesa, no judaísmo antigo, no antigo islã e nas promessas feitas aos leigos piedosos no hinduísmo e no budismo. Em contraposição, a religião de salvação sublimada entrou em tensão crescente com a economia racionalizada. A economia racional é um *empreendimento* objetivo. É orientada por preços *monetários* que se formam no *mercado* como resultado da luta de interesses dos homens entre si. Sem estimativa de preços monetários e, portanto, sem essa luta de interesses, nenhum *cálculo* é possível. Dinheiro é o que há de mais abstrato e de mais "impessoal" na vida humana. Por isso, quanto mais o cosmos da moderna economia racional capitalista seguiu suas legalidades próprias, tanto mais esse cosmos se tornou impermeável a qualquer relação concebível com uma ética religiosa da fraternidade. Tanto mais impermeável quanto mais racional e com isso mais impessoal o cosmos da economia moderna se tornou. Com efeito, era possível regular integralmente em termos éticos a relação pessoal entre senhores e escravos justamente por ser uma relação pessoal. Mas não – pelo menos não no mesmo *sentido* nem com o mesmo *resultado* – a relação entre os sucessivos detentores de títulos hipotecários que nunca eram os mesmos e os devedores do banco hipotecário, desconhecidos dos primeiros, não havendo entre eles nenhum laço pessoal. Se no entanto isso fosse tentado, as consequências acabariam sendo aquelas que já observamos no caso da China: *inibição* da racionalidade formal. Entram aqui em conflito uma com a outra a racionalidade formal e a racionalidade material. Eis por que precisamente as religiões de salvação – conquanto nelas próprias houvesse, como vimos, a tendência a uma peculiar despersonalização do amor no sentido do acosmismo – sempre olharam com profunda desconfiança para o desenvolvimento das forças econômicas, também elas impessoais só que num outro sentido, sendo justamente por isso especificamente hostis à fraternidade. O lema católico *Deo placere non potest*[10] permaneceu por longo tempo representando a tomada de posição característica das religiões de salvação em face da vida econômica lucrativa; e, em toda metódica de redenção que fosse racional, a admoestação contra o apego a dinheiro e bens se exacerbava ao ponto da execração.

A dependência das próprias comunidades religiosas em relação aos meios econômicos para sua propaganda e manutenção, assim como sua acomodação às necessidades culturais e aos interesses cotidianos das massas, coagiram-nas àqueles compromissos dos quais a história da proibição da usura é apenas *um* exemplo. Para uma autêntica ética de salvação, porém, a tensão mesma era, definitivamente, difícil de vencer.

---

10. Forma truncada de uma antiga máxima cristã, de origem provavelmente ariana, que acabou se incorporando ao *Decreto de Graciano*, extenso trabalho de coleção e concordância de normas disciplinares eclesiásticas realizado pelo Monge Graciano no início do século XII, importante base para os subsequentes códigos de direito canônico. A famosa sentença é citada várias vezes nas obras de Max Weber, onde aparece com algumas variações em contextos que tratam da relação entre economia e religião católica. Seja dito aqui que o sujeito da frase original "não pode (*non potest*)" ou "dificilmente pode (*vix potest*)" é o "*homo mercator*" genérico, o negociante. Por inteiro, a fórmula canônica, com modulações, diz assim: "*Homo mercator vix potest (non potest, nunquam potest) Deo placere*" [NdR].

Ante essa relação de tensão, coube à ética religiosa de virtuoses reagir da forma exteriormente mais radical: pela rejeição da posse de bens econômicos. A ascese de fuga do mundo proibiu ao monge a propriedade individual de bens, prescrevendo-lhe uma existência garantida unicamente pelo trabalho pessoal e, em conformidade com tais prescrições, limitando-lhe as necessidades ao estritamente necessário. O paradoxo de toda ascese racional[11], a saber: o fato de ela mesma ter criado a riqueza que rejeitava, armou a mesma cilada para o monacato de todos os tempos. Por toda parte os próprios templos e mosteiros tornaram-se por sua vez lugares de economia racional.

Em termos de princípio, a fuga contemplativa do mundo só pôde gerar uma única máxima: ao monge desprovido de posses, para quem o trabalho já representava de certo modo algo que o distraía da sua concentração sobre o bem salvífico da contemplação, só era lícito usufruir daquilo que lhe fosse oferecido espontaneamente pela natureza e pelas pessoas: bagas, raízes e esmolas voluntárias. No entanto, a própria fuga contemplativa do mundo cedeu, também ela, a certos compromissos, como por exemplo criar distritos de mendicância (como na Índia).

Para escapar a essa tensão em linha de princípio e *interiormente*, havia apenas duas vias coerentes. Por um lado, o paradoxo da ética profissional puritana, a qual, como religiosidade de virtuoses, renunciou ao universalismo do amor e objetivou racionalmente toda atividade exercida no mundo não só como serviço à vontade de deus – a qual, se bem que totalmente incompreensível em seu sentido último, ao se objetivar em vontade positiva era a única reconhecível –, mas também como comprovação do estado de graça; pelo que, essa ética também aceitou como sendo querida por deus, à guisa de material para o cumprimento do dever, a objetivação do cosmos econômico por sinal desvalorizado junto com o resto do mundo pelo fato de ser criatura e além do mais corrompida. Isso significava, no final das contas, renunciar por princípio à redenção como um fim alcançável pelo ser humano, por todo

---

11. Eis um bom exemplo de emprego por Weber de um dos dispositivos conceituais mais característicos de sua sociologia histórica: o chamado "paradoxo das consequências", aqui apresentado em poucas palavras [NdR].

e qualquer ser humano, em proveito da graça sem mérito nem motivo, uma graça sempre e estritamente particular. A bem da verdade, esse ponto de vista da não fraternidade já não constituía propriamente falando uma "religião de salvação", não mais. Para uma religião dessa só restaria a exacerbação da fraternidade até o ponto daquela "bondade" em estado puro que o acosmismo do amor representa para o místico: aquela "bondade" que nada indaga da pessoa a quem e por quem se sacrifica, por quem no fim das contas mal se interessa; aquela "bondade" que de uma vez por todas dá logo a camisa a quem só lhe pede o manto, a qualquer um que cruzou seu caminho por acaso, pelo simples fato de encontrá-lo ali a cruzar seu caminho: uma singular fuga do mundo na forma de uma entrega de si sem objeto, entrega de si a qualquer um, mas não pela pessoa em si, não por amor ao ser humano, mas pura e simplesmente por amor à entrega de si; nas palavras de Baudelaire: por amor à "santa prostituição da alma".

Esfera política

Igualmente aguda ante as ordens *políticas* do mundo tinha que ser a tensão da ética da fraternidade das religiões de salvação quando coerente consigo mesma. Para a religiosidade mágica e a religiosidade de deuses funcionais o problema não existia. O antigo deus da guerra e o deus que garantia a ordem jurídica eram deuses funcionais que protegiam os bens indiscutíveis da vida cotidiana. O deus de uma localidade, de uma tribo, de um império, cada qual só se importava com os interesses do seu respectivo grupo. Ele devia, tanto quanto a própria comunidade, lutar contra outros deuses semelhantes a ele e confirmar no combate seu poder divino. O problema surgiu, no entanto, quando essas barreiras foram derrubadas pelas religiões universalistas com um deus único e universal, e se impôs com maior intensidade para a religião de salvação em razão da exigência de fraternidade, devendo ser esse deus um deus de "amor". E aqui também, do mesmo modo que no caso da esfera econômica, a tensão se colocou de maneira tanto mais intensa quanto mais a ordem política se tornava racional. O aparelho burocrático do Estado e o *homo politicus* racional que dele faz parte cumprem suas tarefas objetivamente tal como o faz o *homo oeconomicus* e, sobretudo, quando agem de forma ideal de acordo com as regras racionais da ordem estatal do poder, fazem-no "sem levar em consideração a pessoa", ou seja, de modo impessoal, *sine ira et studio*, isto é, sem ódio nem amor, mesmo ao punir o delito. Precisamente por causa dessa sua despersonalização, esse aparato, por mais que pareça o contrário, em pontos importantes é muito menos acessível a uma eticização [*Ethisierung*] material do que o foram as ordens patriarcais do passado, que se apoiavam nos deveres pessoais de piedade filial e no apreço pessoal concreto dispensado ao caso individual, ou seja: precisamente por se "levar em consideração a pessoa". Ora, o curso geral do funcionamento político interno do aparelho de Estado, no âmbito da jurisprudência e da administração, mais cedo ou mais tarde acaba inevitavelmente sendo regulado, apesar de todo o compromisso com "políticas sociais", pelo *pragma* objetivo da razão de Estado – cuja única finalidade é, noutras palavras, a manutenção (ou o remanejamento) da distribuição interna e externa do poder; finalidade essa que deve aparecer a toda religião de salvação universal como algo definitivamente sem sentido. Com maior razão isso sempre foi verdade, e continua a sê-lo, primeiramente para a política externa. O apelo à violência nua dos meios coercitivos, não só para o exterior como também para o interior, é da essência de qualquer associação política, simples assim. Mais até: em nossa terminologia, esse apelo é aquilo que o constitui em associação política: o "Estado" é aquela associação que reivindica para si o monopólio *da violência legítima* – não há outro modo de defini-lo. À injunção do Sermão da Montanha (Mt 5,39): "Não resistais ao mal pela violência", o Estado contrapõe: "*Deverás* ajudar o direito a triunfar também pela *violência* – sob pena de teres de responder pela injustiça". Onde isso faltasse, lá faltaria "Estado": seria o reino do "anarquismo" pacifista. Mesmo assim, considerando o *pragma* inevitável de toda ação, a violência e a ameaça de recurso à violência geram sempre e inevitavelmente uma nova violência. Nisso a razão de Estado, seja para o exterior seja para o interior, está seguindo suas legalidades próprias. E, em última análise, o *sucesso* mesmo da violência ou da ameaça de violência depende, claro, das relações de poder e *não* do "*direito*" ético, mesmo quando se considere que é possível encontrar critérios objetivos para definir tal direito. Em todo caso, o enfrentamento na luta pelo poder entre grupos ou entre detentores do poder convictos de boa-fé de "estarem do lado justo" – fenômeno típico justamente do Estado racional em contraste com o ingênuo heroísmo dos primórdios – do ponto de vista de toda racionalização religiosa que pretenda ser coerente consigo mesma só pode aparecer como um arremedo da ética; mesmo porque, para uma ética religiosa coerentemente racionalizada, intrometer deus na luta política pelo poder não pode ser outra coisa senão usar seu santo nome em vão, e, diante disso, a total eliminação de qualquer elemento ético do raciocínio político pode parecer a atitude mais limpa e a única coisa honesta a fazer. Toda política deve necessariamente parecer tão mais alheia à fraternidade quanto mais "objetiva" for, noutras palavras, quanto mais impessoal e calculadora, quanto mais livre de sentimentos passionais de ira ou de amor.

A mútua estranheza entre as esferas da religião e da política, quando cada uma das duas se encontra plenamente racionalizada, manifesta-se de forma particularmente cortante no momento em que a política, ao contrário da economia, se mostra como uma concorrente direta da ética religiosa em pontos decisivos. A *guerra*, enquanto realização concreta da ameaça do uso da força, cria, justamente nas comunidades políticas modernas, um *pathos* e um sentimento de comunidade e, com isso, suscita nos combatentes uma entrega de si incondicional e a comunhão no sacrifício, mas suscita também, como fenômeno de massa, uma atitude de compaixão e de amor pelos necessitados que explode todas as barreiras dos grupamentos naturalmente dados, e isso de um modo tal, que algo equivalente às religiões em geral jamais conseguiram produzir, a não ser no caso das comunidades de seguidores heroicos da ética da fraternidade. A guerra, além do mais, proporciona ao combatente algo de único em sua significação concreta: o sentimento de um sentido da morte e de uma sacralidade que só pertence à morte na guerra. A comunidade do exército em campanha hoje[12], tal como nos tempos do séqui-

---

12. Alusão à Primeira Guerra Mundial (1914-1918), importante pista para situar cronologicamente o período temporal em que se deu o trabalho de composição desta parte do ensaio [NdR].

to guerreiro, sente-se como uma comunidade até a morte: a mais grandiosa no seu gênero. Em contraste com aquela morte que cabe como um destino ao comum dos mortais e nada mais, um destino que atinge a cada um sem que ele possa dizer jamais por que justamente ele e justamente naquele momento, a morte que – graças a um desenvolvimento e a uma sublimação dos bens culturais que chegam às raias do incomensurável – põe um fim ali onde só o que está no início parece poder fazer sentido: em contraposição a essa morte que não passa de um acontecimento inevitável, destaca-se a morte no campo de batalha pelo fato de aí, e em escala de massa *somente aí*, o indivíduo poder *crer* que sabe que está morrendo "por" alguma coisa. Em geral, os motivos e os fins pelos quais ele tem que encarar a morte que o espera normalmente poderão lhe parecer tão evidentemente fora de qualquer dúvida – é o que acontece com o guerreiro e, além dele, só com quem morre "no cumprimento do dever profissional" – que ali não se perfilam pressupostos para se colocar o problema do "sentido" da morte nos termos daquela acepção generalíssima que as religiões de salvação são levadas a lhe dar. Inserir a morte na série dos acontecimentos dotados de um sentido e de um caráter sagrado constitui, em última análise, uma operação que está na base de todas as tentativas feitas para defender a dignidade específica da associação política calcada na violência. O modo pelo qual a morte pode ser concebida aqui como dotada de sentido aponta para direções radicalmente distintas do modo como lhe confere sentido uma teodiceia da morte no quadro de uma religiosidade da fraternidade. Aos olhos desta última, a fraternidade do grupo de humanos unidos pela guerra só pode ser desvalorizada como mero reflexo da brutalidade tecnicamente refinada do combate, e a consagração intramundana da morte na guerra só pode aparecer como uma glorificação do fratricídio. E é precisamente o caráter extracotidiano da fraternidade na guerra e da morte em combate, extracotidianidade que elas compartilham com o carisma sagrado e com a experiência mística de uma comunhão com deus, que alça a concorrência entre tais esferas ao máximo grau possível.

Aqui também, apenas duas soluções coerentes: de um lado, o particularismo da graça próprio da ascese puritana da profissão vocacional, que crê nos mandamentos positivos revelados que emanam de um deus que de resto é totalmente incompreensível, mas cuja vontade se entende nestes termos, a saber: tais mandamentos devem ser impostos a este mundo de criaturas que, por ser de criaturas, está submetido à violência e à barbárie ética; e devem ser impostos precisamente com os meios que são próprios deste mundo, isto é, pela força. Ora, isso no mínimo quer dizer que, no interesse da "causa" de deus, cabe pôr limites ao dever da fraternidade. Do outro lado, temos a posição antipolítica radical, própria da busca mística da salvação; todinha de bondade e fraternidade acósmicas, ela se safa do *pragma* da violência que inevitavelmente acompanha toda ação política, valendo-se do princípio de "não resistir ao mal" e adotando a máxima de "oferecer a outra face", postura que aos olhos de toda ética heroica, profana e segura de si, forçosamente soará desprezível, indigna. Todas as outras soluções estão oneradas por compromissos ou por pressupostos que necessariamente parecem desonestos e inaceitáveis para uma ética da fraternidade autêntica.

Mesmo assim, algumas dessas soluções despertam, enquanto tipos, um interesse de princípio.

Toda organização da salvação em uma *instituição* universalista da graça se sentirá responsável perante deus pelas almas de todos os seres humanos, ou pelo menos de todos os que lhe tenham sido confiados, e por essa razão ela se sentirá autorizada, ou melhor, obrigada a fazer frente até mesmo pela força bruta às ameaças de desvio na fé e a promover a difusão dos meios salvíficos da graça. E mais, o aristocratismo da salvação engendra o fenômeno do ativista "lutador da fé" sempre que, como ocorre no calvinismo (e de um outro modo no islã), ele assume o mandamento do seu deus de dominar, para sua glória, o mundo do pecado. Engendra igualmente a separação entre a guerra "santa" ou "justa" – isto é, aquela que em nome da fé se empreende para o cumprimento do mandamento de Deus e que de certo modo é sempre uma guerra de religião – e todos os outros empreendimentos bélicos puramente mundanos e, por isso mesmo, profundamente desvalorizados. O lutador da fé – tal como havia feito o vitorioso "exército dos santos" de Cromwell em sua tomada de posição contra o serviço militar obrigatório – rejeitará a obrigação de tomar parte em guerras declaradas pelos poderes políticos, mas não aprovadas pela própria consciência por não estar claro que são santas nem ao menos de acordo com a vontade de deus, preferindo assim o mercenarismo à conscrição obrigatória. No caso da violação da vontade de deus pelos seres humanos, particularmente em matéria de fé, ele, o lutador da fé, em conformidade com o princípio de que se deve obedecer antes a deus do que aos homens, tirará como consequência lógica a ação revolucionária religiosa. Exatamente inversa foi, por exemplo, a tomada de posição da religiosidade institucional do luteranismo. Pelo fato de rejeitar tanto a guerra em nome da fé quanto o direito de resistência ativa à violência mundana exercida contra a fé, pelo fato de considerar que se tratava de uma arbitrariedade envolver a redenção no *pragma* da violência, o luteranismo reconhecia nesse âmbito somente a resistência passiva e pregava, ao contrário, a pronta obediência à autoridade secular, mesmo quando essa decretasse uma guerra profana, posto que a responsabilidade recairia sobre a autoridade e não sobre o indivíduo, e mesmo porque o luteranismo reconhecia a autonomia ética da esfera do poder temporal, ao contrário do que ocorria com a instituição de salvação intrinsecamente universalista (a católica). Esse toque de religiosidade mística, próprio do cristianismo pessoal de Lutero, levou a consequências que ficaram pela metade. Com efeito, por toda parte a busca propriamente mística ou pneumática da salvação, empreendida pelos virtuoses religiosos com base num carisma religioso, foi apolítica ou antipolítica por natureza. Bem verdade que de bom grado ela reconheceu a autonomia das ordens terrenas, mas apenas para daí deduzir coerentemente o caráter radicalmente diabólico dessas ordens ou, pelo menos, para adotar perante elas aquele ponto de vista de absoluta indiferença, expresso na fórmula: "Dai a César o que é de César" (Mc 12,17). (Afinal: que importância têm essas coisas para a salvação?)

A particular implicação das organizações religiosas nos interesses de poder e nas lutas pelo poder, o colapso sempre inevitável das relações de tensão com o mundo (mesmo as mais acirradas) em compromissos e relativizações, a aptidão das organizações religiosas, bem como o uso delas para a domesticação política das massas e, em especial, a necessidade que têm os poderes vigentes de uma consagração religiosa de sua legitimidade, todos esses são fatores que, como nos mostra a história, condicionaram as tomadas de posição concretas extremamente diversas da parte das religiões no tocante à ação política. Quase todas essas tomadas de posição foram formas de relativização dos valores salvíficos religiosos, relativização deles próprios e também de sua própria legalidade [*Eigengesetzlichkeit*] ético-racional. Mas seu tipo de maior significação do ponto de vista prático foi a ética social "*orgânica*", a qual se propagou em formas variadas, e cujas concepções sobre a vocação profissional formaram a contraimagem mais importante a se opor, em termos de princípio, às ideias sobre profissão próprias da ascese intramundana.

Também a ética social orgânica, quando assentada em fundamento religioso, ergue-se no terreno da "fraternidade". Mas, ao contrário do místico acosmismo do amor, a exigência de fraternidade que a rege é de feitio cósmico e racional. Seu ponto de partida é a desigualdade do carisma religioso empiricamente constatável. Pois para ela o insuportável está precisamente nisto: que a salvação seja acessível apenas a alguns e não a todos. Eis por que essa ética social procura precisamente vincular a desigualdade das qualificações carismáticas a uma forma de classificação estamental do mundo a fim de encaixá-la num cosmos de prestações divinamente desejadas e ordenadas segundo uma divisão funcional de ocupações: um cosmos no interior do qual determinadas tarefas incumbem a cada indivíduo e a cada grupo de acordo com seu carisma pessoal e com sua posição social e econômica condicionada pelo destino. Regra geral, tais tarefas estão a serviço da efetivação – interpretada a um só tempo em termos de utilitarismo social e de providência divina – de um estado de coisas que é agradável a deus, mesmo com todo o seu caráter de compromisso, mas que, em face da corrupção do mundo pelo pecado, venha possibilitar ao menos uma relativa moderação do pecado e do sofrimento e que, além do mais, confirme e salve para o reino de deus, se não todas, ao menos o maior número possível de almas em perigo. Mais adiante iremos conhecer aquela teodiceia (de longe a mais patética) com a qual a doutrina indiana do *karma* respondeu à concepção orgânica da sociedade partindo justamente do ponto de vista contrário: o de um *pragma* da salvação orientado para interesses puramente individuais. Sem essa interconexão muito particular, toda ética social orgânica inevitavelmente aparece, aos olhos da modalidade radical e mística da ética religiosa da fraternidade, como uma acomodação aos interesses dos estratos privilegiados deste mundo, ao passo que, aos olhos da ascese intramundana, o que nela se destaca é a ausência de estimulação interior para uma completa racionalização ética da vida individual. De fato, falta a ela ter um prêmio a oferecer para a configuração *metódico*-racional da vida do indivíduo, operada por ele mesmo no interesse da sua própria salvação. Em compensação, aos olhos do *pragma* orgânico da salvação, o aristocratismo soteriológico próprio da ascese intramundana com sua despersonalização racional das ordens de vida só pode representar a mais rígida forma da falta de amor e da não fraternidade, sendo que, por sua vez, o aristocratismo típico da mística aparece aos olhos da ascese intramundana como um gozo sublimado do carisma pessoal – a bem da verdade um gozo não fraternal – em que o acosmismo do amor desprovido de método não passaria de um meio egoísta de busca da salvação pessoal. Ascese e mística, ambos os aristocratismos, em última análise condenam à mais absoluta falta de sentido o mundo social ou, no mínimo, condenam à mais cabal incompreensibilidade [*Unverständlichkeit*] os desígnios de deus a respeito dele. Já o racionalismo da doutrina social orgânico-religiosa não suporta essas ideias e, de sua parte, intenta conceber o mundo como um cosmos que, embora corrompido pelo pecado, porta em si os vestígios do plano divino de salvação, e por isso é racional, ao menos relativamente. Mas é justamente essa relativização operada pela ética social orgânica que, aos olhos do carismatismo absoluto da religiosidade de virtuoses, aparece como o que nela há de propriamente condenável e alheio à salvação.

Assim como a ação racional econômica e a ação racional política seguem suas legalidades próprias, assim também qualquer outra ação racional dentro do mundo se acha vinculada inevitavelmente às condições não fraternais do mundo, pois elas necessariamente proporcionam os meios ou os fins desse tipo de ação, e toda ação racional de um modo ou de outro entra em tensão com a ética da fraternidade. E mais: a própria ação racional é em si mesma portadora [*es trägt*] de uma tensão profunda. De fato, ao que parece, não há meio de responder a esta questão primordial: com qual critério se deve decidir num caso particular o valor ético de uma ação, se por referência ao seu *resultado*, ou se por referência a um valor eticamente postulável, *intrínseco* a ela? Noutras palavras: se e até que ponto é a responsabilidade do agente pelas consequências que deverá justificar os meios ou, ao contrário: se e até que ponto é o valor da convicção que reveste a ação que deverá autorizar o agente a recusar a responsabilidade pelas consequências e atribuí-las a deus, ou à corrupção e insensatez do mundo permitidas por deus. A sublimação da ética religiosa em ética da convicção se inclinará para esta segunda alternativa: "o cristão faz o que é justo e entrega para deus o resultado". Isso não obstante, no caso de uma ação racional realmente coerente até às últimas consequências, pode acontecer que a ação individual, em face das legalidades próprias do mundo [*Eigengesetzlichkeiten der Welt*], veja-se condenada à irracionalidade do efeito[13]. Diante disso, a coerência de uma busca sublimada da salvação pode levar a um exagero tal do acosmismo, que então se chega ao cúmulo da rejeição da ação racional referente a fins pura e simplesmente enquanto tal, ou seja, uma rejeição de toda ação posta com as categorias de meio e fim, considerada uma forma de agir alheia a deus porquanto vinculada ao mundo. Veremos que isso ocorreu com diversos graus de coerência lógica, da parábola bíblica dos lírios do campo às formulações em linha de princípio próprias, por exemplo, do budismo.

A ética social orgânica é, por toda parte, um poder eminentemente conservador e antirrevolucionário. Em compensação, da autêntica religiosidade de virtuoses podem resultar, em determinadas circunstâncias, consequências outras, *revolucionárias*. Isso, é claro, só ocorre com a condição de não se considerar que tudo o que é criado se caracterize permanentemente pelo *pragma* da violência, que implica o seguinte: que toda violência gera

---

13. No *Bhagavad Gita* esse fenômeno foi teoricamente abordado com a máxima coerência. • "Irracionalidade do efeito" é um outro nome do "paradoxo das consequências" [NdR].

violência, e que na dominação violenta apenas se troca de pessoas ou, quando muito, de métodos. Dependendo no entanto da coloração da religiosidade de virtuoses, sua versão *revolucionária* pode, em princípio, assumir duas formas diferentes. Uma tem origem na ascese intramundana por toda parte onde ela for capaz de contrapor aos ordenamentos empíricos do mundo, corrompidos como tudo o que é criatura, um "direito natural" absoluto e divino, cuja realização vira um dever religioso em consonância com a máxima que de um modo ou de outro vigora em todas as religiões racionais, segundo a qual deve-se obedecer a deus antes que aos homens. Seu tipo: as revoluções genuinamente puritanas, das quais se encontram réplicas também em outros lugares. Essa atitude corresponde plenamente ao dever da guerra religiosa.

Diferente é o que acontece no caso do místico, quando se opera a virada, sempre possível psicologicamente, da posse de deus para a possessão por deus. Faz todo sentido essa possibilidade quando se inflamam as expectativas escatológicas de um imediato começo da era da fraternidade acósmica, quando portanto desaba a crença no caráter eterno da tensão entre este mundo e o reino irracional e trasmundano [*hinterweltlich*] da redenção. O místico torna-se então salvador e profeta, mas os mandamentos que ele proclama não têm nenhum caráter racional. É como se fossem produtos do seu carisma, revelações de caráter concreto, e sua rejeição radical do mundo vira facilmente um *anomismo*[14] radical. Os mandamentos do mundo não têm validade para quem tem certeza de ser possuído por deus: πάντα μοι εξεστιν[15]. Todo quiliasmo até a revolução anabatista[16] repousa de algum modo sobre

---

14. O próprio Weber, no ensaio sistemático chamado "Sociologia da religião", até hoje publicado como um capítulo do vol. I de *Economia e sociedade*, define "anomismo" nos seguintes termos: "[...] o *anomismo*, a saber: o sentimento – que não se manifesta no agir e na natureza desse agir, mas numa condição sentida e na qualidade desta – de não estar mais vinculado a nenhuma regra de ação, porém de conservar a certeza absoluta da salvação faça o que fizer" (*Economia e sociedade*. Vol. I. Brasília: UnB, 1991, p. 369). Não se confunda, pois, anomismo com *anomia*, um conceito central na teoria sociológica de Durkheim [NdR].

15. "*Pánta moi éxestin*" – "Tudo me é permitido" (1Cor 6,12). Para Weber, essa fórmula paulina expressa com maestria o sentimento místico de anomismo, de pairar acima das normas. Cf. nota anterior [NdR].

16. Revolução religiosa ocorrida em Münster, Westfália, em 1534-1535 [NdR].

este fundo: para quem está salvo graças à "posse" que tem de deus, o modo de agir não tem nenhuma significação salvífica. Encontraremos algo semelhante no *djivanmukhti*[17] indiano.

Esfera estética

Se a ética religiosa da fraternidade vive em tensão com a legalidade própria da ação racional referente a fins no mundo, não é menor sua tensão com aquelas potências intramundanas da vida, cuja natureza é de caráter fundamentalmente arracional ou antirracional. Antes de tudo com a esfera estética e a erótica.

É com a esfera estética que a religiosidade mágica mantém a mais íntima relação. Ídolos, ícones e demais artefatos religiosos, assim como a estereotipagem magicamente comprovada dos procedimentos para sua elaboração, constituem o primeiro estágio na superação do naturalismo por um estilo "fixo"; a música como meio para o êxtase, para o exorcismo ou para a magia apotropaica; os feiticeiros na qualidade de cantores e dançarinos sacros; as relações entre os tons magicamente provadas em sua eficácia e logo estereotipadas, como rudimentos primeiros da escala de tonalidades; o passo de dança elaborado em função de magia e também usado para o êxtase, tornando-se uma das fontes da rítmica; os templos e as igrejas como as maiores de todas as edificações, estereotipando-se estilisticamente em vista de fins definidos de uma vez por todas e de acordo com formas arquitetônicas fixadas por comprovação mágica; os paramentos e apetrechos litúrgicos de toda espécie, como objetos artesanais ligados à riqueza de templos e igrejas, riqueza condicionada pelo fervor religioso: tudo isso desde sempre fez da religião uma fonte inesgotável, seja de possibilidades de desabrochamento artístico, seja de estilização decorrente do apego à tradição.

Para a ética religiosa da fraternidade, assim como para o rigorismo *a priori*, a arte, como portadora de efeitos mágicos, fica não apenas desvalorizada, mas também diretamente suspeita. A sublimação da ética religiosa e da

---

17. Em sânscrito: libertação de alguém do seu viver [NdR].

busca da salvação, de um lado, e, de outro, o desenvolvimento da legalidade própria da arte tendem a instalar entre si uma relação de tensão crescente. Pois toda religiosidade de salvação, uma vez sublimada, visa unicamente ao sentido, não à forma das coisas e das ações relevantes para a salvação. A seu ver, a forma se desvaloriza como algo supérfluo, algo próprio da criatura, algo que nos distrai do sentido. Bem verdade que do lado da arte a cândida relação com a religião pode permanecer intacta ou se renovar sempre de novo, mas somente pelo tempo em que, e toda vez que, o interesse consciente do degustador se prenda ingenuamente ao conteúdo daquilo a que se deu forma, e não à forma puramente enquanto tal, e até quando a façanha do artista for sentida ou como um carisma (originalmente: mágico) de "capacidade", ou como um livre jogo. No meio-tempo, o desenvolvimento do intelectualismo e a racionalização da vida modificam essa situação. A partir de então a arte passa a se constituir num cosmos de valores próprios [*Eigenwerte*] autônomos, apreendidos de modo cada vez mais consciente. Ela assume, seja lá como isso for interpretado, a função de uma *redenção* intramundana, que liberta do cotidiano e, também e sobretudo, da pressão crescente do racionalismo teórico e prático. É com essa pretensão que ela entra em concorrência direta com a religião de salvação. Toda ética religiosa racional acaba tendo que se voltar contra essa redenção intramundana irracional, encarada como um reino de gozo irresponsável, de dissimulada falta de amor. Na prática, a recusa em assumir a responsabilidade por um juízo ético, recusa essa que costuma caracterizar as épocas intelectualistas, parte em função de demandas de subjetivismo, parte por receio de parecer tacanho, retrógrado, convencional, tende a transformar juízos eticamente orientados em juízos de gosto ("de mau gosto", se diz, em vez de "reprovável"), e um juízo de gosto, posto que inapelável, exclui discussão.

Essa fuga estética à necessidade de uma tomada de posição ético-racional *pode* muito bem apresentar-se aos olhos da religião de salvação como uma forma de disposição não fraternal das mais profundas, em contraste com a "validade universal" da norma ética, a qual funda comunidade pelo menos na medida em que o indivíduo, estando diante de um modo de agir eticamente rejeitável, porém humanamente aceitável, a ela se submete, consciente da sua própria indigência como criatura. Por outro lado, a norma ética enquanto tal poderá facilmente aparecer aos olhos do criador artístico e do degustador esteticamente estimulado como repressão do que há de propriamente criativo e de mais pessoal no indivíduo. No entanto o modo mais irracional de comportamento religioso, a experiência mística, é, na sua mais íntima essência, não somente alheia à forma, imoldável e inefável, mas até mesmo hostil à forma, porquanto é justamente no sentimento de transgressão de todas as formas que a mística crê poder abrir caminho para aquele Todo-Uno que fica além de toda condicionalidade e de toda modelabilidade. Para a mística, o indubitável parentesco psicológico entre a emoção artística e a emoção religiosa só pode significar um sintoma do caráter diabólico da primeira. A música, precisamente "a mais interior" das artes, na mais pura de suas formas: a música instrumental, pode aparecer para a mística como um sucedâneo irresponsável da experiência religiosa primordial, irresponsável e enganoso dada a legalidade própria da música instrumental como um reino que não faz parte da vida *interior*: a essa suspeição pode-se reportar a conhecida tomada de posição do Concílio de Trento. A arte se converte em "divinização da criatura", poder concorrente, aparência enganosa; eis que as imagens e alegorias das coisas religiosas surgem como pura blasfêmia.

Na realidade empírica da história, esse parentesco psicológico entre a emoção artística e a religiosa levou sempre de novo, é fato, a alianças importantes para o desenvolvimento da arte, às quais de um modo ou de outro a grande maioria das religiões se prestou, de forma tanto mais sistemática quanto mais aspirassem a ser religiões universalistas de massa e, portanto, quanto mais dependessem do efeito de massa e da propaganda emocional. A religiosidade que permaneceu mais arredia em face da arte, resultado do *pragma* de contradições internas, foi a religiosidade de virtuoses autêntica, tanto em sua versão ascética ativa quanto em sua versão mística, e isso na verdade se dava tanto mais rispidamente quanto mais ela enfatizasse a transcendência de seu deus ou a extramundanidade da redenção.

Esfera erótica

Assim como ocorre com a esfera estética, assim também a ética religiosa fraternal das religiões de salvação se encontra numa relação de profunda tensão com a força mais irracional da vida: o amor sexual. E na verdade também aqui essa relação de tensão se faz tanto mais aguda quanto mais, por um lado, se sublima a sexualidade e, por outro, quanto mais é levada a sério em sua coerência a ética religiosa da fraternidade. Também nesse caso a relação originária era bastante íntima. Muito frequentemente o coito era um elemento integrante da orgiástica mágica[18]; a prostituição sagrada – que nada teve a ver com uma suposta "promiscuidade primitiva" – era, o mais das vezes, um resto daquele estágio em que todo êxtase era considerado "sagrado". A prostituição profana, tanto heterossexual quanto homossexual, datava dos primórdios e era, não raro, bastante refinada. (O adestramento de tríbades ocorre entre os assim chamados povos da natureza.) A transição da prostituição para o casamento juridicamente constituído ocorreu de forma fluida através de toda sorte de formas intermediárias. A concepção do casamento como um assunto econômico, com a finalidade de garantir a segurança da mulher e o direito sucessório da criança e, além disso, como uma instituição importante até mesmo para o destino no Outro mundo, posto que destinada a gerar filhos e, com isso, uma descendência em condições de prover para os antepassados os sacrifícios oferecidos aos mortos – é uma concepção historicamente anterior aos profetas e universal, não tendo por enquanto nada a ver com ascese. A vida sexual como tal tinha também, do mesmo modo que qualquer outra função, seus espíritos e deuses.

Uma certa tensão só aparece com o surgimento, bastante antigo, da castidade cultual dos sacerdotes, de curta duração, fenômeno que certamente foi condicionado pelo fato de que, já do ponto de vista de um ritual estritamente estereotipado próprio de um culto comunitário regulado, a sexualidade podia facilmente aparecer como dominada por forças especificamente demo-

---

18. Ou era uma consequência não desejada da excitação orgiástica. A formação da seita dos *Skoptzy* (castrados) na Rússia teve sua origem no desejo de escapar dessa consequência, considerada pecaminosa, da dança orgiástica (*radjenie*) dos *klysty*.

níacas. Mas, na sequência, não foi por acaso que as profecias, do mesmo modo que as ordens de vida controladas por sacerdotes, quase sem nenhuma exceção digna de nota, tenham regulamentado o ato sexual em favor do *casamento*. Nisso se manifesta a oposição de toda regulação racional da vida à orgiástica mágica e a toda sorte de formas irracionais de exaltação. O ulterior acirramento da tensão foi condicionado por fatores de desenvolvimento intervindo dos dois lados. Do lado da sexualidade, por sua sublimação em "erotismo", isto é, em uma esfera de valor *conscientemente* cultivada e por isso mesmo – em contraste com o sóbrio naturalismo camponês – *extracotidiana*. Extracotidiana não só nem necessariamente no sentido de alheia às convenções. Pois a convenção de cavalaria costumava fazer precisamente do erotismo um objeto de regulamentação, se bem que, caracteristicamente, encobrindo com véus a base natural e orgânica da sexualidade. A extracotidianidade vinha justamente na esteira desse progressivo distanciamento em relação ao naturalismo ingênuo do sexo. Distanciamento que, em seus fundamentos e em sua significação, inseria-se nos contextos universais da racionalização e da intelectualização da cultura.

Apresentemos em poucos traços os estágios desse desenvolvimento, escolhendo exemplos do Ocidente.

A retirada do conjunto dos conteúdos da existência humana para fora do ciclo orgânico da existência camponesa e o crescente enriquecimento da vida com conteúdos culturais, fossem intelectuais ou de outro gênero, dotados de valor supraindividual, ao separar o que era conteúdo da vida do que era meramente um dado da natureza, atuaram simultaneamente no sentido de reforçar a posição especial do erotismo. Ele foi alçado à esfera do gozo consciente (e gozo no sentido mais sublime da palavra). Não obstante isso e precisamente por causa disso, o erotismo, em contraste com os mecanismos da racionalização, deu-se a ver como uma porta que se abre para o cerne mais irracional e por isso mesmo o mais real da vida. O grau e o modo em que a acentuação valorativa [*Wertakzent*] incidiu sobre o erotismo como tal oscilaram extraordinariamente através da história. Para a altiva sensibilidade de um grupamento guerreiro, a posse de mulheres e a luta por mulheres equivaliam mais ou menos a lutar por tesouros e pela conquista do poder. No período da Grécia pré-clássica, na época do romantismo de cavalaria, uma desilusão erótica podia ser considerada, e o foi pelo poeta Arquíloco, uma experiência de magnitude considerável e duradoura, e o rapto de uma mulher podia valer como ocasião para uma guerra de heróis sem paralelo. E ainda as reminiscências do mito entre os trágicos representavam o amor sexual como uma verdadeira força do destino. Mas, tudo somado, foi uma mulher, Safo, a mostrar uma capacidade de experiência erótica jamais igualada por homens. Só que a época clássica grega, o período do exército de hoplitas, e disso todos os testemunhos diretos dão prova, pensava essas matérias de um modo inusitadamente austero, muito mais austero do que o estrato ilustrado chinês. Não que a Grécia já não conhecesse a mortal seriedade do amor sexual. *Mas*: não era esse o seu *traço característico*, e sim o contrário: recorde-se – malgrado Aspásia – o discurso de Péricles e, ainda, o conhecido dito de Demóstenes[19]. Para o caráter exclusivamente masculino dessa época da "democracia", falar das experiências eróticas com mulheres como decisivas para os "destinos da vida" teria soado (para falar em termos atuais): sentimentalismo de estudante. O "camarada", o efebo, esse objeto desejado com todo o cerimonial do amor, ele é que estava no centro mesmo da cultura grega. Daí que o eros de Platão, a despeito de toda a sua magnificência, era um sentimento bem *temperado*: a beleza da pura *paixão bacanal* não era oficialmente recebida nessa relação.

A possibilidade de problematização e tragicidade com base em princípios insinuou-se pela primeira vez na esfera erótica a partir de determinadas exigências de responsabilidade, e essas, no Ocidente, são de matriz cristã. No entanto, a acentuação valorativa da sensação puramente erótica, que como tal teve lugar no Ocidente, começou a se desenvolver antes de mais nada sob o condicionamento cultural dos conceitos feudais de honra. Nomeadamente, pela transposição da simbologia cavalheiresca das relações de vassalagem para as relações sexuais sublimadas em erotismo. Antes de mais nada, quan-

---

19. Alusão à distinção, feita por Demóstenes, de três papéis femininos, classificados em ordem decrescente quanto ao prazer proporcionado ao sexo masculino: em primeiro lugar as cortesãs, em segundo as concubinas e, por último, as esposas [NdR].

do entraram em jogo algumas combinações com uma certa religiosidade criptoerótica ou, até mesmo, diretamente com a ascese, como foi o caso na Idade Média. O amor cortês da Idade Média cristã consistia, como é sabido, num serviço de vassalagem erótica que era prestado *não* a donzelas, mas exclusivamente a esposas alheias, e compreendia noites de amor castas (em teoria!) e um código casuístico de deveres. Foi assim que começou – havendo aí um nítido contraste com o masculinismo da Grécia – a "comprovação" do homem, não perante os seus iguais, mas perante o interesse erótico demonstrado pela "Dama", conceito esse que de resto só se constituiu por conta dessa função. Uma outra acentuação do caráter sensual específico do erotismo, cada vez mais se despedindo da ascese cristã de cavalaria, desenvolveu-se com a transição da convenção da Renascença – muito diversificada, por sinal, mas na verdade essencialmente masculina, agonística e, nessa medida, mais aparentada com a Antiguidade, como no tempo do *Cortegiano*[20] e de Shakespeare – ao intelectualismo crescentemente não militar da cultura de salão. Essa repousava sobre a convicção de que a conversação intersexual fosse uma força criadora de valores, uma vez que, de par com a comprovação agonística do cavaleiro aos olhos da dama, a sensação erótica, manifesta ou latente, funcionava como imprescindível estimulante à conversação. A partir das *Lettres Portugaises*[21], a real problemática feminina do amor tornou-se um objeto específico do mercado cultural, e a correspondência amorosa feminina se fez "literatura". O último estágio de acentuação valorativa pelo qual passou a esfera erótica consumou-se finalmente no terreno das culturas intelectualistas, justamente ali onde a esfera erótica bateu de frente com o influxo inevitavelmente ascético do tipo de homem profissional por vocação [*Berufsmenschentum*]. Em meio a essa relação de tensão com o cotidiano racional, a vida sexual tornada extracotidiana e especialmente extramatrimonial pôde aparecer como o único vínculo que ainda ligava à fonte natural de toda vida o ser humano ora em diante completamente sol-

---

20. Trata-se da obra de Baldassare Castiglione, *Il Libro del Cortegiano*, do início do século XVI (1528) [NdR].

21. De 1669 [NdR].

to do ciclo da antiga existência camponesa, simples e orgânica. Vem daí a fortíssima acentuação valorativa dessa específica sensação de redenção intramundana em relação ao racional, a sensação de um abençoado triunfo sobre o racional; a isso se contrapunha, em correspondente radicalismo, a rejeição também inevitavelmente radical proveniente de toda espécie de ética religiosa de salvação extramundana ou supramundana, aos olhos da qual o triunfo do espírito sobre o corpo devia culminar justamente nesse ponto, e a vida sexual não podia representar outra coisa senão o único elo inextirpável com a animalidade. Essa tensão no entanto, no caso de uma elaboração sistemática da esfera da sexualidade como uma sensação erótica altamente valorizada que reinterpretava e transfigurava tudo o que houvesse de puramente animal na relação sexual, tinha que necessariamente se manifestar do modo mais agudo e inevitável precisamente ali onde a religiosidade de salvação assumia o caráter de uma religiosidade do amor, isto é: da fraternidade e do amor ao próximo. E justamente por isto: porque a relação erótica, nas condições aqui indicadas, parece proporcionar o auge inexcedível de realização da exigência amorosa: a interpenetração direta das almas de ser humano com ser humano. Opondo-se do modo mais radical possível a tudo o que seja objetivo, racional, geral, a ausência de limites na entrega de si representa aqui o sentido único que tem esse indivíduo em sua irracionalidade para esse outro, e unicamente para ele. Mas do ponto de vista do erotismo esse sentido, juntamente com o conteúdo de valor da relação, repousa na possibilidade de uma comunidade que é sentida como um pleno tornar-se um [*volle Einswerdung*], uma vertigem no "tu", uma comunidade tão intensa, que só se explica "simbolicamente": como *sacramento*. Justo por isto: pelo caráter inexplicável da experiência que o amante vivencia, por ela ser inesgotável e totalmente incomunicável – e *nisso* sua natureza se assemelha à da "possessão" mística, não só por causa da intensidade da experiência, mas também tendo em vista a realidade possuída de imediato – o amante se sabe implantado no cerne do verdadeiramente vivo, daquilo que é para sempre inacessível a todo esforço da razão; ele se sabe completamente solto das frias mãos esqueléticas das ordens racionais, bem como da mesmice do cotidiano. Ao amante, que sabe estar ligado ao "que existe de mais vivo", as experiências do místico lhe parecem *sem objeto*, pálido reino situado atrás do mundo [*hinterweltlich*]. O amor experiente do homem maduro está para o entusiasmo passional do jovem assim como a seriedade mortal da erótica do intelectualismo está para o amor cortês de cavalaria: intelectualizada, essa erótica vem reafirmar, só que agora de modo reflexivo, justamente o lado natural da esfera sexual como potência criadora corporificada.

Uma ética religiosa da fraternidade que seja coerente consigo mesma se coloca em posição de hostilidade radical a tudo isso. Do seu ponto de vista, essa sensação de redenção puramente terrena faz a concorrência mais acirrada possível à entrega de si ao deus transcendente, ou a uma ordem divina eticamente racional, ou também – sendo este o único efeito "autêntico" aos olhos dela – à implosão mística da individuação. No entanto, são precisamente certas relações de parentesco psicológico entre ambas as esferas que fazem recrudescer a tensão. O erotismo mais elevado estabelece com certas formas sublimadas de religiosidade heroica uma relação que é de mútua permutabilidade, psicológica e fisiológica. Em contraste com a ascese racional ativa, que de saída rejeita o sexual por sua irracionalidade e é, por sua vez, percebida pelo erotismo como um poder inimigo mortal, essa relação de permutabilidade reporta-se especialmente à intimidade mística com deus. Isso traz como consequência a ameaça constante de uma revanche mortalmente refinada da animalidade ou de um brusco escorregão do reino divino da mística para o reino do demasiado humano [*in das Reich des Allzumenschlichen*]. É justamente essa proximidade psicológica que faz aumentar, naturalmente, a inerente rivalidade de sentido. Do ponto de vista de qualquer ética religiosa da fraternidade, quanto mais sublimada for a relação erótica, tanto mais ela deverá permanecer presa à brutalidade, e isso de um modo particularmente refinado. Aos olhos dessa ética, a relação erótica aparece, inevitavelmente, como uma relação de luta, não só nem principalmente por causa do ciúme, da vontade de possuir alguém com exclusão de terceiros, mas muito mais, e mais intimamente, porque jamais os próprios parceiros a percebem como tal, a saber: como uma violação da alma do parceiro menos brutal, como um refinado – pois aí se trata da mais humana das entregas de si –, um dissimulado gozo de si no outro. Nenhuma comunidade erótica plenamente consumada haverá de encarar a si mesma de outro modo senão como fundada, e com isso "legitimada" (em sentido totalmente não ético) por uma misteriosa *destinação* de um para o outro: por um *destino* no mais alto sentido da palavra. Para a religião de salvação, no entanto, esse "destino" outra coisa não é senão o puro acaso da efervescência da paixão. A possessividade patológica assim instaurada, a idiossincrasia e a perda de qualquer senso de medida e de equidade objetiva não podem deixar de aparecer como a mais completa negação do amor fraterno e da sujeição a deus. Sentindo-se como o "Bem", a euforia do amante feliz, com sua amável urgência de encontrar semblantes alegres em todo mundo, ou de encantar todo mundo no ingênuo afã de espalhar felicidade, essa euforia (como se pode ver, p. ex., nas passagens psicologicamente mais coerentes da primeira fase da obra de Tolstoi)[22] colide sempre com o gélido escárnio da ética da fraternidade radical, assentada em fundamento genuinamente religioso. Pois para essa ética, mesmo a relação erótica mais sublimada continua sendo uma relação, que, pelo fato de ser necessariamente exclusiva em seu âmago, ao mesmo tempo em que subjetiva no mais extremo grau que se possa imaginar e sendo, por conseguinte, absolutamente incomunicável, só pode ser, por todos esses aspectos, o polo oposto de toda fraternidade religiosamente orientada. Isso sem contar que já de si o caráter naturalmente passional da relação amorosa como tal aparece a essa ética religiosa como indigna perda do autodomínio e da orientação, seja para a razão racional[23] de normas queridas por deus, seja para a "posse" mística do divino – ao passo que, para o erotismo, a "paixão" *autêntica* é, puramente em si, o tipo da *Beleza*, e sua rejeição, uma blasfêmia.

A exaltação erótica, seja por motivos psicológicos, seja por seu sentido, combina mesmo é com a forma orgiástica de religiosidade, que é extraco-

---

22. Nomeadamente em *Guerra e paz*. De resto, as conhecidas análises de Nietzsche sobre a "vontade de potência" estão substantivamente em plena concordância com isso, apesar de, ou melhor, precisamente pelo fato de se inverterem os sinais dos valores, o que é claramente reconhecido. A posição da religiosidade de salvação está posta com clareza em Ashvagosha (poeta indiano do século I d.C.).

23. É assim mesmo no original: "para a razão racional" (*an der rationalen Vernunft*) [NdR].

tidiana e, num sentido especial, intramundana. O reconhecimento da *consumação* do matrimônio, da *copula carnalis*, como "sacramento" da Igreja Católica é uma concessão feita a esse sentimento. O erotismo, graças à sua permutabilidade psicológica com a mística, a qual por sua vez é simultaneamente extracotidiana e extramundana, malgrado a extrema tensão interior entra facilmente com ela numa relação inconsciente e inconstante de substituição ou de fusão mútua, o que com muita facilidade acarreta a queda no orgiástico. A ascese racional intramundana (a ascese da profissão) só pode aceitar o casamento racionalmente regulamentado como uma ordem de vida divinamente disposta para a criatura irremediavelmente corrompida pela "concupiscência", e é dentro dessa ordem que toca viver de acordo com os fins racionais dela: a procriação e a educação dos filhos, além da mútua emulação no estado de graça, e somente nele. Uma ética como essa tem que rejeitar qualquer refinamento que leve ao erotismo como divinização da criatura, idolatria da pior espécie. De sua parte, ela inscreve numa ordem racional da criação justamente a sexualidade natural primordial própria do camponês, em sua forma rústica e *não* sublimada. Mas nisso, todos os elementos componentes da "paixão" são desde logo encarados como resíduos do pecado original, para os quais, segundo Lutero, Deus "faz vistas grossas" a fim de evitar coisas piores. A ascese racional extramundana (a ascese ativa dos monges) também rejeita esses elementos e, de roldão, tudo o que é sexual, como potência diabólica que põe em perigo a salvação.

Foi certamente a ética dos *quakers* (do modo como vem expressa nas cartas de William Penn à sua mulher) a que melhor ultrapassou a interpretação luterana, um tanto grosseira, do sentido do casamento, alcançando uma interpretação autenticamente humana de seus valores religiosos intrínsecos. De um ponto de vista puramente intramundano, somente a junção do matrimônio com a ideia de responsabilidade ética recíproca – uma categoria da relação que é heterogênea à esfera *puramente* erótica – poderia contribuir com o sentimento de que pode haver algo de singular e sublime nas modulações por que passa o sentimento amoroso consciente de sua responsabilidade no percurso orgânico da vida em todas as suas nuanças: "até o pianíssimo da idade avançada"[24], com crédito mútuo e débito mútuo (no sentido de Goethe). Raras vezes a vida o concede puro: aquele a quem for concedido, que fale de fortuna e graça do destino – mas não: de "mérito" próprio.

Esfera intelectual

A recusa a se entregar candidamente às experiências mais intensas da existência, a artística e a erótica, constitui em si uma atitude apenas negativa. Mas não deixa de ser óbvio que essa recusa conseguisse aumentar a força com que as energias confluem para os trilhos das realizações racionais: sejam as éticas, sejam também as puramente intelectuais.

A verdade é que: tudo somado, é justamente quando se enfrenta com o reino do conhecimento reflexivo que definitivamente a religiosidade entra na maior tensão consciente, a mais fundamentada em princípios. Unidade sem brechas existe no âmbito da magia, na imagem de mundo puramente mágica, conforme aprendemos no caso da China. Também um amplo reconhecimento recíproco é possível entre a religiosidade e a especulação puramente metafísica, mesmo que esta de ordinário leve facilmente ao ceticismo. É por isso que muitas vezes a religiosidade considerou a pesquisa puramente empírica, mesmo nas ciências da natureza, como mais facilmente compatível com seus interesses do que a filosofia. Foi esse antes de mais nada o caso do protestantismo ascético. Mas ali onde o conhecimento racional empírico realizou de modo consequente o desencantamento do mundo e sua transformação num mecanismo causal apareceu de uma vez por todas a tensão contra as pretensões do postulado ético de que o mundo seja um cosmos ordenado por deus e, portanto, orientado eticamente de modo *pleno de sentido*. Pois a observação empírica do mundo e, ainda mais, a que se orienta pela matemática, desenvolvem por princípio a rejeição a todo modo de consideração que em geral se pergunte por um "sentido" para o acontecer intramundano.

---

24. A mesma frase foi usada por Weber para dedicar à sua mulher Marianne o vol. I dos *Ensaios reunidos de sociologia da religião* (*Gars: Gesammelte Aufsätze für Religionssoziologie*). A dedicatória começa com a data do casamento de Max com Marianne Schnitger: 14 de junho de 1893. Data da dedicatória: 7 de junho de 1920. Dias depois ele morreria: 14 de junho de 1920, bem antes de chegar ao "pianíssimo" da idade avançada" [NdR].

Com isso, a cada avanço do racionalismo da ciência empírica, a religião vai sendo crescentemente desalojada do reino do racional para o irracional, e ela então passa a ser tão simplesmente: o poder suprapessoal irracional (ou antirracional). É muito variável, naturalmente, o quanto há de consciência ou, ainda, de coerência lógica na percepção dessa oposição. Não parece inconcebível o que se afirma de Atanásio[25], a saber, que na luta contra a maioria dos filósofos gregos da época ele tenha imposto sua fórmula, pura e simplesmente absurda do ponto de vista racional, também para constrangê-los a um expresso sacrifício do intelecto [*Opfer des Intellekts*] e fixar um limite para a discussão racional. Apesar de tudo, não demorou muito para que a própria Trindade passasse a ser racionalmente discutida e fundamentada. E justo por causa dessa tensão aparentemente irreconciliável, a religião, tanto a profética quanto a sacerdotal, volta e meia reata relações de aliança com o intelectualismo racional. Quanto menos ela for magia ou mera mística contemplativa, e quanto mais ela for "doutrina", tanto mais nela se faz sentir a necessidade de uma apologética racional. Por se incumbirem da educação e formação dos jovens guerreiros a fim de neles despertar o êxtase heroico e a crença no renascimento dos heróis, os feiticeiros se tornaram por toda parte os típicos guardiões dos mitos e das sagas heroicas. Foi deles que os sacerdotes, os únicos com capacidade de manter a perenidade de uma tradição, assumiram a instrução dos jovens em matéria jurídica e frequentemente também no domínio das técnicas puramente administrativas: com ênfase na escrita e no cálculo. Desde então, quanto mais a religião se tornava "religião do livro" e doutrina, tanto mais literária se tornava e, assim, tanto mais capaz de provocar um pensamento laico racional, imune ao controle do clero. Ocorre, porém, que do pensamento laico emergiam sempre de novo profetas hostis aos sacerdotes, ou então místicos e sectários em busca de sua salvação religiosa por fora do clero, ou finalmente céticos e filósofos inimigos da fé, contra os quais a apologética sacerdotal reagia com mais um passo na racionalização. Quanto ao ceticismo antirreligioso propriamente dito,

---

25. Santo Atanásio (295-373), bispo de Alexandria, foi um dos Padres da Igreja diretamente envolvidos com a definição do Dogma da Santíssima Trindade, um Deus único que a um só tempo é uno e trino [NdR].

pode-se vê-lo representado, em seus primórdios tanto quanto hoje, na China, no Egito, nos Vedas, na literatura judaica pós-exílica. Argumento novo que lhe tenha sido acrescentado, praticamente nenhum. O fato é que a monopolização da educação dos jovens virou questão central de poder para o clero. E seu poder aumentou com a crescente racionalização da administração política. Inicialmente, no Egito e na Babilônia somente o clero fornecia escribas para o Estado; será ele também que os fornecerá para os príncipes medievais que começaram a adotar a escrita na administração. Dos grandes sistemas pedagógicos, somente o confucionismo e a Antiguidade mediterrânea – o primeiro pelo poder da burocracia estatal, a segunda, ao contrário, pela ausência absoluta de administração burocrática – souberam subtrair-se a esse poder dos sacerdotes, chegando ao ponto de eliminar a própria religião sacerdotal. Fora esses casos, o clero foi o portador regular da escola. Mas o vínculo constantemente renovado da religião com o intelectualismo não foi condicionado tão só pelos interesses especificamente clericais, mas também por uma urgência interior que decorria do caráter racional da ética religiosa e da necessidade especificamente intelectualista de redenção. Efetivamente, cada religiosidade, em sua infraestrutura psicológica e ideacional assim como em suas consequências práticas, mantém relações diversas com o intelectualismo, sem que, no entanto, desapareça jamais o efeito daquela tensão intrínseca última, que é inerente à disparidade inevitável das configurações últimas da imagem de mundo. Não existe absolutamente *nenhuma* religião, por mais "inabalada" que esteja como potência de vida em ação, que não tenha tido que exigir, *num ponto qualquer*, o *"credo non quod, sed* quia *absurdum"*[26] – ou seja: o "sacrifício do intelecto".

---

26. "Creio não o quê, mas *porque* é absurdo." A fórmula em latim aparece mais de uma vez na obra de Weber. É citada com destaque, p. ex., em sua conferência de 1917 aos estudantes de Munique, "A ciência como vocação". Em torno dessa citação há uma curiosidade adicional: na palestra de Munique, ele atribui a Santo Agostinho a autoria da frase por ele considerada a enunciação terminante da ideia de *sacrifício do intelecto*: "[...] *the Augustinian sentence holds: credo non quod, sed quia absurdum est*" (cf. "Science as a Vocation". In: *From Max Weber*, p. 154). Eis aí, contudo, um equívoco de Weber. Segundo Wolfgang Schluchter, o mais detalhista dos estudiosos de sua obra, o enunciado *não é* de Agostinho; Tertuliano é quem teria dito algo análogo, não exatamente com as mesmas palavras, garante o ilustre professor de Heidelberg (cf. *MWG, I,17*, p. 108, nota 58) [NdR].

Não chega a ser necessário, e nem seria possível expor aqui em detalhe os estágios dessa tensão entre religião e conhecimento intelectual. A religião de salvação, para se defender de maneira o mais possível radicada em princípios contra a agressividade do intelecto, autossuficiente, lança mão, naturalmente, da pretensão segundo a qual o seu próprio conhecimento se daria numa esfera outra e seria, pelo modo assim como pelo sentido, totalmente heterogêneo e disparatado em face do que faz o intelecto. O que a religião de salvação oferece não seria um saber intelectual último sobre o ser ou o normativamente válido, mas antes uma tomada de posição última a respeito do mundo em virtude de uma apreensão imediata do seu "sentido". E essa apreensão do "sentido" do mundo não se acessaria pelos meios do entendimento, mas graças ao carisma de uma iluminação reservada apenas a quem, empregando a técnica pertinente, conseguisse desvencilhar-se dos sucedâneos enganosos que fazem passar como se conhecimento fossem as impressões confusas do mundo dos sentidos ou as abstrações do entendimento, a bem da verdade vazias e indiferentes para a salvação, e nesses termos preparasse em si o lugar para acolher praticamente a única coisa que importa alcançar: a apreensão do sentido do mundo e da própria existência. Em todas as iniciativas da filosofia para tornar demonstráveis esse sentido último e a tomada de posição (prática) que o captura, mas também na tentativa de obter conhecimentos intuitivos por princípio dotados de uma dignidade outra, mas ainda assim referente ao "ser" do mundo, ela, a religião de salvação, não verá outra coisa senão a ânsia do intelecto por se esquivar de sua legalidade própria. E sobretudo: verá nisso um produto bem específico precisamente daquele racionalismo do qual o intelectualismo, por esse viés, gostaria tanto de escapar. A bem da verdade, porém, ela mesma, vista de sua própria posição, tornar-se-á igualmente culpada de transgressões incongruentes tão logo renuncie ao princípio inatacável da incomunicabilidade da experiência mística, a qual, por coerência lógica, só pode advir como *acontecimento*, jamais havendo meios de dá-la a conhecer de maneira lógica e demonstrá-la de forma adequada. Toda tentativa sua de influir sobre o mundo, tão logo assuma o caráter de propaganda, acaba forçosamente por expor a religião de salvação ao risco dessa incoerência. O mesmo vale para toda tentativa de dar uma interpretação racional do sentido do mundo, tentativa que entretanto sempre foi feita uma vez ou outra.

Estágios da rejeição religiosa do mundo

Em suma: o "mundo" pode entrar em conflito com postulados religiosos a partir de pontos de vista diversos. O ponto de vista adotado a cada vez é sempre e ao mesmo tempo a seta de direção decisiva, em termos de conteúdo, quanto ao sentido tomado pelo modo de busca da *redenção*.

A necessidade de redenção, quando cultivada conscientemente como conteúdo de uma religiosidade, surgiu sempre e por toda parte como a consequência de uma tentativa de racionalização prática sistemática das realidades da vida, só que a nitidez desse nexo foi muito variável. Dito de outro modo: a necessidade de redenção nasceu como consequência da pretensão – que nesse estágio se torna o pressuposto específico de toda religião – de que a marcha do mundo de um modo ou de outro seja, pelo menos até onde os interesses humanos estejam implicados, um processo *pleno de sentido*. Tal exigência surgiu naturalmente, como vimos, primeiro na forma do conhecido problema do sofrimento injusto e, portanto, como postulação de uma compensação justa para a distribuição desigual da felicidade individual neste mundo. A partir daí, mostrou gradual tendência a uma desvalorização sempre maior do mundo. E de fato, quanto mais intensamente o pensamento racional se detém no problema da justa compensação retributiva, tanto menos podia parecer possível uma solução em termos puramente intraterrenos, e tanto mais podia parecer provável ou mesmo fazer sentido uma solução extramundana. A marcha do mundo, tal como ele de fato é, pouco se tocou com essa postulação, pelo menos aparentemente. Com efeito, não só a desigualdade eticamente não justificada na distribuição da felicidade e do mal, para a qual uma compensação até que podia parecer imaginável, mas também e desde logo a mera facticidade da existência do sofrimento como tal, tinham sim que permanecer irracionais. O problema da difusão universal do sofrimento só podia ser superado por um outro problema, ainda mais irracional: o problema da origem do pecado – que, segundo a doutrina dos profetas e dos sacerdotes, devia explicar o sofrimento como um castigo ou como um meio de disciplina. No entanto, um mundo criado para o pecado não podia deixar de parecer ainda mais imperfeito em termos éticos do que um mundo condenado ao sofrimento. Seja como for, para o postulado ético não havia dúvida quanto à imperfeição absoluta deste mundo terreno. Só semelhante imperfeição parecia justificar também sua impermanência, dando-lhe sentido. Mas se essa justificação era capaz de parecer suficientemente apropriada, era para desvalorizar ainda mais o mundo. Com efeito, o que se mostrava sem valor não era a única nem a principal coisa a se mostrar impermanente. A ação niveladora da morte ou da decadência que atinge as pessoas e as coisas, as melhores tanto quanto as piores, pôde aparecer como uma desvalorização justamente daqueles que são os bens supremos deste mundo, desde que se passou a configurar a ideia de uma duração eterna do tempo, de um deus eterno e de uma ordem eterna. Quando, em vez disso, certos valores, e justamente os mais apreciados, foram transfigurados em valores "intemporais", quando então a significação de sua realização na "cultura" foi considerada como não tendo nada a ver com a duração temporal do fenômeno concreto de sua realização, aí a reprovação ética lançada sobre o mundo empírico pôde outra vez se intensificar. A partir de então, de fato tornou-se possível que todo um cortejo de ideias dotadas de significação muito maior que as ideias de imperfeição e impermanência dos bens mundanos em geral adentrasse o horizonte religioso, uma vez que eram ideias apropriadas para acusar justamente os "bens culturais" comumente mais apreciados. A todos esses bens culturais o pecado mortal sobrecarregava com uma carga de culpa inelutável e específica: ligados ao carisma do espírito ou ao carisma do gosto, e seu cultivo parecia envolver de modo inevitável formas de existência no mundo que contradiziam a exigência de fraternidade, só sendo possível aderir a elas ao preço do autoengano. As barreiras culturais de educação e de gosto são as mais entranhadas e as mais insuperáveis de todas as diferenças entre grupos de *status*. Doravante a culpa religiosa podia aparecer não mais como um mero acidente ocasional, mas como uma parte constitutiva de toda cultura, de toda ação num mundo de cultura e, no fim das contas, de toda vida organizada em geral. Justamente tudo o que este mundo tinha de mais excelso a oferecer parecia onerado com a máxima culpa. A ordem exterior da comunidade social, à medida que esta se convertia sempre mais numa comunidade cultural do cosmos estatal, evidentemente que só podia se manter onde quer que fosse mediante a força bruta e preocupar-se com justiça apenas ocasionalmente e em teoria, ou seja, apenas na medida em que sua própria *ratio* o permitisse; uma força bruta que produzia a partir de si sempre e inevitavelmente novos recursos à força bruta, voltados para o exterior ou para o interior e, de quebra, fornecia falsos pretextos para mais recursos à força bruta; uma ordem dessas significava, por isso, uma falta de amor escancarada, ou, o que devia parecer ainda pior, uma falta de amor farisaicamente velada. O cosmos econômico objetivado, isto é, a forma mais racional de aquisição de bens materiais indispensáveis para qualquer cultura intramundana, era um produto marcado na raiz pela falta de amor. Todos os modos de ação no mundo organizado pareciam engolfados na mesma culpa. Brutalidade velada e sublimada, idiossincrasia hostil à fraternidade, alteração ilusória da justa visão das coisas inescapavelmente acompanhavam o amor sexual, e quanto mais pujantemente ele desenvolvesse sua potência, tanto mais forte isso ficava e, ao mesmo tempo, tanto mais passava inadvertido aos próprios envolvidos, ou seja, tanto mais farisaicamente velado. O conhecimento racional, ao qual a própria religiosidade ética havia apelado, ao seguir de forma autônoma e intramundana suas próprias normas moldava um cosmos de verdades que não só não tinha mais nada a ver com os postulados sistemáticos da ética religiosa racional – a saber: que o mundo, pensado enquanto cosmos, satisfaria às exigências *dela*, o que mostraria um "sentido" qualquer –, mas também e muito mais que isso, teria necessariamente que rejeitar por princípio essa pretensão. O cosmos da causalidade natural e o reivindicado cosmos da causalidade ética da compensação confrontam-se um ao outro num antagonismo incompatível. E a ciência, que criou o cosmos da causalidade natural, embora incapaz de dar uma explicação segura de seus próprios pressupostos últimos, em nome da "honestidade intelectual" saiu-se com a seguinte pretensão: ser a única forma possível de consideração intelectual do mundo. Nesse processo, também o intelecto, tal como todos os valores culturais, criou uma aristocracia, a aristocracia não fraternal da posse de cultura racionalizada independentemente de quaisquer qualidades éticas das pessoas. Ocorre, porém, que a posse de cultura: o bem supremo deste mundo para o homem "intramundano" trazia em si, a par de sua carga ética de culpa, algo que a iria desvalorizar de um modo muito mais definitivo quando se a avalia com seus próprios critérios: a falta de sentido. A falta de sentido de um autoaperfeiçoamento puramente intramundano com vistas a tornar-se uma pessoa de cultura [*Kulturmensch*], falta de sentido, portanto, do valor último ao qual a "cultura" podia se reduzir, decorria, do ponto de vista do pensamento religioso, da manifesta falta de sentido da morte considerada simplesmente de um ponto de vista intramundano, e justamente sob as condições da "cultura" a falta de sentido da morte parecia dar um cunho definitivo à falta de sentido da vida. O camponês podia morrer como Abraão, "saciado da vida"[27]. O senhor feudal e o herói guerreiro também. Eles na verdade cumpriam um ciclo de seu ser, que não ultrapassavam. Podiam assim chegar à sua maneira a uma plenitude intraterrena em conformidade com a univocidade ingênua do conteúdo de suas vidas. Mas para o homem "cultivado", que aspira ao aperfeiçoamento de si no sentido da apropriação ou criação de "conteúdos culturais", isso não é possível. Ele podia até ficar "cansado da vida", mas não "saciado da vida" no sentido da consumação de um ciclo, eis que sua perfectibilidade, a dele tanto quanto a dos bens culturais, por princípio não tem limites. E quanto mais se diferenciavam e se multiplicavam os bens culturais e as metas do aperfeiçoamento de si, mais insignificante se tornava a parcela desses bens que o indivíduo podia abarcar no decurso de uma vida finita, seja passivamente como receptor, seja ativamente como cocriador. Em consequência, quanto menos a imersão no cosmos (exterior e interior) da cultura pudesse proporcionar a probabilidade de que um indivíduo viesse a absorver em si a totalidade da cultura ou o que nela de fato houvesse de "essencial" em qualquer acepção

---

27. "Saciado de dias" seria uma outra tradução igualmente possível para Gn 25,8. A tradução latina da Vulgata, a propósito, vem com a expressão "*plenus dierum*", isto é, "pleno de dias" [NdR].

da palavra – e para isso, aliás, não há nenhum critério definitivo –, tanto menos provável seria que a "cultura" e a aspiração a ela pudessem ter para ele qualquer sentido intramundano. Claro que, para o indivíduo, a "cultura" não estava no *quantum* de "bens culturais" por ele alcançados, mas na *seleção* organizada que deles fazia. Nada garantia, no entanto, que essa seleção encontrasse um final *pleno de sentido* (para ele) justamente no "fortuito" momento de sua morte. E se, com elegância, ele se afastasse da vida – "Tenho o bastante, foi-me dado (ou recusado) tudo o que da vida *me* era valioso" –, essa postura de altivez necessariamente apareceria aos olhos da religião de salvação como um blasfemo desdém pelos caminhos da vida e pelos destinos dispostos por deus: nenhuma religião de salvação *aprova* o "suicídio", só filosofias o exaltaram.

Toda "cultura" aparecia, vista desse ângulo, como uma saída do ser humano do ciclo organicamente preestabelecido da vida natural e, justamente por isso, a cada passo adiante era como se ela estivesse condenada a uma falta de sentido cada vez mais aniquiladora; mas também a atividade a serviço dos bens culturais, por sua vez, quanto mais se transformou numa missão sagrada, numa "vocação profissional", tanto mais pareceu condenada a tornar-se um afã sem sentido em busca de fins sem valor e, além do mais, sempre contraditórios em si mesmos e mutuamente antagonistas.

Como lugar da imperfeição, da injustiça, do sofrimento, do pecado, da impermanência, da cultura necessariamente carregada de culpa e necessariamente sempre mais sem sentido em decorrência do crescente desenvolvimento e diferenciação: em todas essas instâncias, do ponto de vista puramente ético, o mundo tinha que aparecer como algo quebradiço, desvalorizado perante o postulado religioso de um "sentido" divino para sua existência. A essa desvalorização – consequência do conflito entre pretensão racional e realidade, entre ética racional e valores em parte racionais e em parte irracionais, conflito que parecia irromper de maneira cada vez mais rude e insolúvel cada vez que surgia no mundo uma nova esfera particular com uma elaboração expressa de uma singularidade específica – a essa desvalorização reagiu a necessidade de "redenção" de tal modo que, quanto mais se tornou sistemática a reflexão sobre o "sentido" do mundo, quanto mais racionaliza-do esse próprio mundo se tornou em sua organização exterior, tanto mais foi sublimada a experiência consciente de seus conteúdos irracionais, e tanto mais, paralelamente a isso, tudo aquilo que constituía o conteúdo específi-co do religioso começou a se tornar cada vez mais não mundano, cada vez mais alheio a toda vida organizada. E não foi só o pensamento teórico que desencantou o mundo, mas foi precisamente a tentativa da ética religiosa de racionalizá-lo no aspecto prático-ético que levou a esses trilhos.

E, finalmente, ante tamanhas tensões a busca mística de redenção, que é uma busca especificamente intelectualista, sucumbiu à dominação do mundo pela não fraternidade. Por um lado, seu carisma de fato *não* era acessível a qualquer um. Por seu sentido ela era um aristocratismo na mais alta potência: um aristocratismo religioso da salvação. Por outro lado, em meio a uma cul-tura racionalmente organizada em função do trabalho profissional, quase não restava espaço – fora dos estratos sociais economicamente livres de preo-cupações – para o cultivo da fraternidade acósmica: levar a vida de Buda, de Jesus ou de Francisco de Assis sob as condições técnicas e sociais de uma cultura ra-cional parece, de um ponto de vista puramente exterior, condenado ao fracasso.

As três formas racionais da teodiceia

Dentre as éticas de salvação negadoras do mundo existentes no passa-do, cada qual com sua específica rejeição do mundo, inseriu-se em pontos extremamente diferentes da presente escala construída de forma puramente racional. Ao lado das inúmeras circunstâncias concretas das quais dependia essa inserção e de cuja enumeração uma casuística teórica não dá conta, há um elemento racional que também desempenhou um papel nesse processo: a estrutura da *teodiceia*, com a qual a necessidade metafísica de encontrar nessas tensões insolúveis um sentido que apesar de tudo lhes fosse comum, reagiu à tomada de consciência da existência das tensões. Dos três modos de teodiceia, que na exposição feita na *Introdução*[28] apontamos como sendo os

---

28. Cf. Parte I – Religiões mundiais – Uma introdução.

únicos coerentes, o *dualismo* pôde prestar a essa necessidade metafísica serviços nada desprezíveis. A coexistência e a contraposição desde sempre e por todo o sempre entre, de um lado, o poder da luz, da verdade, da pureza e do bem e, do outro, o poder das trevas, da mentira, da impureza e da maldade, não era, afinal de contas, senão uma sistematização direta do pluralismo dos espíritos próprio da magia, com sua divisão em espíritos bons (úteis) e espíritos maus (nocivos), estágios preliminares da oposição entre deuses e demônios. Na religiosidade profética que levou essa concepção ao seu desenvolvimento mais coerente: o zoroastrismo, o dualismo conectou-se diretamente à oposição mágica entre "puro" e "impuro", na qual ficavam articuladas todas as virtudes e todos os vícios. O dualismo zoroastriano significa a renúncia à onipotência de um deus, pois aí ela encontrava o seu limite na existência de um contrapoder divino. Foi abandonado posteriormente na ordem dos fatos pelos seus seguidores atuais (os parses), uma vez que essa limitação à onipotência lhes resultara insustentável. Na medida em que, em sua mais coerente escatologia, o mundo do puro e o mundo do impuro, de cuja mistura originou-se o frágil mundo empírico, formavam dois reinos eternamente separados entre si, a escatologia mais moderna acabou por admitir a vitória do deus da pureza e do bem da mesma forma que no cristianismo se sustenta a do salvador sobre o diabo. Encontra-se essa forma mais incoerente de dualismo na concepção popular de céu e inferno, difundida por toda a Terra. Ela restabelece a soberania de deus sobre o espírito do mal, que é sua criatura; acredita com isso estar salvando a onipotência divina; mas vai precisar sacrificar algo do amor divino, quer o faça de bom grado ou de malgrado; de forma aberta ou velada, pois, se for mantida a onisciência, simplesmente não combinarão com o amor divino nem a criação de uma potência do mal radical, nem tampouco a permissão de pecar, menos ainda se esta vier acompanhada das penas eternas do inferno aplicadas, por causa de pecados finitos, à sua própria criatura também finita. Só o que há de coerência lógica aí: uma renúncia à bondade. Essa renúncia foi operada de modo objetivo e plenamente coerente pela *crença na predestinação*. A reconhecida impossibilidade de medir os desígnios divinos com critérios humanos implicava renunciar, com desapaixonada clareza, à capacidade de acesso do entendimento humano ao sentido do mundo, renúncia essa que punha fim a toda problemática desse gênero. Com tamanho grau de coerência lógica, não se conseguiu sustentar duradouramente essa doutrina fora do círculo de virtuoses de alto nível. E isso precisamente porque tal renúncia – em contraste com a crença no poder irracional da "fatalidade" – exige a aceitação da ideia de determinação pela Providência, portanto racional de certo modo, daqueles que estão condenados não só à perdição, mas também ao mal; e ainda por cima exige o "castigo", ou seja, a aplicação de uma categoria ética.

Da significação da crença na predestinação já se tratou no primeiro ensaio deste volume[29]. Trataremos do dualismo zoroastriano mais tarde, e apenas de forma breve, dado que o número de seus adeptos é reduzido. Poderia muito bem ser completamente omitido aqui, não fosse o fato de ter ganho considerável significação histórica o influxo que as representações persas do juízo final e a sua doutrina de anjos e demônios exerceram sobre o *judaísmo* tardio.

A terceira forma de teodiceia foi peculiar à religiosidade de intelectuais *indiana*, grandiosa tanto por sua coerência lógica quanto por sua extraordinária façanha metafísica de conseguir conjugar: a redenção do virtuose religioso por meio de suas próprias forças com a acessibilidade universal da salvação; a mais estrita rejeição do mundo com uma ética social orgânica; a contemplação como via suprema de salvação com uma ética profissional intramundana. É dela[30] que vamos nos ocupar na sequência.

(set.-nov./2011)

---

29. Weber alude aqui ao seu ensaio mais conhecido, *A ética protestante e o espírito do capitalismo*, que na verdade não consta deste volume, mas sim do primeiro volume da coletânea *Gesammelte Aufsätze für Religionssoziologie* (*Ensaios reunidos de sociologia da religião*), coletânea maior cuja parte mais extensa é toda tomada por esta outra coletânea que tem como título *A ética econômica das religiões mundiais* [NdR].

30. Weber indica ao leitor o ensaio *Hinduísmo e budismo*, que, colocado logo em seguida à "Consideração intermediária", tomará todo o vol. II de *A ética econômica das religiões mundiais* [NdR].

ÍNDICE

Sumário, 5

Prefácio à edição brasileira, 7

Introdução (Einleitung), 19

Confucionismo e taoismo, 67

I – Fundamentos sociológicos: a) cidade, príncipe e deus, 69

Sistema monetário, 69

Cidades e corporações, 84

Administração de principados e concepção de deus em comparação com a Ásia Menor, 92

Posição carismática e pontifical do monarca central, 104

II – Fundamentos sociológicos: b) Estado feudal e prebendal, 110

O caráter carismático-hereditário do feudalismo, 110

A reconstituição do Estado unificado burocrático, 123

Governo central e funcionários locais, 129

Encargos públicos: Estado servilista e Estado tributarista, 133

O funcionalismo e a taxação tributária fixa, 141

III – Fundamentos sociológicos: c) administração e estrutura agrária, 150

Estrutura feudal e fiscal, 150

A estrutura do exército e a tentativa de reforma de Wang An Schi, 160

A proteção fiscal aos camponeses e seus resultados para a estrutura agrária, 170

IV – Fundamentos sociológicos: d) autoadministração, direito e capitalismo, 178

A ausência de relações de dependência capitalistas, 178

Organização do clã, 183

Autoadministração da aldeia, 187

Relações econômicas e sua vinculação ao clã, 192

Estrutura patrimonial do direito, 198

V – O estamento dos letrados, 203

O humanismo chinês, seu caráter ritualista e de orientação técnico-administrativa: a virada para o pacifismo, 203

Confúcio, 210

Desenvolvimento do sistema de exames, 213

Posição da educação confuciana no contexto dos tipos sociológicos de educação, 218

Caráter estamental da camada de letrados: a honra de nobres feudais e escolares, 228

O ideal do *gentleman*, 230

Prestígio dos servidores públicos, 233

Opiniões de política econômica, 236

Adversários políticos do estamento de letrados: o sultanismo e os eunucos, 238

VI – A orientação confuciana da vida, 243

Burocracia e hierocracia, 243

Ausência de direito natural e de lógica formal jurídica, 250

Ausência de raciocínio nos moldes das ciências naturais, 254

Essência do confucionismo, 255

Liberdade da metafísica e caráter intramundano do confucionismo, 258

Conceito central de "decoro", 259

Piedade filial (Hiao), 260

Mentalidade econômica e rejeição do humanismo técnico-especialista, 262

O ideal do *gentleman*, 264

Significação dos clássicos, 267

Evolução histórica da ortodoxia, 269

O pateticismo do confucionismo mais antigo, 272

Caráter pacifista do confucionismo, 273

VII – Ortodoxia e heterodoxia (taoismo), 275

Doutrina e ritual na China, 275

O anacoretismo e Lao-tse, 280

Tao e mística, 281

Consequências práticas da mística, 283

Oposição entre escola ortodoxa e escola heterodoxa, 284

A macrobiótica taoista, 294

A hierocracia taoista, 296

A posição geral do budismo na China, 299

A sistematização racional da magia, 300

Ética do taoismo, 308

O caráter tradicionalista da ética chinesa ortodoxa e heterodoxa, 309

Seitas e perseguição dos hereges na China, 319

A rebelião de Taiping, 326

O resultado da evolução, 334

VIII – Resultado: confucionismo e puritanismo, 335

Consideração intermediária: Teoria dos Estágios e direções da rejeição religiosa do mundo, 361

Sentido de uma construção racional dos motivos da rejeição do mundo, 362

Tipologia das vias de salvação: ascese e mística, 363

Direções da rejeição do mundo, 366

Esfera doméstica, 368

Esfera econômica, 371

Esfera política, 374

Esfera estética, 384

Esfera erótica, 387

Esfera intelectual, 395

Estágios da rejeição religiosa do mundo, 399

As três formas racionais da teodiceia, 404

CULTURAL
Administração
Antropologia
Biografias
Comunicação
Dinâmicas e Jogos
Ecologia e Meio Ambiente
Educação e Pedagogia
Filosofia
História
Letras e Literatura
Obras de referência
Política
Psicologia
Saúde e Nutrição
Serviço Social e Trabalho
Sociologia

CATEQUÉTICO PASTORAL
Catequese
Geral
Crisma
Primeira Eucaristia

Pastoral
Geral
Sacramental
Familiar
Social
Ensino Religioso Escolar

TEOLÓGICO ESPIRITUAL
Biografias
Devocionários
Espiritualidade e Mística
Espiritualidade Mariana
Franciscanismo
Autoconhecimento
Liturgia
Obras de referência
Sagrada Escritura e Livros Apócrifos

Teologia
Bíblica
Histórica
Prática
Sistemática

REVISTAS
Concilium
Estudos Bíblicos
Grande Sinal
REB (Revista Eclesiástica Brasileira)
SEDOC (Serviço de Documentação)

VOZES NOBILIS
Uma linha editorial especial, com importantes autores, alto valor agregado e qualidade superior.

VOZES DE BOLSO
Obras clássicas de Ciências Humanas em formato de bolso.

PRODUTOS SAZONAIS
Folhinha do Sagrado Coração de Jesus
Calendário de mesa do Sagrado Coração de Jesus
Agenda do Sagrado Coração de Jesus
Almanaque Santo Antônio
Agendinha
Diário Vozes
Meditações para o dia a dia
Encontro diário com Deus
Guia Litúrgico

CADASTRE-SE
www.vozes.com.br

EDITORA VOZES LTDA.
Rua Frei Luís, 100 – Centro – Cep 25689-900 – Petrópolis, RJ
Tel.: (24) 2233-9000 – Fax: (24) 2231-4676 – E-mail: vendas@vozes.com.br

UNIDADES NO BRASIL: Belo Horizonte, MG – Brasília, DF – Campinas, SP – Cuiabá, MT
Curitiba, PR – Florianópolis, SC – Fortaleza, CE – Goiânia, GO – Juiz de Fora, MG
Manaus, AM – Petrópolis, RJ – Porto Alegre, RS – Recife, PE – Rio de Janeiro, RJ
Salvador, BA – São Paulo, SP